KB110698

기회는 온다,
부동산 투자 성공비법
제1권

기회는 온다, 부동산 투자 성공비법 제1권

발행일   2024년 3월 18일

지은이   김양수
펴낸이   손형국
펴낸곳   (주)북랩
편집인   선일영   편집   김은수, 배진용, 김다빈, 김부경
디자인   이현수, 김민하, 임진형, 안유경, 한수희   제작   박기성, 구성우, 이창영, 배상진
마케팅   김회란, 박진관
출판등록   2004. 12. 1(제2012-000051호)
주소   서울특별시 금천구 가산디지털 1로 168, 우림라이온스밸리 B동 B113~115호, C동 B101호
홈페이지   www.book.co.kr
전화번호   (02)2026-5777   팩스   (02)3159-9637

ISBN   979-11-7224-021-9 03320 (종이책)   979-11-7224-022-6 05320 (전자책)

(주)북랩 성공출판의 파트너

북랩 홈페이지와 패밀리 사이트에서 다양한 출판 솔루션을 만나 보세요!

홈페이지 book.co.kr   •   **블로그** blog.naver.com/essaybook   •   **출판문의** book@book.co.kr

작가 연락처 문의 ▶ ask.book.co.kr

작가 연락처는 개인정보이므로 북랩에서 알려드릴 수 없습니다.

제1권

기회는 온다
부동산
투자 성공비법

김양수 지음

북랩

60강 동영상 강의와 함께 제공되는 '부동산 투자 성공비법' 전 6권

①

종합 요약

②

투자 최적기 정답은
부동산 세상 사는 기본기

상승기 · 하락기 갭투

분양권 투자 전략

상권분석 상가투자

③

꼬마빌딩
건물주 되기

재개발 재건축
실전투자

④

부동산
법률투자

도로투자

수용보상투자

⑤

농지임야
실전투자

공장창고
실전투자

지식산업
실전투자

⑥

경공매 실전투자

특수부동산 투자

NPL 금융투자

『기회는 온다, 부동산 투자 성공비법』을 소개하며

『기회는 온다, 부동산 투자 성공비법』은 총 6권의 전집이다.

1권은 종합 요약권으로서 이 책만으로도 투자하는 데 부족함이 없을 정도로 전권의 핵심 내용과 투자 마인드와 노하우를 종합 요약하였다. 제2권부터 제6권까지는 비매품으로 출판해서 강의 용도로 사용한다. 강의용 출판이므로 강의신청자분들에게만 우편으로 배송된다.

2권~6권은 디테일한 투자 사례까지 자세하게 표현하다 보니 다소 어려운 내용도 있어서 일반 투자자분들에게는 별로 매력적이지 못할 수 있다. 책으로 전달하고자 하는 노하우의 한계를 극복하고자 실전투자 강의용 교재로 출판한다. 강의 참여와 저자와 함께 소통하는 방법은 안내를 참고하시면 된다.

기초부터 고급까지 체계적으로 배워서 평생을 즐기면서 노후에도 자유롭게 투자하고픈 투자 의지가 높은 분들을 위해서 A~Z까지를 총망라해둔 투자지침서다. 전권의 목차 내용은 제1권의 후단에 첨부되어 있다.

제2권은 '언제 하는' 투자가 정답인지와 부동산 세상을 살아가는 데 있어서 필요한 필수기초지식 및 상승기·하락기의 갭투자를 잘하는 전략을 자세하게 올려놓았다. 이 내용만으로도 충분한 투자지침서로 사용할 수 있다. 매년 보완·정리된 개정증보판을 출간할 예정이다.

제3권은 꼬마빌딩 투자자 30년의 미래먹거리 재개발 재건축에 관한 기초부터 고급투자 과정까지를 사례를 곁들여서 설명해 두었다.

제4권은 부동산 법규를 어려워하는 독자들을 위해 아주 쉬운 표현으로 해설한 책이다. 법률투자의 매력과 도로투자, 수용보상투자에 대한 체계적인 투자지식을 익힐 수 있다.

제5권은 농지·임야를 활용한 실전투자와 공장창고 지식산업센터 투자 노하우가 개발사례 등을 포함하여 쓰여졌다.

제6권은 경매와 공매권리분석과 특수부동산 투자 노하우, NPL부실채권투자를 하는 필수서식과 세부 노하우를 사례를 통해서 설명하고 있다

[수강 신청과 멤버십 투자클럽 안내]
"부동산 투자 성공비법" 60강 실전투자 동영상 강의

1. **신청 방법:** 저자 이메일(9242kys@naver.com)에 아래 내용 기재해서 신청
   (연락처, 성명, 나이, 교재 수령 가능 주소지 기재, '60강 실전 동영상 강의에 관하여 문의
   합니다')

2. **이메일**을 통하여 수강료, 강의 내용, 수강 방법 등을 안내

3. **강의 신청 시** 입금 확인 후 주소지로 출판 교재 전권 발송 (2권~6권)
   ※ 발송 이후 수강 신청 취소 불가

4. **참여자 혜택**
   - 투자 물건 추천 분석 세미나 초대
   - 멤버십 투자클럽 회원 참여 시 100만 원 할인 혜택 제공
   - 개별 투자 고민 상담 컨설팅

저자와의 SNS 소통 방법(질문 등)

이메일(9242kys@naver.com), 카카오톡 채널 '토지김박사' 채널 추가

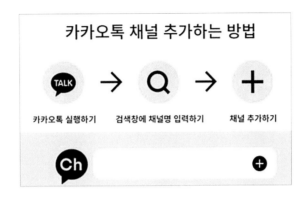

저자의 멤버십 투자클럽 참여 안내

멤버십 투자클럽은 저자가 오랫동안 운영해오고 있는 부동산 투자클럽이다.

단 한 번의 가입으로 평생 동안 필자의 투자 조언, 투자 상담, 투자 물건 분석, 검색, 오프라인 스터디 참여를 통해서 직접적인 투자를 할 수 있는 시스템으로 운영된다. 불안한 한계가 있는 유튜브나 각종 플랫폼 강의보다는 차라리 직접적인 투자 물건의 전문가 한마디 분석 의견이 훨씬 더 큰 가치가 있기 때문이다.

※ 네이버 검색창 "토지김박사의 멘토투자클럽" 카페에서 상세한 안내를 확인할 수 있다.

참여 혜택

- 분야별 기초부터 고급까지 동영상 스터디 수강(강의료 환산 시 약 1,000여 만 원)
- 오프라인 투자 스터디 참여(저자 참여 투자 지도), 현장답사 참여
- 정기 오프라인 투자 물건 추천 특강 참여 및 실전투자 실행 지원
- 저자의 1대1 투자 지원 멘토링(미팅, SNS, 유선 통화, 현장 동행)
- 저자의 신규 개설 강의 5할 이상 할인 혜택 제공 또는 무료 수강

참여 방법

- 누구나 가능하지만 입문자는 동영상 강의를 꾸준히 수강하여야 한다.
- 멤버십 투자클럽 회원 참여는 777만 원 1회 납부로 완료된다.
- 매년 상반기, 하반기 각 ○명의 소수 인원만 접수한다.

멤버십 투자클럽의 목표는 오직 수익이며, 물건검색 추천 → 스터디 → 멘토링 → 투자 결정으로 이어진다. 오직 부동산 투자로 수익을 낼 수 있는 방법을 철저하게 스터디하고 실전투자에 참여한다. 가장 효율적인 투자 경험을 공유하는 최고의 투자 스터디 시스템이라 자부하며, 연회원 관계보다 긴 시간을 끈끈한 인연으로 이어간다.

경험상 10년은 투자 시작 후 경제적 자유에 안착하는 최적의 기간이다. 이는 너무 적은 회비일 수도 있고 놀라운 수익의 밀알이 될 수도 있다. 단 한 번의 선택이 나의 미래를 바꾼다. 취소 및 환불이 어려우므로 신중하게 생각한 뒤 특별한 도전을 시도하라.

독자님들의 행복과 건강을 기원하며.

부동산투자? _
너무 힘들이지마라
나의 성공에는
특별한 도전과
특별한 멘토가 있다

추천사

수원 마스터경매학원 학원장 앤소니

저자의 30년 투자 인생 경험이 집대성된 부동산 투자의 모든 분야를 망라하고 있는 대저서의 시리즈물 출판이다. 실전투자와 지식, 투자의 방향을 모르는 독자들에게 확실한 투자의 진수와 나침반을 제공해주고 있다.

하락기와 상승기 투자 기법과 진정한 가치투자의 모델을 적나라하게 소개하고 있다. 모든 투자는 상승과 하락의 사이클 속에서 타이밍과 투자 마인드를 중요시한다.

다시 시작될 부동산 투자의 타이밍에서 김양수 교수님의 『기회는 온다, 부동산 투자 성공비법』은 가장 안정적인 투자와 남다른 수익 창출의 방법을 제시하는 종합 선물 세트로서 당신을 경제적 자유라는 종착지로 인도할 것이다

추천사

나에게 저자는 스승님이시다.

10년 전, 경매를 처음 시작했고 열심히 공부하고 실전에 뛰어들었다. 그러다 시간이 흐르니 다른 분야에도 관심이 생겼는데 그게 토지였다. 다른 주거용이나 상가 등은 나름 감을 잡겠는데 토지는 아무리 책을 읽어도 감이 잡히질 않았다. 찾고 찾은 강의가 저자의 강의였고 그 강의를 통해 지식을 넘어선 영감도 많이 얻을 수 있었기에 지금까지도 인연을 이어오고 있다.

솔직히 말하면, 나는 그 당시 저자의 강의를 듣고 토지에 푹 빠졌었다. 그래서 이후 전국에 작은 땅부터 큰 땅까지 20개 이상의 토지를 경매로 낙찰받아 다시 판매하거나 집을 짓거나, 아직 가지고 있는 것들도 있다. 심지어는 큰아이 생일 선물로 산(임야)을 낙찰받아 선물을 해 주기도 했다. 그렇다고 지식이 많은 것은 아니다. 많은 부분을 알려주셨지만 내 머릿속의 한계로 듣고 싶은 부분만 들었고 그 몇 가지의 포인트만으로도 충분히 수익을 낼 수 있었다.

보내주신 초고를 읽으며 가장 먼저 내뱉은 말은 "우와, 이거 종합 선물 세트잖아!"였다. 어쩜 부동산의 큰 카테고리와 그에 딸린 섬세한 투자 방법까지. 다만 이 책을 읽는 여러분이 초보자라고 한다면 책을 옆에 끼고 최소한 두 번 이상 읽기를 추천해 드린다. 그 이유는 저자의 내공만큼이나 많은 것을 펼쳐 놓았는데 그것을 독자들이 간과하고 넘어갈까 염려스럽기 때문이다.

그래서 처음엔 다소 어려워 보일 수도 있으나 다음 두 번째부터는 행간에 숨어진 저자의 필살기를 찾아 꼭 실행하였으면 한다.

감히 스승님의 책에 이렇게 추천사를 쓸 깜냥이 되었는지는 잘 모르겠다. 하지만 많은 시간을 옆에서 지켜보면서 고개가 숙여질 정도의 내공과 실력 그리고 인품을 알기에 이 책과의 인연을 접한 독자분들에게 자신 있게 추천한다.

추천사

『대한민국 땅따먹기』 저자, 행크카페 토지전문강사 풀하우스 서상하

부동산시장은 복잡하고 변동성이 크다. 때문에 많은 부동산 투자자들은 의도하지 않은 실패를 경험하기도 한다. 하지만 이 책만 있으면 문제가 없다. 부동산 투자 세계의 필수적인 투자 지침서이기 때문이다. 부동산 투자의 다양한 측면을 깊이 있게 소개하며, 투자자들이 보다 현명하게 투자하는 데 도움을 주는 내용들로 가득하다. 끊임없이 변화하는 부동산 환경 속에서 독자들에게 성공투자로 나아가는 나침반이 되어줄 것이라고 확신한다.

저자인 김양수 대표님은 30년 이상의 경험을 가진 부동산 투자 전문가다. 나 역시 저자의 책과 강의를 통해 부동산 투자에 대한 안목을 넓힐 수 있었다. 저자는 상승기와 하락기에 따른 전략뿐만 아니라 부동산의 모든 영역에 뛰어난 전문성을 갖춘 분이다. 모든 전문성이 압축된 이 책은 부동산 투자에 처음 발을 들이는 초보자들에게는 필수적인 기초를 다지는 데 도움이 되고, 경험 많은 투자자들에게는 더 깊은 통찰과 전략을 제공할 것이다.

특히 실전 경험에서 우러나온 사례들을 통해 이론적 지식을 실제 상황에 적용하는 이야기는 투자 노하우의 백미다. 사례를 통해 투자 기법과 투자 마인드를 전수하는 이 책은 독자분들에게 실수 없는 성공투자로 이끌 것이다.

부동산 투자로 성공하고 싶은 모든 분에게 이 책을 강력히 추천한다. 단순한 가이드라인을 넘어, 부동산 투자의 세계를 이해하고 성공적인 투자를 지속하는 든든한 지침서가 되어줄 것이다.

추천사

『대한민국 상가투자지도』 저자, 김종율부동산아카데미 대표 김종율

부동산 투자서를 여러 권 접해보았지만 이렇게 총망라를 한 책은 처음이다. 첫머리엔 '전셋집 구하기' 같은 부동산에 첫발을 내딛는 분들을 위한 이야기로 시작하다가 청약을 통한 내집마련과 상가투자를 지나 재개발과 토지투자까지 점점 깊이를 더해 간다. 그도 그럴 것이 저자인 김양수 교수님은 부동산 업계에 손에 꼽히는 고수이자 긴 시간을 이 분야에 몸을 담으신 분이니 해줄 이야기가 많은 것이 당연할 것이다.

자칫 너무 많은 분야의 이야기를 담고 있기에 전문성이 없어 보이지 않을까 하는 걱정은 있었지만 저자 한 명의 일관된 인사이트로 다양한 장르의 부동산을 깊이 있게 들여다보는 것이 정말 유익하다는 것을 이 책을 통해 배우게 된다.

토지 전문가의 책이라 하면 상가투자나 아파트투자를 폄훼하고, 아파트 전문가면 토지나 상가는 나쁜 투자처인 것처럼 묘사를 하기 십상인데, 이 책은 다양한 분야의 특성을 고루 배울 수 있게 되어 있다. 사실 자신의 분야가 아닌 다른 분야를 나쁘게 폄훼하는 대부분의 이유는 강사 자신이 그 분야를 잘 모르기에 그렇게 말하는 것이 보통인데 이 책의 저자는 오랜 세월 이 업계를 지켜온 만큼 어느 한 군데에도 치우침이나 모자람 없이 균형 잡힌 시각으로 부동산의 거의 모든 분야를 총정리한 대단한 업적을 쌓았다. 그야말로 부동산 백과사전이자 전과라 하겠다.

저자는 방대한 지식보다는 독자분들에게 부동산 투자의 기본기와 마인드를 가장 중요시하고 있다. 그뿐만 아니라 상승기와 하락기에도 꾸준히 투자할 수 있는 독보적인 인사이트를 보여주고 있는 투자 바이블과도 같은 책이다.

프롤로그 – 내가 왜 이런 책을

이 책이 마무리되는 시점은 얼추 하락기의 부동산시장이다. 많은 이들이 달콤한 투자의 맛과 씁쓸한 투자의 맛을 골고루 보고 있을 것이다.

돌이켜보면 필자도 30년이 넘는 세월 속에서 부동산의 상승기와 하락기를 수차례 겪었다. 천당과 지옥을 오가는 투자 경험들 속에서 배운 것이라면 무엇이 옳은지 무엇이 그른지의 지식보다는 어떤 준비와 자세로 투자를 하는 것인지가 더 중요하다는 사실을 배운 듯하다.

함께 했던 부동산과의 삶은 참 생각 없이도 속물스러웠다. 그럼에도 그 속물성을 버리지 못하고 아직도 책을 쓴답시고 창고같은 서재에 틀어박혀서 『기회는 온다, 부동산 투자 성공비법』마무리 작업을 하고 있는 나를 본다. 조금은 민망하고 부끄럽기도 하다.

하지만 적어도 이 책을 제대로 읽고 또 읽어서 실전 부동산 투자에서 절대로 잃지 않는 투자, 여유로운 투자, 안정적인 투자, 부자 되는 투자를 할 수 있는 독자분들이 한 분이라도 더 많이 탄생하기를 간절히 바라는 마음에서 시작된 작업이다.

15년 전『쌩초보 땅투자 생생현장 따라잡기』라는 부끄러운 저서를 시작으로 지금까지 4권의 출판을 하면서 느낀 점이 있다면 전문 서적이라는 썩두름한 자부심 따위로 내용을 어렵게 썼다는 사실이 너무나도 부끄럽다.

다시 15년을 지내오면서 필자와 함께하는 평생회원분들과의 교감 속에서 배운 점은 책은 쉽고 재미있어야 한다는 말에 공감을 가지게 되었다.

그에 힘입어 이번에 쓰여진 탈고되는 원고를 읽어보니 역시 변한 것이 별로 없다는 현실에 깊은 자괴감을 느낀다. 필자도 어느새 변화를 두려워하는 꼰대가 되어 있었다.

이번에 출간하는 책자의 원고 분량이 많다. 살아온 인생과 투자와 경험들을 가능하면 쉽게 녹여내려고 하다 보니 투자 분야가 너무 다양해지고 양도 많아져 버렸다. 내용에 상관없이 독자분들의 질타를 받을 것이 분명하다. 투자의 깊이를 더해갈수록 재미는 더해지고 난이도는 쉬워져야 하는 딜레마를 필자는 아직 극복하지를 못했다. 아니 어쩌면 영원히 과제로만 남을지도 모를 일이다. 하지만 독자분들이 싫어하는 투자 법률을 이야기하면서도 법 내용을 그대로 실어놓지 않았다는 것은 한 발자국 진전이라면 진전일 것이라고 위로해본다.

분량이 방대한 원고를 고민에 고민을 거듭한 끝에 종합 요약본 한 권만 정식 유료 출판하기로 결론 내린다. 나머지 5권은 비매품으로 출판을 하고 필자와의 온오프라인 강의를 통해서 좀 더 제대로 찐하고 강렬하게 투자 의지가 불타는 독자분들과의 강의에서 무료 제공하는 교재로만 활용할 계획이다.

굳이 투자 물건의 세부적인 사생활까지 상세하게 드러나 있는 졸저를 세상에 공개하는 것은 더 깊은 투자를 하고자 하는 분들에게 도움이 안 될 수도 있다는 옹졸한 생각도 한몫했다.

졸저 『기회는 온다, 부동산 투자 성공비법』을 필두로 이제부터는 정기적으로 개정·보완된 출판을 한 권씩 내놓은 생각이다. 단 한 권의 요약본만으로도 독자분들께서 개인 투자활동을 하는 데는 전혀 무리가 없도록 최선의 도움이 될 수 있는 내용들로 채우려고 노력했다. 부동산 시장변화에 대한 투자 타이밍의 최적 시기는 언제인지 시장흐름에 따른 어떤 분야의 물건이 미래가치를 선점하는지 등에 관한 분야별 핵심 내용들을 요약하여 출판을 할 것이라는 약속을 드린다.

작가의 말

부동산 은퇴 이후 조금은 긴 시간이 흘렀다.

가장 큰 생의 아픔을 겪고서야 비로소 인생 안목이 조금씩 뜨이는 듯하다.

경제적 자유를 위해 오늘을 산다는 것이 그리 큰 의미는 아니었다.

좋고 나쁨도 옳고 그름조차도 별로 중요하지 않은 것이 인생이었다.

소중한 보배를 가슴에 묻고서야 무엇이 중한지를 비로소 깨닫는다.

되돌아보는 투자의 삶을 한 글자 한 글자 정리해가는 시간을 가졌다.

내게 남은 시간의 길이와 삶의 무게가 얼마인지는 의미 없다.

그저 보내는 하루하루가 이리 소중하고 행복하면 그만이다.

욕심을 버리는 것도 답이 아니다. 욕심을 가지는 것도 정답은 아니다.

일체유심조인데 굳이 찾으라면 지금 모두가 행복하면 좋겠다.

투자도 그렇고 삶도 그렇고 모두가 그랬으면 좋겠다.

깨치지 못했던 지난 시간들이 아쉬울 뿐이다.

보잘것없는 투자 이야기지만 독자분들과 함께 연을 만들어 갈 것이다.

모든 것은 인연으로 만나고 흩어지는 구름이다.

내 아빠라서 너무 좋다며 해맑게 떠난 네게 부끄럽지 않고 싶다.

지켜주지 못해 미안하고 옹졸함이 넘쳐 미안했다.

엄마와 네 동생과 행복하게 살다가 네게로 가고 싶다. 가끔씩 꿈에라도 다녀가려무나.

부동산으로 인한 아픈 청춘들이 없기를.

네가 준 깨우침으로 만든 이 책이 청춘들에게 밀알이 되도록 하마.

관악산 기슭에서,

김양수

목차

1부 투자 최적기, 정답은?

2부 부동산 세상 사는 기본기

투자 최적기,
정답은?

언제 하는 투자가 정답인가

　부동산 가격이 하늘 높은 줄 모르고 상승하던 2010년대 중반 이후부터의 약 6~7년 간은 시장가격 상승기에 올라탄 투자자들의 투자행복지수가 상당히 높았던 시기였다. 이 당시의 투자자들은 필자가 강의를 하면서 투자세팅을 안정적으로 하라는 필자의 이야기에 동의하지 못하는 분들이 참으로 많았었다. 대출과 전세를 최대한으로 늘려서 수익률을 극대화하는 투자 방식이 만연해 있었기 때문이었다. 그럼에도 필자는 고집을 꺾지 않았다. 그런데 하락기를 한 번이라도 경험한 분들의 마음은 지금은 어떨까. 여전히 그때의 투자 마인드를 그대로 가지고 있지는 않을 것이다.

　상승기와 하락기 심지어 폭망기까지 수차례 경험한 필자의 생각을 이야기하려고 한다. 오르는 시장에서는 욕심을 버리고 매도하는 타이밍만 판단하면 되는 것이라 많은 이야기를 할애할 필요는 없을 것이라서 내리는 시장의 위험성을 전제로 투자 타이밍에 관한 필자의 이야기를 해보려는 것이다.

　복합적이고 다양한 요소들에 의해서 움직이는 부동산 시장을 예측하고 투자하는 타이밍을 찾는다는 것은 한마디로 어불성설이다. 이 다양한 요소라고 하는 대표적인 것들로는 경제 전반의 경기 흐름, 부동산 시장의 공급량과 수요량, 거래량, 금리변동상황, 고용지표, 투자자들의 부동산 심리, 심지어는 지구촌 반대쪽에서 발생하는 사건·사고들, 그 외에도 다양한 요소들이 부동산 미래가격을 예측하는 소스가 될 수밖에 없는 것이다.

부동산 전문가라고 불리는 사람들이 내놓는 투자의견이 각각이 다른 이유도 어쩌면 당연한 현상이다. 그들도 단지 다양한 요소들 중에서 중요하다고 생각하는 포인트를 감안하여 예측하는 의견을 내놓는 것뿐이고 또 그럴 수밖에 없다. 인식의 차이라고 볼 수밖에 없는 것이다. 그렇다고 신 내린 무당을 찾아갈 수도 없는 노릇이다.

설령 그러한 과거의 다양한 데이터와 현재의 시황 심리 등을 토대로 1년 후 혹은 2년 후 또는 10년 후를 예측한 내용이 근사치에 가깝거나 맞다고 한들 현재의 투자 시점과 미래 사이에서 어느 누구도 예상하지 못한 그 어떤 사건들이 발생하여 예측한 내용이 빗나갈 수도 있을 거라는 생각까지 미치게 될 때 투자 시기를 고민하는 투자자에게는 참으로 풀기 어려운 문제가 아닐 수 없다.

시장에 영향을 끼치는 다양한 현상들을 감안해서 각각의 현상들에 대해서 무슨 몇 점의 가중치를 부여하고 그들을 어떤 일정한 프로그램에 대입해서 나오는 결과를 토대로 판단하는 그런 합리적인 방법을 사용하지 않는다. 어차피 이 시장은 부동산을 대하는 국민들의 시각 자체가 어떤 일정한 원칙에 의해서 움직이는 것이 아닌 비원칙적인 뿌리가 워낙 큰 시장에서 합리성을 토대로 어떤 결론을 만들어 낼 수 있다는 이야기에 필자는 동의할 수가 없다.

오랜 시간 동안 이 바닥에서 산전수전을 경험한 내용에 의해서 어떤 단순하고 큰 줄기의 투자원칙 몇 개를 확실하게 세우고 머릿속에 각인시키고 시장에 진입하는 타이밍을 판단한다. 가장 복잡하고 난해한 문제의 해법을 고민할 때 먼저 생각하는 것이 단순화다. 어떤 불안한 상황이 발생할 가능성이 있어서 지금 투자가 망설여진다는 등의 이런 생각은 하지 않는다. 그리고 내적 심리로서의 마인드를 확실하게 세팅하는 것이다. 예측하는 내용과 방향보다 더 중요한 것은 투자에 임하는 나의 마음가짐을 먼저 확고히 분모에 세팅한 이후에 다양한 예측자료들이나 다양한 요소들을 분자에 올려놓고 판단하는 것이 가장 중요하다.

경험에 의해서 확고하게 자리 잡은 단순화라는 이야기를 잠시 해보려고 한다. 투자에서 누구도 피해 나갈 수 없는 현상으로 대표적인 것이 항상 예측하지 못했던 갑작스러운 상황이다. 오래전에 닥쳐왔던 IMF 사태가 그랬고 금융위기도 마찬가지였다. 대부분이 기억하시겠지만 갑작스러운 금리 인상 여파도 일반투자자들 대부분이 그러한 상황을 예상하고 대비한다는 것은 거의 불가능한 것이다. 그런 상황이 갑자기 닥쳤을 때 이를 극복하기 위해 일개 개인의 능력으로 달리 어찌해 볼 수 있는 것도 아니다.

그렇다면 전문가는 위와 같은 현상을 예측하고 피해 나갈 수 있었을까를 생각해보면 전혀 그렇지가 않다. 당연히 일반 투자자들도 피해 나갈 수 없는 현상이다. 필자도 마찬가지다.

그렇다면 우리는 이런 예측과 관련한 다양한 이야기들과 분석을 접하기 이전에 어떤 방식으로 투자를 하더라도 자신의 기대와는 다른 방향으로 갈 수 있다는 투자심리적인 마음가짐을 딱 첫 번째로 가지는 것이 가장 속 편하고 중요하다. 이것이 필자가 이야기하는 단순화의 첫 번째 내용이다. 즉 투자심리의 안정적인 단순화다.

투자 이후 막상 예측하지 못했던 방향으로 흘러갈 경우에도 대비할 수 있는 최소한의 준비가 되어 있지 않다면 투자에서 가장 중요한 안정성이라는 위험을 극복하지 못하고 스트레스를 받게 된다. 쉽게 말해서 가격폭락에 대비한 시나리오를 그려놓고 투자를 하라는 것이다.

실제로 22년부터 24년 사이에 나타나는 많은 현상 속에서 그런 경험을 한 투자자들이 참으로 많다는 것은 필자의 의견을 확실하게 뒷받침해주고 있는 현실이자 증거다. 갑작스러운 금융위기나 금리변동도 투자자 개인으로서는 어찌할 수 없는 경제 현상 아닌가. 그렇다면 이런 일이 발생할 수도 있다는 전제로 사전에 대비할 수 있는 투자세팅을 하는 마인드를 가진다면 수많은 데이터와 전문가들의 의견을 마음 편하게 들으면서 투자 방향과 물건을 판단할 수 있었을 것이고 그에 따른 안정성과 수익성뿐만이 아니라 투자 건강성까지도 두루 갖추고 있는 투자자가 될 수 있다는 것이다.

혹자는 이런저런 모든 상황 감안하면 투자 못 한다고 비웃을지도 모를 일이다. 상관없다. 필자의 이야기에 공감 못하면 자기 방식대로 투자하면 된다. 적어도 필자는 이 원칙을 그대로 지키면서 투자를 한 탓에 그 힘든 실패 시기를 극복하고 그나마 지금까지 부담 없이 잘 유지되고 있다는 사실에 자부심이 있다. 사실 이 원칙들은 큰 실패의 경험에서 만들어진 것이고 더 이상 필자의 인생이 자빠져서도 안 되기에 앞으로도 많은 분에게 자신 있게 이야기한다.

언론이나 인터넷매체들을 통해서 우리는 참으로 다양한 투자 전문가들의 의견을 수시로 접할 수 있는 인터넷 정보의 바닷속에서 살고 있다. 예전에는 상상조차도 할 수 없었던 소중한 정보들을 일개 개인들도 속속들이 쉽게 접할 수 있는 여건이 되었으니 투자하기에는 더없이 좋은 세상이다. 그러나 다른 측면에서 보면 너무나도 많은 의견들과 정보들이 서로 상반된 이야기들을 쏟아내고 있는 현실이라면 그만큼 투자의 방향성을 잡기가 더욱 어렵다고 할 수도 있는 것이다.

그런데 오랜 기간을 투자활동을 해온 필자의 경험과 기억에 빗대어 보면 한두가지 확실한 진리 같은 현상으로 느껴지는 그 무언가가 있다.

단순화에 관한 두 번째의 이야기를 짧게 피력해 보겠다. 부동산의 가격은 항상 진폭을 가지고 유동적으로 움직인다는 단순한 진리가 있다는 것이다. 누구도 배웠고 알고 있는 이야기일 것이다. 하지만 이것을 투자에서 직접 활용하는 사람들은 얼마나 될까를 생각해보면 자금력이 풍부한 부자들의 대부분이 실천하는 투자 방식이고 영끌과 같은 방식의 투자자들은 알고만 있지 감히 실천하지 못하는 내용이다. 그들은 계속 오를 것이라는 기대와 그렇게 믿고 싶은 심리가 깔려있기 때문에 결코 시장가격의 상승과 하락이 반복되는 공식 같은 원칙을 실상은 거부하고 있는 투자를 하는 것이다.

이 순간에 나는 실패한 투자자라고 생각하시는 대부분의 이유는 이 시장의 상승 현상이 계속 오를 것이라 믿고 투자한 결과물이다. 오르막이 있으면 내리막이 있다는 기본진리를 알고 있음에도 이를 받아들이기에는 현실의 달콤한 유혹이 너무 큰 것이었다. 그나마 상승의 타이밍에 매도를 통해서 수익을 실현한 영끌 투자자는 진폭의 원리를 실천한 훌륭한 투자자라고 할 수 있다.

세 번째, 단순화에 관한 이야기를 해보겠다. 부동산 가격이 급락하는 이유는 갑작스러운 외부 충격이 왔을 때만 급락하더라는 것이다. 그리고 이러한 급락을 극복하기 위한 대책은 반드시 국가에서 도움을 주었다는 경험적 원칙을 투자 마인드를 각인해두면 결코 실패하지 않는다.

투자자에게는 수요와 공급에 의해 단기적으로 가격이 조정되고 혹은 부동산 정책에 의해서 가격이 인위적으로 움직이는 것은 그리 큰 위험이 아니었다는 것이고 금융위기나 갑작스러운 금리 인상 사태 등이 닥쳤을 때만 급변동하는 현상이 나타났다.

그리고 이런 현상에 반응해서 가격이 급락할 때에는 정부에서는 정치적인 측면에서의 가격관리를 위한 정책이 늘 나오더라는 것이다. 김대중 대통령 시절에도 그랬고 박근혜 대통령 때에도 그랬었다. 이러한 정책은 투자자들을 위한다기보다는 위정자들의 표밭 관리를 위한 차원에서 꺼내는 정책이지만 이 또한 투자자라면 충분히 머릿속에 넣어두어야 할 필요가 있는 투자 팁이 될 수 있을 것이다. 급락하는 상황에서 이런 정책이 나올 때까지 버티려면 어떻게 그리고 언제 투자해야 하는 것일까를 생각하는 것은 그리 어려운 판단이 아니다. 그리고 이미 투자를 한 상황에서 이런 충격을 맞이하였다면 어떻게 투자를 세팅했었어야 하는지를 저절로 알게 된다.

네 번째로는 부동산의 가격은 상승할 때 서로 앞다투어 가격을 올리려고 하는 경쟁적인 모습을 보이는 반면 하락하는 시기에는 서로 눈치를 보면서 최대한 버티면서 가격을 천천히 내리고자 하는 속성이 있다는 것이다. 그런에 이것이 외부의 큰 충격을 받았을 때에는 약하게 세팅된 물건들이 버티지를 못하고 시장에 쏟아져 나오면서 시장 가격을 급락시키는 경우도 있다.

이때 최초에 투자세팅을 안정적으로 한 투자자라면 이런 시장에서 큰 고민을 하지 않고 오히려 즐길 수도 있는 투자를 할 수도 있게 된다. 오히려 매수 타이밍을 찾으려고 하는 즐거운 고민을 할 수도 있게 되는 것이다.

말하자면 오히려 이 하락장에서야말로 견디지 못하고 시장에 내던져지는 급매물을 받아먹는 투자자가 진정한 전문투자자가 될 수도 있다는 것이다. 과거 IMF 때나 금융 위기 때에도 어느 정도의 자금을 준비하고 있었던 종잣돈 투자자가 위험시기를 지나면서 대박 투자자가 되어서 미소 짓는 대박 부자들이 많이 출현하기도 했다. 그들은 철저히 필자의 원칙을 그대로 지키는 투자를 한 것이다. 결국은 시장의 위험이 큰 부자를 만들어내고 시장의 호재는 작은 부자를 만들어낸다는 이야기가 진리나 다름없다.

이 말을 투자자의 측면에서 다르게 이해를 하자면 투자의 성공은 가격의 문제보다는 시간의 문제라는 것으로 이해하고 실천한다면 투자에서 누구나 성공할 수 있다는 것이다. 기다릴 줄 아는 지혜로운 여유와 대비를 한 투자자는 반드시 성공적인 투자를 할 수 있다는 말과 같다. 짧은 시간에 대박의 수익을 얻고자 하는 자라면 필자의 이야기에 결코 동의하지는 않겠지만 그런 투자를 부동산 시장에서 찾으려고 하는 생각은 우물가에서 숭늉을 급히 찾는 것이나 마찬가지다. 차라리 주식시장의 옵션이나 선물 투자를 하는 것이 훨씬 낫다.

부동산 시장을 예측하는 많은 전문가들 중 필자가 많은 공감을 느끼게 하는 전문가가 더러 있기도 하다. 필자는 그런 전문가분들을 단 한 번도 만난 적이 없지만 나름의 데이터분석에 따른 시장의 방향을 예측하는 내용이 많은 공감이 생길 때에는 존경심마저도 우러나오는 시장분석 전문가들도 있다. 고마운 분들이다.

필자는 다양한 시장의 수치들을 토대로 분석통계를 만들고 이를 바탕으로 투자하는 투자자는 아니다. 그럴 수 있는 능력도 없는 사람이고 그저 앞에서 말씀드렸던 몇 가지의 단순한 생각과 논리를 바탕으로 입지를 입힌 물건을 찾아서 투자를 하거나 남들이 모르는 내재가치가 있는 난이도 있는 물건을 심도 있게 분석해서 투자하는 정도의 수준일 뿐이다.

누가 IMF와 금융위기를 예측할 수 있었겠으며, 누가 급작스러운 금리 인상을 대비했을까. 누가 우크라이나와 러시아와의 전쟁 그리고 하마스와 이스라엘의 전쟁을 예측했겠나. 그러한 충격들의 영향이 럭비공처럼 어디로 튈지도 모를 정도로 급변하는 상황이다 보니 부동산뿐만이 아니라 모든 것이 예측하기가 어려운 상황이 된 것이다. 그럴수록 필자의 단순화 원칙에 대한 신뢰는 시간이 가면서 더욱더 확고해지고 있다.

금리 인상에 따른 충격으로 22년부터 하락하는 분위기였다. 이런 현상들을 어떻게 대응할 것인지를 앞의 단순화 원칙에서 이야기했던 내용을 토대로 생각해보시면 시장이 어떻게 움직일 것이고를 판단하는 것은 그리 부담스러운 것은 아니다. 단지 그 시간의 길이를 가늠하기가 어렵기에 투자세팅을 영끌투자 방식보다는 안정적인 형태로 세팅하면 어떤 상황에서도 이기는 전략이 된다.

거기에다가 시장가격하락에 따른 민심을 다독거리기 위한 정책이 나올 수밖에 없지 않은가. 여기에 각종 수요량과 공급량 등에 관한 지표를 참고하여 투자를 판단하면 백전백승이 될 수밖에 없다.

필자는 사실 이런 논지의 투자의견을 글로 쓴다는 것이 여간 어울리지를 않는다. 차라리 어떤 사례 하나를 가지고 이 사례는 이러이러한 이유와 마인드로 투자하게 되었고 그 결과의 방향을 다양하게 예측해서 투자세팅을 이러이러하게 하였다. 그랬더니 얼마의 기간이 지나는 동안에 어떤 일들이 발생하였고 그 결과로 얼마의 차익을 실현하였거나 얼마의 손실이 생겼다는 식의 아주 단순한 스타일의 설명을 더 좋아한다.

위의 글을 읽은 독자분들은 필자의 글 속에서 그래서 뭘 어떻게 하라는 것인가라는 행간의 의미를 찾기 위해서 눈과 머리에 쌍심지를 켤 수도 있는 것이라는 생각에 마음이 편하지 않다.

이 책자의 여러 군데 본문 파트에서 사례를 통해서 투자 마인드에 관한 의견을 피력해두었지만 그래도 다시 간략하게 정리해보려고 한다.

아파트 같은 물건의 최적 투자 시기는 하락기에 하는 것이다. 그것도 하락기의 무릎 가격에 투자하는 것이다. 투자 후 추가 하락할 수도 있다는 가능성을 열어두고 자금세팅을 보수적으로 하여야 한다. 말하자면 대출을 최대한 받지 말아야 한다는 것이 필자의 기본 지론이다.

가격이 추가로 하락하더라도 투자심리가 위축되어서는 안 되는 마인드를 가지고 있어야 한다. 왜냐하면 계속 하락할 리는 만무하고 그런 현상을 정부에서 보고만 있지는 않는다는 것이 필자의 확신이다. 규제완화와 매수세를 일으키기 위한 정책이 반드시 나올 것이다.

그렇게 투자한 물건이 상승하는 시장이 올 때 매각 타이밍을 고민하시면 된다. 단지 갭투 용도의 아파트 물건을 고를 때에는 반드시 입지가 A급 혹은 차선급으로 선택할 필요가 있다. 자금이 부족하다고 변두리 쪽방 아파트에 투자하지 말라는 것이다. 자금이 부족하면 차라리 몇몇이 힘을 합해서 투자하는 방안을 고민하는 것이 낫다.

상승기에 하는 투자는 투자 기간에 따른 수익률은 높을지 모르나 수익 금액 측면에서는 앞의 하락기의 투자 방식과는 비교가 안 된다. 심리적으로도 하락기의 투자자보다도 더 예민해진다. 하락으로 반전하는 위험을 각오해야 한다. 작은 가격 움직임에도 심리가 흔들릴 수 있기 때문이다.

상승기의 바닥 가격으로 투자하는 자가 가장 갑이다. 하지만 이것은 3대가 덕을 쌓거나 나라를 구한 조상이 있는 투자자일 때 가능하다. 상승기의 달리는 말에 올라타는 투자도 수익률 측면에서는 이상적이기는 하나 불안한 심리로 사느니 차라리 단기중과세율을 감안하더라도 초단타 투자 방식이 오히려 나을 수도 있다. 이것이 필자의 기본 지론이다.

필자의 6권의 부동산 전과 전권의 곳곳에 어떤 물건을 어떤 마인드를 가지고 어떤 시점에 투자를 하였는지에 관한 설명이 상세히 적혀있다. 최적기의 투자 타이밍과 투자 물건의 분석에 관한 세부적인 이야기들이 산재되어 있으므로 이 책이 독자 여러분에게 훌륭한 투자 지침서가 되어줄 것으로 기대한다.

부동산 세상 사는
기본기

모르면 속고 아는 만큼 보이는 세상

　부동산 투자에 관심이 있는 사람이든 없는 사람이든 누구든지 태어나는 순간부터 부동산 세상 위에서 사는 것이고 세상을 떠나는 순간까지도 마찬가지일 것이다. 하물며 이 부동산은 거래금액이 다른 재화에 비해서 월등히 큰 금액이다 보니 자본주의 세상을 살아가는 사람이라면 부동산에 관한 최소한의 필수지식은 알고 있어야 한다는 것은 분명한 사실이다. 투자에 1도 관심 없는 사람도 알아야 하는 필수지식에, 투자에 막 관심을 가진 입문자도 갖추어야 하는 최소한의 기본 소양을 이 파트에 담았다. 부족한 내용이 당연히 있지만 점점 채워나갈 것이다.

　부동산 투자시장이 다른 분야의 투자와는 확연하게 차이가 나는 아이러니한 현상이 있다. 그것은 다름 아닌 초보 투자자도 어느 날 갑자기 큰 투자수익을 거둘 수 있는 특이한 시장이라는 것이다. 물론 주식투자에서도 어쩌다 부자가 되는 양으로 주워들은 정보로 갓 입문한 투자자가 수익을 올리는 경우도 있겠지만 상대적으로 본다면 부동산 투자시장의 진입초보자가 그럴 수 있는 확률이 훨씬 높은 시장이다.

　맞다. 시장에 작은 관심만 가지고 있던 투자자가 이런저런 이야기들을 듣던 중 어느 순간에 아파트 매입을 결심하고 매수를 하였는데 이 물건가격이 갑자기 폭등하는 경우를 경험한 복 많은 사람들이 참 많다. 가장 최근의 경우가 2018년에 투자해서 불과 2~3년이 지나면서 매각을 한 투자자라면 순식간에 수억 원의 수익을 올린 투자 결과를 얻었을 것이다.

하지만 이런 팔자는 삼대가 복을 지었거나 조상이 나라를 구했거나 하는 불측의 은혜를 입은 사람들의 경우라고 생각하는 것이 정신건강에 좋다. '왜 그런 혜택은 내게는 없는 것일까'라는 한탄은 자신에게 아무런 도움이 되지 않는다. 필자도 마찬가지로 그런 우연에 의한 투자로 큰 수익을 거둔 사례는 지금까지도 없었고 앞으로도 그런 행운이 있을 것이라는 기대조차도 하지 않는 사람이다.

그런 행운을 바라는 투자자가 아닌 평범한 부동산 투자 관심자라면 어떤 투자 포지션과 마인드를 취해야 바람직한 것인지를 생각해야 한다.

이미 필자가 무슨 말을 하려고 하는지를 벌써 눈치를 채셨을 것이다. 맞다. 당연히 부투에 필요한 최소한의 핵심 지식을 익히고 그런 스터디와 소액투자부터 함께 병행해 나가는 포지션을 가지고 투자활동을 시작해야 할 것이다. 그렇게 스터디와 투자활동을 꾸준히 병행하다 보면 내게 다가올 것이라고 생각하지 않았던 행운의 투자여신이 어느 날 내게도 와있는 순간을 맞이하게 된다. 그런 측면에서 이 파트는 광범위하고 다양한 부동산 분야의 투자에 필요한 최소한의 핵심 지식을 익히기 위한 필수 기초 파트다.

이 파트는 재미도 별 없을 뿐더러 처음 입문하는 경우라면 용어도 낯설어서 따분할 수 있을 것이다. 하지만 돈을 벌고자 하는 의지로 부동산 투자에 관심을 가진 자만이 이 책을 들춰볼 것이고 그런 의지가 있는 자라면 이 정도의 기본핵심 지식만으로도 투자를 시작하는 인연을 가지게 될 것이다.

반면에 이런 기초학습과정조차도 싫다거나 마다한다면 그 사람은 틀림없이 누워서 입을 벌리고 감이 입으로 떨어지기만을 간절히 기다리고 있는 사람의 마음과 전혀 다를 것이 없다.

필자가 늘 하는 말이 배워서 투자를 한 성공은 투자자라고 하는 것이고 얇은 귀로 듣고 남들이 하는 대로 따라 해서 이룬 수익은 투기꾼의 그것이라는 말을 자주 하는데 적어도 양심과 의지와 뚜렷한 주관에 의한 투자성과이었을 때 비로소 누구에게도 떳떳하게 이야기할 수 있는 자신만의 투자 모토를 만들 수 있고 자랑스러운 것이다.

그런 의미에서 이 장의 내용은 입문 투자자에게는 상당히 중요한 내용이 될 수 있기를 기대해본다.

임대차 3법의 핵심 내용 정리

경제적 약자인 임차인 보호를 목적으로 2020년에 주임법과 부동산거래신고 등에 관한 법률을 개정하여 임대차 3법을 신설하였다.

그 첫 번째인 주택의 임대차계약 갱신청구권은 기본적인 계약기간 2년에다가 2년을 추가하여 계약기간을 연장할 수 있는 권한을 임차인에게 부여한 것이다. 최대 4년까지 연장된 것이며 임대인은 특별한 사정이 없는 한 연장에 대한 의무를 지게 된다. 임차인은 계약기간이 연장되었음에도 불구하고 연장계약기간 중 언제든지 계약종료를 통지할 수 있다. 계약종료의 효력은 임대인에게 통지한 날로부터 3개월 후에 발생한다. 임대인은 통지받은 날로부터 3개월 내에 보증금반환을 해주어야 하는 의무가 생긴다.

그런데 이 계약갱신청구권에 관한 통지는 계약기간이 만료되기 2개월 전까지 임차인이 임대인에게 통지하여야 한다. 특별한 사유에 해당되지 않는 한은 임대인은 이를 거절할 수 없다.

그런데 이 특별한 사유를 법으로 정하고 있는 내용에 대해서 해석이 워낙 분분하고 다양한 유형으로 나타나고 있어서 사회적인 갈등이 많이 발생하고 있다. 급하게 만든 정책의 부작용이다. 임대인이 갱신을 거절할 수 있는 사유로 대표적인 것이 임대인의 거주목적이다.

- 임대인 본인이나 직계존비속이 거주할 목적
- 임차인의 2기 이상 차임연체 무단전대
- 임차인이 고의로 주택을 훼손

- 최초 계약 시 재건축계획을 고지한 경우 실제로 재건축이 진행되는 경우
- 거짓·부정한 방법으로 임차한 경우

대표적인 것이 첫 번째 사항이다. 거주할지 안 할지도 모르는 시점에서 임대인의 의사표시만으로도 거절할 수 있는 애매한 내용이 삽입되어 있다. 임차인은 주택을 인도하여야 하겠지만 인도 이후에 임대인의 가족이 거주하지 않을 개연성이 너무 많다. 사회적 갈등이 더욱더 많아질 여지가 많다. 거짓일 경우 손해배상을 하도록 규정되어 있으나 서민들이 이런 사안으로 법원을 배회할 만큼 그리 여유가 있다면 그는 이미 서민이 아니다. 변호사만 배 불리는 조문이 될 수도 있다. '법을 만든 자들이 대부분 변호사라는 직업을 겸직해서 그런가'라는 의구심이 들 정도로 다분히 탁상적인 발상이라는 느낌을 지울 수가 없다.

두 번째의 내용이 전월세 상한제이다. 계약갱신청구권을 사용할 경우 임대료의 상승폭을 직전계약임대료의 5%로 제한한다는 내용이다. 하지만 새로운 임차인과 임대차계약을 체결한다면 전월세상한제 적용을 받지 않는다. 최초 2년 계약을 1회 갱신한 후 5년 차에 작성하는 새로운 계약서도 전월세 상한제 적용을 받지 않는다. 보증금의 큰 증액 없이 4년을 거주할 수 있도록 하는 장점이 있다. 올리지 못하는 문제로 임대인의 입장에서는 재계약 시에 처음부터 훨씬 높은 금액으로 계약하려는 사회적인 문제가 발생하기도 하는 단점이 있다. 하지만 임대인이 임대사업자로 등록한 경우라면 새로운 계약이든 뭐든 이 5%의 적용은 지속된다. 임차인이라면 임대사업자의 임대용 주택으로 등록된 주택을 찾는 것이 현명할 수도 있다. 렌트홈이라는 사이트를 활용하면 된다.

세 번째의 내용은 전월세신고제이다. 일정 금액 이상의 임대차계약을 할 경우 계약체결일로부터 30일 이내에 해당 주택소재지 주민센터에 거래신고를 하여야 한다. 보증금 6천만 원 초과 또는 월세 30만 원 초과하는 임대차계약의 경우 해당된다. 수도권 전역, 광역시, 세종시, 도의 시지역에서 발생하는 계약일 경우 신고 의무가 부과된다. 부동산거래 관리시스템에서 온라인 신고도 가능하며 주민센터 방문하여 계약서와 신분

증을 제출하면 된다. 내용이 변동 없는 갱신계약은 신고에서 제외된다.

이 전월세신고를 할 경우 앞 단원에서 말씀드렸던 확정일자라는 것이 자동으로 부여되는 효과가 있다. 이러한 개인들의 임대차 내용들이 공개됨으로 인해서 집 구하는 임차인 입장에서는 시세파악이 용이한 점도 있고 국가의 통계나 국세청의 세수확보에 큰 도움이 되는 자료가 축적된다는 점은 장점인지 단점인지는 잘 모르겠다. 세수확보에 완전히 노출되는 문제가 발생하면 그로 인한 임대인의 부담이 결국은 세입자에게 전가되어 추가적으로 관리비 상승이나 다운계약서 등의 편법이 성행하는 문제도 발생할 수 있을 것이다. 2024년 6월 1일부터 정식으로 시행된다.

그런데 지금까지의 임대차계약에 관한 기초지식을 알고 있어도 임차인이 계약하고자 하는 주택이 다가구 주택인지 아니면 공동주택인지조차도 구분하지 못하고 있다면 위의 지식이 아무런 도움이 되지 않을 수도 있다. 그래서 양념 격으로 단독 주택의 종류와 기본적인 특징 정도는 알고 있어야 한다.

이 정도는 알아두자, 단독 주택의 종류 3가지

건축법 시행령에는 건축물의 종류를 29가지로 분류하고 있다. 이 중에서 단독 주택이 그 첫 번째인데 이 단독 주택에는 3가지 종류가 있다는 사실을 알아두실 필요가 있다.

단독 주택에는 순수하게 말 그대로 단독 주택. 즉, 토지와 건물이 있는 고유의 순수 단독 주택이 있는데 이것은 거주하는 형태가 한 가족이 같은 건물 안에서 거주하는 구조로 되어 있다. 독립된 구조로 된 1세대가 사는 주택의 형태로 건축법상 층수나 면적 제한이 따로 있는 것은 아니다. 단지 과세하는 지방세법상의 기준으로 면적의 크기를 구분해두고 있지만 굳이 그 내용까지 이곳에서 알 필요는 없다.

그다음으로는 다중 주택이라는 것이 있다. 꼬마빌딩투자 파트에서 자세히 설명하고 있으므로 간단하게 요약만 해보면 완전하게 독립된 주거 형태는 아니다. 하지만 여러 사람이 공동으로 사용하는 주택이기는 해도 각방과 욕실은 따로따로 독립된 사용이 가능하다. 취사시설만은 각방에 설치할 수 없어서 공용취사장이 별도로 있어서 가볍게 조리하고 취식할 수 있다. 취사시설이라고 함은 싱크대 인덕션이 대표적인데 현실은 불법으로 이것을 설치해서 임대를 하는 형태가 공공연하다. 옛날의 하숙집구조가 현대적으로 발전된 모습으로 이해하시면 된다.

주택으로 사용되는 층수를 3개 층으로 제한하지만 지하는 층수 산정에 포함하지 않으므로 실제로는 4개 층도 가능하다. 게다가 일조권규제가 허용되는 범위 내에서 주택 용도가 아닌 다른 용도의 공간도 설계 가능하므로 토지를 잘 살펴볼 줄 아는 안목이 있다면 투자자에게는 큰 도움이 되는 지식이다. 면적도 660 제곱미터 이하로 제한한다. 예전에는 330 제곱미터였는데 2021년도에 획기적으로 개정이 되어서 수익형 투자종목으로 많은 관심을 받고 있다. 각방은 원룸 형식으로 되어 있지만 호실을 몇 개로 제한하고 있지도 않다. 소유권은 단독 주택 형태로 등기되므로 공동주택이 아니다.

개정 이전의 다중 주택 모습

개정 이후의 다중 주택 모습

다중 주택의 요건이 완화되자 사진과 같은 형태의 다중 주택건축이 가능하게 되었다.

마지막으로 다가구 주택이라는 것이 있는데 하나의 건물에 여러 세대가 살고 있는 형태로 각 세대의 거주 형태가 독립적이고 분리되어 있는 구조이다. 단독 주택이므로 소유권은 각 세대마다 각각이 아니라 건물 전체가 한 개의 소유권이다. 많은 세대가 살아도 해당 주택의 소유권은 한 개다. 가구마다 욕실이나 취사시설, 거주하는 거실 등이 따로 갖추어져 있다. 편의상 호실로 나누어서 부르고 있을 뿐이다. 주택으로 사용하는 층수를 3개 층으로 제한하고 면적도 660 제곱미터로 제한하고 있다.

'다가구 주택과 다중 주택 중 어느것이 좋을까'라는 질문을 하는 경우도 있는데 수익률 측면에서는 다중 주택이 좋지만 무엇보다도 물건의 선택보다는 입지적인 차원에서 선택을 하는 것이 더 중요하다. 젊은 세대의 직장인이나 대학생들이 많아 거주하는 입지라면 수익률적인 측면에서 당연히 다중 주택이 효과적일 것이고, 독립된 형태의 가정을 필요로 하는 세대가 많은 입지라면 다가구 주택이 더 효율적인 선택이 될 것이다.

참고로 다세대 주택이라고 하는 것은 이와는 약간 다른 공동주택이다. 다가구 주택과 외형상 구분하기가 다소 어렵지만 다세대 주택은 아파트처럼 공동주택이라서 각 호실별로 소유권이 각각 나누어져 있다는 것이 다가구 주택과의 큰 차이점이다. 주택으로 사용하는 층수가 4개 층까지 사용이 가능하다. 아래 사진은 다세대 주택을 신축해서 각 호실별로 분양을 하고 있는 모습이다.

호실별로 분양하는 신축 다세대 주택

우리가 흔히들 부르는 빌라라는 이 용어는 원래는 다세대 주택이 들어오면서부터 사용되었다. 이제는 다가구 주택과의 외형적 구분이 어렵다 보니 다가구 주택도 혼용해서 그냥 빌라라는 용어로 통칭해서 사용하고 있다. 다가구 빌라, 다세대 빌라라고 부른다면 혼동이 없을 것이다.

전세 사기 피하는 유일한 해법,
빌라 가격 판단하기

아파트 가격이 상승하는 시장에서 빌라에 대한 매수수요자의 관심은 어떨까. 치솟는 아파트 가격을 감당하기가 어려운 경우라면 '내집마련'의 차선책 대체재로서 빌라를 매수하는 것이 낫겠다는 생각을 하는 수요는 생기기 마련이다. 굳이 매수가 아니더라도 아파트입주를 위한 사전 거주단계로 빌라에 전세로 거주하는 수요자들도 무척 많다.

이 빌라를 분양하는 사무실을 방문해서 가격을 알아보면 이 빌라도 의외로 비싸다는 생각이 들 수도 있다. 그렇다면 이 빌라는 신축을 하는데 얼마의 비용이 드는가를 알아보고 그 원가를 예측해본다는 것은 비록 매수자가 아니라 전세로 살기를 원하는 세입자의 입장에서도 전세 가격이 과연 적당한가의 판단을 할 수 있는 훌륭한 바로미터가 될 것이다.

간단한 논리로 다세대 빌라의 시세를 알기 어렵기 때문에 선량한 임차인들이 사기를 당하게 되는데,『기회는 온다, 부동산 투자 성공비법』2권에서는 빌라의 원가를 산정하는 방법과 건축주의 분양이익을 합한 시세 금액을 산출하는 구체적인 방법을 올려두었으나 그 내용이 다소 어려운 내용일 수 있어서 이 책자에서는 결론적인 내용으로만 간단한 말씀을 드리는 편이 좋겠다는 생각이 들어 약간의 편집한 내용을 올린다.

모든 다세대 빌라의 사기 계략은 대부분이 신축이나 지은 지 오래되지 않은 빌라를 이용해서 사기를 치는 수법이 만연해 있다. 이런 빌라는 모두가 세금을 부과하는 기준이 되는 공동주택 공시가격이 있다. 한국부동산원의 부동산알리미 사이트를 방문하면 주소와 호실을 입력하면 금방 누구라도 알 수 있는 것이 공동주택 공시가격이다.

이 공시가격 기준에서 1.3배를 초과하는 금액으로는 전세계약을 하지 않는 것이 안전하다는 생각을 하고 있으면 세상 사는 데 도움이 된다. 만약 해당 다세대 빌라의 공시가격이 1억이라면 임대차 금액은 1.3억 이상으로는 계약을 하지 않을 것을 권한다. 이 방법이 무조건 안전한 것은 아니지만 전세 사기 보증사고를 가장 많이 당했던 주택도시보증공사에서도 가장 최근에 적용하는 표준방안으로 활용하는 수치이기도 하므로 이 수치를 참고하시면 도움이 될 것이다.

지역마다 빌라 시세의 편차가 크기 때문에 일률적으로 적용하는 것이 바람직한 방법은 아니지만 가장 쉬운 방편으로 이 수치를 말씀드리는 것이니 각자가 알아서 판단해야 할 것이다. 도저히 이 가격으로는 다세대 빌라를 구할 수 없다는 생각이 든다면 차선책으로 생각해 볼 수 있는 것은 월세를 추가로 부담하는 것이 오히려 경제적으로는 부담이 될 수 있지만 심리적으로는 훨씬 편안해질 수 있다.

빌라의 불법행위와 위반건축물

불법확장 빌라

불법으로 확장된 빌라라고 해서 무조건 매수해서는 안 된다거나 전세로 거주해서는 안 된다고 이야기하는 의견에 필자는 동의하지 않는다. 우리나라 대부분의 빌라는 일정 높이를 초과하는 위치에서부터는 일조권 사선제한규제로 인해서 위로 올라갈수록 건축면적이 점점 좁아질 수밖에 없다. 때문에 건축업자들은 거의 준공 이후 아래층의 옥상이 되는 베란다를 확장하여 주거효용을 높일수 있도록 불법으로 확장을 한다. 혹은 확장하지 않더라도 매수자가 확장을 쉽게 할 수 있도록 건축 시에 벽면 자재 철거가 용이하게 건축하는 경우가 대부분이다.

이렇게 해야만 조금이라도 분양이 잘되고 업자의 수익이 조금이라도 더 나오기 때문에 어쩔 수 없는 유혹을 뿌리치기는 힘들다. 하지만 그런 사정을 잘 알고 그에 대처하는 마인드가 있으면 매수를 해도 괜찮고 세입자로서 입주해도 무방하다고 본다. 이것이 알고 매수한 자와 모르고 매수한 자의 차이다.

우리가 길을 걸을 때 너무나도 쉽게 발견할 수 있는 빌라의 상층부 외관 모습이다. 모두 불법이다. 그런데 대부분의 빌라의 현실이 이럴진대 이런 불법이 들켜서 위반건축물로 건축물대장에 등재된다면 그에 따른 이행강제금을 구청에서 부과하는데 그럼에도 불구하고 원상복구를 하지 않고 이행강제금을 납부하는 이유는 간단하다. 지금은 그렇지 않지만 예전에는 5년이 지나면 이행강제금을 부과하지 않는다는 것이다. 그래

베란다확장부분
(무단 증축)

서 5년 동안 이행강제금을 부담하고 그 이후부터는 불법 상태로 계속 사용하는 빌라도 참 많다. 그렇다고 해서 5년이 지나면 위반건축물에서 벗어나지는 않는다.

이렇게 위반건축물로 건축물대장에 등재된 빌라는 금융권 대출을 받을 때에도 문제가 발생하는 경우가 있다. 대출을 받으려면 사전에 반드시 건축물대장을 지참해서 사전상담을 받아야 한다. 전세대출을 받을 경우에도 마찬가지이다. 대출 보증을 받지 못하는 경우도 있기 때문이다. 정녕 대출이 불가하다면 원상복구하고 위반건축물 딱지를 떼야 한다. 그리고 난 뒤에 다시 설치하는 한이 있더라도 반드시 그래야만 한다면 어쩔 수 없는 일이다.

아이러니한 이야기이지만 이런 불법확장 빌라임에도 한 번도 위반건축물로 들킨 적도 없는 빌라가 우리 주위에 너무나도 많다. 이런 경우에는 어떻게 해야 할 것인가의 고민이 생길 수도 있다. 대출이나 전세보증을 받을 경우에도 이것은 문제가 없다. 하지만 언제든지 위반건축물로 등재될 가능성은 남아있다. 이런 빌라를 매수해야 하는가 전세로 입주해도 되는가의 판단은 장단점을 알고 난 뒤에 자신이 전적으로 판단해야 할 문제이다. 전세로 입주하는 세입자라면 주거효용이 좋으므로 큰 문제는 없을 것이고 매수하는 매수자도 별문제는 없다. 단지 그에 따른 위와 같은 문제가 발생할 경우에 자신이 감당할 몫이라는 마인드를 가지고 판단하면 된다.

현실은 그럼에도 불구하고 수많은 사람들이 매매를 하고 입주를 한다. 빌라신축업자들은 어떻게 해서든 조금이라도 비용을 덜 들이는 방법으로 건축을 하고자 하는 유혹을 이기기가 쉽지 않다. 심지어는 건축비의 3%에 해당하는 하자보증보험을 가입해야 하는데 이 비용만큼에 해당하는 공사를 애초에 덜 하고 숨기는 방식으로 준공을 받은 후, 분양한 빌라에서 하자보수요청이 들어올 때 이 비용을 찾아서 하자보수를 해주는 악덕빌라업자들도 있다.

필자는 개인적으로 신축빌라의 매수는 권하고 싶은 마음이 별로 없는 사람이다. 차라리 오래된 다세대 빌라를 수리해서 임대를 주고 재개발을 기대하는 투자 방식을 선호한다.

근생 빌라를 아십니까

건축물의 용도가 주거용도가 아닌 일반 사무실에도 임차인이 임대차계약을 체결하고 주거용도로 사용해도 될까. 당연히 가능하다. 사무실에 사람이 살면 안 된다는 법이 없다. 근생이라고 하는 것은 근린생활시설을 약어로 사용하는 말이다. 그런데 빌라는 주거용도의 용어다. 근생 시설에 주거를 한다는 말이다. 가능하다. 빌라가 경매나 공매로 나온 경우에 건축물대장을 살펴보면 주거가 아닌 사무소로 되어 있다. 그런데 임차인이 전입되어서 살고 있고 방문을 해 보면 아기 업은 엄마가 나오는 경우가 많다.

이런 임차인의 보증금은 주택임대차보호법에 의해서 보호될 수 있을까. 당연히 주임법 요건에 맞는 임차인이라면 보호된다.

그런데 그런 세입자의 문제가 아니라 그런 세입자가 살고 있는 근생 빌라가 공공연하게 일반빌라처럼 매매되고 있다는 것이다. 당연히 매매도 자유롭다. 하지만 이런 빌라도 세입자가 살고 있는 사실이 드러날 경우 위반건축물이 된다. 세입자가 없을 때까지 매년 위반건축물에 의한 이행강제금을 납부해야 한다.

왜 이런 빌라가 난립하고 있을까를 생각해보지 않을 수 없다. 건축법에는 다세대 주택을 지을 때 주택으로 사용할 수 있는 지상 층수를 4개 층으로 제한하고 있다. 그런데 토지가 1개 층을 더 짓고 싶은 여건이 충분할 경우에 건축주는 주택의 용도가 아닌 다른 용도로 건축을 하게 되고 내부는 주거가 가능한 형태로 변경이 쉽도록 건축을 한다. 준공을 받고난 뒤에 일부 내부시설을 변경해서 주택처럼 임대를 하거나 매매를 한다. 분양가를 약간 저렴하게 해서 분양을 하는 경우에 이런 근생빌라를 분양받는 사람들이 더러 있다. 주택으로 취등록세를 매기지 않고 상가로 계산하면 소유권 이전비용도 저렴하다. 자신이 거주하다가 위반건축물로 되는 경우도 있고 매매를 하기도 쉽지 않은 상황이 발생할 수도 있다. 매도를 할 때에도 주거용도가 아니라서 양도소득세 비과세 혜택은 없다.

방쪼개기 빌라

건축업자는 빌라를 지을 때 시공비용을 아끼기 위해서라면 많은 세대를 짓는 것보다는 적은 세대수로 넓게 지으면 비용이 아무래도 덜 들 것이다. 뿐만 아니라 세대수가 적으면 주차장을 확보해야 하는 주차대수와 그에 따른 주차면적이 줄어들 수 있으므로 머리를 많이 굴리지 않을 수가 없을 것이다. 그래서 한 개의 건물을 지을 때 가운데 방향으로 진입하는 계단과 엘리베이터를 만들고 양쪽으로 한세대씩 4층을 지으면 전체 8세대의 평수가 넓은 주택을 지을 수 있고 기본적으로 주차대수도 8대만 설치하는 설계를 가장 이상적인 빌라의 설계방식을 사용한다.

그런데 면적이 넓은 8세대의 각 세대를 분양하거나 임대를 하고자 할 때와 면적이 절반인 16세대를 분양하는 경우와 비교하면 아무래도 소형을 분양하거나 임대하는 것이 경제적으로 훨씬 유리한 결론이 나온다. 그래서 건축업자는 준공 이후에 과감한 결단을 내리고 한세대의 집을 두 세대가 독립적으로 거주할 수 있도록 쪼개는 작업을 해서 임대를 하는 경우가 많다. 이에 대비해서 사전에 설계도 쪼개기 좋은 형태로 하기도 한다. 이것을 '방쪼개기'라고 한다. 중개업자도 이런 사실을 알면서도 별문제 없다는 식으로 이야기하고 세입자를 들이는 경우도 있지만 결과적으로는 한집에 두 세대의 세입자가 거주하게 되는 것이라서 경매나 공매가 진행된다면 해당 빌라의 호실에 세입자가 두 세대가 있게 되고 뒤에 들어온 세입자는 아무래도 권리관계가 불안정한 상태의 세입자가 되어 보증금반환에 문제가 생길 수도 있게 된다는 사실을 알고 있어야 한다.

3부

상승기·하락기
주거용 갭투 전략

반드시 해야 하는, 누구나 할 수 있는 갭투자

흔히 아파트와 빌라라고 불리는 다세대 주택은 오래전부터 부동산 투자에 관심이 있는 사람들이 소액으로 전세를 끼고 갭투자하기에 가장 적합한, 전통적인 방식의 부동산 투자종목이었다. 특히 경매시장에서의 다세대 빌라는 경매시장에 막 진입하는 투자자들에게 자금적인 측면에서 가장 부담이 덜한 부동산 투자종목이다.

아파트의 국민적인 인식이 개선되면서부터 아파트갭투를 하기에는 아파트가 빌라보다 큰 금액이 소요되면서부터 자금이 적은 투자자들은 여전히 낡은 빌라를 경매로 저렴하게 낙찰받아서 깨끗하게 수리를 해 세입자에게 매도하거나 일반매매를 통해서 약간의 차익을 보는 방식의 투자는 지금까지도 소액투자의 표준적인 투자방향이다.

한 채를 경매로 투자하는 데 드는 비용이 주거용 부동산 투자로는 가장 소액으로 투자가 가능했기에 한 채당 수익 금액이 그리 크지는 않았지만 이런 방식의 투자개수를 늘려가다 보면 어느새 아파트나 다른 품목을 투자할수할 수 있는 종잣돈을 마련하기에 최적의 물건이었다. 가랑비 옷 젖는 투자이지만 안전하고 효용이 좋은 투자 방식이다.

그 과정에서 노후 빌라가 밀집되어 있는 일단의 지역이 재개발구역으로 지정되거나 하면서 소액매각차익을 얻고자 투자한 빌라가 갑자기 큰 재개발로 인한 고액 프리미엄 차익이 생기다 보니 더더욱 많은 이들에게 관심을 받기에는 충분했다. 이러한 빌라투자 분위기와 부동산경기를 살리기 위한 정책적인 규제완화대책 등에 편승해서 2010년대 중반경부터 건축업자들이 공격적으로 빌라를 신축하기도 했는데 이 빌라라는 것이 적정 시세를 가늠하기가 상당히 어려운 측면이 있는 점을 악용해서 전세대출사기를 유발할 수 있는 최적의 상품으로 변질되어서 많은 사회적인 물의를 빚기도 하였던 물건이었고 그 여파는 향후로도 상당히 많은 사회적인 후유증으로 시달릴 수 있는 시장 물건이 되기도 하였다.

하지만 그러한 측면과는 상관없이 오랜 기간을 많은 입문 투자자들로부터 관심을 받아왔던 것이 이 다세대 빌라였다. 그리고 이 빌라 투자에 관한 많은 강의들과 출판 저서들은 항상 시장진입자들의 관심을 받는 1순위 투자 파트였다. 다양한 강의와 출판 저서 중에서도 초보자들이 가장 쉽게 접근할 수 있는 방식으로 출판된 저서가 쉽게 눈에 띄었는데 그것은 '쿵쿵나리'라고 하는 필명을 가진 이선미 씨가 쓴 책자였다.

독자들이 부담 없이 읽고 공감하면서 따라하기에 좋은 책이었다는 기억이 있다. 소액으로 주거용 투자부터 입문을 생각하고 있는 분이라면 쉽게 쓰여진 이 책을 통해서 입문하는 것도 괜찮겠다는 생각이 들 정도로 소확행 투자 느낌이 드는 책자이기에 소개를 해 본다.

지금 행크(행복재테크)라는 카페에서 전문 강사로 꾸준히 활동을 하고 있는 모습을 보더라도 얼마나 적극적이고 열정을 가진 노력을 하였는지를 미루어 짐작하기에 충분한 여장부다.

이러한 방식의 갭투자는 오래전부터 전통적으로 많은 투자자들이 그나마 개발도상국이라는 대한민국의 부동산 가격과 물가가 지속적으로 상승을 하던 시절에 안전성과 수익성 둘 모두 챙길 수 있는 방법이었고 또 별도의 무슨 대단한 지식을 필요로 했던 것이 아니다 보니 가장 많이 선호해왔던 전통적인 투자 방식이다. 또 이렇게 투자한 사람들은 대부분이 수익을 남기게 되는 긍정적인 결과가 나왔던 시절이었다.

이 책은 부동산 투자에 관한 부동산 바이블과 같은 대전과를 쓴다는 자부심으로 2022년과 2023년 2024년에 걸쳐서 쓰여진 책이다 보니 워낙 그 분량은 많을 것이지만 시간의 흐름에 따라 변하게 되는 트렌드나 투자 기법 등의 부족한 부분은 계속 중보판을 출판할 계획이다.

그렇게 완성도를 높이다 보면 이 저서를 통해서 보다 많은 사람들이 안전하게 경제적 자유를 얻게 되고 불안한 미래로부터 정신적이고 물질적인 안정을 찾을 수 있는 저서가 된다면 필자로서는 더없는 영광이 될 것이다. 그리고 투자에서 가장 중요한 핵심마인드가 무엇인지를 많은 독자분들이 부담 없이 깨우칠 수 있을 것이라고 자부한다.

그리고 원고를 쓰고 있는 이 기간 동안에는 부동산 가격의 최고 상승기와 하락기를 동시에 맞이하는 시점에서 쓰고 있다 보니 자연스럽게 최근 몇 년 동안 많은 상승을 하던 기간에 투자해서 큰 수익을 올린 사람과 늦게 투자해서 하락의 쓴맛을 보는 투자자들이 혼재되어 있는 시절이기에 이 저서는 상승기에는 물론 하락 시그널이 있는 전환기나 하락기에도 더욱더 많은 빛을 발할 수 있을 것이다.

이 시기에는 또한 많은 신조어들이 생겨난 시기이기도 하다. 예전에는 레버리지라는 투자용어를 사용했는데 그에 딱 알맞은 느낌을 주는 갭투자라는 용어가 2010년 중반대에 들면서 생겼다. 약간 좀스럽다는 느낌이 들기도 하지만 쉽게 이해할 수 있는 아주 간결한 말이기도 하다. 자고 나면 오르고 또 오르는 시장이 계속되다 보니 영혼까지 끌어모아서 투자한다는 영끌투자라는 용어도 정말로 투자시장을 바라보는 투자자들의 마인드가 어떤 시기라는 것인지를 한마디로 극명하게 이야기해주는 용어다.

그야말로 투자의 기본을 제대로 체험할 수 있는 타이밍이 되는 시절이고 누구는 천당을 맛보고 누구는 지옥을 맛보는 시장이기도 한 시절이다. 그렇다면 우리는 그런 시간의 경험 속에서 무엇을 깨우쳐야 할 것인가에 대한 작은 고찰이 필요하지 않을까. 그 고찰을 통해서 미래에는 어떤 방식과 마인드로 안전한 고수익을 올릴 능력을 키울 수 있을 것인지를 진지하게 고민하여야 할 때이다.

직장생활이 너무 힘들어 그만두고 조기 은퇴하고 부동산 전업을 준비하시거나 고민 중인 분들에게 드리고 싶은 말씀을 간략하게 정리해 본다. 정답이 있는 아젠다는 아니지만 거의 90% 이상은 부동산 전업투자는 해서는 안 되는 분야라는 결론부터 내린다.

    필자는 부동산에 관한 강의나 투자를 오랫동안 해오다 보니 다양한 투자환경에 처해있는 분들을 많이 만나기도 했다. 한때 부동산 경기가 상승기류를 타고 있을 때 갭투자를 하기만 하면 전세와 매매 가격이 올라 주니 순식간에 큰 자금을 마련하게 되는 행운을 경험했던 많은 젊은 투자자들이 있었다. 그 물건들을 모두 팔아서 현금화했다면 참으로 잘한 투자였고 그렇지 않았다면 지금쯤은 큰 애로를 경험하고 있을 것이다.

    한마디로 물어보는 필자의 질문에 대답을 명확하게 할 수 있다면 그는 지금 당장 전업투자의 길로 들어서도 되는 사람이다.

    부동산 가격이 상승하지 않는다는 전제로 부동산 투자를 할 수 있는가에 대한 답변을 할 수 있다면 그는 전업투자를 해도 된다. 세상이 올려주는 가격차익으로 전업투자를 하겠다는 생각은 참으로 미련스러운 생각이다.

    부동산 투자 분야가 불과 몇 년 투자한 사람들이 돈을 벌기에 괜찮은 시장이라면 이 분야에서 일을 하지 않을 사람은 아무도 없을 것이다. 많은 부동산강의에서 부동산 투자로 많은 돈을 벌었다는 이야기를 맹신하는 것은 나도 금방 돈을 벌 수 있다는 착각을 할 수도 있다. 부동산 시장 가격이 조정을 받는 시기가 온다면 어떤 방식으로 투자를 할 것인가에 관한 고민을 좀 더 하시고 그 대안이 있으면 은퇴해도 반대하지 않겠다는 것이다.

    어떤 분야이든지 해당 분야의 전문가가 되려면 적어도 10년 이상은 꾸준한 관심과 노력을 했을 때 비로소 그 시장이 돌아가는 원리를 제대로 깨우치고 올바른 투자를 할 수 있다. 언론이나 SNS에서 부동산 전문가라고 하는 분들의 이야기에 너무 솔깃해서 따라 하는 투자도 당연히 조심해야 한다. 그들이 하는 말은 쉽지만 그 말대로 당신이 하는 행동은 당신이 책임져야 한다.

제대로 준비된 은퇴는 오래전부터 철저한 사전 준비와 계획이 필요하다. 다시 말하지만 부동산 투자는 전업으로 하기에는 부적합한 업종이다. 아니, 깜도 안 되는 업종이다. 경기가 좋을 때와 나쁠 때가 골고루 다가올 것인데, 좋은 시기에는 누구라도 이익을 낼 수 있지만, 나쁜 시기에는 극복해 나갈 방법이 참으로 어렵다. 많은 경험자들만이 극복해낼 수 있다.

결론적으로 부동산 전업을 위한 은퇴는 확실히 준비되지 않은 채 감성으로 하는 것이 아닐뿐더러 전업을 하기 이전에 이미 경제적인 자유를 세팅해 두고 난 뒤에 즐기면서 고민해도 늦지 않은 문제다.
그게 그리 쉬운 거라면 필자는 지금 이곳에 있는 사람이 아니고 이미 큰 부자가 되어 있었을 것이다.

부동산 전업투자는 직장생활이 힘들고 괴로워서 은퇴하는 퇴로가 아니다. 그저 나오고 싶은 스스로의 명분을 만들 수단도 아니다. 그 정도의 실력으로는 퇴사한 뒤에는 아무 할 일이 없는 자신을 발견할 것이라고 거듭 경고드린다.

갭투자 성공 사례에서
투자 노하우를 몽땅 배워보자

그렇다면 지금까지의 부동산 시장 상황을 토대로 투자시장에 뛰어들 수 있는 중요한 기법 하나가 생기게 될 것인데 그것은 상승에 올라타는 투자자라면 언제든지 멈출 수 있다는 전제를 가지고 단기수익을 실현하는 방식의 투자를 하는 것이 안전한 투자 방법이 될 수 있다는 투자 전략을 한가지 얻을 수 있을 것이다.

그리고 하락기를 맞이한 경우에는 투자자들이 함부로 시장에 입성할 수는 없을 것이지만 나름대로 긴 호흡을 가지고 투자를 해야 한다는 마인드가 필수 전략이 될 것이고 최소한 똘똘한 입지의 물건을 무릎투자하는 것이 효자가 될 것이라는 공식 같은 전략을 한가지 수립할 수 있게 될 것이다.

그 쉬운 예로 우리는 2010년대 초반경에 투자한 투자와 2015년 이후의 투자, 그리고 2020년 이후의 투자로 나누어서 어떤 수도권의 양호한 입지의 아파트를 투자한 경우의 수를 가지고 수익을 비교해 본다면 간단하게 어떤 방식의 투자가 가장 효율적인 방법인지를 자연스럽게 스스로 결론지을 수 있을 것이다.

2012년경의 분당에 있는 33평형의 아파트가 경매로 나온 경우가 많았는데 그 당시 기본 시세는 약 7억 내외의 금액대를 형성했던 시기였고, 그런 물건을 약 5억 중반대의 금액으로 낙찰된 사례가 참으로 많았던 시기였다. 아래의 물건목록을 보시면 쉽게 수긍이 될 것이다.

☐	11-20999 아파트	경기도 성남시 분당구 구미동 222, 무지개마을삼성아파트 1005 동 13층 1303호 [대지권 98.601㎡, 건물 134.97㎡ / 유치권여지있음]	770,000,000 492,800,000 553,890,000	매각 (64%) (72%)	2014.01.27 (10:00)	1,477
☐	11-7279 아파트	경기도 성남시 분당구 서현동 92, 현대아파트 428동 14층 1402 호 [대지권 46.821㎡, 건물 84.57㎡]	590,000,000 377,600,000 491,756,000	매각 (64%) (83%)	2013.04.15 (10:00)	2,948 (오늘)
☐	11-18569 아파트	경기도 성남시 분당구 판교동 585, 판교원마을 920동 3층 302 [건물 84.996㎡ / 대지권미등기이나감정가격포함평가됨]	700,000,000 448,000,000 545,000,000	매각 (64%) (78%)	2013.01.07 (10:00)	3,621
☐	11-18903 아파트	경기도 성남시 분당구 이매동 140 외 1필지, 아름마을 509동 3 층 304호 [대지권 54.578㎡, 건물 101.97㎡]	600,000,000 384,000,000	취하 (64%)	2012.12.17 (10:00)	1,339
☑	11-25536 아파트	경기도 성남시 분당구 삼평동 717, 봇들마을 202동 5층 505호 [대지권 74.988㎡, 건물 84.282㎡]	720,000,000 460,800,000 512,400,000	매각 (64%) (71%)	2012.12.03 (10:00)	2,287

그 당시에 전세를 끼고 경매투자를 고민한 사람이라면 부동산경기가 여전히 빙하기나 하락기였기에 전반적으로 보수적인 마인드로 투자하였을 것이고, 낙찰받은 가격보다도 더 떨어질 수도 있다는 불안한 심리로 경매에 입찰한 것도 틀린 말은 아닐 것이다. 그런 빙하기에도 경매입찰을 하는 사람은 여전히 많았다.

그런데 그렇게 투자한 아파트가 2020년대까지 흘러가면서 그 가격은 어떤 변화가 생긴 것인지를 살펴보면 투자의 정석 마인드는 자명해진다. 낙찰받고 전세 끼고 투자한 실투금이 약 2억 대였던 아파트를 8년 만에 15억에 매각을 하였다면 그야말로 2억 대 투자로 10억 원의 매각차익을 올렸다면 그 투자자는 잘한 투자인가 못한 투자인가라는 질문에 투자의 정답은 자명해진다. 전세의 상승으로 투자원금은 이미 오래전에 모두 회수했으니 수익률을 따진다면 무한대라는 결과가 되는 것이다.

여기서 가장 중요한 갈등 요소가 '어떻게 8년 동안을 기다리느냐'는 의견이다. 여기에 관해서 분분해질 여지가 있겠지만 이것이 진정한 부동산 투자의 방법이라고 감히 필자는 자신 있게 말하고 싶은 것이다. 시장에 진입한 초보 투자자들은 남들이 고수익을 올린 많은 사례들은 듣고 입성하는 경우가 대부분이다 보니 그들의 입성수익목표를 들어보면 투자 2년 만에 두 배 이상의 수익을 올리는 목표를 가지고 있는 사람들이

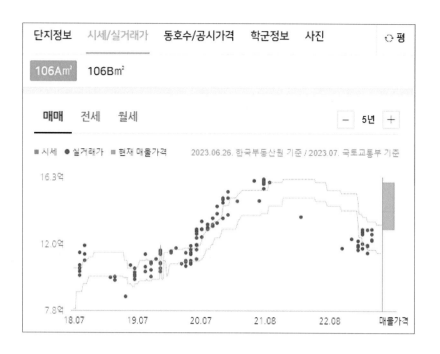

의외로 많다는 사실에 필자는 놀라지 않을 수가 없었다.

그러나 그 희망수익률 달성이 불가능한 것도 아니고 대세 상승기에 타이밍에 맞게 갭투자를 한다면 그보다도 더 높은 수익률도 올릴 수 있는 경우도 분명히 있기도 하지만 그것을 부동산 투자시장의 표준투자로 생각하고 있다는 것은 참으로 위험한 투자 기대수익률이라고 말하지 않을 수가 없다.

이와 같은 패턴으로 2015년에 투자한 투자자와 2020년에 투자한 투자자들의 투자 결과를 비교해 보면 타이밍에 가장 적절한 투자를 한 자는 2015년 갭투자자가 맞다.

하지만 이 타이밍을 스스로 찾는다는 것은 필자의 소견으로는 참으로 어려운 부분이다 보니 오히려 그보다 더 장기투자일지라도 수익률이 월등하게 높은 결과를 안정적으로 가질 수 있는 2012년 투자 스타일이 가장 뛰어나고 안정적인 투자 전략이 될 수 있을 것이라고 감히 말씀드릴 수 있게 된다.

이와 같이 마음 하나 바꾸면 돈 되는 물건을 쉽게 찾을 수 있는 분야가 이 아파트

20-4456 아파트	경기도 성남시 분당구 금곡동 143, 청술마을 708동 2층 201호 [대지권 67.86㎡, 건물 131.98㎡ / 토지및건물 지분 매각]	1,098,000,000 1,098,000,000 1,200,800,000	매각 (100%) (109%)	2021.04.19 (14:00)
20-4005 아파트	경기도 성남시 분당구 판교동 585, 판교원마을 914동 8층 802호 [대지권 73.071㎡, 건물 84.951㎡]	1,110,000,000 1,110,000,000 1,431,111,000	매각 (100%) (129%)	2021.04.05 (14:00)
20-54086 아파트	경기도 성남시 분당구 분당동 39, 샛별마을삼부아파트 402동 9층 905호 [대지권 66.082㎡, 건물 84.6㎡]	897,000,000 897,000,000 1,104,000,000	매각 (100%) (123%)	2021.04.05 (10:00)
20-59111 아파트	경기도 성남시 분당구 수내동 27, 양지마을 301동 13층 1301호 [대지권 69.95㎡, 건물 134.48㎡]	1,614,000,000 1,614,000,000 1,682,510,000	매각 (100%) (104%)	2021.03.29 (10:00)

갭투자 분야인데 시절이 안 좋다고 투자를 망설일 것이 아니라 이 시기의 이 가격이 과연 무릎 단계의 가격일지 아닐지를 판단하고 투자하는 마인드가 가장 소중한 투자 노하우가 될 것이다.

덧붙여 드리고자 하는 말씀은 이러한 안전투자 유형에 속하는 아파트투자에서 어느 정도의 수익을 올렸다고 해서 쉽게 다른 부동산 분야로 갈아타는 투자를 하려 하는 투자자가 있다면 필자는 도시락을 싸고 가서라도 말리고 싶은 마음이 간절하다. 이렇게 쉽게 안전한 유형의 투자는 아파트나 소형 빌라 정도만으로도 충분하고 다른 분야로 가고 싶다면 스터디의 차원이 달라져야 한다는 사실을 꼭 명심하시기를 바란다.

오를까 내릴까를 이야기하는 사람의 이유는 둘 중 한 가지일 것이다. 전문가가 하는 이야기라면 그 나름대로의 다양한 현황을 토대로 의견을 내는 것이다. 누구는 오를 것이다. 누구는 내릴 것이다. 누구는 보합일 것이다. 라고 이야기하는 전문가들이 제각각이라면 누구를 믿어야 하는가.

　혹은 유튜브나 다른 SNS에서 주구장창 내린다는 사람, 혹은 내릴 일이 없다는 사람들이 넘친다. 그런데 이런 사람들을 모두 보고 있는 관심 투자자들의 생각은 어떨까. 아마도 자기가 바라보고 싶은 마음대로 선택을 할 것이다.

　이것을 잘 알 수 있는 사람은 없다. 있을 리도 없다. 있다는 것 자체가 이상한 것이다. 부동산은 수요공급과 같은 경제적인 영역으로만 판단할 사안도 아니다. 수요공급은 부동산 흐름을 변화시키는 작은 요소에 불과한 것이다.

　정책적인 요인도 상당히 많이 작용을 한다. 오래전부터의 부동산 정책은 다분히 표를 의식한 부동산 정책이 많이 만들어져 왔다. 그렇다면 정책도 가격 흐름에 큰 요소가 될 수 있다. 어떤 사람이 어떤 정책을 낼 것인지를 예측하는 것은 무척 어렵다. 거기에다가 금융경제적인 금리도 만만치 않은 작용을 한다. 더욱더 중요한 요인이라고 할 수 있는 투자심리현상도 큰 비중을 차지하고 있을 것이다.

　이런 것들을 종합적으로 판단해서 미래가격을 예측하는 것은 AI도 판단하기 어려운 일이다. 말하자면 원리가 없다는 말에 필자는 극구 공감한다. 그래서 국내 최고의 대학이라고 하는 SKY대학에서도 부동산학과라는 학과가 없다. 무슨 연구를 할 래야 할만한 요인이나 가치나 원리가 없는 분야이기 때문에 학문으로 자리 잡기 어려운 분야인 것이다.

　미래가격의 움직임을 예측할 수 있는 유일한 사람이 있다면 그 사람은 지금 당장 미아리로 가거나 수원 화서동 골목길로 가서 돗자리를 깔아야 하는 사람이다. 밑천이 들지 않는 사업이라 효용이 뛰어난 업종이 될 것이다. 결과적으로는 아주 원시적인 투자 분야라는 결론이 나온다.

오르는 시장이라는 확신이나 촉이 든다면 지금 시간과 노력을 들여서 부동산 투자 공부를 하는 것은 너무 비생산적이다. 무엇을 매수할지는 별론으로 하더라도 지금 당장 책을 덮고 나가서 매수를 해야 한다.

국민은행 부동산 앱을 보면 주 단위 실시간으로 부동산 관련 매수매도 지표에 관련한 시장의 강도 등을 알려주는 자료들을 쉽게 볼 수 있다. 그리고 거기에 내가 잘 아는 지역 중에서 입지교통이 뛰어나고 학군이나 편의시설 등이 좋은 곳으로 투자하면 된다. 전세를 끼든 대출을 끼든 그것은 그리 중요한 것이 아니고 투자 타이밍이 중요하다. 오르는 시장인데 뭘 망설이는가. 단지 어느 물건을 매수하였느냐에 따른 수익률의 많고 적음의 차이일 뿐이다.

투자에 있어서 우리는 지난 2014년경부터 부동산 대세상승기의 전초가 있었다는 것을 온 국민이 경험하고 있다. 2014년경에 대세상승이라는 확신을 가지고 아파트에 전세나 대출을 끼고 투자하신 분이라면 그는 실력과는 상관없이 투자의 대 고수다. 투자고수는 결론이 말해주는 것이니 무슨 말이 필요하겠는가. 미래에도 계속 상승할 것이라고 여러 가지 지표를 보고 확신한다면 지금 또 매수하라. 투자 공부는 나중에 해도 늦지 않다. 거듭 말씀드리지만 지금 당장 이 책을 덮어야 한다.

하지만 영원한 것은 없다는 것이 세상의 확실한 진리다. 대세상승기에 제법 똘똘한 수익을 거둔 투자자들은 환상에 빠지기 쉽다. 필자는 IMF 시절에 부동산 투자의 아픔을 겪었다. 그 당시에는 스스로 대단한 투자였다고 생각하였고, 되돌아보니 철없는 투자였다. 그 당시 김대중 대통령은 경제위기의 큰 아픔을 극복하기 위해 온국민 금모으기 등의 캠페인도 벌이면서 경기회복을 위한 큰 노력을 하는 동안 필자는 참 어려운 시간을 보내고 있었다.

다시 2000년대에 접어들면서 조금씩 부동산 시장이 회복을 보이고 있었지만 필자의 경제적인 회복이 쉽지 않았던 시절이었다. 2000년대 중반에 접어들면서 다시 토지시장에서 토지개발사업을 하면서 점점 좋아지던 상황은 다시 금융위기라는 큰 경제적인 충격을 받으면서 대출과 기타 레버리지를 사용했던 빚투는 한순간에 고꾸라지게 되는 경험을 한다. 요즘 말로 영끌이라는 방식의 투자가 유행하였던 시기였다.

IMF와 금융위기가 오기 전에는 장밋빛 부동산 시장의 미래가 펼쳐지고 있었던 것으로 우리 모두가 그렇게 생각했었다. 그렇게 지내 온 필자의 경험이 바탕이 되어 현재의 소극적이고 보수적이고 온전히 가치와 안정성에 중점을 둔 투자 마인드를 가지게 된 사람으로 변하게 되었다. 이제 필자는 시절이 아무리 좋아도 대출을 최대한 활용하는 수익률 극대화 투자는 거의 하지 않는다. 한마디로 겁쟁이 투자자라고 보면 맞다. 자라보고 놀란 가슴은 솥뚜껑 보고도 놀란다는 속담 그대로 변한 필자다.

필자는 앞으로도 부동산 투자로 큰 부자는 되지 못할 것이다. 하지만 실패에서 얻은 경험을 토대로 죽을 때까지 투자는 계속할 것이다. 첫째도 안전이고 둘째도 안전이고 셋째는 안전이라는 원칙을 잊지 않을 것이다. 수익은 그다음이다. 대출을 받더라도 최대한의 대출을 뽑지를 않는다. 아니, 그렇게 하지를 못한다. 요즘의 젊은 투자자분들의 투자기상도를 보면 기가 죽는다. 대출, 전세 등을 활용하는 못 먹어도 고고투자를 하면서 외형적인 큰 부를 축적해나가는 투자자도 많다. 시대가 그런 성공투자자를 만들어내고 있는 시절이다. 하지만 아무리 투자 여건이 좋은 환경일지라도 언제 우리가 어찌할 수 없는 상황이 닥칠 경우에도 투자를 멈추지 않기 위한 대비를 하면서 투자세팅을 해야 한다는 것이 필자의 지론이다. 이 지론과 배치되는 생각을 하시는 분이라면 지금 이 책을 덮어야 한다.

앞에서도 말씀을 드렸지만 부동산 가격이 세대상승기라면 투자를 위한 공부보다는 지금 당장 매수해야 하는 일이 먼저라고 말씀드렸다. 나의 노력으로 가격이 오르는 것보다는 세상이 가격을 올려주고 있는 호시절인데 내가 할 수 있는 가장 빠른 방법은 지금 당장 매수하는 것이 분명 맞다.

하지만 이 상승이 멈추거나 조정을 받거나 하는 상황이 올 수도 있다는 전제를 깔아본다면 부동산 투자시장을 바라보는 관점이 전혀 달라진다. 물론 경제적인 외부 충격이 있지 않은 한은 부동산 가격이 쉽게 하향하는 속성은 없다. 가격하향이라는 것은 경직된 속성이 있기 때문이다.

상승은 소유자들의 본능과 일치하므로 서로 경쟁하듯이 오르는 속성이 있다.

반면에 부동산 가격이 하락하는 시장은 외부의 경제 충격 말고는 거의 그런 상황이 오지 않는다. 비록 국가의 공급정책이 활성화되어 시장에 신규부동산의 공급이 많아지더라도 필자는 가격하락이 많을 것이라는 생각은 하지 않는다. 오히려 신규부동산의 공급으로 국민들이 생활편의 향상에 대한 의욕이 앞서서 신규공급주택으로 옮겨가고자 하는 현상이 생기다 보면 전체적으로 플러스적인 수요효과가 발생할 것이다. 그런 측면에서는 주택의 공급이 많아지더라도 가격이 내리는 시장은 좀처럼 발생하지 않는다. 경제논리와는 배치되는 현상이다.

이런 어려운 이야기는 여기서 일단 그만하고 가격이 조정되거나 하락하는 상황이 만약에 발생한다면 어떻게 할 것인가를 전제하고 부동산시장을 바라본다면 지금 부동산을 매수하여야 하느냐는 질문에 답을 내리기가 갑자기 어려워질 수 있다. 부동산 투자공부를 해야 하는 이유는 이런 경우까지를 대비할 수 있는 투자실력을 키워야 하는 데에 그 목적이 있는 것이 아닐까.

필자는 부동산 가격이 하락하는 외부의 충격이 오더라도 오히려 더욱더 투자의욕을 키울 수 있는 방법을 항상 생각하면서 지금도 투자를 하고 있다. 하락기가 오히려 투자 판단을 하기가 더 쉽다는 것이다. 그 방법은 무엇일까. 그 답은 간단하고 이미 많은 분들이 알고 있다.

첫 번째로 상승하는 물건을 먼저 투자하는 것을 기본으로 하더라도 무리한 금융세팅을 하지 않는다는 전략이다. 무리한 금융세팅을 하지 않는다면 외부의 경제충격이 오더라도 큰 영향을 미치지 않는다. 단지 투자수익률이 적더라도 그것을 감수하는 마인드가 있으면 된다.

두 번째로는 가치에 투자하는 것이다. 그것도 현재의 내재가치가 있는 물건에 투자하는 것이다. 흔히들 미래에 가격이 오를 수 있는 곳이라고 생각이 드는 곳에 투자를 하는 것을 미래가치투자라는 표현을 하는데 필자의 생각과는 조금 다르다. 미래에 가격이 상승할 수 있는 위치의 물건을 현재의 가격으로 매수하는 것이라면 그것은 필자가 말씀드리는 내재가치가 있는 물건의 개념과는 많이 다른 것이다.

필자가 말씀드리는 핵심은 지금 썩어있는 물건이 썩은 가격을 형성하고 있을

지라도 그 자체적으로 현재 이미 높은 가치가 있는 물건인데 가격은 현재 가격보다 저렴한 물건을 말하는 것이다. 머리 아픈 이야기는 그만하기로 하고 뒤편에서 투자 사례로 말씀드리면 그냥 공감이 될 것으로 보기에 이쯤에서 멈추는 것이 좋겠다.

국가의 부동산 정책은 참으로 재미있고, 아이러니하다. 부동산경공매나 투자를 하는 사람으로서 긴 세월 동안의 흐름을 살펴보면 더더욱 아이러니하다. 어느 정권은 부동산경기를 인위적으로 부양하기 위해서 필요한 모든 정책을 다 쏟아붓는다. 그러다가 다음 정권이 들어서면 이것을 인위적으로 막기 위한 규제 정책을 쓴다. 어쩌면 이러한 변화를 읽어낼 수 있는 안목을 가질 수 있다면 투자의 방향을 잡는 것은 어렵지 않을 것이다.

　부동산경기를 인위적으로 조절하기 위해 가장 많이 쓸 수 있는 방법은 당연히 수요공급 정책이겠지만 공급에는 시간이 걸리고 수요는 심리를 올리려는 특별한 유인책이 필요하기 때문에 부동산정책은 좀 난해한 측면이 있다. 필자가 보기에는 더 구체적이고 효과적인 방법이 금리였던 것 같았다. 금리를 낮추니 부동산 매입을 하기 위한 심리적 부담이 훨씬 줄어드니 망설이던 투자자에게는 곧바로 기회를 제공한다. 그리고 금리를 통한 매수심리의 확대가 곧 수요량이 되고 그동안 아무런 관심을 갖지 않던 일반국민들에게 적용될 때쯤 되면 부동산 가격은 본격적으로 치고 오른다.

　그렇다면 금리 인하 정책이 시작되는 기미가 보이면 부동산 투자를 염두에 두라는 메시지를 국가가 가르쳐주는 셈이다. 반대로 금리 인상 분위기가 감지된다면 매각을 염두에 두라는 메시지로 받아들이면 될까.
　크게 틀리지는 않은 판단이지만 참작할 항목들이 있다. 그것은 심리가 식어가는 사회적인 분위기가 있거나 확실한 대규모 공급이 임박해 있을 경우에는 매각을 염두에 두는 편이 맞다. 부가적인 상황체크도 없이 인플레 현상을 조절하고자 금리 인상 정책이 나온다고 지레 겁먹고 매각을 하는 것도 성급한 결론이 될수도 있다. 대신에 영끌 정도의 수준으로 많은 대출을 안고 투자한 물건이 많다면 정리를 해야 한다.

　그렇다면 금리가 오르고 만약 부동산 가격이 지속적으로 상승해왔고 정부의 부동산 규제정책도 하루가 다르게 쏟아져 나오는 상황이라면 어떻게 해야 할까. 그리고 공급이나 투자심리가 여전하다면 필자라면 그래도 좀 더 지켜보는 쪽을 택할 것 같다. 이자를 감당할 수 있을 정도의 투자를 해두었다는 전제에서 드리는 말씀이다.

기본적으로 필자는 부동산은 가능하면 파는 것이 아니라는 마인드가 각인되어 있는 사람이라서 그럴지도 모르겠다. 그리고 쉬는 기간도 투자라는 생각을 가지는 마인드도 필요하다. 모처럼 누리지 못한 자유나 힐링이 있다면 이참에 맘껏 누릴 수도 있지 않을까.

그러나 일반 투자자들은 앞으로는 어떻게 해야 하나. 언제까지 투자를 멈추어야 하는가. 적어도 그동안 남들 따라 투자했던 성향이 있었던 투자자라면 이제는 함부로 들어가서는 상투를 잡을 수도 있을 것이다.

고수들의 진검승부시장이 바야흐로 이런 타이밍부터 시작될 것이다. 부동산이 어떤 이유에서건 조정을 받고 있을 때에는 꼭 투자를 하고자 한다면 오를까 내릴까에 거는 도박 같은 투자는 삼가야 한다.

조정기투자는 필연적으로 내재가치투자에 중점을 두어야 한다. 미래의 시간 흐름이나 정책의 변화에 따라서 상승할 지역이나 물건을 분명히 예측할 수 있는 부동산을 매입하는 것도 가치투자다. 그리고 현재의 거래 시세 가격에 비해서 높은 가격으로 투자할 수 있는 것도 가치투자다.

현재의 가격이 물건 속에 숨어있는 가치를 반영하지 않고 있다면 현재의 가격 자체가 저렴한 가치투자가 된다. 온 세상의 부동산 가격이 다 올랐는데 그런 물건이 어디 있냐고 반문할지 모른다.

있다. 그것도 많이 있다. 단지 내 눈에 보이지 않고 내가 보지 못할 뿐이다.

최근에 어느 강사의 이야기를 전해 들은 적이 있다. 오래전에 아파트를 갭투자 해 놓은 지역의 물건이 재건축이 되어서 가격이 엄청 올랐다는 이야기를 하더라는 것이다. 그 물건을 사둔 지가 10년이 넘었다는 것이다. 그 강사가 만약 10년 이상을 내다보고 재건축을 예측하고 투자한 것이라면 그 사람의 투자 방식은 전형적인 가치투자였다. 10년 전이라면 부동산 빙하기의 투자였다. 대단히 현명하고 바람직한 투자라고 본다. 그 속에서 매수한 가격보다도 더 하락하는 경험을 하였다는 것 아닌가. 대단한 경험을 한 것으로 격려해 드리고 싶다.

그런데 그런 투자 사례를 토대로 그런 스타일의 아파트를 지금 투자하라고 한다면 그것은 약간 핀트가 어긋난 투자 강의가 된다. 아니 오히려 수강생들을 약올리는 이야기가 되고 만다. 그 기간 동안 상승한 가격을 안고 매수하기에는 부담스러울 수도 있기 때문이다. 만약에 부동산 가격조정이 진행될 수도 있는 시기라면 상투가격으로 매입하게 되는 결과가 된다.

필자가 항상 드리는 말씀이 있다. 내가 부동산 물건을 모른다면, 듣고 따라서 투자하지 말라는 것이다. 입문하는 단계에서는 입문자답게 공부하는 시간이 필요하다. 특히 부동산 조정기가 올지도 모른다는 생각이 든다면 더더욱 현금을 손에 쥐고 더 집중적인 공부가 필요하다. 매수하고 난 뒤에 내릴 경우를 대비해서 투자하는 공포 속의 투자를 준비해야 할지도 모른다.

오를 때는 누구라도 먼저 투자하는 자가 이기는 투자가 되겠지만 부동산 가격이 오르지 않는다는 전제가 있는 시장에서는 누구라도 먼저 나서서 투자하려는 사람들을 만나기가 쉽지 않다. 어쩌면 비로소 고수들의 투자 노하우가 빛날 수 있는 시기가 될 수도 있다.

그리고 꼭 매입을 하고 싶다면, 분위기에 휩쓸리지 말고 이쪽저쪽에 물어보고 공통된 의견이 나올 때 투자해도 늦지 않다. 늦으면 물건이 없어서 못산다고 하소연할 것인가. 경매 물건과 버스와 떠나간 애인은 반드시 다시 오게 마련이다. 그것이 필자로 하여금 끊임없이 현장 공부와 부동산 공부를 하게 하는 이유이고 그것이 평생을 즐길 수 있는 유일한 행복 방법이다.

투자의 최적기는 하락기가 원칙이고 답이라는 것이다.

4부

분양권
투자 전략

상승기 분양권 투자, 하락기 분양권 투자

　대부분의 사람들은 부동산 경기가 좋은 시절에 분양권 투자에 뛰어드는 경향이 많다. 틀린 투자패턴은 아니지만 한 번쯤 짚어 볼 필요가 있다.

　내집마련을 하고자 하는 간절함이 있는 실수요자라면 실거주와 투자를 겸할 수 있는 분양권 투자 타이밍은 부동산경기가 안 좋을 때 하는 것이 맞다고 생각한다. 큰 자본이 초기에 드는 것도 아니고 경기가 안 좋아서 사업 진행이 다소 좀 늦어지더라도 무슨 큰 피해를 입는 것은 아니기 때문이다.

　그런데 실수요보다는 투자무게가 더 많은 비중을 차지하는 자라면 상승장에서 시장에 참여하여 입주를 목표로 하는 전략도 나름 나쁘지 않다. 게다가 상승장에서 단타 수익을 실현하는 것을 기본으로 하고 좀 더 욕심을 부리자면 타이밍과 분위기를 적극 탐색하면서 시간을 좀 더 여유 있게 잡으면서 수익률을 높이는 타이밍을 잡는 방법도 있다.

　경기가 안 좋다는 것은 부동산에 관한 투자심리가 위축되어 있다는 의미로도 볼 수 있다. 하지만 경기라는 것은 자본주의가 탄생한 시절부터 변하지 않았던 적이 없었다. 항상 움직이는 곡선이었다. 오르내림이 있었다는 것은 누구도 부정하지 못한다. 앞장에서도 입이 부르틀 정도로 말씀드린 내용이다.

　다시 말하자면 실수요자가 투자와 실거주 두 마리 토끼를 잡고 싶다면 경기가 안 좋은 시절에 분양권 투자에 도전하는 것이 낫다. 이 타이밍에는 일단 분양권 전문 투자자들이 시장에 들어오기를 망설이는 점도 좋은 메리트다. 그들의 주특기인 단기 프리미엄 차익을 기대하기가 어렵기 때문이다. 이럴 때일수록 입지 위주의 분양단지를 선택하는 것은 현명한 일이고 당첨 확률도 높일 수 있다.

그리고 입주까지 하는 실거주 전략을 수립하는 것이 맞다. 굳이 매각한다면 시세차익까지 실현하는 기간은 다소 장기간이 소요될 수 있지만 수익률보다는 수익금액 측면에서는 이 방법이 가장 낫다는 것이 필자의 경험이었다.

분양권 투자는 뛰어난 투자수익률을 자랑한다. 하지만 뛰어난 투자수익금은 아니다. 비용 측면에서 취득비용이 들지 않는 것도 장점이다. 입지의 선택과 당첨이라는 두 키워드가 나와의 행운이 맞아떨어져야 한다는 전제가 뒤따르는 것뿐이다.

이제는 필자의 마음을 아시겠지만 경매로 아파트를 투자하는 것도 필자는 부동산 경기에 관한 투자심리가 안 좋은 시절에 갭투자 방식으로 투자를 하게 된다면 훨씬 더 큰 수익을 올릴 수 있다는 견해를 가지고 있는 사람이다. 앞 파트의 사례에서처럼 필자의 지인들뿐만이 아니라 부동산 빙하기라고 할 수 있었던 2012년경부터 분당 소재 아파트를 경매로 5억대로 낙찰받고 전세로 투자를 세팅한 분들이 많다. 그분들은 부동산 사이클이 한바퀴 도는 즈음에 어김없이 큰 차익의 수익을 남기는 투자를 하신 분들이다. 남들이 더 이상 관심을 가지지 않는 시절에 관심을 가지는 스타일이다.

그런데 경기가 좋은 시절에 와서 너나 할 것 없이 일반매매와 경공매시장에서 서로 낙찰을 받으려고 하다 보니 자연히 매매금액이나 입찰금액은 오르고 투자금도 많아지게 된다. 매입금액이나 입찰금액이 높아진다는 것은 수익률도 그만큼 적어지는 투자 결과로 이어진다. 기간에 따른 수익률로 따진다면 어쩌면 단기 수익률이 높을지는 몰라도 중요한 것은 수익률이 아니라 수익금액 아닌가.

과연 독자분들께서는 부동산 경기 빙하기에도 그런 용기와 마인드로 투자를 할 수 있겠는가를 다시 한 번 되돌아볼 필요가 있다. 이것이 필자는 부동산 투자의 핵심 마인드라고 본다.

그런 의미에서 분양권 투자라고 해서 무슨 특별한 투자 전략을 거창하게 세울 필요도 없는 것이다.

그런데 순수하게 투자목적으로 분양권시장에 진입하고자 한다면 위와 같은 빙하기의 분양권 투자 방법은 그리 효과적이지 못할 수 있다. 수익을 실현할 수 있는 시간이 너무 많이 걸리는 것을 좋아하는 소위 전문 꾼투자자는 별로 없기 때문이다.

부동산 경기가 상승지표를 그리고 있는 시절은 분양권 투자에도 많은 사람들이 관심을 가지는 것은 당연하다. 당첨만 되면 단기 프리미엄 수익이 예상되는데 계약금 정도의 투자금만으로도 취득비용도 없이 얼마든지 누구든지 이 시장에 참여할 수 있다. 심지어는 계약금조차도 필요 없는 무한대의 수익률 투자가 가능하기도 하다. 그런 측면에서는 큰 메리트가 있는 투자 분야이다. 전매를 통해서 프리미엄 차익으로 몇천만 원을 벌 수도 있다는 것도 분명 매력적인 투자처가 아닐 수 없다.

최근에는 대도시 인기 지역은 분양권 전매를 제한하고 있고 전매에 따른 양도소득세도 대폭 강화되었다. 하지만 그런 규제에도 불구하고 인기가 많은 대도시 지역에서는 불법전매방식을 통해서라도 많은 투자가 이루어지고 있다는 현실은 분명히 수익구조가 있고 그 에따른 실수요자들의 니즈와 맞아떨어지기 때문인 것이다. 입지가 좋은 곳의 분양권은 세금마저도 불법으로 삼켜버리는 방식으로 거래가 된다.

그 이유는 간단하다. 서로 간의 기대치가 맞아떨어지면 어떤 규제 앞에서도 숨어버리는 방식으로 거래가 이루어지고 있는 현실이다. 하지만 이러한 불법적인 프리미엄 거래방식의 투자는 시간이 지남에 따라 매도자와 매수자의 입장이 달라지는 현상이 생길 때 서로 간의 갈등이 생겨서 형사적인 문제도 발생하는 경우가 있으므로 특별히 주의해야 할 필요가 있다.

강화되는 분양권 규제로 인해서 투자지역의 범위가 대도시에서 지방 소도시로 옮겨가는 추세를 보이는 경우도 종종 있다. 분양권거래에 관한 규제가 없는 지역이나 부동산은 그만큼 프리미엄 차익이 발생할 수 있는 가능성이 적고 프리미엄이 생기더라도 소액의 금액이 붙는 정도이므로 부동산 투자영역에서 얻을 수 있는 수익이라고 말하기에는 그 금액이 너무 과소하다. 소위 신경비 정도 버는 것이라는 생각이다. 그런 탓에 가끔씩 마이너스 프리미엄이 발생하는 지역의 기사도 가끔씩 보이는 것을 보면 투자자의 입장에서는 가슴 아픈 투자를 한 것이 아닐까.

아이러니한 것은 이런 마이너스 프리미엄 물건을 매수해서 가격이 상승하기를 기대하며 투자하는 청개구리 투자 전문가들도 있다는 것은 투자에서 타이밍이라는 것이 시장의 심리와 함께 얼마나 중요한 요소인지를 실감하게 하는 부분이다.

그리고 이 분양권 투자를 전문으로 하는 전문가들도 좋은 경기 시절에는 많은 전문가들이 우후죽순처럼 보인다. 상승기에는 당첨만 되면 엄청난 가격상승을 기대할 수 있는 논리가 먹힌다. 하지만 부동산경기가 조정이나 하향지표를 그리고 있을 때에는 그런 논리가 먹히지를 않는다. 자연스럽게 그 많던 전문가들은 보이지 않게 된다.

지난 몇 년간 부동산 경기지표는 정책 덕분에 아주 좋은 상승곡선을 그리고 있었다. 그 기간 동안에 많은 분양권 투자 전문가들이 탄생하였고 그들의 정보제공 덕분에 많은 도움을 받은 분들이 있었던 것은 참으로 다행스럽고 좋은 일이었다.

하지만 그런 많은 전문가들은 경기상승기에 출현한 전문가들이었다. 경기지표가 안 좋았던 지난 시절부터 분양권 투자를 제대로 강의하고 지금까지 이어져 온 전문가는 필자의 별로 눈에 보이지 않는다. 지방의 일부단지를 소개하는 정도의 정보를 제공해주는 정도로 그치게 된다. 다시금 불경기에도 실수요를 겸하는 투자자들을 위해서 분양권 투자 전문정보를 제공해주는 전문가들을 만날 수 있게 되는 날을 기대해본다.

필자의 꼰대 같은 지난 이야기를 하자면 2000년대 후반에 발생한 금융위기 이전에도 분양권 투자시장이 활황이었던 시기가 있었다. 대도시의 대부분이 투기과열지구이었기에 전매를 금하고 있었던 시절이었다. 그럼에도 몇 단계의 분양권매매를 거치면서 수천만 원의 프리미엄을 주고받고 하던 계약이 성행했던 시절이었다.

필자도 그 당시에 수십 종류에 달하는 전매안전장치를 위한 서류들을 작성하면서 중개하기도 하고 매수하기도 했던 당사자였다. 그 당시의 분양권전매가 불법이건 아니건 제쳐두더라도 분명한 것은 완연한 호시절이었고 많은 사람들이 관심을 보였던 시절이었다. 시장이 좋았기 때문이다.

금융위기를 거치면서 입주 시기가 닥치자 분위기가 완전히 역전되는 현상이 발생하였고 프리미엄을 주고 매수한 사람들과 원래 수분양자와의 사이에서 수많은 법적 분쟁이 발생하기도 했던 시절이었다.

세금 분쟁과 부당 이득 문제 등으로 형사고소·고발 등이 무수하게 있었던 시절이었다. 결국은 중개한 중개업자도 매수한 사람도 매도한 사람도 모두가 패자가 되어버리고 마는 슬픈 현실을 경험했던 시절이었다. 첫째도 조심 둘째도 조심조심하면서 정도를 걷는 투자를 하는 것이 맞을 것이다.

이런 이야기를 하면서까지 분양권 투자 강의를 하는 사람들이 몇 명이나 될까마는 적어도 이 책자를 보시는 분들만큼은 분양권 투자의 음양을 알고 투자를 했으면 하는 간절한 바람에서 드리는 필자의 지난 시절 스토리이다.

하지만 위의 상황을 거꾸로 이야기한다면 완전히 결과는 달라진다. 청약을 통해서 당첨된 분양권이 입주일이 다가오면서 가격이 점점 더 상승하여 분양가보다 월등히 높은 시세로 형성이 된다면 이것은 그야말로 제대로 된 분양권 투자를 한 것이다. 그러기에 무슨 투자가 좋고 무슨 투자는 하지 말라는 등의 이야기는 사실 의미가 없는 것이고 어떤 투자를 하더라도 위험을 최소화시킬 수 있는 노력을 하는 투자 마인드가 중요하다는 말씀을 드리는 것이다.

이상과 같은 마음가짐으로 분양권 투자에 필요한 기본지식을 공부하는 시간을 가지면서 투자를 한다면 반드시 성공투자를 할 수 있을 것이다.

분양권이라고 하면 어렵게 생각을 할 수도 있지만 아무리 초보자일지라도 전혀 그럴 필요가 없다. 아파트를 짓는 사업시행자가 신축하는 아파트를 일반인들에게 매각할 때 법에서 정한 어떤 일정한 절차를 거쳐서 매각하게 되는데 이때 매각하는 아파트를 소유할 수 있는 권리를 분양권이라고 생각하시면 된다.

　분양권 당첨이 되었다고 함은 위와 같은 아파트를 소유할 수 있는 권리를 가지게 되었다는 의미다. 이때, 사업시행자가 매각을 하기 위해서 어떤 절차로 정하고 있는 요건에 해당하는 사람들에게만 아파트를 공급하게 되는 것이다.

　이 절차와 요건 정도만 기본적으로 알아두면 누구라도 진입할 수 있는 분야다.

　그렇다면 나 자신이 이 매각하는 아파트를 매수할 수 있는 요건에 해당하는지 해당하지 않는지를 알아야 하고, 이 요건에 해당하는 사람은 사업시행자에게 매수 의사를 표시하게 되는데 이것을 우리는 청약이라고 한다. 그리고 이 요건에 해당하는 사람을 청약자격이 있는 자라는 표현을 하는 것이다. 이런 청약자격이 되는 사람들이 청약신청한 숫자가 분양하는 아파트세대수보다 많을 경우에는 경쟁하는 일정한 룰에 의해서 추첨을 해서 정하게 되고 적을 경우에는 미달이 되었으니 추가로 모집하는 룰을 정해두고 있는 것일뿐이다.

　분양권 투자가 가장 적합한 자는 단연코 실소유자이다. 설령 실소유자가 아닐지라도 자격을 갖춘 자라면 미래가격이 분양가격보다 더 상승할 여지가 있다는 판단이 되는 곳이라면 청약을 하여 당첨될 경우 이 분양권이 가지고 있는 미래가치에 대한 프리미엄 수익을 취할 수 있으니 상당한 메리트가 있는 투자 분야인 것이다.

　거기에 더해서 부동산을 취득할 수 있는 권리에 해당하는 단계에 있는 물건이다 보니 분양권을 취득하는데 필요한 세금이 없다는 점도 대단한 매력이고 일단 당첨이 되면 계약금 정도의 소액자금만 있어도 투자활동이 가능하다는 점은 다른 분야의 부동산 투자에 비하면 상당히 매력적인 포인트라고 하지 않을 수 없다.

　분양권 투자를 하기 위해서 청약 공부를 한다는 것이 그리 어려운 난이도는 아니라는 말씀을 드렸지만 생전 처음 접하는 분이시라면 일단 사용되는 용어를 익히는 부분에서 주눅이 들 수도 있다. 하지만 이 용어를 이해할 수 있는 단계까지만 되더라도 청약 공부는 이미 5할의 능선은 넘은 것이나 다름없다.

　필자는 이 1권의 종합본 책자에서 청약 공부를 위한 기초적인 내용부터 꼼꼼히 설명하려는 계획은 없다. 시중에 나와 있는 많은 청약 책자나 인터넷 정보에도 자세한 용어설명도 있으므로 분양권 투자에 관한 지식을 쌓는 것은 너무나도 감사한 세상에 살고 있다. 단지 그런 정보들이 프리미엄 차익 실현이나 상투 가격에 잡은 투자자들의 탈출전략을 위해서 작성된 글인지 아닌지를 구분할 수 있는 입지분석 정도의 조사는 스스로 충분히 할 수 있어야 한다.

청약자격이니 청약점수가 어떻니 청약통장은 어떻게 한다느니 등의 디테일한 정보들을 굳이 이 종합 요약편에 삽입하지 않고 세부 책자에 실어놓은 이유는 단 한 가지다. 지금까지 말씀드렸던 그 투자 마인드가 사실은 지식보다도 더 중요한 내용이라는 생각에서다. 시중에 나오는 분양권 투자 전략 등에 관한 많은 책자들을 통해서도 쉽게 분양권 투자정보를 익힐 수 있는 세상이다. 필자의 부탁을 잊지 말고 또 잊지 말고 마음속에 담아두기를 바라는 마음뿐이다. 쉬워서 기본이라고 표현하는 것이 아니라 가장 중요한 것이기 때문에 기본에 충실해야 한다는 것이다.

2015년 이후의 부동산 투자는 초등학생이 해도 수익을 올렸다

기억을 돌이켜보면 2000년대 후반에 금융위기가 닥치고 나서부터 2014년경까지는 대부분이 부동산 투자를 외면하는 시장이었다.

그러다 박근혜 정부에서 인위적인 경기부양책으로 가장 큰 위력을 발휘하는 금리를 대폭 내리고 세제 혜택을 지원하면서 서서히 부동산 투자 열기가 살아나기 시작했다. 그 분위기 속에서 문재인 정부를 거쳐 엄청난 부동산 상승 열기가 나타났던 것이다.

산이 높으면 골도 깊은 법이라 폭등 조짐 현상도 시기가 되면 다시 사그라지는 것이 세상의 기본 이치이다. 그것을 예측하고 투자한다면 누구라도 이 시장에서 패하지는 않을 것이다. 이 기간 동안에 부동산에 투자한 사람이라면 누구라도 수익을 올리지 않을 수 없을 정도로 거의 대부분의 부동산 가격이 치솟아 올랐다. 물건에 대한 고민보다는 투자액션만으로 누구나 돈을 벌 수 있었던 황금시절이었다.

누구 덕분에 수익을 올렸는가?

가슴에 손을 얹고 생각해 볼 일이다. 오르는 열기가 느껴지니 그 대열에 합류해서 투자를 한 선택은 본인의 탁월한 선택 능력이 맞다. 그러나 누가 올려 주었는가를 생각해보라. 나의 노력으로 부동산 가격이 오른 것인가. 아니면 부동산 정책 덕분에 부동산 가격이 오른 것인가? 초등학생도 투자에 성공했던 시기가 아니었던가?

이 대열에서 투자에 성공해서 큰 수익을 올린 자는 부동산 투자 전문가인가? 그런 측면에서 보면 필자는 투자 전문가는 아니다. 폭등하는 시기에 몰빵매입을 하지 않았고 늘 하던 대로의 방식으로 투자를 계속했을 뿐이다.

건방과 무지와 과욕으로 지낸 청춘

　필자는 1995년경에 부동산 분야에 입문한 것으로 기억이 된다. 90년대 초반에 공인중개사 시험을 공부한 기억 덕분이다. 그 당시 부동산 입문 전이었던 90년을 전후해서 부동산시장에서 제법 쏠쏠한 투자재미를 맛보게 된다. 제1기 신도시였던 분당 일산 평촌 중동 산본에서 대대적인 부동산공급이 시작되는 시기였던 것으로 기억한다.

　그 재미에 휩쓸려 제법 무리한 투자행동을 하게 된다. 그 당시의 갭투자는 달콤한 시간이 그리 오래 지나지 않아서 쓰디쓴 투자의 실패 경험을 맞이한다. IMF경제위기 사태는 개인이 어찌할 엄두가 안 나는 크나큰 사건이었다. 나락으로 떨어지는 것이 한순간이었다. 힘들고 어려운 젊은 시간을 보냈던 기억이다. 30대 초중반의 나이였다. 몸은 젊은데 움직일 수 있는 멘탈의 회복이 참으로 힘들었다는 기억이 아직도 선명하다.

　다시 시작할 때에는 2000년 초반경이었던 것으로 기억한다. 김대중 정부의 경기부양 정책으로 다시 부동산 시장에 붐이 일어나는 시기였던 것 같다. 그 당시에도 짧은 기간 동안 소액의 자본금이었지만 다시 새로운 투자도전을 하게 된다. 토지중개시장과 토지개발시장에 뛰어들면서 토지시장의 현장을 배우면서 새로운 투자영역을 경험하게 된다.

　하지만 불행히도 또다시 무리한 욕심 탓에 큰 투자실패를 경험하게 된다. 그 실패 원인은 정책 때문이 아닌 필자의 무리한 대박투자 욕심 때문이었다. 빚과 이자금을 청산하는 데까지 무려 몇 년의 시간이 걸렸다. 다행히도 몇 건의 토지개발과 분양수익금 그리고 소소한 토지거래 수수료 등을 통해서 꽤 오랜 시간이었지만 가까스로 청산하게 된다. 그 당시에는 이자율도 장난 아니게 높았으니 다시 되돌아보고 싶지도 않은 세월이다.

　그 과정에서 2000년대 후반의 금융위기를 겪으면서 새로운 쓴맛을 보는 경험을 하게 된다. 다행히도 그렇게 큰 손실을 안겨주는 일이 발생하지는 않았지만 그 과정의 시간은 분명 인고의 시간이었다. 실패의 원인은 분명 내게 있었고, 그 원인은 무지와 욕심이었다. 몇 번 작은 투자에 성공하다 보니 내가 마치 부동산 분야에서 이제 전문가가 된 듯한 착각이 들었던 것이 실패의 원인이었다.

그리고, 융자를 최대한으로 활용하고, 지금은 갭투자라고 불리는 수법으로 주위의 자금과 금융을 끌어들여서 수익을 좀 더 극대화시키기 위한 작업들을 망설이지 않고 했으니 세상 무서운 줄 모르는 하룻강아지 투자나 마찬가지였다.

나의 실패가 없었다면 지금의 나는 존재하지 않았다

나의 첫 직장은 강남대로 서초동 우성아파트 사거리 근처에 있었던 보험회사였다. 지금의 강남삼성타운 인근이었다. 그때가 1986년경이었던가? 지금의 삼성타운자리는 그 당시 큰 규모의 자동차 정비공장, 공업사, 카독크들이 즐비해 있었고 폐차할 차량들이 쌓여있던 곳이다. 지금도 그 당시에 다니면서 보았던 양재역에서부터 신사역까지에 있었던 건물들의 잔영들이 많이 남아있다. 그때의 기억과 지금의 모습을 보면서 도시지역의 투자와 비도시지역의 투자가 얼마나 어떻게 다른지를 이제는 확연히 느껴진다.

이 나이에 이제 부동산을 바라보면 마음이 편하다는 느낌이 드는 것은 그나마 다행스러운 현상이 아닐까. 후회는 아니지만 아쉬움이라고 한다면 부동산 투자지역을 서울이 아닌 비도시지역으로 옮겼다는 것이 여전한 아쉬움으로 남는다. 하지만 그때 비도시지역으로 가서 토지를 접하지 않고 도시지역의 토지 마인드로 접근하였다면 지금의 필자는 아마도 없었을지도 모를 일이다. 가지 않은 길에 대한 막연한 동경심일 수도 있다.

몇 번의 큰 투자실패를 통해서 필자에게는 부동산 지식적인 엄청난 발전과 경험이 생겼다. 투자의 실패를 통해서 과욕의 어리석음을 뼈저리게 느꼈다.

그래서 지금은 끊임없이 생각한다.
끊임없이 배우고 익힌다.
끊임없이 다니고 듣는다.
끊임없이 나의 욕심을 다스린다.

그래서 어떤 갑작스러운 폭풍우가 닥치더라도 흔들리지 않는 안전한 투자를 준비하려고 한다. 나의 지난 실패가 없었다면 나는 결코 지금의 자신이 존재하지 않았을 것이기에.

그래서 나는 오늘도 강의를 쉬지 않는다

무리한 투자세팅을 하는 자들을 말리고 싶어서이다. 그리고 그냥 듣고 따라 투자하는 사람들을 말리고 싶어서이다. 배우지 않으면 수익도 없다는 진리를 이야기해주고 싶어서이다. 오랜 투자를 하고 싶으면 제발 작게 시작하고 경험부터 쌓으라는 말을 하고 싶어서이다. 결코 어떤 상황이 닥쳐도 잃지 않는 투자를 할 수 있게 도와주고 싶어서이다.

필자는 강의전문가가 아니기에 강의시장이라고 하는 곳에서는 부족함이 넘치지만 필자의 지식과 경험과 투자 마인드를 어떻게든 전달해 드리고 싶어서이다.

시절 좋던 IMF 사태와 금융위기 사태 이전의 경매투자 전문가, 부동산 투자 전문가들은 모두 어디로 갔나?

그 당시에는 부동산 강의, 경매 강의가 없었을까? 아니다. 분명히 있었다. 그리고 더 많은 투자도 있었다. 그때 입문하여 강의 듣고 투자하신 분들은 지금도 여전히 투자를 즐기고 있을까를 생각해 볼 일이다. 성공한 사람의 숫자보다 재기하지 못한 사람들이 훨씬 많을 것이다.

과욕을 부린 부동산 투자세팅을 하였다면 사회경제적인 큰 상황이 왔을 때 견디지 못하고 한순간에 추락하는 경험을 하였을지도 모를 일이다. 제대로 배우면서 착실히 투자하신 분들이라면 아마도 강남의 고가 아파트와 다른 몇 개의 부동산을 소유하는 결과를 가져오지 않았을까.

분명한 것은 전문으로 부동산 투자를 한답시고 이 돈, 저 돈 다 끌어다 투자한 사람들은 대부분이 나락으로 떨어졌고, 집 한 채 대출 안고 사서 꼬박꼬박 대출이자 갚으면서 생활했던 사람들은 투자 아닌 투자임에도 성공한 결과를 낳았다는 현실을 되짚어봐야 한다.

그때도 투자활동을 하신 분들이 지금도 여전히 투자활동을 하신다면 그는 부동산 경기의 높고 낮은 사이클을 제대로 경험하신 소중한 투자 마인드를 가진 분일 것이다. 그런 분들이 이 시장의 진정한 투자자가 아닐까. 견디지 못하고 투자의 무대에서 사라지는 경험을 하게 된다면 다시 돌아오기가 어려운 시장이 바로 이 부동산 투자시장이다.

이유는 간단하다. 부동산은 한번 잃으면 손실의 금액이 워낙 크기 때문이 아닐까. 그리고 때로는 몸이 묶이는 감옥살이 경험도 하게 될 지도 모를 일이다. 몇몇 전문가들은 무리하게 수강생들의 자금을 끌어들여 투자에 몰빵하여 인생의 얼룩을 남기신 분들도 많았던 시절이었다.

지금은 투자 전문가와 마케팅 전문가가 혼재하는 시대다

몇 개의 부동산 투자에 성공한 사람을 전문가라고 부른다면 이 투자시장이 아직도 제대로 성숙되지 않은 시장이다. 성공한 투자 사례를 공유하는 것과 투자 전문가라고 불리워지는 것과는 별개의 문제다. 투자 전문가라면 적어도, 최소한, 부동산경기 한 사이클 정도는 돌고 난 뒤에도 변함없이 투자를 즐길 수 있는 자에게 전문가라는 딱지를 주는 것이 맞지 않는가.

경기 한 사이클을 돌고도 끄떡없이 즐기며, 오히려 부동산 가격조정기나 하락기에도 투자의 적기를 고민하고 투자를 망설이지 않는 자가 이 시장의 진정한 투자 전문가일 것이다. 한 사이클 이상을 충분히 경험한 생각나는 전문가들은 몇 분 되지 않는다. 중요한 것은 그들이 몇이나 존재하는지가 아니라 이 시장의 투자 방향을 가르쳐주는 방향타라는 사실이다.

부동산 투자 전문가라는 말을 함부로 쓰지 마라

부동산 투자 분야가 얼마나 광범위하고 깊이 있는 지식과 경험을 필요로 하는지를 제대로 알고 있는가? 알고 있는 사람이라면 스스로를 부동산 투자 전문가라는 이름을 붙이지 않을 것이다.

차라리 경매투자 전문가, 주거용 부동산 투자 전문가, 분양권 투자 전문가, 재개발투자 전문가처럼 자기의 전문 분야를 이름 앞에 붙여준다면 배우고자 하는 사람들의 고민을 들어주는 것이 아닐까.

어느 변호사명함에 부동산 전문 투자상담 변호사라고 적혀있는 명함을 볼 때, 정말 모든 부동산을 전문적으로 투자상담을 해 줄 수 있는 변호사일까라는 의구심이 들 때가 많다. 차라리 수용보상전문 변호사, 재개발전문 변호사라고 하면 훨씬 큰 신뢰가 가는 편이다. 나는 30년 가까이 부딪히고 공부하고 일해왔어도 아직도 부족함이 많다. 늘 그렇겠지만.

부동산 투자에서 큰돈을 벌었다면 왜 굳이 힘든 강의를 할까

이유는 다양할 것이지만 그것을 일일이 나열할 필요를 느끼지는 않는다. 적어도 필자는 그나마 알량한 지식과 경험이 있기에 이것을 강의를 통해서 같이 나누어서 필자와 같은 실패투자를 하는 사람들이 나오지 않도록 하기 위함이다.

투자에 성공한 사람의 이야기를 듣는 것과 실패한 사람의 강의를 듣는 것은 선택의 문제 아니겠는가. 성공하고 싶다면 성공한 자의 이야기를 듣든지, 실패하지 않고 싶다면 실패한 자의 이야기를 듣든지, 아님 둘 다 듣던지. 필자에게 교수라는 호칭도 부담스럽기 그지없다. 인격과 지식과 수양이 제대로 되지 않은 이 사람에게 왜 자꾸 교수라는 거창한 호칭을 붙이는가. 그냥 구멍가게 투자업체의 대표일 뿐이다.

같이하는 소확행투자를 꿈꾸는 사람이고 싶다

필자가 부동산 분야에 입문한 지는 오래되었을지는 몰라도 부동산 분야에서 투자를 즐기고 일을 하는 것이 즐거운 사람일 뿐이고, 그 지식과 경험을 아낌없이 나누고자 하는 사람일 뿐이다.

돈이라는 것을 남들이 이야기하는 수준만큼은 벌지 못했기에. 그리고 이 나이에 그 돈이라는 것을 더 벌어서 전문가라는 이야기를 듣고자 바둥거리는 것보다는 오늘 하루, 지금 이 시간이 가장 행복하다는 생각으로 하루하루를 살아가는 소확행을 느끼는 소시민이기를 원하기에. 그래도 죽을 때까지 돈을 벌 수 있는 활동을 같이할 수 있는 인연을 맺은 사람들이 조금씩 늘어나는 것은 기분 좋은 일이다.

핸드폰으로 들리는 소리 중에서 입금되었다는 딩동 문자 소리를 가장 행복한 소리라고 생각하는 물정에 찌들은 인생이라고 비웃어도 상관없다. 그런 찌든 인생들을 더 많이 만들고 더 많이 만나고 싶다.

5부

상권분석 상가투자

상가투자의 기본기와 투자 마인드

　워렌 버핏은 "잠자는 동안에도 돈이 들어오는 방법을 찾아내지 못한다면 당신은 죽을 때까지 일을 해야만 할 것이다"라는 유명한 말은 많은 투자자들에게 어떻게 투자할 것인가에 관한 고민을 던져주었다. 한마디로 패시브 인컴(Passive Income)에 관한 이야기를 쉽게 풀어낸 말이다. 나이가 들고 은퇴를 하고도 죽을 때까지도 일만 해야 할 정도로 가난에 살게 되는 삶은 누구든 상상하기 싫은 일일 것이다. 물질적 경제적 여유가 있는 사람이 죽을 때까지 자기가 좋아하고 하고 싶은 일을 하는 것과는 전혀 다른 의미인 것이다.

　사람은 누구나 일을 해서 수익을 창출하고 그 수익으로 생활하는 것은 당연한 것이지만 어떤 일을 하느냐에 따른 삶의 질은 전혀 달라진다. 그것을 패시브 인컴과 액티브 인컴이라는 키워드로 분류를 한 것으로 보인다. 정해진 시간에 근무를 하고 급여를 받는 것은 액티브 인컴이라고 할 수 있을 것이다. 노동을 직접 제공하고 그에 대한 직접적인 수익을 받는 유형일 것이다. 하지만 많은 돈을 벌고 싶어도 시간이 안 되거나 몸상태가 어렵다면 일을 더 할 수가 없게 된다. 이런 구조를 조금이라도 현명하게 대처하는 방안이 패시브 인컴 아닐까. 노동과 수익이 직접적인 연결고리가 아닌 형태로 수익을 올리는 방법을 말하는 것이다.

　최소한의 시간 노동을 제공하고 제공된 노동의 수익은 시간흐름에 따라 지속적으로 발생할 수 있는 방식의 투자를 의미하는 것이다.

부동산 파트에서의 대표적인 패시브 인컴 방식이 연금형 투자, 아이디어 투자나 상가 투자, 지식산업센터 월세형 투자 방법 등이라고 말할 수 있다. 큰 진입 제약이 없기 때문에 이런 시스템을 세팅해 둔다면 대부분의 사람들이 액티브 인컴 방식으로 벌어들이는 소득의 한계를 극복할 수 있는 훌륭한 추가소득원이 될 수 있을 것이고 은퇴 이후에는 오히려 이 패시브 인컴 투자 방식이 훨씬 더 훌륭한 삶의 질을 만들어 나갈 수 있게 되기도 한다.

하지만 어느 분야이든 투자 방법에 있어서 공식 같은 정답은 없는 것이고 어떤 마인드를 가지고 어떤 경로로 갈 것인가의 선택 문제일 뿐이다. 그리고 투자를 하고자 하는 사람의 분명한 태도는 투자에 필요한 지식을 모두 배우고 투자를 한다는 생각을 버려야 한다. 그 어마어마한 내용을 무슨 수로 배울 것이며 배운다 한들 실전투자에 제대로 응용해서 사용하지도 못한다.

가장 중요한 것은 해당 물건의 투자에 필요한 실전지식을 어떻게 찾아서 어떤 문제점이 있는지를 사전에 체크해 낼 수 있는 포인트 체크 역량이 중요하다. 그런 중요 투자 포인트를 찾는 방법이 부동산의 분야별로 분명히 다르지만 특히 상가 투자 분야에서는 입지분석, 수지분석, 행정규제분석에 대하여 사전 확인할 수 있는 마인드가 가장 중요할 것이다.

상가투자와 관련한 많은 책자들이 있고 그 많은 책자들만큼이나 유형별로 다양하게 상가들의 종류를 구분하고 있고 상권의 법칙인 상권이동의 법칙이니 등등의 어떤 정형화된 형식을 만들어내기 위한 이론적인 노력을 하고 있는 서적들과 강의들이 무척 많다.

하지만 상가나 상권이라고 하는 이놈은 다른 분야의 부동산과는 달리 투자를 완료한 이후에도 그 가치가 항상 움직이고 있으며 어떤 경우에도 동일한 유형을 보이고 있는 경우가 없는 것이 현실이기에 책자나 강의에서 이야기하는 그런 공통적인 이론들을 힘들게 익힌다고 해서 현실에 곧바로 적용을 할 수 없다.

예전에는 어쩔 수 없이 그런 방식의 내용들일지라도 배울 수밖에 없었지만, 지금은 차라리 해당 상권 동네에 오랫동안 거주하면서 살아왔던 사람의 눈으로 보는 시각과 인식이 훨씬 뛰어난 투자분석이 될 수 있다.

상가투자 분야에서 많은 강의나 전문가 혹은 출판 서적들이 시중에 출판되고 있어서 그나마 상가투자에 목마른 분들의 갈증을 해소시키고는 있으나 그중에서 유독 돋보이는 상가 강의와 출판 책자가 보인다.

다름 아닌 김종률 부동산 아카데미를 운영하는 김종률 원장이 출판한 책이 돋보인다. 다년간 기업체의 점포개발, 업무능력 등을 토대로 상가투자에서 중요한 포인트를 짚어냈을 뿐만 아니라 뛰어난 현장 감각 능력이 강의와 저서에 그대로 묻어난다.

이 외에도 상가투자를 계획하고 있는 투자자에게 그나마 반가운 이야기는 인터넷에서 제공해주는 뛰어난 빅데이터 자료들을 재가공해서 현장에서 쉽게 확인이 불가능한 정보까지도 제공해주고 있기에 그러한 자료들을 잘 집대성 정리하면서 전문가들의 현

장 이야기까지 같이 공부할 수 있는 여건이 마련된 것은 참으로 반가운 일이 아닐 수 없다.

기존의 상권분석이 현장에서 살필수 있는 정도의 유동인구의 분석 정도가 1차적인 수준의 분석이었다면 이제는 시간대별 요일별 연령별 유동인구의 흐름까지도 파악해 낼수 있는 2차적인 수준을 뛰어넘는가 하면 이제는 그 유동인구의 구체적인 정보와 업종별 매출은 물론이고 미래 유망한 업종까지도 예측할 수 있는 3차적인 수준의 분석까지도 가능하게 되어 상가투자의 판단하는 데 있어서 더 나은 선택을 할 수 있는 시절이 도래한 것이다.

지금까지는 이론적인 차원에서의 상가에 관한 말씀을 많이 드린 관계로 조금은 따분한 느낌을 받은 독자분들도 계실 것이다. 현장에서 맞닥뜨리는 상가에 투자한다는 마음을 가지신 분이라면 지금부터 말씀드리는 순서와 내용들을 차분히 익히시면서 뒤편의 사례뿐만 아니라 다소 고급 정보를 정립한 내용까지도 읽어보신다면 전체적으로 상가나 상권을 보는 안목을 확립하는 데 도움이 될 것이다.

거듭 드리는 말씀이지만 자칫 상가를 잘못 구입하게 되면 공실로 인해서 월수입은 고사하고 대출이자와 관리비 부담을 계속 떠안게 되는 모순적인 상황을 맞이할 수도 있다는 사실을 꼭 명심하시면서 스터디를 하실 필요가 있다.

상가투자 자금계획 세우기

대부분의 상가 투자자들은 매수자금을 마련할 때 대출을 많이 활용한다. 또 그렇게 하는 것이 맞다. 독자분들도 그러하다면 상가투자를 하기 전에 먼저 은행을 방문해서 자신에 맞는 대출상품에 관한 지식부터 쌓아두어야 한다. 누구에게나 적용되는 것이 아니라 사람에 따라서 대출이자와 대출금액도 달라지고 대출상품도 각각이기 때문이다. 이렇게 마련되는 대출금과 자신의 순수자금에다 임차인으로부터 받는 임차보증금이 상가투자의 밑천이다.

어떤 상가에 투자할까

'카더라'라는 말을 듣고 하는 상가투자는 거의 실패투자로 결론이 난다. 때문에 상권 조사와 분석을 사전에 철저히 해야 한다는 아주 당연한 일을 결코 생략해서는 안 된다. 초보자라면 자신의 주된 나와바리를 선택하기를 권한다. 그것은 이미 상권에 대한 지식이 있는 상태이기에 그만큼 상가의 운영과 안정성에 관한 위험을 줄이는 일이기 때문이다. 상가투자 전문가가 추천해주는 상가라고 해서 믿고 하는 상가투자는 절대 금물이라는 말씀을 드린다.

인터넷 정보와 중개사무소 활용 노하우

인터넷 정보에는 상당히 유용한 정보가 있는가 하면 분양을 목적으로 과대 포장되고 수익률을 보장한다는 등의 도움 안 되는 포스팅들이 난무하지만 그 내용들을 읽다 보면 자연스럽게 홍보성인지 아닌지를 알 수 있게 된다.

특히 상권을 분석하는 데는 뒤에서 설명할 상권분석 빅데이터를 활용도 해야 하지만 이보다는 자신의 관심지에 관한 상권정보에 관한 블로그 등의 포스팅들도 상당한 도움이 될 수 있다.

중개업소를 방문해서 상가를 소개받을 수도 있고 발품을 다니면서 점포에 붙어있는 안내 문구나 현수막들을 보면서도 상가가 나온 정보를 알수 있게 된다. 중개업소가 아닌 루트를 통해서 상가를 알아볼 때에는 보다 더 신중한 접근이 필요하며 비록 소유자가 직접 이야기해주는 내용일지라도 일일이 정보에 관한 사후확인을 해야 한다는 것을 잊지 말아야 한다.

입지가 좋고 유동인구가 많은 곳의 상가는 아무래도 장사가 잘 될 것이라서 물건 구하기도 쉽지는 않겠지만 구하더라도 수익률이 상당히 낮을 만큼 매매 가격이 비싸게 형성될 것이다.

다양한 투자 경험이 있는 분이라면 입지가 다소 떨어지는 곳일지라도 자신의 역량을 발휘해서 상가를 활성화시킬 수도 있을 것이지만 초보자의 경우라면 가능하면 가시성이 뛰어난 곳과 물리적인 접근성이 양호한 상가를 선택하기를 권한다. 주변에 노점이 많은 곳이라면 도움이 될 수 있으며 대형 마트나 백화점, 재래시장은 상가 운영에 장애 요인이 될 수도 있다. 이와 같이 입지와 상권에 관한 세부적인 분석 방법은 뒤편에서 별도로 자세한 설명을 해두고 있으니 참조하시면 된다.

그렇게 만나게 되는 상가에 투자를 할 경우 이제는 서류를 확인해야 하는 단계가 될 것이다. 위반건축물 여부나 행정처분 등으로 불이익을 받게 되는 점포는 아닌지도 알아보고 구체적인 대출 상담을 받아야 할 것이다.

이런 상가는 피하는 것이 좋다

신축 이후에 하는 최초 분양상가는 전단지를 뿌리면서 지나가는 호객들을 유혹한다. 전단지의 내용은 온갖 좋은 점 일색으로 만들어져 있다. 수익률도 당연히 부풀려져 있으며 이미 임차인을 맞추어 놓았다는 등의 솔깃한 내용도 있다. 맞추어진 임차인을 미리 가공해서 분양계약서에 임대차계약서를 첨부해서 분양하는 수법도 성행한다. 해당 임차인이 분양계약서 작성하는 현장에 참여해서 오히려 임대차금액을 올리지 말아 달라는 등의 부탁을 하기도 하면 수분양자는 속으로 상가 분양을 너무 잘 받았다는 착각을 하기도 한다.

하지만 그것은 속임수에 불과한 경우도 참 많다. 준공 이후 여러 가지 사정을 이유로 장사를 못한다고 하거나 차일피일 입주를 미루면서 해약을 요구하는데 보증금을 못 돌려준다고 항변하면 못 이기는 체하고 보증금을 포기해버리는 상황으로 마무리하기도 한다. 결국은 그 보증금도 분양받은 사람의 분양가에 포함된 금액이라는 사실을 세월이 지난 후에야 깨닫게 되는데 그때는 이미 상가투자의 실패자로 전락한 이후다.

하물며 몇 년 동안 최소한의 월세를 보장해 준다는 보장증서를 공증까지 받아서 안전하게 분양하는 모양새를 갖추고 분양하는 곳도 많다. 그만큼 내가 낸 분양대금에서 월세를 돌려받는 구조라고 생각하면 정신이 번쩍 들 것이다. 보장 기간이 지나고 나서 그 월세에 임차인을 구하는 것은 거의 불가능하다는 현실을 그제서야 깨닫게 되는 경우도 많다.

특히 분양을 전문으로 하는 분양대행사를 통한 상가 분양이 성행하다 보니 요즘은 분양상가 가격은 턱없이 높은 가격으로 분양가가 책정되는 경우가 많다. 비록 1층 상가일지라도 기대하는 수익률을 충족하기에는 받아야 하는 월세가 너무 높아서 엄두조차도 안 나는 경우가 많다. 이런 상가들은 상권이 세팅되고 활성화되기 위해서는 상당한 시일을 필요로 하고 때로는 아예 상권 활성화 자체가 안되어서 유령상가 단지로 전락하는 경우도 많다. 특히 지방에서 조성되는 대규모 상권 단지의 상가는 더더욱 주의해서 접근하든지 아니면 아예 검토하지 않는 편이 나은 경우도 있다.

상가의 적정 매매 가격의 산정에 관한 내용은 상가투자에서 상당히 중요한 포인트이기는 하나 이 종합 요약본에서 언급하기에는 그 난이도와 분량이 너무 많은 관계로 부득이 생략한다.

상가 투자자와 임차인의 권리금 관계

상가에서 영업을 하는 사업자들끼리는 해당 상가의 소유권이 누구에게 있든지 간에 임차인들끼리 영업장을 인수인계하는 과정에서 영업에 대한 권리금이라는 것을 주고받는 경우가 거의 대부분이다. 물론 영업이 안되는 곳은 권리금 자체가 없이 거래되는 경우도 많다.

그런데 이 권리금이라는 것은 임차인들끼리 주고받는 별개의 금액이라는 생각에서 소유자 입장에서는 상관할 일이 아니라는 생각을 할 수도 있으나 이 액수가 상가의 가치를 가늠할 수 있는 기본적인 인식 판단의 자료가 되므로 소유자인 임대인도 사실은 상당한 관심을 가질 필요가 있다. 그뿐만 아니라 경기의 변동으로 임차인의 사업이 잘되거나 망하거나 하는 등의 이유로 임차인이 들어올 때 지급한 권리금의 변동이 생길 수 있고 이로 인해 소유자인 임대인과의 갈등을 불러일으키는 불씨가 될 수도 있기 때문이다.

특히 새로 들어오는 임차인의 영업 기간을 특별한 기한을 정해야 할 필요가 있을 경우에는 권리금의 문제가 훗날 소유자와의 갈등에서 비롯된 분쟁의 불씨가 될 수도 있다.

권리금은 시장에서 흔히 바닥권리금, 영업권리금, 시설권리금, 인허가권리금 이런 식으로 나누어져 있는데 이해 차원에서만 잠깐 언급해보고자 한다.

바닥권리금은 현재가 공실임에도 불구하고 상가의 입지나 상권이 뛰어난 곳이라서 어떤 업종을 하더라도 사업이 잘 될 만한 곳이라면 어김없이 발생하는 권리금이다. 분양을 하는 경우에도 분양시행사나 분양대행사가 수분양자에게 이것을 분양계약금액과는 별도로 암암리에 요구하는 경우도 있다. 그리고 최초의 수분양자일지라도 입지가 좋은 곳의 점포를 최초에 임대할 경우에 들어오는 임차인에게 바닥권리금을 요구하기도 한다.

최초의 임차인이 영업을 하다가 다른 임차인을 들일 때에 권리금을 받을 수 있을 만하다는 판단이 든다면 이런 유형의 권리금이 형성되기도 한다. 일종의 바닥입지 프리미엄이라고 보시면 된다.

영업권리금이라고 하는 것은 현 상가에서 장사를 하면서 발생하였던 매출을 근거로 해서 산정되는 권리금이다. 현 상가를 그대로 승계할 때 그동안 해당 업종의 위치나 단골 고객의 인식도 등을 금전화시킨 금액이라고 이해하실 수 있다. 통상적으로 입증이 가능한 신용카드, 포스시스템 자료 등을 토대로 6개월~1년 정도의 매출금액을 기준 삼아 서로 협의하는 수준으로 형성된다. 새로운 임차인이 해당 업종을 승계하지 않는 업종으로 영업을 한다면 이 권리금의 인식 차이가 많아 임차인 승계여부 결정이 잘되지 않기도 한다.

시설권리금은 말 그대로의 의미다. 현 상태의 사업을 영위하기 위해서 들였던 인테리어나 각종 영업집기, 간판, 냉난방기 등이 있을 수 있다. 이런 시설들의 노후를 감안해서 대개 약 5년 정도의 내구연한을 적용해서 세부적인 계산을 하기도 하나 대개 눈으로 몇 가지 목록을 확인하고 퉁치는 방식으로 뭉뚱그린 금액이 제시되기도 한다. 이 시설권리금은 앞에서의 영업권리금과 따로 계산되기도 하고 통산해서 계산되기도 한다. 어차피 서로 간의 생각 금액 차이가 너무 클 경우에는 합의점에 도달하기가 쉽지는 않은 현실이지만 업종의 입지가 최적일 경우에는 새로운 임차인이 이를 감수하는 경우도 종종 있다.

마지막으로 인허가권리금이라는 것이 있다. 이것은 약간의 주의를 기울여서 살펴보아야 할 필요가 있는데 해당 영업업종을 승계하고자 할 때는 별문제가 없지만 현재의 임차인과의 영업 승계를 하지 않고 폐업을 하고 새로운 임차인이 동종업종으로 영업신고나 등록 등의 방식으로 하고자 할 때 관계법령의 변동으로 영업 관련 허가를 받을 수 없는 업종인 경우가 있을 수도 있다.

이때에는 당연히 승계방식으로 진행하는 것이 맞을 것이므로 이때 인허가권리금이라는 것이 발생할 수도 있다. 대표적인 것이 담배판매권, 복권판매권이 있는데 모텔과 같은 숙박업소 주유소, 세차장 등도 신규허가를 받지 못 하는 경우도 있다. 담배 같은 경우는 승계를 인정하지는 않으나 비밀리에 승계하는 편법이 성행하기도 한다.

월세 받는 상가투자, 2층 상가투자 사례

병원으로 운영되던 근린상가가 경매로 나왔다. 23.5억 정도의 감정 금액으로 유찰을 하였고 약 14억에 낙찰을 받는다. 임차인의 인수 문제, 등기부상의 전세권설정 등의 권리는 별로 문제 될 여지가 없는 상가였다. 권리분석은 경공매 파트에서 따로 설명을 드리는 것이니 이 파트에서는 그 부분은 생략한다.

2015타경41384 (2)   • 의정부지법 본원 • 매각기일 : **2016.10.06(木) (10:30)** • 경매 2계(전화:031-828-0322)

| 소 재 지 | 경기도 구리시 교문동 228-17 외 2필지, 근린상가 1동 2층 201호 [도로명검색] [지도] [지도] [주소 복사] |
| 새 주 소 | 경기도 구리시 체육관로 163, 근린상가 1동 2층 201호 |

물건종별	근린상가	감 정 가	2,345,000,000원
대 지 권	73㎡(22.08평)	최 저 가	(49%) 1,149,050,000원
건물면적	342.02㎡(103.46평)	보 증 금	(10%) 114,905,000원
매각물건	토지·건물 일괄매각	소 유 자	윤금순 외 3명
개시결정	2015-12-03	채 무 자	강양수
사 건 명	임의경매	채 권 자	신한은행의 승계인 에프에스케이엔 1512 유동화전문유한회사 외 1

오늘조회: 1 2주누적: 0 2주평균: 0 [조회동향]

구분	매각기일	최저매각가격	결과
1차	2016-07-28	2,345,000,000원	유찰
2차	2016-09-01	1,641,500,000원	유찰
3차	**2016-10-06**	**1,149,050,000원**	

매각 : 1,440,000,000원 (61.41%)

매각결정기일 : 2016.10.13 - 매각허가결정

대금지급기한 : 2016.11.18

대금납부 2016.10.25 / 배당기일 2016.12.19

배당종결 2016.12.19

관련사건   2015타경42196(중복)

낙찰을 받고 12억의 대출을 받고 보증금을 공제하니 실투자금은 2억 남짓한 수준이다. 그리고는 새로이 월세 형태로 임차세팅을 맞춘다. 매월 받게 되는 월세 600만 원으로 대출이자를 지급하면 잔액이 월수입이다. 대출이자나 월세의 변동이 없는 상황이라면 이처럼 매월 꼬박꼬박 받게 되는 월세 수익을 받게 되는 투자는 많은 이들의 투자 로망이다.

이와 같이 낙찰 후에 기존의 임차인의 업종이 경매 물건에서처럼 병원과 같이 많은 시설비를 투입한 경우에는 임차인이 실질적으로 명도를 당하는 경우보다는 낙찰자와 재계약을 하는 확률이 훨씬 높아지는 것이다.

10	3번근저당권설정등기말소	2016년10월25일 제25996호	2016년10월25일 임의경매로 인한 매각	
11	근저당권설정	2016년10월25일 제25997호	2016년10월25일 설정계약	채권최고액 금1,380,000,000원 채무자 　경기도 부천시 상동로 25, 　(상동,　　　　　) 근저당권자 농협은행주식회사 110111-4809385 　서울특별시 중구 통일로 120 (충정로1가) 　(양재지점)
12	전세권설정	2019년4월29일 제7979호	2019년4월26일 설정계약	전세금 금200,000,000원 범 위 의료시설(병원)용,건물의전부 존속기간 2019년 4월 26일부터 2021년 4월 　25일까지 전세권자　　　　780419-******* 　경기도 남양주시 도농로 34, 　(다산동,　　　　　)

이렇게 세팅된 이 물건은 다시 3년 후에 경매 절차를 통해서 매각된다. 낙찰자가 월세를 못 받거나 대출이자를 못 낼 형편이어서 경매가 되는 것일까. 그건 아니다. 경매 원인을 보면 누구라도 짐작을 할 수 있을 것이다. 3년 후에 매각 시의 감정평가는 3년 전의 감정가격보다도 1억 이상의 낮은 가격으로 감정된 것은 참으로 아이러니한 현실이다. 그렇더라도 매각된 금액은 19억을 넘긴 금액으로 새 주인을 찾았고 약 5억 정도의 매각차익이 실현된다. 코로나19 사태 이후로 금리가 급격히 상승한 측면을 결과론적인 측면에서 판단하면 훌륭한 매각 타이밍이라고 할 수 있는 투자다.

이러한 이상적이고 표준적인 근린상가의 투자에서 가장 중요한 포인트는 무엇일까. 가장 기본적인 사항이 임대 가능한 시세의 예측이다. 만일 이 물건의 임대 시세가 대출을 받은 금액의 대출이자를 감당하지 못하는 수준이 된다면 이 물건은 로망투자가 아니라 심각한 독소투자가 될 수도 있는 것이다.

상가투자에서 일반인들이 중개업소에서 듣는 이야기로 보증금 얼마에 월세 얼마 정도는 충분히 받을 수 있다는 정도의 의견만 듣고 투자를 한다면 로망투자보다는 힘든 투자 결과를 맞이할 수 있다는 것을 말씀드리는 것이다. 위의 경우에는 기존의 임차인 업종이 시설업종이라는 점으로 인해서 재계약을 할 수 있었던 가능성이 높다고 판단한 것이 투자성공이 주효한 포인트였던 것이다.

적어도 상가를 매수하기 이전에 적합한 임대업종을 판단하고 해당 업종을 운영할 경우에 예상되는 매출이 어느 정도 될 것일까를 예측함으로써 임차인이 기꺼이 부담할 수 있는 임대료를 추측할 수 있다면 안전한 상가투자를 할 수 있을 것이다.

이 외에도 입지와 상권분석 배후인구, 유동인구 등 주된 소비자의 소득수준 등은 근생상가투자에서 중요한 조사 요소가 될 것이다. 그리고 이 매출액을 예상하는 것이 어떻게 가능할까 등등의 의구심이 있으시겠지만 이제는 빅데이터를 통한 충분한 예측이 가능한 시대가 되었으니 필자와 함께 그 해법을 같이 공유해 보시기를 바란다.

신개념 상권분석 빅데이터 사이트

상권을 분석하기 위해서 필자도 물론이거니와 예전에는 많은 이들이 현장에서 특별한 고생을 한 경험이 참으로 많을 것이다. 그럼에도 투자의 판단을 내린다는 것이 너무 어려운 분야가 바로 이 상가투자다. 항상 살아 움직이는 생물 같은 특징을 갖고 있을 뿐만 아니라 현장에서 조사를 하더라도 알 수 없는 내용들이 너무 많은 것이 현실이다. 그런데 이 빅데이터 사이트의 출현은 상가투자를 하는 분들에게 참으로 반가운 일이 아닐 수 없다.

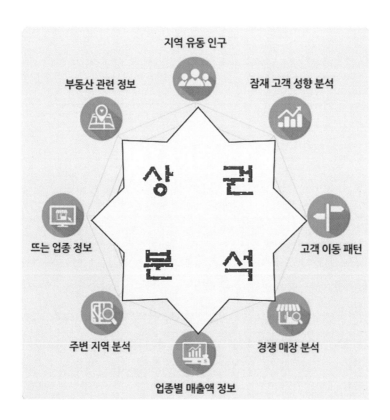

위 그림에서처럼 상권분석을 위해서 투자자들이 간절히 알고 싶은 내용들이 빼곡히 적혀있다. 현장을 가서 이리 돌고 저리 돌고 아무리 조사해도 알아낼 수 있는 요소들이 별로 없었던 시절이었다. 고작 눈으로 확인하는 정도가 주변 지역 분석, 고객 이동 패턴, 인근의 경쟁 매장 분포 정도였다.

그렇다면 다른 요소인 업종별 매출액 정보, 잠재고객성향 분석, 좀 더 정확한 주변 지역 분석과 유동인구, 유동인구의 주된 동선, 해당 지역에 적합한 업종 판단은 어떻게 해야 하는 것일까. 결국은 현장 조사자의 원시적인 촉과 감에 의존한 최종 투자 판단을 할 수밖에 없었던 것이 과거 상권분석의 한계였던 것이다.

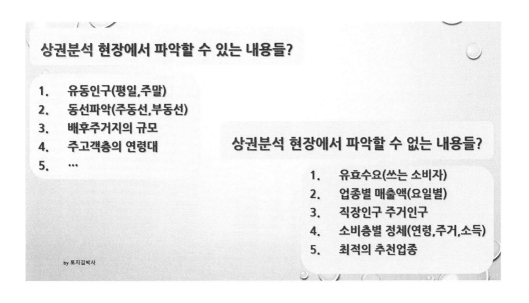

그리고 이렇게라도 상권을 분석했던 자료들을 토대로 투자하고자 하는 해당 부동산의 입지 상황을 분석판단하고 점포 내부의 상황을 살펴보는 물건분석을 하는 과정을 거쳐서 최종적인 투자 결정을 하게 되는 것이다.

정리하자면 상가투자에서 필요로 하는 사전조사 내용은 해당 물건이 있는 상권분석과 입지분석, 물건분석. 이 세 가지 요소를 살펴본 후에 예상되는 수익률을 추정하고 최종 투자 결정을 하게 하는 프로세스라고 할 수 있겠다.

먼저 상권분석에 도움이 되는 대표적인 빅데이터 사이트 두 곳을 소개하고자 한다. 첫 번째 사이트는 소상공인 상권정보 사이트에서 제공하는 상권분석 툴이다. 두 번째 사이트는 나이스비즈맵이라고 하는 사이트에서 제공하는 상권분석 툴이 있다.

두 개의 사이트가 제공해주는 가장 기본적인 데이터는 스마트폰과 신용카드, 그리고 정부에서 제공해주는 공개데이터 자료이다. 스마트폰을 소유하고 있는 사람의 움직임과 사용패턴을 데이터화시켜서 유동인구과 고객 이동 패턴을 파악하고 유동인구의 연령별 분포, 심지어는 요일별 시간대별 데이터까지 분석 요소로 사용하고 있다.

그리고 신용카드의 사용 내역을 통해서 고객의 소비성향과 소비금액, 업종별 월평균 매출액, 고객의 연령별 분포, 연령별 소비성향, 선호도, 상권 내 고객의 유입 비율 등등의 다양한 데이터를 분석요소로 하고 있으며, 심지어는 이들 자료를 토대로 정보를 가공하여 적합한 추천업종 등의 정보까지 제공해주는 서비스를 하고 있는 것이다. 정부 공개 데이터를 통해서는 상권 내 인구 분포, 주거유형, 경쟁점포의 분포, 부동산 관련 정보 등등의 데이터를 분석 요소로 사용하고 있는 것이다.

이 사이트는 소상공인진흥공단에서 창업을 하고자 하는 국민들을 위해서 각종 다양한 상권분석 정보를 제공하는 사이트이다. 분석하고자 하는 업종과 해당 위치를 입력해서 간단 상권분석이나 상세 상권분석을 클릭하면 다양한 정보를 표시해 주고 있다. 워낙 많은 자료들을 제공하고 있으므로 이 책자에서 모두를 캡처해서 설명을 드릴 필요 없이 중요 부분만 요약해 안내해 드리지만 독자분들께서는 반드시 직접 이 사이트에 접속하시어 한두 시간 정도만 시간을 할애해서 꼭 사용해보시기를 권한다.

필자가 실제로 어느 한 지역과 해당 업종에 관한 정보를 알고자 분석을 해 보았다.

●● 주거형태

구분	가구수	주거형태	
		아파트	이외
수	1600	983	617
비율	100%	61.4%	38.6%

필자가 지정한 해당 상권 내에 존재하는 주거 형태에 관한 자료가 순식간에 나타난다. 아파트가 몇 세대이고 아파트 아닌 세대가 몇 세대인지 거의 정확한 수준이라고 믿을 만한 수치이다.

●● 주거인구

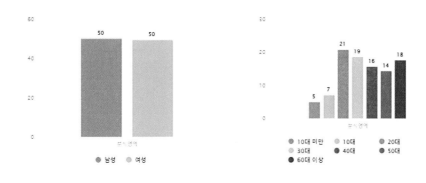

지역	구분	전체	성별		연령별						
			남성	여성	10대미만	10대	20대	30대	40대	50대	60대이상
분석지역	명	3,072	1,545	1,527	158	219	644	577	485	443	546
	비율	100%	50.3	49.7	5.1	7.1	21.0	18.8	15.8	14.4	17.8

그리고 지정한 권역 내에 있는 남자, 여자, 연령대별 인구 분포까지 조사된다. 이런 자료들은 개인이 현장을 백날 돌아봐도 알 수가 없는 자료들이다.

연령대별 소득수준까지 분석한 자료를 공개해 주고 있다. 해당 상권을 이용하는 사람들의 소득 범위가 어느 정도인지도 추정할 수 있는 자료들이다.

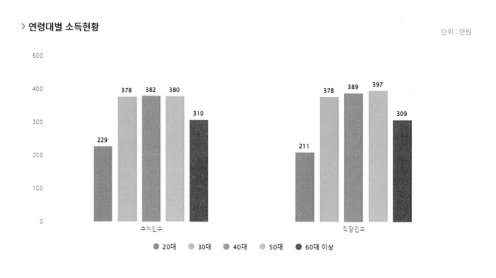

> 연령대별 소득현황

단위 : 만원

연령대별	주거인구 소득		직장인구 소득	
	2021년 상반기	2021년 하반기	2021년 상반기	2021년 하반기
20대	212~ 246	212~ 246	195~ 227	195~ 227
30대	350~ 406	350~ 406	350~ 406	350~ 406
40대	353~ 411	353~ 411	360~ 418	360~ 418
50대	352~ 408	352~ 408	367~ 427	367~ 427
60대 이상	287~ 333	287~ 333	286~ 332	286~ 332

성별 연령별 직장인구 수치까지 다양한 그래프로 가시성 있게 나타내 주고 있다. 이외에도 지면의 한계상 원용하지 못하는 귀한 자료들을 무진장 확인할 수 있는 사이트다.

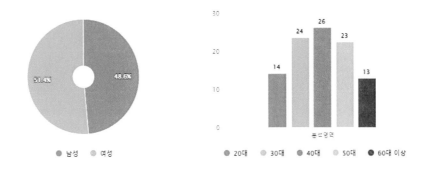

직장인구

구분	전체	성별		연령별				
		남성	여성	20대	30대	40대	50대	60대이상
수	5,218	2,536	2,682	748	1,235	1,376	1,177	682
비율	100.0%	48.6%	51.4%	14.3%	23.7%	26.4%	22.6%	13.1%

다음으로 활용할 수 있는 사이트는 '나이스 비즈맵'이라고 하는 사이트이다.

우리동네 상권을 한눈에

나이스비즈맵을 통해 우리동네 상권을 한눈에 알아보세요.

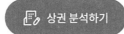 상권 분석하기

이 사이트는 점점 더 사용 방법이 쉽게 변하는 중이다. 아무런 사용 방법에 관한 설명을 듣지 않아도 누구라도 클릭 몇 번만 하면 사용 방법을 알 수 있도록 뛰어난 사용 직관력이 돋보인다. 국내에서 가장 많은 데이터를 보유하고 있는 나이스지니데이터를 토대로 이 사이트가 만들어진 것이다. 상세 분석은 비록 유료화되어 있기는 하지만 그 금액이 그리 부담스럽지 않을 정도라서 필자도 최종투자를 할 때에는 반드시 이 상세 분석을 사용하고 있다.

독자분들의 상상을 초월하는 정도의 분석내용을 가지고 있다. 전국의 모든 지역을 구간화시켜서 분석된 정보를 제공하고 있으며 상세정보를 요청할 시에는 사용자가 직접 지정한 구역에 대해서 분석된 정보를 제공한다.

1 상권의 특성

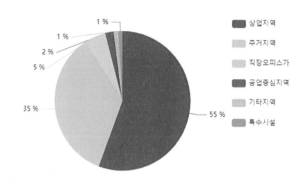

4 상권 내 동종업종의 점포당 매출규모

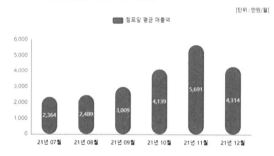

해당 상권의 갈비/삼겹살 점포당 매출액 규모는 최근 분석기간 기준 **4,314만원/월**이며, 전월 대비 **1,377만원 감소 (24.2%↓)** 한것으로 나타납니다.

점포당 평균 매출
4,314만원 / 월

상위 20% 평균매출
12,253만원 / 월

중간값
2,674만원 / 월

하위 20% 평균매출
451만원 / 월

ㆍ직영점으로 운영되는 브랜드 매출액은 반영하지 않은 수치입니다.

선택한 업종에 대하여 상권 내의 월평균 매출액이 금방 보인다. 직영점포의 매출을 감안하지 않은 자료이므로 이 금액을 참고로 해서 뒤에서 분석할 입지분석과 물건분석을 같이 함으로써 투자 판단을 하는 데 많은 도움을 받을 수 있다.

5 상권 내 동종업종의 점포 수

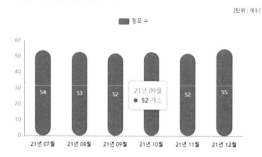

해당 상권에서 운영중인 갈비/삼겹살 점포 수는 최근 분석기간 기준 **55** 개 이며, 전월 대비 **3개 증가** , 3개월전 대비 **3개 증가**한 것으로 나타납니다.

6 상권 내 동종업종의 결제단가 / 이용건수

해당 상권의 갈비/삼겹살 평균 결제단가는 **74,622원**이며, 이용건수는 **31,797건**으로 나타납니다.

결제단가는 전월 대비 6,793원 감소(**8.3%↓**) 하였고, 이용건수는 4,552건 감소(**12.5%↓**) 한 것으로 나타납니다.

동종 점포의 수치와 평균 결제단가와 이용건수까지 제공하고 있다. 심지어는 해당 업종의 평균 매출액을 기본으로 하여 사업운영 시 예상되는 비용과 수익금까지도 추정해 주고 있다. 요일별 시간대별 매출분포뿐만 아니라 투자자들이 가장 중요하게 생각하는 유동인구의 주된 동선에 관한 내용까지도 별도의 카테고리로 아주 보기 쉽게 서비스해주고 있다.

수원역 상권의 유동인구 움직임과 수원인계동 나해석거리의 상권 유동인구를 나타내는 있는 내용을 직관적으로 표시하고 있다.

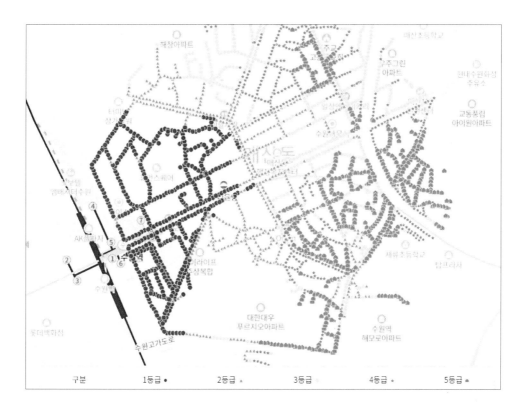

위 그림이 무엇을 의미하는지는 누가 봐도 쉽게 이해할 수 있도록 표시를 하고 있다. 붉은색에 가까운 도로에 가장 유동인구가 많은 라인이고 색깔의 온도에 따라서 그 순위를 정하고 있음을 직관적으로 알 수 있게 만들어 놓았다.

해당 지역의 상권을 전혀 모르는 사람도 이 자료만으로도 상권활성화 정도를 어느 정도 알 수 있으니 그야말로 큰 도움이 아닐 수 없다.

이 사이트에서 제공하는 상권의 상세분석 내용은 실로 그 자료가 자세하고 방대하며 만족스러운 것은 어떤 업종이 매출성장업종에 해당되는지 여부에 관한 분석의견까지도 제시하고 있다.

매출성장업종

🔳 매출과 점포수 증감비교

[단위 : %]

고급 임대차계약서 이렇게 쓴다

임대인의 임대차계약서 작성 참고사항

- 렌트프리(장기계약, 보증금높게,수익율높게)
- 부가세별도
- 원상회복, 수리비(필요비유익비)조건,간판
  -영업관련모든 내외부 설비 시설
- 위법행위의 귀속책임, 위약벌
- 명도조건명시(짐따로 보관/위약벌)(강행규정)
- 제소전 화해
- 관리비활용수익율효과

by 토지김박사

렌트프리(장기계약, 보증금 높게, 수익률 높게)

렌트프리라고 하는 말은 임차인에게 초기의 일정기간 동안은 사업에 제대로 안착할 수 있는 기간적인 여유를 주는 방식을 말한다. 3개월 렌트프리라고 한다면 3개월 동안은 임대료를 받지 않겠다는 의미로 해석하면 된다. 임차인의 입장에서도 나쁠 이유가 없기 때문에 이런 방식을 선호하기도 한다. 임대인의 입장에서는 굳이 그럴 필요가 없을 정도로 많은 임차인들이 선호하는 입지가 좋은 점포라면 임차인에게는 별로 반가운 임대방식은 아니다. 그러기에 점포의 상황에 따라서 선택을 할 수 있는 것이다.

힘들게 임차인을 유치했는데 인근의 다른 점포와 경쟁이 발생할 경우 임대인은 가능하면 나의 점포로 임차인을 유치하는 것이 맞다. 이 경우에 이런 방식을 사용해서 임차인을 나의 점포로 계약하게 하는 전략적인 방법도 된다.

간혹 필자의 지인은 이 랜트프리 방식을 좀 더 과감하게 활용하는 경우도 있다. 아예 랜트프리 기간을 1년 가까이 여유롭게 주기도 하는데 그 대신 다른 조건을 내건다. 보증금을 높게 하고 계약기간을 좀 더 길게 하고 1년 이후부터는 시세보다 약간 더 높은 정도의 임대료 계약을 체결하는 방식을 사용하기도 한다. 임차인이 단기간만 해보고 나가버린다면 다시 유치하기도 어렵겠다는 생각이 들 경우 사용할 수도 있는 방법이다.

부가세 별도

임대인은 임차인으로부터 임대료를 매월 받기 위해서는 사업자 등록을 해야 한다. 사업자 등록에는 일반사업자와 간이사업자가 있는데 연간 수령하는 임대료가 4,800만 원 이상일 때에는 일반사업자로 등록해야 하고 그 이하일 경우에는 간이사업자로도 가능하다.

21년부터는 연매출 8,000만 원 기준으로 상향되었지만 임대사업자는 변동사항이 없다. 간이사업자라면 수령하는 임대료에 대해서 매년 1회만 사업소득 신고하면 된다. 임차인에게서 받는 임대료가 연 4,800만 원 이상이 될 경우에는 일반사업자로 운영을 해야 하고 이때에는 10%의 부가가치세를 임대료에 추가하여 받아야 하고 이를 과세기간별로 신고납부하여야 한다.

그러기에 임대차계약서 작성 시에는 부가가치세는 별도라는 조건을 달아야 할 필요가 있다. 기재되지 않을 경우 임대료에 부가가치세가 포함되는 문제가 발생하기 때문이다.

원상회복, 수리비 부담 주체, 간판

임대차계약서에 기본적으로 표시되어야 하는 내용은 계약만료 시에 반드시 원상회복 조건을 필히 기재하는 것이 좋다. 특별하게 다음 임차인이 시설 및 모든 권리의무를 승계하겠다는 경우가 아니라면 기존의 임차인이 시설한 시설물은 원상회복을 하도록 조건을 기재하는 것이 깔끔하다.

임대기간 중 수리비가 발생할 경우의 부담주체도 명시해 두어야 하고 간판 설치에 따른 문제점 발생 시 책임부담여부나 영업 관련 모든 내외부 설비시설의 위법행위에 대한 귀속책임과 위약벌도 명시해 두어야 한다.

명도조건과 권리금 문제 명시

임차인의 사업이 워낙 안될 경우도 있을 수 있다. 이런 경우 임차인이 기존의 모든 시설들을 그대로 두고 행방불명이 되는 경우도 있을 것이다. 계약기간이 만기되었는데도 임차인과의 연락이 안 되고 보증금도 다 까먹은 경우라면 임대인은 난감해질 수 있다. 임의로 영업집기를 없앨 수도 없고 법원에 명도소송을 제기해서 진행하는 것도 기간과 비용의 부담뿐만 아니라 정신적인 부담이 아닐 수 없다.

계약만기 시에 명도를 않을 경우 실질적으로는 적법한 명도절차를 밟아야 할 것이지만 연락이 안 될 경우 집기 등을 임의로 일정 기간 보관 후 처분해도 무관하다는 내용과 위약벌을 명시해 두는 것도 도움이 된다.

물론 이런 임의약정 자체가 법적인 효력이 있느냐 없느냐의 문제는 별건이다. 권리금 관계는 앞 단원에서 간략하게 요약하였으니 생략한다.

제소전 화해의 활용사례

임차인과 임대인이 어떤 법률적인 갈등 문제가 발생할 경우에 이를 해결하기 위해서는 어쩔 수 없이 민사소송에 의해서 해결해야 하고 그 결과에 맞추어서 집행을 하는 적법한 절차를 밟아야 한다. 변호사를 선임해야 하고 해결 기간이 많이 소요되는 문제가 발생할 수 있다.

특히 최근에 개정된 주택임대차보호법이나 상가임대차보호법은 임차인의 권리를 보장해 주기 위한 내용으로 많은 개정이 이루어지고 특히 계약갱신에 관한 부분도 임차인의 권리보호에 많은 무게를 실어주는 경향이 있어 보인다.

만약 임대인이 임차인에게 2년만 거주하고 그 이후에는 그 주택을 반드시 비워야 하는 경우가 생긴다거나 상가일 경우 3년까지만 기간을 정해서 임대하고자 하는 경우라면 이 '제소전 화해'라는 절차를 이용해서 사전 대비를 하는 것도 나쁘지 않을 것이다. 물론 이것은 법정에 출두를 해야 하는 문제점과 잘 모르는 경우 사전에 전문 변호사에게 문의를 하고 자문을 받아 보아야 하는 점은 있지만 당사자들이 직접 법정에 나가는 수고를 하면 비용을 줄일 수 있다.

임대인이 간절히 필요할 경우에는 임차인에게 보증금을 낮게 해주는 해택을 주는 대신에 이 제소전 화해 방식을 사용하는 것이 효율적이다.

모든 사전 조치가 만능인 경우는 어디에도 없지만 임차인이 명도를 해주지 않을 때 정식 재판절차를 거치지 않을 수 있으므로 시간을 상당히 절약할 수 있는 이이점이 있는 제도이다. 법무사나 변호사를 통해서 제소전 화해 조건에 관한 내용을 작성하고 법원에 이를 접수하여 쌍방이 출석하거나 대리인이 지정된 기일에 1회만 출석해서 서로가 화해조서의 내용에 동의한다는 취지의 답변을 하면 마무리되므로 절차는 간단하다. 구체적인 제소전 화해조서 내용은 세부 출판 책자에서 올려두었다.

응팔골목이 변하고 있다

연남동 뒷골목에 위치한 낡은 주택을 대수선 방식으로 개조 후에 수익형 상가로 운영하기 위한 준비를 하는 곳이다. 물론 건축물의 일부분만 상가로 변경하고 나머지는 여전히 주거용으로 존치시키는 방법을 사용한 건축물이다.

좁은 골목길의 기존 노후주택을 전면철거신축하지 않는 이유는 대부분이 주차장법에 의해 설치해야 하는 주차대수가 늘어나기 때문인데 이 경우에도 신축보다는 대수선을 통해서 주차장규제를 나름대로 피해 갈 수 있는 전략을 사용한 것이다.

이같이 골목길 핫플레이스들도 어차피 지나치게 낡은 주거용 원투룸들의 소유자들이 주거환경이 불편해지고 임차인 구하기가 어려워지는 상황이 발생하고 인근에 새로이 생

겨나는 오피스텔로 임차인들을 빼앗기는 현상을 극복하려고 하다 보니 자연스럽게 주택의 용도변경을 통해서 새로운 형태의 월 수익구조를 만들어내고 있는 골목이다.

한두 개의 테마 점포나 커피숍들이 들어오면서 인스타 등의 SNS를 통해서 소문이 나다 보니 새로운 골목길 상권이 만들어지고 있는 것이다. 한때 TV드라마 '응답하라 1988' 등에서 보아왔던 낡은 주택가 골목길이 새로운 트렌드로 자리 잡아 가고 있다.

주거용으로 사용할 건축물은 건축물이 지나치게 낡을 경우에는 관리상의 애로가 지속적으로 발생하다 보니 이를 계속 수리하면서 유지하는 것도 한계가 있는 것이고 임차인들이 외면하다 보면 임대료로 하락하게 되고 장기공실이 되면 소유자의 경제적인 애로사항이 발생하게 된다.

하지만 이런 노후 주택의 일부를 근생상가로 전용할 경우에는 주택 기둥구조만 유지하고 영업을 하기 위한 내부구조로 새로이 탈바꿈하게 되므로 노후한 주택을 훨씬 더 오랫동안 사용할 수 있는 좋은 대용 방안이 되기도 한다.

하지만 이런 공간도 언제까지나 근생상가로서 효자 노릇을 할 수 있겠느냐는 등이 우려 섞인 생각을 할 수도 있을 것이지만 이렇게 만들어진 골목이 다시 슬럼화되는 상황이 되더라도 결국은 재개발이라는 방식으로 다시 태어날 수 있다는 점을 고려해 본다면 재개발사업이 그 기간이 너무 오래 걸린다는 문제를 자연스럽게 극복할 수도 있는 것이다.

시간이 오래 걸리더라도 그 기간 동안 임차인이 적당한 정도의 수리를 병행하면서 영업해 나갈 수 있는 것이고 소유자는 지속적인 월 수익을 받을 수 있게 된다.

그리고 재개발이 진행되어 본격적인 단계에 접어든다면 임차인들에게도 다른 곳과는 달리 최소한의 이주 보상도 받을 수 있으니 상권 변화에 그리 큰 부담을 느낄 필요도 줄어들 수 있다.

6부

꼬마빌딩
건물주 되기

투자 로망, 나도 꼬마빌딩 건물주가 되고 싶다

'꼬마빌딩'이라는 용어가 투자시장에서 많은 반향을 불러일으키고 있다. 그도 그럴 것이 부동산 투자에 관심이 있는 자라면 누구라도 이 꼬마빌딩 한 채 정도는 갖고 싶어 하는 것은 어쩔 수 없는 인간의 기본적인 욕구다.

어른 빌딩은 자금이 많이 들고 꼬마빌딩은 투자 규모가 아무래도 적을 것으로 생각하고 있을 수도 있겠지만 사실 이게 말이 꼬마이지 막상 뭘 해보려고 하면 투자금이 만만치 않다는 것을 느끼게 된다.

꼬마빌딩이라고 하는 것은 생각하는 사람의 마인드와 투자금의 규모에 따라서 상당히 다양한 건축물로 나누어질 수 있다. 시중에도 많은 종류의 강의가 있고 또 그 강의들을 수강하시는 분들도 어떻게 해서든지 꼬마빌딩을 마련해서 꼬박꼬박 안정적으로 월세수입구조를 만들고, 또 매각 시에는 매각차익을 계획하는 세부적인 방법을 배우려는 분들일 것이다. 상당히 안정적인 투자 형태의 품목이다.

이 꼬마빌딩을 갖기 위해서는 먼저 자신이 보유하고 있는 투자금의 규모에 따라서 어떤 형태의 건축물을 매수할 것인가를 가장 먼저 염두에 두어야 한다. 가장 흔히 생각하는 것이 도시의 번화가에 있는 작은 규모의 통건물을 단독소유하고 각 층이나 호실별로 임대를 하고 그 임대료 수익을 고정적으로 받는 것이 기본적인 투자패턴일 것이나, 여기에는 만만치 않은 초기자금이 들 수 있다. 물론 대출을 최대한 받아서 실투자 금액을 줄이고 임차인들의 보증금을 조절하여 실투자금을 좀 더 줄이는 방식으로 매입설계를 한다면 부담을 줄이면서 매수할 수도 있을 것이다.

가장 부담이 덜한 꼬마빌딩 투자를 이야기한다면 다중 주택과 다가구 주택일 것이다. 월세와 보증금을 나름 대출 가능 여건에 따라서는 상대적으로 조절을 할 수 있다는 점도 매력적이다. 또 보증금이 주거용인 관계로 상가에 비해서 다소 높은 편으로 형성된다. 이런 물건들을 매입하거나 신축하여 고정적인 임대수익이 나올 수 있도록 세팅하는 방법이 있을 것이다. 대출을 활용해서 월세 임차인들을 입주시키는 방법이나 일부 전세금으로 매입자금에 투입하고 일부 월세로 매월 수익을 세팅하는 방법이 있을 것이다.

최근에는 젊은 1인 가구가 점점 늘어나는 추세와 정부의 다주택규제에 대응하여 많은 신축업자들이 다가구나 다중 주택을 선호하고 있는 것이 눈에 띄는 특징으로 보인다.

필자도 다중 주택이 앞으로는 주거용으로 투자하기에 적합하고 작은 규모의 건축물을 통해 안정적인 수익을 확보하는 방안에 관하여 많은 관심을 가지고 있는 편이다. 이와 같은 건축물을 설계할 때에 1층에 근생점포를 활용하여 수익률을 더 높이는 전략도 양호해 보인다.

다세대 주택과 같은 공동주택의 경우에는 통건물을 소유할 경우 다주택으로 인한 규제와 세금 부분에서 많은 불리한 점이 생기는 현실을 감안할 때 다세대 꼬마 주택은 당분간 별 재미가 없는 분야가 될 수도 있을 것이다.

그다음의 꼬마빌딩으로는 일반 근생건물이 있겠는데 대부분이 근생 점포용도로 임대를 놓는 건축물일 것이다. 음식점, 카페, 학원, 약국, 의류점, 헤어숍, 일반사무소, 부동산중개업소 등이 입점해있는 형태의 소규모 건물이다. 이런 근생업종들은 경기의 좋고 나쁨이나 상권의 변화, 건축물의 입지 등에 많은 영향을 받기 때문에 사전조사를 좀 더 치밀하게 해야 할 필요가 있다. 그리고 이보다 더 큰 규모의 건축물을 생각한다면 사실 실투자금이 너무 많이 들기 때문에 이 자리에서 언급하는 것은 부적절해 보여서 생략하기로 한다.

다음으로는 기존의 건축물의 용도를 변경하는 방식으로 수익을 개선시키는 전략도 꽤 괜찮은 방법이 될 수 있을 것이다. 아주 낡은 3, 4층 건물을 매입하여 리모델링을 통해서 건축물의 외관을 개선하고 새로운 업종을 유치하는 방법이다. 예를 들자면 엘리베이터가 없는 낡은 건축물에 장애인 엘리베이터를 추가하고 용적률 인센티브를 받아서 건축물의 용도를 근생이나 주거용으로 적절하게 재배치하여 꼭대기 층에는 주인이 거주하면서도 나머지는 점포로 임대하는 방식의 투자도 꽤 안정적인 투자가 될 수 있을 것이다.

이 방법은 현재의 상태로 임대료를 받는 것보다 용도를 변경했을 때 비용 대비 받을 수 있는 임대료가 더 많아질 수 있다고 판단이 들 때 할 수 있는 방법이 되겠다.

필자가 개인적으로 잘 아는 분들 중에서 대구에서 해봄경매아카데미를 운영하시는 원장님이 계시는데 그분과 많은 이야기를 나누다 보면 건축물의 가치를 상승시키는 세부적인 노하우가 두툼하게 쌓여 있는 분이라는 느낌을 지울 수가 없을 정도로 건축투자 분야의 고수 향기가 물씬 느껴지는 분이라서 필자도 가끔 조언을 받기도 한다.

그다음으로는 신축방식으로 꼬마빌딩을 아예 처음부터 만들어 나가는 방안도 있을 것이다. 이 방안은 많은 장점뿐만 아니라 단점도 상당히 많기 때문에 사전에 많은 간접 경험과 현장 경험, 그리고 최소한의 법률 지식을 필요로 하는 분야이다.

특히 건축이라고 하는 분야는 너무나도 많고 다양한 건축자재들과 시공자와의 결합이라고 할 수 있는데 이 결합의 방식과 절차에 관하여 알아야 할 내용들도 많거니와 그와 관련된 건축 전문가들의 입장에서 바라보는 마인드도 미리 알아 두어야만 처음부터 첫 단추를 잘못 끼는 큰 실수를 범하지 않게 된다. 이 책자의 신축각론 부분에서 자세히 설명하고 있다.

필자의 경우는 오래전에 지방에서 토지개발을 전문으로 하는 공인중개사 사무실을 운영할 때 전원주택과 창고 정도의 건축은 해 본 경험이 있지만 도시에 있는 다세대 주택이나 다가구 주택을 신축하는 과정에 처음부터 끝까지 직접 참여해본 경험은 없는 사람이다. 하지만 오래전의 경험들이 필자에게 주는 교훈이 어떤 것인지를 명확하게 알고 있기에 그 느낌과 경험과 기분들을 이 자리에서 좀 더 자세히 공유하고자 한다.

시중에 나오는 책들 중에『집 한 채 짓고 10년 늙지 않는 비법』이라는 책이 있다. 이 책은 필자가 잘 아는 김은유 변호사와 건축설계사이신 김법구 건축사가 공저로 펴낸 책이 있다. 책 제목에서도 알 수 있는 바와 같이 집 한 채 짓고 나면 10년 늙는다는 의미가 얼마나 속 썩는 일이 많이 생기는 현장인지를 직접 경험해 보지 않고도 가히 짐작이 갈만하다는 느낌이 든다.

필자가 이 책을 읽으면서도 많은 내용을 공감하였기에 이 자리를 빌어서 이 책의 제목까지도 감히 소개를 드리는 것이다. 건축 현장의 실무적인 내용보다는 건축이라고 하는 것이 전체적으로 어떤 것이라는 마인드를 제대로 장착하는 데는 많은 도움이 될 것이라고 본다. 특히 시공과 관련한 계약서작성이나 세부적인 설계를 하는 데 있어서 어떤 사전 준비와 절차를 알아야 하는지에 관한 내용들은 신축을 준비하시는 분들에게는 많은 도움이 될 것이다.

나대지나 아주 낡은 건축물이 있는 부동산을 매수해서 신축을 해서 임대하거나 매각차익을 실현하는 방법은 사실 말이 쉽지 상당히 리스키하고 두려움이 있는 아이템이므로 혼자라면 일단은 가능하면 규모를 작게 하시기를 권하고 싶다. 대개 작은 규모의 토지에 신축하는 건축물은 원룸형 다중 주택도 있을 수 있겠고, 소형 다가구 주택도 있을 수 있고 순수하게 상가용 근생시설도 있을 것이다.

그리고 실제로 건축을 하는 데 있어서 토지소유자인 건축주는 어떤 생각과 준비를 해야 하는지를 꼭 알아두셔야 한다. '시작이 반이다'라는 속담이 있다. 건축물을 신축하려는 건축주분들에게는 첫 단추를 잘 꿰야 한다는 의미의 이 속담이 얼마나 중요한 것인지를 우선 뼈에 담아놓겠다는 생각으로 시작을 해야 한다. 농담으로 자주 하는 말이 있는데 필자는 아쉽게도 뼈에 담아놓는 신중을 기하지 못했던 경험으로 나이에 비해 10년은 더 늙어보이는 외모를 가지고 있다.

투자자도 각양각색의 다양한 입장이 있는 것이라서 자신에게 무리한 사업세팅을 하는 것은 금물이다. 자신의 경제적인 여력에 무리가 없는 한도 내에서 진행해야 한다. 근생건물을 매수하기는 했는데 월세 받아서 이자 내는 데 치이는 생활을 하시는 것을 보면 사는 게 뭐라고 저렇게까지 하실까라는 생각이 드는 경우도 있다. 단기간에 가격이 올라서 매각차익을 실현하면 다행인데 이 수익형 근생건물은 월세가 많이 나오지 않는 한은 매각금액이 그렇게 잘 오르지 않는 속성을 갖추었다.

그래서 필자가 좀 더 무리한 욕심을 부리면서 말씀드린다면 먼저 부동산 분야의 전반적인 내용에 관하여 좀 더 관심을 가지는 시간을 가져보시는 것이 낫다는 생각이다. 한 가지 분야에 딱 생각이 꽂힐 경우 투자 유연성과 운영의 기법이 딱딱해질 수 있기 때문이다.

부동산 투자라는 것에 중요한 한 가지 특징을 꼽아보자.

하루 종일 투자를 위해서 열심히 직장생활 하듯이 일하지 않더라도 어느 정도의 수준에 오르게 되시면 여유 있는 생활을 즐기시면서도 평생 투자를 같이 즐길 수 있는 점이 다른 분야에 관한 투자보다도 훨씬 매력적인 분야라는 점이다. 주식과 비교해 보면 하루 종일 컴퓨터 앞에 앉아서 잠시라도 떠나기에는 불안한 특징이 있는 것과 비교해 보면 훨씬 마음이 여유로운 투자다.

꼬마빌딩은 이렇게 검토·분석해보자

자, 그렇다면 위에서 언급한 부동산을 공인중개사 또는 누군가로부터 매수할 만한 물건을 소개받았다고 가정을 해보자. 해당 지번을 알면 현장을 가는 시간을 아끼기 위해서 인터넷으로 개략적인 부동산의 상황을 조사해 볼 수 있다. 인터넷 지도에도 네이버 지도나 카카오맵 등을 통해서 위치를 살펴보면 마치 현장에 와서 쳐다보는 것처럼 생생한 촬영 현장을 책상에서도 우선 볼 수 있다. 현장은 나중에 얼마든지 갈 수 있기 때문이다.

그다음으로는 토지이용계획확인서를 통해서 토지에 가해진 법률적인 내용과 도면을 보시고 도로접도 여부를 확인할 수 있다. 폭이 어느 정도이고 차량 통행의 편의성이 있는 도로에 접해있는지도 보아야 할 것이다.

토지이용계획확인서는 토지에 관한 기본적인 규제내용을 알려주는 가장 중요한 서류이다. 만약 스스로 이해하기가 어려운 내용이 있거나 궁금한 점이 있으면 괜찮겠거니.라고 생각할 것이 아니라 반드시 누구에게 물어보셔야 하지만 그리 크게 걱정하실 필요가 없는 이유는 막상 구체적인 매입을 저울질하는 단계에서는 당연히 건축설계사께서 그러한 내용을 분석해 줄 수 있기 때문에 큰 염려를 하지 않으셔도 된다.

이와 같이 나대지 상태의 토지에 관한 법률적인 내용에 관한 세부적인 판단을 하는 것은 다소 어려울 수 있지만 건축물이 지어져 있는 상태라면 굳이 세부적인 분석을 하실 필요까지는 없다. 단지 용도변경이나 설계변경을 해야겠다는 생각이 든다면 이것도 건축설계사를 통해서 기본적인 조언을 듣는 것이 현명하다.

그리고, 인터넷을 통해서라도 해당 부동산 인근의 학군이나 개발호재 인구 교통망 등에 관한 기본적인 조사를 통해서 미래지가 상승요인이 있는 곳인지를 찾아볼 수도 있다,

그리고 해당 부동산에 신축을 하게 되는 상황이라면 인근의 유사한 물건이 거래되는 시세를 참고하여 신축하는 부동산의 시세도 개략적으로 확인을 할 수 있다. 밸류맵이라고 하는 인터넷사이트나 부동산플래닛, 그리고 랜드북이라고 하는 사이트를 보시면 많은 도움이 된다.

그리고 현장에서도 중개업자들을 만나시게 되면 수요에 관한 의견도 확인해보는 것이 중요하다. 예를 들자면 원룸·월세나 전세를 찾는 사람들이 좀 있는 편인지 아닌지 그리고 점포의 시세 등 뭐 이런 것들을 확인하는 것은 어려운 일이 아닐 것이다.

사실 꼬마 건축물을 신축을 한다는 것은 작은 개발 즉 1인 디벨로퍼에 해당하는 분야라고 할 수 있기 때문에 세부적인 체크를 해야 할 것들은 의외로 많다는 것을 알게 된다.

많은 유튜브에서도 쉽게 확인할 수 있듯이 건폐율, 용적률, 건축법에 따른 일조권 판단, 주차설계대수, 예상건축비, 적합한 세대규모, 예상임대료 또는 예상매각가격, 토지 매입비 등을 종합적으로 판단하여 최종 수익률을 산출할 수 있을 때 비로소 투자 여부를 안전하게 결정할 수 있는 것이라서 시간이 걸리더라도 부동산의 전반적인 분야에 관한 관심을 갖는 시간이 필요하다는 이야기를 되풀이해서 하게 되는 것이다.

현장을 가시게 되면 적어도 다양한 부동산정보를 체크할 수 있는 어플이 설치된 스마트폰을 가지고 가시는 것이 좋다. 현장에서 봐야 하는 가장 중요한 것은 인근에서 수익을 올리는 주된 건축물이 무엇인지와 토지의 경사가 어느 정도인지를 살펴보는 것이 가장 중요하다.

경사가 있는 토지는 경사라는 단점도 있지만 그 단점을 잘 극복한다면 건축물의 연면적을 늘릴 수 있는 좋은 방안이 될 수도 있기 때문이다.

마찬가지로 현장을 살펴본 이후에 해당 부동산을 매수할 것인지를 판단하기 위해서는 건축설계사를 통해서 가설계를 의뢰하는 것이 낫다. 설계 개요에 관한 내용은 실제의 건축설계가 아니기 때문에 많은 건축설계비를 지급하지 않더라도 약 10만 원~30만 원 내외의 금액을 주면 개략적인 가설계 개요를 받을 수 있다. 한 번이라도 실제 설계를 의뢰한 관계가 있다면야 이런 기본 가설계는 무료 서비스를 받을 수도 있다. 정녕 이런 비용이 아까우면 어플을 사용해서라도 무료 설계를 개략적으로나마 떠볼 방안도 있다.

설계개요를 토대로 전체적인 건축 규모와 적절한 세대 규모와 세대수, 주차장 설계 등에 관한 내용과 그동안 조사하였던 시세 자료와 건축설계사로부터 들은 예상건축비와 기타부대비용을 토대로 사업에 관한 세부적인 수지분석을 계산해 보아야 한다.

이에 관한 구체적인 이야기들은 신축각론 분야의 내용을 참고하시면 도움이 될 것이다. 간단한 예를 들자면 토지매입과 관련된 비용이 7억이고 철거 및 건축과 관련된 비용이 5억이고 기타 부대 비용으로는 대출이자와 상수도 전기 통신 소방 등의 인입비용과 가구 가전 기본 인테리어 등의 부대비용으로 2억이 소요되고 신축 이후에 매각을 하게 될 경우의 예상매각 가격이 17억이라면 약 3억 정도의 세전수익이 발생할 수 있을 것이라는 예측을 할 수 있게 된다.

최근에는 물가상승 인건비 상승 등의 영향을 고려할 때 다중 주택 다가구 주택 소규모점포겸용 근린상가를 짓는 건축비는 중간 정도의 건축자재 등으로 할 때 일반적으로 건축연면적 대비해서 평당 약 650만 원을 초과할 정도로 계산을 많이 하는 편이다.

혹은 이 신축부동산을 매각하지 않고 임대를 놓게 될 경우 받게 될 예상 보증금과 매월 받을 수 있는 월세를 예측하여 투자금 대비 투자수익률을 계산할 수 있게 된다. 이때, 중요한 것은 이 사업에 들어가는 모든 비용이 순수하게 나의 자금으로 사용할 것인지 아니면 대출을 통해서 일부자금을 조달할 것인지도 판단해야 할 것이다.

나의 자금으로만 진행하게 된다면 큰 부담 없이 안전하게 진행할 수는 있지만 상대적으로 투자수익률은 낮아질 것이고 대출을 활용한다면 받게 되는 월세에서 대출이자를 지급하고 남는 금액이 나의 실투자금 대비 투자수익률이 될 것이다.

물론 대출이자가 높은 시기에는 이 방법이 좋은 방안은 되지 못한다. 대출을 활용할 경우에는 만약에 월세 수익금이나 매각하는 금액이 기대에 미치지 못하거나 임대가 나가지 않고 장기간 공실이 발생할 경우에 이자나 대출금을 갚지 못하는 상황이 발생한다면 투자수익을 기대하기는커녕 오히려 부동산이 경매나 공매를 통해서 매각되어

버리는 어이없는 일이 발생할 수도 있기 때문이다.

　많은 분들이 자신의 자금이 있더라도 수익형 물건에 투자할 경우에는 가능한 대출을 활용하는 것은 투자수익률을 극대화하고자 하기 때문에 가능하면 대출을 활용하는 편이 유리하다. 대출의 활용뿐만 아니라 건축을 하는 시공사와도 미리 협의를 통해서 건축비의 일부는 준공 후 임대보증금으로 변제하는 방안도 있을 수 있겠다.

　임차인을 최종적으로 입주시킨 후에 매각하는 방법도 있을 수 있는데 이 경우에는 현재의 투자수익률이 어느 정도인지에 따라서 매각가격을 정할 수도 있다. 투자수익률이 높다면 안정적인 노후투자를 원하시는 은퇴자들에게 좋은 가격으로 매각할 수도 있게 된다.

　막연한 꼬마빌딩의 로망만 가지고 중개나 소개하는 지인의 이야기만 듣고 소중한 나의 종잣돈을 지출한다면 그 이후에 생각대로 들은 대로 진행이 되지 않고 전혀 다른 결과가 나올 경우에는 돌이킬 수 없는 결과를 낳을 수도 있다는 것도 명심해야 한다. 현재 있는 건축물을 그대로 매입해서 수익률을 높이는 전략을 준비하는 것은 신축에 비하면 어쩌면 상대적으로 쉬울 수도 있다. 하지만 이것도 내가 원하는 용도로 건축물을 변경시킬 수가 있는지 사전 조사가 당연히 필요하다. 이 또한 반드시 건축설계사의 도움을 받으시라고 권하고 싶다.

　기존에 주택임대소득으로는 수익률이 만족스럽지 않을 경우에 주택을 커피숍이나 근생 등으로 용도를 변경했을 때 월세를 더 많이 받을 수 있다면 적극적으로 용도변경이나 대수선 방식을 활용할 수도 있다. 상가투자 파트에서의 용도변경에 관한 내용에서 이미 언급해 드렸던 내용이다.
　되풀이되는 말이지만 건축 한 번 하고 10년 늙는다는 이야기도 있기 때문에 도급계약서 작성하는 방법 등에 관한 것도 해당 책자의 각론의 내용을 주의 깊게 읽어보시기를 권하고 싶다. 주위의 건축 전문가들의 조언도 제대로 듣고 진행하신다면 참 좋겠다.

지금까지 말씀드린 것처럼 꼬마빌딩 투자 방식은 가치의 상승을 내가 직접 통제할 수 있다는 점이 큰 장점이 될 수 있다. 아파트 가격이 하늘 높은 줄 모르고 상승할 때 아파트에 투자하시는 분들의 투자수익률은 꼬마빌딩 투자 방식보다 훨씬 높은 수익률을 만들 수도 있다.

하지만 가격이 상승할 때는 그렇더라도 가격이 보합이 되거나 조정이 되거나 하락하는 경기를 맞이하게 된다면 내 자신이 직접 가격을 통제할 수 있는 방법은 전무하다. 오히려 경기하락기에는 서민들이 거주하는 초소형 규모의 원룸임대를 활용하는 방법이 가장 훌륭한 수익률을 보이는 경우가 많다.

투자 방식의 선택은 개인의 자유이고 시류의 흐름에 단순히 투자하는 방식도 나름의 투자 방식이 될 수도 있겠지만, 내가 직접 가치를 만들어서 차익을 실현하는 투자 방식은 부동산 경기의 하락에도 충분히 방어할 수 있는 유리한 점도 있다는 말씀을 드리고 싶다. 그런 측면에서는 상대적으로 메리트가 큰 투자 분야라고 하실 수 있겠다.

이상에서 보셨다시피 여러분들께서는 이러한 꼬마빌딩 투자를 하는 데 있어서 가장 중요한 투자 포인트가 무엇인지를 혹시 느끼셨는지 궁금하다.

건축일까, 설계일까. 가격일까? 혹은 토지를 보는 안목일까?

어느 것 하나 중요하지 않은 포인트가 있을 수 없고 이 책자 구석구석에 꼬마빌딩, 꼬빌의 취득부터 매각까지의 모든 것들이 묻어있다. 특히 신축 파트의 내용을 유심히 읽어보시기를 권한다.

항상 투자와 학습과 경험을 쌓기 위한 끊임없는 노력을 해나가신다면 큰 성공을 이룰 수 있으리라는 확신을 가지시고 오늘도 필자와 같이 정진하시길 바란다.

여기 토지가 50평짜리인 두 개의 단독 주택이 있다고 해보자. 한 개의 주택은 지어진 지가 5년 정도 되었고 건축비를 감안해서 10억 정도의 시세에 전세가 8억 정도이다. 다른 한 개의 주택은 지어진 지가 30년 정도 되었고 낡은 점을 감안해서 8억 정도의 시세에 전세가 5억이다. 투자자의 성향에 따라서 당연히 선택은 달라질 것이지만 다른 조건이 똑같다는 전제하에서 두 개의 주택을 비교하는 고민을 해보자.

어떤 주택을 선택할 것인지에 대한 정답은 투자자의 성향에 따라서 다르기 때문에 어차피 정답은 없다. 단지 투자자의 투자 마인드에 따라서 선택이 달라질 것이고 그 투자 마인드가 어떤 이유에서 결정된 것인지를 살펴보면 올바른 투자를 한 것인지 그게 아닌지를 알 수 있게 된다.

대출을 끼고 전세 대신 월세로 임차인을 들여서 월 수익이 발생하게 하는 투자 마인드라면 5년 된 깨끗한 주택을 매입하는 투자 전략도 멋진 투자 전략이 될 수 있다. 그렇게 해서 전세 가격이 오르거나 주택가격이 상승했을 때 매각차익을 실현하는 방안도 훌륭한 투자 전략이다.

그와는 반대로 다세대 주택이나 다중 주택을 신축하는 전략으로 월세로 임차인을 들여서 월 수익이 발생하게 하는 투자 마인드라면 당연히 오래된 낡은 집을 매입할 것이다.

전자의 주택에 투자하는 마인드는 현재의 건물에 투자하는 것이고 후자의 주택에 투자하는 마인드는 눈에 보이지 않는 미래의 가치까지 판단해서 투자하는 것이다.

이 비교판단을 할 수 있게 하는 것이 바로 토지를 공부하는 것이다. 사례파트에서 말씀드리는 사례물건에서는 단독 주택을 비교했지만 다세대 빌라의 경우일지라도 그 비교하는 방식과 투자 마인드는 다르지 않다. 다세대 빌라라고 한다면 소유자가 세대마다 달라서 단독으로 신축을 하는 것은 어려울 수도 있을 것이다. 그런 경우라면 혼자 신축을 하는 것이 아닌 해당 지역 전체의 노후된 정도를 살펴보아서 소규모 재개발 형태의 개발이 가능한지를 살펴볼 수 있는 포인트를 배우는 이러한 것들이 바로 토지 공부의 일부라는 것이다.

우리는 길을 가거나 생활을 하면서 항상 만나는 것이 주택상가 등이 있는 건물이다. 그런데 몸은 항상 토지 위에 있고 건물도 항상 토지 위에 있다.

사람들은 대개 부동산 투자를 생각할 때 눈에 당장 보이는 건물의 모습을 보고 투자를 결정하는 경우가 많다. 건물의 모양새나 쓰임새를 살펴보고 이 건물을 어떻게 운영할 것인지를 고민하고 투자를 할 경우 어느 정도의 수익이 생길 수 있을까를 살펴보고 매수결정을 하게 될 것이다. 하지만 이런 투자 결정에서 한 가지를 빼먹은 내용이 있다. 무엇일까.

그것은 바로 이 건물이 어떤 이유로 이렇게 생겼으며 어떤 이유로 이런 용도로 쓰이고 미래에 어떤 가치가 있는 건물로 변화시킬 수 있을까에 관한 고민까지 해 볼 수는 없었을까. 물론 현재의 단순한 투자수익률을 판단해서 매입 운영하다가 매각을 하는 전략으로 투자를 할 수도 있다. 하지만 그런 단편적인 판단으로 매입할 경우와 미래가치를 볼 수 있는 부분까지 판단해서 매입하는 경우와 비교해 본다면 투자 선택의 결과는 분명히 다르게 나타날 수 있지 않을까.

필자가 강남에 있는 작은 규모의 빌딩을 한번 비교해본 적이 있었다. 둘 다 지어진 지 오래된 빌딩이라서 그리 오래가지 않아서 신축 또는 증축이라는 방식으로 건물의 가치를 증대시키는 일을 하여야 하는 것으로 보였다.

A빌딩은 현재의 건축 관련 법령에 딱맞게 지어진 빌딩이었다. 말하자면 건폐율, 용적률, 주차대수 등이 딱 떨어지게 지어진 것이었다.

B빌딩은 법령에서 허용된 용적률을 다 찾아 먹지 않고 지어진 것으로 확인되었고, 거기에다가 주차대수도 법정대수보다 상당히 여유가 있을 정도로 세팅되어 있는 것으로 확인되었다. 두개의 건물모두 외형적으로는 A빌딩의 규모가 크게 보였고, B빌딩은 상대적으로 규모가 적어 보였다. A빌딩의 수익률도 B빌딩보다 높게 나온다.

이런 경우 건축이나 토지에 관한 기본적인 지식이 없다면 누구라도 A빌딩이

나은 것으로 판단할 수도 있다. 둘 다 낡은 입장이고 가격도 건물의 평당기준으로 책정된 빌딩이라면 여러분은 두 개의 빌딩 중 어느 것을 택할 것인가.

이런 경우 B건물을 선택하는 사람이 있다면 그 선택의 이유는 내 눈에 보이지 않는 숨어있는 건물의 가치를 볼 수 있는 안목 때문이었을 것이다. 이런 생각을 할 수 있는 모티브를 배우는 것이 토지라는 것이다.

토지를 배우면 B건물을 선택한다는 이야기가 아니다. 선택의 판단기준이 다양해진다는 말씀을 드리는 것이다. 이와 같이 내재된 미래가치를 볼 수 있는 고민을 해결하는 것이 바로 토지를 배워야 하는 이유다.

투자자가 알아야 하는 건물신축 기본 안목

책자를 통해서 무엇을 배운다는 것은 지나간 과거 속에서 있었던 일이나 사건을 기준으로 배우는 것이다 보니 어디까지나 과거형에 머무를 수밖에 없다.

하지만 그 속에서 반드시 알아두어야 하는 기본기가 있다. 그 기본기를 책을 통해서 배우는 것이고 그것을 토대로 미래에 수익을 낼 수 있는 물건을 고르는 안목을 잡아나가는 것이다. 이 안목은 책만으로는 분명한 한계가 있다. 그래서 필자는 미래에 수익을 내는 물건까지도 검색을 같이해서 같이 분석해서 투자할 수 있는 토탈투자 패키지를 생각했다.

이 책을 통해서 기본기와 마인드를 익히시고 필자와의 직접적인 교감을 통해서 미래의 수익물건을 분석할 수 있는 인연이 되기를 기대해 본다.

경매로 낙찰을 받은 물건이나 평소에 우연히 지나치고 있었던 단독 주택이 어느 날 갑자기 새로운 건축물이 들어온 것을 확인한다면 누구나 놀랄 수 있을 것이다. 이 장에서는 그런 현장을 살펴보고 그 속에는 어떤 투자 노하우가 있어야 하는지를 배워가는 과정이 될 것이다.

2013-45542	00.강의용사례	조회수 4,026	☆☆☆☆☆	매각	2014-05-28
주소	경기도 남양주시 와부읍 도곡리 1044				
물건종류	근린주택	감정가		1,949,506,020	
매각물건	토지·건물 일괄매각	매각가		1,302,900,000	
면적	건물 292.72㎡(88.5평) / 토지 721㎡(218.1평)				
메모					

위와 같은 경매 물건의 사진처럼 낡은 주택이던 물건이 훗날 아파트 같은 모습으로 변했다. 아래의 사진처럼 변한 것이다.

그리고 이 편의점이 있던 건축물도 경매로 나왔었고 새로운 주인이 낙찰을 받고는 아래와 같은 연립주택으로 변모했다.

2014-56033(2)	00.강의용사례	조회수 1,575	☆☆☆☆☆	매각	2015-07-17
주소	경기도 수원시 팔달구 화서동 56-6				
물건종류	주택	감정가		1,052,727,360	
매각물건	토지·건물 일괄매각	매각가		1,060,500,000	
면적	건물 273.26㎡(82.7평) / 토지 518.4㎡(156.8평)				
메모					

마찬가지로 수원에 소재하는 단독 주택이 경매로 낙찰되어 두 개 동의 연립주택으로 변신한 현장이다.

그런데 아래의 경매 물건은 일반상업지역의 주차장으로 사용되는 땅이 경매로 나와서 누군가가 낙찰을 받았는데 아직까지 여전히 그대로다. 어떻게 수익이 실현될지는 필자의 능력으로는 알 수가 없는 물건이다.

소 재 지	충청북도 청주시 상당구 북문로2가 81-3 도로명검색 D지도 지도 주소복사			

물건종별	주차장	감 정 가	395,488,500원
토지면적	217.9㎡(65.91평)	최 저 가	(51%) 202,490,000원
건물면적		보 증 금	(20%) 40,498,000원
매각물건	토지 매각	소 유 자	박정현
개시결정	2016-07-05	채 무 자	박정현
사 건 명	임의경매	채 권 자	중소기업은행의 양수인 유아이제 십오차유동화전문유한회사

오늘조회: 1 2주누적: 0 2주평균: 0 조회동향

구분	매각기일	최저매각가격	결과
1차	2017-02-10	395,488,500원	유찰
2차	2017-03-17	316,391,000원	유찰
3차	2017-04-21	253,113,000원	유찰
4차	2017-05-26	202,490,000원	

매각 : 330,000,000원 (83.44%)

매각결정기일 : 2017.06.02 - 매각허가결정
대금지급기한 : 2017.07.10 - 기한후납부
배당기일 : 2017.08.22
배당종결 2017.08.22

관련사건　2013타경19529(2)(소유권이전)

위의 사례들에 관한 자세한 내용과 설명은 본 요약편에서 설명을 드리기에는 분량상 한계가 있어서 부득이 생략하지만 이런 투자를 혹시라도 하게 될 경우 힘든 시간을 보낼 수 있다는 것을 명심해둘 필요가 있다.

신축을 통해서 부동산 투자수익을 올릴 수 있는 능력을 갖고자 하는 것은 모든 투자자의 로망으로 여겨지는 분야이다. 위의 사례들처럼 행복한 투자도 있고 마지막 주차장 사례물건처럼 힘든 투자도 있다는 사실을 알 수 있다.

이것이 투자자들이 건축 기본기를 배워야 하는 이유다.

대규모의 신축을 하는 분야는 이 책에서 이야기할 필요가 없는 부분이고 누구나가 도전하고 싶은 1인 디벨로퍼가 되기 위한 준비와 실행에 필요한 요소들을 챙겨보려고 한다.

앞에서도 말씀드렸다시피 사실 필자는 건축단계까지 가는 방식의 투자보다는 토지의 형질변경 단계까지만 완료한 상태에서 토지를 분할하여 일반에게 매매하거나, 건축업자들에게 매각하는 방식이 익숙해져 있고 세부적인 건축까지는 전원 주택을 짓는 정도 외에는 아직 해 본 경험이 없다.

왜 건축 단계까지 가지 않고 가슴 단계에서 매각을 하는 방식이 익숙해졌냐 하면 나름 이유가 있다.

첫 번째 이유로는 필자가 오래전에 토지개발을 전문으로 하는 중개업을 할 당시에 전원주택을 직접 지어야 했던 상황이 있었는데 지금 생각하면 건축이라는 분야에 대해서 참으로 성급하고 문외한이었다는 기억을 지울 수가 없다. 농지에 건축을 하기 위한 여러 가지 인허가를 받는 것은 익숙해져 있던 상황이라서 별문제 없었지만 막상 신축실행이라는 이 단계에서 겪었던 시행착오는 한두 가지가 아니라 필자를 10년 더 늙게 하는 경험을 했던 것으로 기억한다.

지금도 우스갯소리로 그때 했던 신축 덕분에 필자가 실제 나이보다 10년 늙어 보이지 않느냐는 이야기도 자주 하는 편이다. 그래서 이 신축이라는 것이 어떤 장단점이 있는지를 뼈저리게 느끼고 있다. 그럼에도 이 분야에 깊은 관심을 가지는 이유는 규제가 많은 시장에서 이 꼬마빌딩을 통한 투자 방식이 나름대로 수익을 만들어 낼 수 있는 상당히 매력 있는 분야라고 생각하기 때문이다.

두 번째 이유는 오래전에 필자가 경험했던 인허가설계, 상세설계, 시공계약서, 설계변경, 자재물량, 자금운용, 민원처리 등등의 시행착오들을 요즘에는 사전에 필터링하고 체크하고 전 과정을 컨설팅해주는 신뢰할만한 업체들이 생겨나고 있다.

실제로 필자도 그 컨설팅 과정에 참여해서 깊은 단계까지도 도움을 받고 체험해 본 결과 이제는 충분히 경험이 부족한 건축주들도 시행착오를 최소화시키면서 신축을 할 수 있는 현실적인 여건이 마련된 것으로 판단이 된다. 여건이 허락된다면 몇몇이 같이 어울려서 법인을 설립하거나 개인명의투자를 통해서 이런 분야에서 새롭고 다양한 수익모델을 만들어 낼 수 있는 경험을 한번 해봄으로써 당당한 투자자로서의 자리매김을 할 수 있는 것이다.

어쨌든 토지에 건축물을 지어서 최종 나의 소유로 된 부동산 등기부를 만들어내는 과정까지의 마인드와 단계를 간략하게나마 이 장에서 살펴보기로 하자.

어떤 토지에 어떤 건축물을 지을 수 있나

대한민국에 존재하는 토지는 대지, 농지, 임야, 잡종지 등 28개 지목이 있고, 용도지역과 지구, 구역 등 다양한 방식으로 토지에 대한 규제를 가하고 있다.

농지나 임야에 건축물을 짓는 경우, 대지에 짓는 경우 등등이 있겠지만 어떤 토지에는 어떤 허가를 받아야 하는지 등 이 분야에 관한 설명은 필자가 토지이용계획확인서의 활용 파트에서 상세한 설명을 드렸기에 해당 파트를 참고하시면 도움이 될 것이다.

먼저 건축목적의 토지를 볼 때 어떤 다른 요소를 살펴야 하는지를 알아보자 첫째로 가장 기본적인 요소는 짓고자 하는 건축물에 적합한 도로가 제대로 있는가를 판단해야 한다.

건축물 용도나 사이즈에 적합하지 않은 도로이거나 도로가 없을 경우에는 적합한 도로가 될 수 있도록 도로를 확보해야 한다. 그 작업이 불가능 할 때에는 맹지나 다름없는 토지다. 도로의 확장이나 개설에 관한 사항들은 그 분량도 많은 관계로 별도로 도로에 관한 설명을 드리는 파트에서 상세히 설명을 해 두었으니 해당 파트를 참고하시면 될 것이다.

두 번째로는 건축물에서 사용하는 상하수도의 설치 방법이 해당 법규와 조례내용에 위반되지 않고 설치가 가능한 것인지를 판단하는 일이다. 건축물이 마치 사람 인체와 마찬가지라서 음식을 먹고 배설하는 기능에 해당하는 상수도와 하수도의 확보 방법이 적법하게 설치 가능한지를 살펴보아야 한다. 도로가 있더라도 이 상하수도의 설치가 가능하지 않으면 이 또한 멀쩡한 토지가 건축물을 짓지 못하니 맹지보다 더 아픈 토지가 되는 것이다.

납득하기 힘든 조례규제가 있었던 사례도 있었는데 쉬운 예로 경기도 성남시의 경우에는 도로가 있고 상수도가 있어도 하수시설 설치가 성남시 조례기준에 적합하지 못해서 건축인허가를 받지 못하는 토지가 무지하게 많다는 현실을 기억하실 필요가 있다. 정화조를 사용하고 인근의 구거나 하천으로 내보낼 수 있다고 이야기하는 것은 극히 기본적인 생각에 불과한 곳이 성남시다. 성남시는 이를 허용하고 있지 않다는 것이다.

상하수도 설치가 안 되어서 건축허가를 못 받는다면 차선책으로는 상하수도 설치가 필요 없는 창고 같은 건축물 외에는 달리 방도가 없을 것이다.

비단 상하수도와 같은 기반시설 뿐만이 아니라 짓고자 하는 건축물의 사이즈나 용도에 따라서 필요로 하는 인입시설의 설치가 불가능하다면 어차피 건축주가 원하는 건축물은 짓지 못하는 것임을 명심해야 한다.

어떤 마인드로 신축에 임해야 하나

건축주에게 가장 위험한 태도는 설계자나 시공자에게 알아서 잘 해달라고 요청하고 맡기는 경우다. 입장을 바꾸어서 생각을 해보면 그것이 얼마나 어리석은 생각인지를 금방 깨달을 수 있다. 필자나 독자분들과 같이 투자자의 입장에서 가장 중요한 요소는 수익의 극대화일 것이다. 수익의 극대화가 아닌 실수요자 입장이라면 건축물의 디자인이나 효용성 등을 좀 더 중요하게 생각할 수도 있을 것이다.

그런데 그런 입장들에 관한 자세한 이야기들을 설계자와 자세히 소통하지 않고 대충 이야기를 전달하고 알아서 잘 해달라고 한다면 설계자는 내심 난감해할 수도 있겠지만 한편으로는 건축주가 건축을 잘 모르는 사람이니 오히려 허울 좋은 대답만 하는 것이 현실이다. 내가 요구하는 수익 극대화를 위해서 알아서 해달라는 내용과 건축설계사가 생각하는 알아서 해주겠다는 내용과는 그 질이 다를 수밖에 없다.

설계사는 요청한 대로 적당하게 허가를 잘 받을 수 있는 만큼만 설계를 할 것이다. 허가가 나면 설계비는 받기 때문이다. 좋은 설계, 나쁜 설계에 따라서 설계비가 달라지는 것도 아니기 때문이다.

설계의 종류도 인허가를 위한 설계가 따로 있고, 건축을 위한 상세설계도 따로 있음에도 설계비를 줄이려고 인허가설계만 가지고 시공사를 선정하기 위해 시공견적을 받는다면 그 시공견적서가 과연 제대로 된 견적이 나오지도 않을 것이라는 것은 뻔한 이치이다. 그러니 그냥 잘 해달라고 요청하는 행동이 얼마나 잘못된 것인지를 금방 깨우치게 된다.

만약 그렇게 시작이 잘못된 시공은 첫 단추부터 잘못 끼워진 옷이나 마찬가지여서 아무리 시공 중에 제대로 하려고 해도 시공비의 증액이나 설계변경으로 인한 비용증가 등으로 힘든 공사를 경험하게 될 것이고 결국은 시공사와의 갈등이 생기게 된다. 그런 갈등이 생기는 경우에 아픈 사람은 결국은 건축주이고 투자자이다.

설계내용에 관한 부분도 마찬가지다. 뒤의 세부 내용에서 별도로 말씀드리겠지만 투자자에게 가장 중요한 것은 수익극대화라는 말씀을 드린 바가 있다. 그런데 이런 목적을 달성하기 위해서는 많은 설계의 고민이 따를 수밖에 없을 것이다. 건축물 사용자의 사용편의성도 극대화시켜야 매매가 잘 될 것이고, 건축물의 연면적도 극대화시켜야만 이 수익이 조금이라도 더 생길 수 있을 것이다. 이 과정에서 설계자와 건축주는 밀착된 소통이 필요하다.

그 외에도 중요한 포인트는 주차대수와 일조권 같은 부분들이 수익 극대화에 중요한 포인트가 될 것인데 한 대의 주차대수 차이만 나더라도 지을 수 있는 세대수의 변화가 생기게 되므로 나름 건축주도 이에 관한 최소한의 지식을 갖추어야 설계자와의 소통에 도움이 될 것이다. 일조권도 마찬가지로 기본적인 내용은 익혀두어야 할 필요가 있다.

모든 투자 가능한 토지마다 30만 원씩을 주고 설계사에게 가설계를 요청할 수도 있겠지만 적어도 자신이 용적률을 기본으로 연면적 정도는 개략적으로나마 산출하여 토지의 투자수익률 정도는 어느 정도 알 수 있다면 언제 어떤 토지를 보더라도 신속한 판단을 하게 됨으로써 타이밍을 놓치지 않는 투자자가 될 수 있는 정도의 기본기를 갖추어야 할 것이다.

이런 용적률에 의한 연면적의 산출 등을 배우는 것이 토지기본기이다.

어떻게 지을 것인가

건축 관련 기본 용어들의 이해

연면적이란 건축물 각 층의 바닥면적의 합계를 말한다. 이 그림에서 물건의 대지면적이 100㎡이고 건폐율이 50%, 용적률이 150%라고 한다면 연면적은 어떻게 될까. 200㎡가 될 수도 있고 150㎡가 될 수도 있을 것이다. 용적률과 같이 살펴보자.

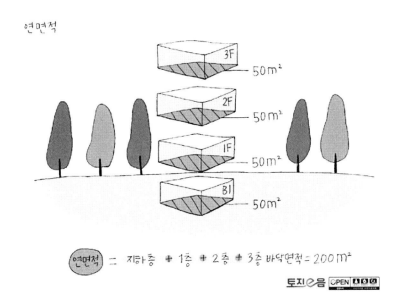

용적률은 대지면적에 대한 연면적의 비율을 말한다. 건축물의 용적률도 건폐율과 마찬가지로 지자체 도시계획조례로 상한 용적률을 정하고 있다.

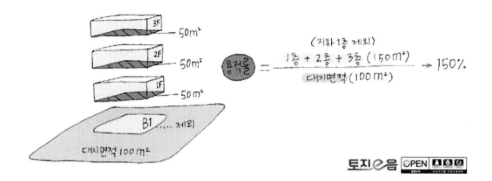

이 그림에서의 용적률은 얼마나 될까?

150㎡가 맞다. 용적률을 적용해서 연면적을 산정할 때 연면적에 포함시키지 않는 면적이 있는데 지하층의 면적과 지상층의 주차장으로 사용되는 면적은 포함되지 않는다.

그렇다면 그림에서의 건축물의 연면적은 지하층까지 포함해서 모두 200㎡가 되는 연면적이 있을 수 있고 지하층 면적을 제외해서 150㎡가 되는 연면적이 있을 수 있겠다. 위 그림에서의 물건의 용적률은 분명히 150%이다. 연면적은 200㎡이고 용적률 산정용도로 적용한 연면적은 150㎡가 된다. 200㎡는 흔히 우리가 이야기하는 그냥 연면적을 이야기할 때 사용하는 면적이다.

실전 사례에서 살펴보게 될 건축물대장을 살펴보는 파트에서 이 부분을 정확하게 확인해 볼 것이다. 그 서류에서 쉽게 이해하실 수 있다.

이상에서 확인해보신 것처럼 용적률이라는 것은 일종의 건축물의 높이를 제한할 수 있는 방편으로 사용되고 있다는 것을 느낄 수 있을 것이다. 이 외에도 높이를 추가적으로 규제하기 위한 방법으로 경관지구와 같은 용도지구에서도 별도의 층수 규제를 하고 있으며 혹은 가로구역별 높이 제한을 별도로 정해서 제한하는 최대높이를 고시

해두는 지자체도 많이 있다.

일조권은 꼬빌 투자자에게 어떤 영향을 미칠까

일조권에 대해서 조금만 자세하게 이해해보도록 하자. 필자가 어릴 적에 살았던 고향집은 앞집도 뒷집도 모두 1층이었기 때문에 앞산의 전망을 항상 대청마루에 누워서도 편하게 바라볼 수 있는 그런 집이었다. 그런데 오랜 시간이 지나서 다시 찾아온 고향집 앞에는 3층짜리 주택이 신축되어져서 필자가 대청마루에서 편하게 바라볼 수 있었던 앞산의 조망은 더 이상 볼 수가 없었다.

그나마 겨울철에는 햇볕이라도 여전히 들어올 수 있는 정도는 돼서 다행이라고 생각했는데 성인이 되고 나서 보니 이 모든 상황이 용적률이나 일조권 규제 등과 무관하지 않은 것이라는 사실을 알게 되었다. 만약에 필자의 집이 도심에 있었더라면 필자의 앞집은 더 높이 지어져서 심리적인 불편함이 더했을지도 모를 일이다.

우리가 도시의 골목길이나 길을 걸을 때 건축물의 높이가 위로 올라갈수록 좁아지는 건축물을 많이 보게 되고 심지어는 건축을 완공한 이후에 추가로 건축물을 덧대어서 사용면적을 넓힌 건축물을 자주 접하게 되는데 이 모든 것들이 일조권규제로 인해서 발생하는 것이라고 이해하시면 된다.

일조권규제는 생각보다 투자수익을 생각하는 투자자들에게 많은 영향을 끼치게 된다. 건축물 수요가 많은 도심에서는 용적률이 높은 토지가 당연히 가격도 비싸기 마련인데 용적률이 높은 토지일지라도 일조권 때문에 건축 연면적을 많이 짓지 못하는 경우가 많다.

쉬운 예로 서울의 경우라면 2종일반주거지역의 용적률은 200%이고 3종일반주거지역의 용적률은 250%인데 3종일반주거지역의 용적률이 높아서 비싼 가격을 주고 매수하여 건축설계를 하였음에도 일조권 때문에 법정용적률 적용을 전부 받지 못하고 오히려 200%도 못찾아 먹는 연면적이 나오는 경우가 발생한다면 건축을 하기도 전에 벌써 땅값에서 손실을 입는 상황이 발생하게 되는 것이다.

일조권의 적용은 전용주거지역이나 일반주거지역에 적용되는 규정이므로 준주거지역이나 공업지역 상업지역 녹지지역 같은 곳은 일조권의 적용을 받지 않으며 해당 토지가 일반주거지역임에도 인접한 토지가 일반주거지역이나 전용주거지역이 아닌 곳이라면 이 또한 적용을 받지 않는다.

주차대수에 의한 건축 제한

이 파트는 독자 여러분들의 많은 집중력을 필요로 하는 파트이다. 대충 읽어나가면 무슨 말인지 금방 집중력이 떨어진다. 생략하고 읽지 않든지 차분히 이해를 해 보자는 마음으로 읽든지 그것은 선택이다.

건축물을 지을 때 몇 대의 주차대수를 넣어야 하는지 그리고 해당 주차대수를 과연 넣을 수가 있는지가 사실은 가장 중요하다. 주차장을 많이 넣으면 건축물을 지을 수 있는 면적이 적어질 수 있고, 그렇다고 주차장을 적게 넣으면 건축물을 사용하는 데 있어서 많은 불편함이 생긴다. 이 파트는 제법 난이도가 높은 분야라서 자세한 부분을 배운다기보다는 전체적인 측면에서 이해를 하는 정도만 되더라도 이 책의 사명은 다하고도 남음이 있다고 생각한다.

토지의 면적이 같아도 지적도 생김새에 따라서 어떤 토지는 주차대수를 배치시키기에 아주 좋은 지적 형상이 있는가 하면 토지의 면적이 크더라도 주차대수를 배치시키기가 상당히 어려운 지적도가 있다는 것이다.

물론 사전에 건축설계사에게 가설계를 의뢰하는 방법이 있지만 접하게 되는 모든 토지마다 가설계를 의뢰한다는 것도 현실적으로 한계가 있을 것이다. 건축설계에 있어서는 아마추어에 불과한 우리 같은 투자자가 이상적인 주차장을 그린다는 것은 현실적으로 어려운 것이겠지만 토지를 처음 대할 때 최소한 최대의 이익을 낼 수 있는 토지의 모양새 정도는 기본적으로 볼 수 있는 안목은 필요할 것이다. 가장 이상적인 주차설계를 할 수 있는 토지의 형상을 알아두는 것이 좋다.

아래의 그림을 보시면 4대씩 2구간으로 8대 주차를 만든 것을 확인할 수 있다. 이 완화된 8대 주차 특례방식을 활용해서 우리나라 대부분의 다세대 주택들의 주차면수를 8대가 될 수 있는 토지가 이상적인 토지로 인식되어져 보편적인 설계가 이루어지고 있다.

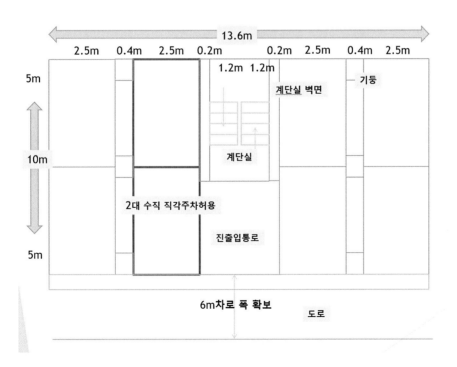

위의 그림이 8대 주차특례규정을 적용해서 만든 최적의 주차장 가설계 모양이 될 수 있다. 전면도로의 폭이 4미터라면 직각으로 2대의 주차를 하고자 할 경우 차로폭을 6미터를 확보해야 하는 규정에 의해서 대지에서 2미터를 추가로 후퇴하여야 한다.

주차단위구획의 세로폭이 5미터인 점을 감안하면 2대의 차량 길이에 해당하는 10미터와 차로 확보를 위한 2미터 후퇴한 세로 12미터, 가로 13.6미터 이상이 되는 토지가 가장 이상적인 토지의 형태가 될 것이다.

결과적으로 토지를 살펴볼 때 주차장 설계가 상당히 중요한 부분을 차지할 것이므로 이웃 토지와의 경계등을 감안하여 최소한의 가로세로 폭에서 어느 정도의 여유 폭을 감안하는 마인드로 토지를 살펴보시면 될 것이다. 아울러서 가로세로의 폭이 바뀌는 경우에는 이런 설계가 불가능하다는 지극히 상식적인 내용도 잊지 않아야 할 것이다.

수익률을 극대화시키는 건축물의 선택

앞에서도 말씀드렸지만 수익형주거용도로 최근에 유행하는 트렌드로 많이 이용되는 건축물이 다중 주택이라고 하는 단독 주택인데 정부의 정책이 다주택자의 주택보유에 관한 보유세 기준과 양도소득세 기준이 대폭 강화되는 추세가 지속되다 보니 건축물의 신축도 이에 맞추어서 설계를 할 수밖에 없고, 기존에 보유하고 있던 건축물도 고액의 세금부담을 피하기 위한 방편으로 용도변경을 통하여 다주택에서 벗어나고자 다가구 주택으로 용도를 변경하는 경향이 많이 늘어나고 있는 추세이다.

그중에서도 다중 주택은 최근에 새로운 수익형 투자모델로서 건축주들에게 많은 관심을 가지게 되었는데 이에 맞추어 건축법시행령에 정하고 있는 다중 주택의 기준도 대폭 완화됨에 따라서 이 다중 주택은 당분간 신축수익형 투자방안으로 대세를 이룰 것으로 생각된다.

다중 주택의 개념이 개정되기 이전에 소규모토지에 지어졌던 예전의 다중 주택의 일

반적인 건축물 모습과 해당 건축물대장을 비교해보시면 현저한 변화를 느낄 수 있게
된다.

아울러 한 줄의 법률개정이라는 것이 얼마나 부동산 투자자에게 많은 수익을 줄 수
있는지도 느낄 수 있을 것이다. 아래 그림파일을 보시면 이해의 폭이 훨씬 넓어질 것
이다.

3개 층으로 주차 2대로 거의 정형화된 건축물이 될 수밖에 없었던 개정 전 다중주
택규정에 의해서 지어진 건축물이다. 필로티 규정에 관한 완화내용도 없고 주택이 아
닌 다른 시설을 설치하는 규정도 없던 시절의 다중 주택의 모습이다. 그냥 빡빡한 성
냥갑 박스랑 다를 바가 없는 느낌을 주기에 충분하다.

그런데 이 그림을 살펴보면 위쪽 그림에 있던 낡은 단독 주택이 철거되고 신축된 건축물을 보시면 지하에 필로티 구조의 주차장과 주거용 세대가 보이고 지상 1층에 편의점을 운영하고 지상 2층부터 다중 주택으로 설계된 것을 확인할 수 있다.

아파트 가격의 지속적인 상승을 기대하고 있는 투자자라면 위와 같은 방식보다는 그냥 그대로 아파트를 보유하는 것도 훌륭한 투자가 될 수 있다.

사람마다 생각은 충분히 다를 수 있는 것이라서 어차피 투자에서 정답은 없다. 월세 한 푼 안 나오는 고가의 아파트에 거주하면서 고정수익이 없어서 생활의 안정성이 우려된다면 고가의 아파트에 거주하는 이유로 그만큼 기회수익을 잃어버리고 있을 수도 있다.

고가아파트를 팔고 위와 같은 방식으로 고정수익을 세팅하는 투자자들이 의외로 많아지고 있는 추세다. 많은 은퇴자들이 거주도 하면서 월세수익이 발생하는 안정된 노후를 세팅할 수 있는 대표적인 방법이라고 할 수있다.

이 외에도 상당히 큰 규모의 다중 주택을 확인할 수 있는데 지하 1층은 무인세탁점으로 활용하고 지상 1층과 2층은 사무실 용도로 허가를 받은 것으로 확인이 되었으나 필자가 보기에는 보나마나 주거용으로 임대를 하고 있음이 틀림없을 것으로 보인다. 불법인지 편법인지를 이야기하고자 하는 것이 아니다.

다중 주택이라는 새로운 트렌드의 건축을 위주로 말씀을 드렸지만 같은 방식으로 다세대 주택을 신축하여 분양을 하는 방식으로 매각차익을 실현하는 투자도 마찬가지라고 보시면 될 것이다. 신축분양방식의 사업은 다주택규제와는 무관한 사업으로 진행할 수 있는 이점이 있다.

AI로 해보는 건물신축 가설계

지금까지 알아본 내용은 나대지에 신축을 하는 전반적인 과정과 그 내용에 관한 것들이었다. 그런데 이런 신축에 관한 가설계 정보를 제공해주는 사이트가 최근에는 참으로 많이 보인다. 그것은 랜드북이라고 하는 사이트인데 아마도 AI를 기반으로 하는 신축 가설계에 관한 정보를 제공하는 사이트인 것으로 보이는데 기본적인 가설계를 토대로 대략적인 용적률, 건폐율 그리고 가격 분양수익 등에 관한 기본적인 정보를 제공해주고 있는 사이트인 것으로 보인다.

그래서 앞에서 필자가 설명했던 지번을 입력해서 나온 가설계 내용과 실제로 준공된 건축물대장과의 차이를 비교해보았다.

지상 4층의 규모에 용적률을 약 190%로 산정했고 건폐율은 약 60% 그리고 전용율은 70% 정도의 가설계 내용이 나온다. 실제로 앞에서 올렸던 실제 준공된 건축물대장

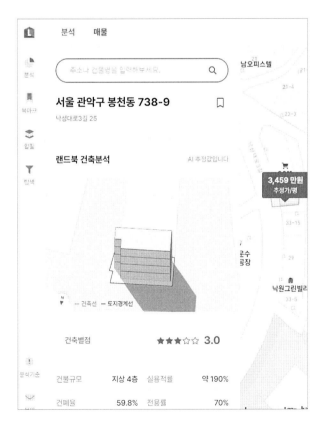

의 내용과 비교해본 결과 용적률의 차이가 약 30% 정도의 큰 오차를 보였고, 전용율
은 비교를 할 수가 없었다.

용적률의 오차가 생각보다 너무 커서 그 원인이 궁금했었다.

그래서 서비스 지역과 이 가설계에 사용된 요소들이 어떤 것들로 구성되었는지를 확
인해 보았더니 분석항목이 주차설계 부분은 아직 감안하지 않은 상태였다. 그도 그럴
것이 주차설계에 관한 내용 자체가 워낙 복잡한 내용을 담고 있으며 주차대수 산정과
주차장 설치 위치에 따라서 너무 다양한 경우의 수가 나올 수 있을 것이므로 주차장 항
목까지 가설계의 분석항목으로 넣기에는 아직 기술적으로 아쉬운 한계가 있어 보인다.
하지만 이 또한 시간이 지나면서 점점 해결할 수 있는 사안이 될 것으로 보인다. 이
책이 완성되고 출간될 즈음에는 보완이 되어서 많은 투자자들에게 가설계에 관한 도움
이 되기를 기대해 본다. 그리고 아직은 수도권과 부산지역의 일반주거지역의 일부 토지
에 관한 가설계를 제공하고 있는 단계다.

주차장 설치에 따른 적용 용적률의 오차 수치가 크면 클수록 사업성 분석에 큰 영향
을 미칠 수 있다는 점을 감안하고 이 사이트를 활용하는 것이 좋겠다는 생각이다. 예
를 들자면 북쪽에 폭이 큰 도

로와 접하고 필로티 방식 건축으로 1층에 부설 주차장을 설치할 수 있는 여유가 있는 정도의 토지라면 참고하는데 좋은 도움이 될 수 있는 사이트라는 점은 높이 평가할 만하고 충분히 활용할 만하다는 생각이다.

시공자와 건축주 그리고 건축설계사

지금까지는 건축 실무의 법률적인 내용에 관한 이야기를 주로 다루었다면 이제부터는 직접 시공하는 과정에서 건축주가 반드시 알아두어야 하는 마인드에 관한 이야기를 해 보자.

흔히 많은 분들이 건축시공에 관한 이야기를 할 때 제일 먼저 묻는 말이 평당 건축비가 얼마인가라는 질문이다. 그냥 지나가는 말로 물어보는 질문이라면 상관없지만 건축을 계획하고 있는 건축주로서 하는 질문이라면 한마디로 가장 안타까운 질문이다. 공사면적당 공사비를 물어보는 것은 당연한 질문이라서 연면적을 기준으로 대답을 쉽게 해주면 그만이고 그렇게 쉽게 대답할 수도 있다. 하지만 그 대답이 얼마나 신빙성이 있는지는 전혀 판단할 수가 없다.

평당이라고 표현하는 것 자체가 면적당 비용을 뜻하는 것인데 실제로는 시공하는 면적 외에 공사비에 영향을 미치는 요인들이 너무 많은 비중을 차지하기 때문이다.
건물 외벽의 둘레와 각층의 층고와 층수에 따라서 달라진다. 같은 연면적일지라도 1개 층의 높이에 따라 비용이 달라질 수 있고 같은 연면적인데도 층수가 달라질 수 있기 때문에 건축비용의 오차가 많이 날 수밖에 없다.

다음으로는 지하층이다. 지하층은 지상층 공사비보다 훨씬 그 비용이 많이 든다. 지하에 암반이 있을 경우에는 더욱더 심각해진다. 건물의 용도에 따라 건축비 차이도 많다. 상가와 주택에 따라서 건축비 차이가 많고 호실의 수와 주택의 수에 따라서도 많은 건축비의 차이가 발생한다.

마지막으로는 자재다. 천차만별의 자재가 존재하고 있는 건축 시장에서 어떤 자재를 어떤 방식으로 사용하느냐에 따라 큰 차이가 발생할 수 있는 것이다. 설계내용에 따라서 건축비의 차이도 경우에 따라서는 엄청난 추가 비용이 발생하기도 한다.

이런 내용을 조금 이해하게 된다면 어쩌면 이렇게 질문을 할 수도 있겠다. 각층 바닥면적의 합계 연면적으로 150평에 다세대 12세대를 1층 필로티 구조로 지하층 없이 철근콘크리트 5층 건물로 내외장재없이 뼈대만 짓는다면 평당 얼마 정도 나올까요? 라고 물어볼 수 있겠다. 즉흥적으로 만든 질문이기는 하지만 재미있는 질문이 될 듯하다.

2,000년 경에는 필자의 기억으로는 위의 질문방식으로 평당 약 200만 원 정도였다. 그런데 요즘의 방식으로는 평당 600만 원 내외가 될 것이고 내외장재 등을 감안한다면 이보다도 더 상승된 가격으로 건축비가 발생하게 된다. 더더욱 인건비와 자재 가격이 급상승 추세인 점을 감안하면 할증 요소들이 더 많이 발생할 수 있게 된다.

건축주에게 가장 중요한 부분은 좋은 시공사를 만나는 일이다. 합리적인 가격에 예정된 사업 일정 기간 내에 좋은 결과물을 만들어 내주는 시공사를 만나는 일일 것이다.

건축계획의 전체적인 절차를 생각해본다면 시장조사 - 건축 규모 검토 - 예상 공사비와 수익성 분석 - 자금계획 - 진행계획까지는 나름대로 큰 틀은 머릿속에 있어야 한다. 계획설계부터 착공까지의 전체적인 과정도 머릿속에 그려두어야 한다.

기본설계 - 실시설계 - 견적용 실시설계도서 - 시공사 입찰안내서 작성 및 입찰 - 시공사의 제안 내역서 검토비교 - 시공사 선정과 시공사와 조율(공사비 절감안) - 시공계약 - 착공준비 - 착공의 큰 그림을 그려둔다.

시공사 선정을 제대로 하기 위한 사전 준비

- 실시설계도서를 견적용과 착공용으로 준비: 도면 / 시방서 / 자재리스트
- 공사내역서 : (일명)물량내역서, 실시설계도서를 바탕으로 각 공사 항목과 물량만을 기입한 내역서
- 인허가 조건
- 견적 기준서

시장조사와 건축 규모 검토는 지금까지 익힌 방식으로 어느 정도의 검토가 가능한데 예상 공사비와 수익성 분석 단계부터는 투자자의 입장인 건축주로서는 철저하게 조사 준비하여야 되는 요소이다.

거듭 되풀이되는 의견이지만 가장 원시적인 방법은 관내 인근의 유사한 신축건축물의 건축주와 건축설계사를 한 번 찾아가 보는 것이고 해당 건축물의 시세 확인을 위해서 인근의 중개업소를 방문해볼 필요가 있다는 것이다. 해당 건축물의 건축물대장을 열람해 보고 어느 정도 지식을 갖춘 상태에서 면담을 할 수 있다면 훨씬 효율적일 것이다. 건축물대장에는 설계사무소가 있으니 그를 통해서 시공한 시공사를 만나는 것도 어려운 일은 아닌 것이다. 일단은 어느 쪽이든 처음에는 다양한 경로를 통해서 업계종사 전문가들을 만나서 어떤 이야기든지 주워들어야 할 필요가 있다.

최초 계획단계에서 시공사를 찾아보는 방법도 다양한 방안이 있겠지만 건축사협회에서 매년 발행하는 건축명장이라고 하는 자료가 있다. 인터넷 사이트에 건축명장이라고 검색하시면 자료 책자를 구입하는 방법안내를 알 수 있다

이 건축명장은 해마다 시공사의 세부적인 활동이나 건축실적 위반내용 자금 여력 회사 상태 등에 관한 전반적인 내용들이 있다. 이 내용들을 보고 자신의 건축 규모나 스타일에 알맞은 시공사를 면담해서 선정할 수도 있다. 설계사와 시공사의 궁합이 잘 맞는 믿을만한 업체를 찾는다는 것이 가장 어려운 것이 사실이다.

이렇게 검색한 시공사가 있다면 시공사 사무실을 방문하여 대표와의 면담을 진행하면서 시공 의지에 관한 확인을 어느 정도 해 볼 필요가 있다. 중요한 것은 해당 시공사의 시공 현장을 몇 개라도 돌아보는 것이다.

완공건물도 마찬가지이다. 유사한 동종의 건물을 찾아보는 것은 참으로 중요한 일이다. 백화점이나 근생건물을 전문으로 시공하는 업체에 주거용건물을 맡기기에는 뭔가 썩 내키지 않는다.

**건축
명장**

필자가 자주 다니는 동네는 단독 주택매물이 나오기만 하면 매수하기 위해서 대기하는 건축업자들이 많다. 그도 그럴 것이 강남과 같은 대규모 업무시설 접근성이나 배후 학교수요 등등의 입지 요소가 워낙 뛰어난 곳이라서 소규모 전세, 월세수요가 항상 많은 곳이다 보니 그럴 수밖에 없다.

불과 4~5개월 만에 새로운 신축건물이 들어서 있다. 오래전부터 그래왔듯이 도시에서 토지를 활용해서 보편적인 수익을 만들어내는 방법은 단연 소규모 신축이다. 요즘 말로 꼬마빌딩이라는 키워드로 많이 사용되고 있다.

꼬마빌딩에도 여러 가지 종류가 있겠지만 단순한 근린생활시설로만 지어진 순수 근생타워가 있겠고, 다세대 주택이나 다가구 주택 혹은 다중 주택을 지으면서 1층에 근린상가를 입점시키고 상층부에는 주거용으로 임대를 하는 방안도 있겠고, 혹은 단순하게 주거용과 근생을 혼합시켜서 건축하는 소규모 주상복합 형태의 건물도 있을 것이다.

이런 다양한 건축물 중에서 해당 토지에 적합한 형태의 건축물을 정해서 신축을 하고 임대나 분양을 통한 수익실현을 하는 방법을 가장 많이 볼 수 있다. 길을 가면서도 배울 수 있는 부동산이 바로 이 소규모 신축이라고 하는 꼬마빌딩 신축 현장이다. 이를 통해서 필지의 특성을 어떻게 활용하면서 건축을 하였는지를 배울 수 있다. 말하자면 건축설계사의 아이디어를 그냥 훔칠 수 있는 생생한 현장 배움터인 것이다.

앞의 사례 사진에서 다중 주택이 신축되고 있던 곳도 필자가 자주 다니는 곳의 길목에 있는 낡고 조그만 소형 단독 주택이었다.

어느 날 철거가 진행되고 있었다. 철거 후에는 연이어 신축이 진행된다. 불과 4~5개월 만에 완공되고 편의점이 입주하고 세입자도 가득 차 있다. 놀라운 현장이다. 똑같은 토지면적일지라도 토지의 물리적 형상과 지적에 따라서 다양한 설계가 가능한 현장을 보면서 어떤 토지가 한 평이라도 더 많은 건축면적을 뽑을 수 있는지도 눈으로 직접 확인하는 것은 어렵지 않다.

물론 그 이전에 건축에 관한 최소한의 기본지식 정도는 갖추어야 하겠지만 그리 어려운 내용도 아니니 조금만 신경 쓰고 배우시면 누구라도 걸어다니면서 지어지고 있는 건축 현장을 통해서 토지선택의 기법을 배우는 것은 어려운 일이 아니다. 굳이 별도의 노력을 통해서 배워야 하는 부분이 있다면 일조권과 주차장 설치에 관한 내용은 현장에서 배우는 데는 한계가 있다.

예전의 건축물이 위치한 토지의 지번을 찾는 것은 이제는 스마트폰 하나만 있어도 누구든지 쉽게 찾을 수 있다. 카카오맵이나 네이버 지도를 통해서 쉽게 찾을 수 있다. 혹은 부동산에 관한 정보가 많이 담겨 있는 디스코라고 하는 스마트폰 어플에서도 건축물의 주소를 쉽게 찾을 수 있다. 건축가설계까지도 제공해 주는 AI건축설계어플까지도 등장한 세상이 되었다.

그리고 지어진 건축물의 세부 상세 내역까지도 쉽게 확인이 가능하다. 용도지역, 대지면적, 건축구조, 연면적, 용적률, 건폐율, 허가일, 착공일, 층수, 건축물의 용도, 각 층별 면적 등등 다양한 건축 정보를 확인할 수 있다. 이러한 건축 정보가 가장 체계적으로 기재된 서류는 건축물대장이다.

이 건축물대장은 허가와 관련된 거의 모든 내용이 기재되어 있는 서류라고 보시면 된다. 지하층을 어떻게 활용하였는지 주차장은 어떤 방식으로 설계했는지 출입구는 어떻게 하고, 일조권규제를 피하기 위해서 어떤 아이디어를 발휘했는지를 살펴보면 건축설계사의 고민을 현장에서 느낄 수 있게 되는 작은 기쁨도 있다.

독자분들께서도 이런 현장을 보시면 그냥 지나치지 말고 반드시 허가내용이 기재된 팻말을 사진 찍어서 집으로 돌아와서 이곳은 왜 이런 건축물을 지으려고 했을까? 등의 의문점을 풀어나가다 보면 도시지역의 소규모건축에 관한 기본적인 눈이 뜨일 수 있게 될 것이다.

걸으면서도 쉽게 배울 수 있는 기법들은 도처에 깔려있다. 다만 누구 눈에는 보이고 누구 눈에는 보이지 않는다는 차이일 뿐이다.

7부

재개발 재건축 실전투자 Ⅰ
─ 기본기 스터디

재재투자 기본기 스터디

　재건축재개발(이하 '재재'라고 표현하겠다) 파트의 원고를 어떻게 구성을 할까 많은 고민을 했다. 왜냐하면 처음 접하는 일반인들이라면 누구나 생소하게 느낄 수 있는 분야이고 용어도 낯설기 때문이다.

　고민 끝에 필자는 낯설고 생소함을 일단 극복하기 위해서 투자에 임하는 마인드를 기본적으로 정립할 필요가 있다는 판단에서 투자 마인드를 정립하는 파트와 투자에 필요한 실전지식을 정리하는 실전스터디 파트로 나누어서 낯선 분야의 투자 알고리즘에 일단 익숙해질 수 있도록 하였다. 그리고 실제로 투자가 이루어지는 현장 투자 사례와 분석을 통해서 좀 더 현실적인 이해를 할 수 있도록 전개하고자 하였다.

　물론 각각의 내용에서 일부분이 중복될 수도 있겠지만 그 내용의 결은 분명히 다르다는 것을 느낄 수 있도록 차이를 두면서 전개해 나갈 것이다.

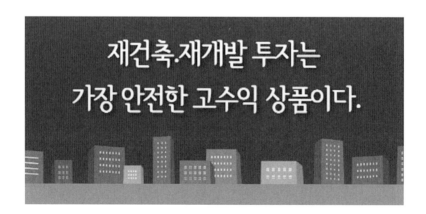

30년 미래가치시장에 투자하라

무엇보다 재재투자는 오래 걸린다는 표현이 난무한다. 그런데 이 말은 처음부터 자신이 재재투자의 문외한이라고 스스로 이야기하는 것이나 마찬가지다. 그게 아니라면 처음부터 투자의 마인드가 왜곡되고 부정적이고 자신이 없는 시각을 가졌을지도 모른다.

필자는 단호히 대답한다.

왜 재재투자의 기간을 해당 사업의 시작부터 끝까지 시간을 재느냐는 것이다. 투자자의 목적은 무엇인가를 오히려 되묻는다. 수익이라고 당연히 대답할 것이다. 답은 저절로 나왔다. 수익에 목적이 있는데 왜 시간이 길다는 이야기를 하는가. 시간에 무관하게 목표수익이 실현되는 타이밍에 매각하고 수익을 실현하면 그만이다.

실거주입주를 원하는가? 그렇다면 접근하는 결을 약간 달리하면 된다. 하지만 이 책을 읽는 우리는 입주보다는 투자수익이 먼저다. 그 수익을 극대화시킬수 있는 타이밍에 매각하라는 것이다. 시간이 많이 걸린다는 이유로 투자를 망설이거나 하지 않기로 하는 것보다는 생각하나 바꾸면 투자의 영역이 한없이 넓어질 수 있는 것이라는 마음의 여유를 가지게 된다면 보다 더 훌륭한 투자 사례를 만들어 낼 수 있다. 아무리 그래도 필자의 이야기에 동의하지 못하겠다면 차라리 나는 그 분야는 잘 모른다는 대답을 하는 것이 훨씬 멋져 보인다.

동의해주는 사람들이 별로 없어서라든지 조합설립에 반대하는 사람들이 너무 많아서 어느 세월에 진행될까. 소송이 걸려서 싸움질이 언제 끝날지도 모른다는 이야기도 다 부질없다. 입지를 보고 가치를 분석해서 보라. 그런 요소들이 뛰어난 곳이라면 시간과 반대와 싸움질을 하는 와중에도 가격은 오를 것이고 사업은 갈 수밖에 없는 것이다. 설령 가격이 추락하면 오히려 매수기회로 삼는 것이 당신의 미래를 가늠하는 훨씬 현명한 판단이 될 것이다.

필자가 실제로 투자했던 여러 곳의 재재투자 물건도 내부 총질이나 싸움 등의 소송으로 얼룩져서 지친 사람들의 물건을 투자한 사례도 얼마든지 있다. 시간을 걱정하지 말고 나 자신의 생각을 바꾸면 간단하다. 결국 이 재재투자는 시간투자를 생각하면서 투자를 했더라도 결코 오래 걸리지 않는 시간투자라고 표현하는 것이 어쩌면 맞는 말일지도 모른다.

토지투자를 주로 하는 이야기들이나 아파트와 같은 주거용 분야투자를 주로 하는 많은 이야기들이나 재개발 재건축 혹은 상가투자, 분양권 투자를 주로 하는 분들의 많은 이야기나 모두가 저마다 하는 이야기들의 논리는 틀리지 않는다.

토지투자를 권유하면서 책을 쓰는 경우라면 토지의 투자수익이 아파트와 같은 투자와 비교를 했을 때 분야별로 비교되는 가격상승 통계를 인용하면서 토지투자가 오히려 낫다는 이야기들을 강변한다.

그와는 반대로 아파트투자를 통해서 수익을 올릴 수 있는 내용의 출판을 하는 경우라면 토지투자와는 비교가 안 된다는 뛰어난 장점들을 이야기하면서 토지투자의 문제점들을 강변한다.

재개발·재건축을 전문으로 투자하는 사람들은 노후한 저렴한 건축물에 투자해서 최고의 수익을 올리는 이점을 소개하고, 상가투자를 권유하는 사람은 또 나름의 수익형투자라는 이점 등의 다양한 논리를 전개하고, 분양권 투자를 권유하는 사람이라면 초단기 초고수익률을 올릴 수 있는 유일한 투자 방법인데 왜 힘들게 등기하고 세금 내고 하는 다른 분야의 부동산을 투자하느냐는 등의 강변을 한다.

갭투자자는 몇 년 동안 아파트 가격상승기에 전세 끼고 투자하는 소위 갭투자로 큰돈을 벌었으니 갭투자만큼 쉬운 투자 방법이 세상 어디에 있겠는가 하는 자기만의 투자 자존감이 생길 터이니 당연히 자신 있게 강변할 만도 하고 틀린 말도 아니다. 상가에 투자해서 뛰어난 현금수익 흐름 구조를 만들어 낸 투자자들도 그만의 투자 자존감은 대단한 것이고 충분히 인정받을 만한 가치가 있는 투자를 하는 것이다.

하지만 자신이 아파트투자를 전문으로 하지 않는 경우, 다주택자 규제가 강화되고 대출규제도 강화되면 언제까지 어느 정도까지 아파트 가격이 오를지 짐작이 어려우므로 선뜻 투자하는 데는 한계와 위험이 있다. 리스크가 덜한 투자를 하고 싶다면 정책적인 규제 등에 안정적이면서도 큰 수익을 올릴 수 있는 토지나 상가 등 다른 분야에 투자하여야 한다는 논리를 편다.

심지어 토지의 경우에는 투자금이 고액이고 장기투자라는 생각은 편협된 시각이고 소액으로 단기투자할 수 있는 토지물건이 얼마든지 많다고 열변을 토한다. 틀린 이야기도 아니고 그렇다고 맞는 말도 아니다. 경매나 공매로 나오는 소액과소토지들 중에서 돈 되는 토지를 찾으면 투자금도 적고 수익도 짭짤한 투자가 될 수 있는 투자 사례를 들면서 적절한 투자권유 논리를 설명하기도 한다.

아파트나 빌라 같은 부동산은 거래금액이 크고 토지는 최저 입찰가가 1,000만 원도 안 되는 물건도 많으니 투자가치가 있는 토지인지를 보는 안목만 있으면 소액고수익투자가 가능하다고 한다. 소액은 맞지만 고수익은 아니다. 고수익률이라고 하면 맞을지도 모르지만 고수익금액은 아니라는 것이다.

심지어는 오래전부터 통계로 나타나는 자료들을 원용하면서 주거용 부동산과 토지 가격의 상승을 비교하면서 토지 가격 상승 비율이 훨씬 크다는 내용까지도 빠뜨리지 않는다. 그러면서 토지 분야가 가장 높은 수익을 올릴 수 있고 현금 보유보다는 토지를 보유함으로써 물가상승과 인플레이션에도 대비할 수 있는 훌륭한 수단이 되고 관리하는 방법도 용이하고 감가상각 염려도 안 해도 되며 재생산이 불가능하니 그만큼 희소가치도 뛰어나다고 하는 등의 다양한 장점이 있다는 논리도 맞는다.

각자 나름의 자신이 전문으로 하는 투자 분야의 장점을 잘 알고 있으며 이러한 장점들을 많은 독자분들과 공유하고자 하는 의견을 이야기하는 것은 참으로 적절하고 당연하다. 모두가 주장하는 논리에 관한 이야기들을 들으면 한 가지도 틀린 이야기는 없다.

모두 맞는 말이고 모두 쓸데없는 헛소리들이다. 무슨 말이 필요한가. 돈 되는 것을 다 하면 그만이다.

필자가 보는 견해로는 모두가 옳은 이야기지만 자신의 경험치만큼 생각하고 주장하는 것이고 자신이 아는 만큼 보이는 만큼 자신의 논리를 강변하는 것이다.

그런데 이런 이야기들을 듣는 독자분들의 생각은 어떨까. 물론 각자 다양한 생각이 들겠지만 어쩌면 혼란스러운 독자분들도 꽤 많을 것이다. 그래서 대부분의 투자를 처음 시작하시는 분들은 생활필수품과 마찬가지로 익숙해져 있는 주거용부동산부터 먼저 관심을 보이는 것은 어떤 전문가가 무슨 이야기를 하더라도 당연한 시작이다. 그렇게 시작한 주거용 투자나 분양권 투자가 투자 타이밍과 투자심리가 잘 맞아떨어질 경우 예상외의 큰 수익을 올릴 수 있게 되는 경우도 있을 것이고 시작 단계에서 어쩌면 손해를 보는 사람도 나올 수 있는 현실이다.

어쨌든 이렇게 시작해서 번 수익금을 기반으로 주거용 투자에서 자신이 느꼈던 문제점들을 극복하는 진전된 투자를 하고자 할 경우 상가투자나 재개발, 토지 등 다른 분야의 투자에 입문하게 되는 것이 맞다.

물론 새롭게 시작한 상가나 토지 등 다른 분야의 투자에서도 입지전적인 투자수익을 올리게 된다면 그는 분명 하늘이 점지한 전문 고수 투자자임이 틀림없을 것이다.

이러한 일련의 과정에서 어떤 사람은 최초로 시작하는 주거용 투자나 분양권 투자의 입문단계에서부터 오히려 손해를 보는 사람은 없었을까 하는 생각을 해보면 분명히 존재할 것이다. 필자가 상담을 받은 투자자만 해도 전문투자자의 조언과 소개를 받고 투자를 했으나 아픈 경험을 한 투자자가 제법 있었으니까.
그렇다면 이런 현상은 무엇 때문에 발생하는 것일까. 전문가들이 강조했던 분야별 전문부동산의 장단점 및 내용이 틀려서 이런 현상이 발생한 것일까. 분명 그건 아니리라.

세상에 존재하는 모든 사물들에도 음양이 존재하듯이 아무리 좋다고 이야기하는 그 무엇에도 반드시 안 좋은 점이 존재하는 것이 세상의 당연한 이치이다. 그렇다면 전문가의 이야기를 듣고 그 이야기에 자신감을 얻고 투자했는데 성공한 사람은 그 원인이 무엇이고 실패한 사람도 그 원인이 무엇인지를 되짚어봐야 한다. 더러운 시장이라고 외면하면 오히려 본인만 아프다.
성공한 사람의 경우 투자를 하기 전에 어떤 사전 준비를 스스로 하였고 그렇게 준비하고 공부하였던 내용이 적중해서 큰 수익을 올려서 성공한 경우라면 투자한 부동산 분야의 장점 때문이 아닌 바로 준비하고 공부했던 그 사람 자체를 바로 성공의 요인으로 봐야 하지 않을까. 거기에 더 중요한 것은 투자를 하는 것이니 당연히 실패할 수도 있다는 본인의 마음가짐이 가장 중요하다.

말하자면 어떤 분야의 부동산을 투자하는 것이 좋을까의 문제가 아니라는 것이다. 이런 분들은 다음 단계로 다른 분야의 부동산을 투자하더라도 준비와 공부를 충분히 하면서 도전하게 되므로 그만큼 성공의 확률이 높은 것이다.

그런데 성공하더라도 그 원인이 자신의 노력과 준비와는 무관한 이유라면 그 사람은 다음 투자에 성공할 수 있는 확률이 그만큼 낮을 수밖에 없다.

처음 입문 투자를 한 사람이 첫 단계부터 손해를 보는 힘든 투자를 하게 된다면 그쯤에서 부동산 투자를 포기할 수도 있을 것이고, 아니면 자신이 왜 이런 손실을 보는 투자를 한 것인지를 스스로 원인을 파악해서 깨달은 후에 다시 재도전하게 된다면 그는 오히려 투자에서 큰 교훈을 가슴에 새긴 채 미래의 부동산 투자를 대하는 마음가짐을 가질 것이므로 훌륭한 투자 성과를 낼 가능성이 높아질 것이라고 생각한다. 필자가 이런 경우에 해당한다.

이처럼 실패투자가 때로는 미래의 부동산 투자를 꾸준히 하는데 있어서는 독이 아니라 오히려 큰 도움이 될 수 있기 때문에 실수를 굳이 두려워할 필요는 없다. 그렇다고 준비 안 된 무모한 용감투자를 감행하라는 뜻은 아니다.

그런 측면에서 볼 때 입문투자의 가장 중요한 원칙은 소액으로 분산투자하는 것을 철저하게 지키는 것이다. 이와 같이 많은 투자자분들이 다양한 부동산 투자 분야별로 각 전문가가 이야기하는 장단점을 듣고 투자에 입문할 것이 아니라, 오히려 그딴 부질없는 메아리 같은 이야기들일랑은 크게 신경 쓸 필요 없이 반드시 사전에 기본적으로 배우고 준비하는 사람이 되기 위한 노력이 중요하다는 당연한 명제를 이야기하는 것이다.

투자전문고수이든, 부린이든 누구든 투자에서 실패할 수 있는 것은 당연한 이치다. 성공확률을 높일 수 있는 방법도 누구든 투자실력과 경험치에 비례한다는 당연한 이치일 뿐이다.

거듭 드리는 말씀이지만 투자자의 입장에서 아파트투자가 좋니, 상가투자가 좋니, 토지투자가 좋니, 뭐가 좋니. 이런 1차원적인 고민은 굳이 깊게 하실 필요도 없다.

최초에 분양권 투자나 아파트투자를 해보니 투자수익을 내게 되었고, 점점 투자를 하다 보니 아파트투자나 분양권 투자에서도 다양하게 수익을 낼 수 있는 방법을 알게 되고 나만의 경쟁력 있는 투자구조를 만들어 낸다면 그 또한 상당한 투자 고수의 경지에 이른 분이라고 할 수 있을 것이다. 그렇다면 다른 분야에 굳이 고민하면서 접근하는 것보다는 기존에 익숙해졌던 분야에서 탁월한 실력을 꾸준히 발휘하는 것이 훨씬 훌륭한 일이다.

그런데 그 단계에서 본인 스스로가 만족하지 않고 또 다른 새로운 분야로 전환을 시키고자 하는 생각이 든다면 그에 알맞은 나름의 준비와 공부를 하면서 상가든 토지든 또다시 부린이의 마음에서 초심을 지킨 채 조금씩 투자 경험과 실력을 쌓아나가는 방식으로 투자 영역을 넓히면 된다.

단지 새로운 투자 분야에 도전하는 과정에서 굳이 기존에 잘해왔던 주거용 투자를 멈출 필요는 없다. 똘똘한 알짜투자를 해둔 상태에서 새로운 영역을 조금씩 확대하면 되는 것이다.

그러는 동안에 토지든 상가든 재개발이든 재건축이든 혹은 건물신축이든 리모델링이든 다양한 분야를 접하면서 한 겹씩 실력을 쌓아 올리는 방식으로 투자를 하다 보면 어느덧 골고루 투자를 세팅할 수 있는 편안한 투자 고수의 경지에 이르게 될 수 있다는 말씀을 드리는 것이다.

물론 그 과정에서 작은 실수도 할 수 있겠지만 그런 상황은 오히려 미래의 자신에게 큰 교훈이 될 수 있으므로 굳이 두려워할 필요도 없다. 이러한 투자 세월이 쌓이다 보면 어느덧 느끼게 되는 무언가가 자신의 머리를 때리는 듯한 기분이 드는 순간을 경험할 수도 있게 될 것이다. 그것이 바로 다양한 분야의 부동산이라는 것이 결국은 하나의 유기적인 묶음체라는 사실이고 그것들이 서로 유기적으로 밀접하게 얽혀있는 구조라는 사실을 알게 될 것이다.

예를 들자면 최초에 빌라나 아파트에 소액투자하는 부린이가 점점 투자 경험을 늘려가는 과정에서 시세차익을 실현하는 것뿐만이 아니라 그것들이 시간이 흐르면서 재개발투자나 재건축투자로 연결되는 과정을 체험하게 될 것이고, 다가구 주택이나 단독 주택을 투자하는 과정에서도 나중에는 그런 물건들 중에서도 신축으로 큰 수익을 낼 수 있는 물건들이 있다는 사실을 알게 되고 이로써 건축 관련 지식이나 도로에 관한 지식 그리고 이와 관련한 다양한 지식을 자연스럽게 알게 되면서 도시지역의 토지도 볼 수 있는 안목이 생기게 되는 것이다.

심지어는 재개발이나 재건축으로 인해서 분양 자격을 받게 되어 큰 프리미엄으로 매매차익을 경험하게 되면서 분양 자격의 메리트에 대한 공부도 자연스럽게 접하면서 분양 자격을 받을 수 있는 다양한 투자 기법도 저절로 익히게 되면서 성공한 대박 투자의 주인공이 될 수 있는 것이다.

도시지역만으로도 이와 같이 다양하게 수익을 낼 수 있는 기법을 배우다 보면 이 모든 부동산들이 서로서로 유기적으로 엮어져 있다는 사실에 새삼 놀라게 될 것이다. 도시지역을 벗어난 도시 근교나 멀리 떨어진 지역의 농지 임야투자도 같은 방식으로 접근을 하다 보면 어느새 농지, 임야, 도로수용투자들도 결국은 서로 다르지 않고 하나임을 알게 된다.

그때 가서야 나무들의 성장을 바라보던 스타일의 안목에서 더욱 발전하여 비로소 숲을 바라보는 눈으로 부동산을 보는 여유도 생기게 될 것이고, 저절로 투자라는 것이 고민과 스트레스가 아니라 기쁨과 힐링이라는 느낌으로 생활할 수 있게 된다면 그보다 더 좋은 상황이 어디에 있겠느냐는 말씀을 드리고 싶다.

결과적으로 무엇에 투자해야 할지 하는 고민에서 벗어나 꾸준히 경험하고 공부하면서 관심 분야 투자를 확장하고 병행해 나가며 돈 되는 놈이 최고지, 투자 분야가 뭐가 중요하겠냐는 마인드를 가지게 되는 여유를 가지신다면 어느새 고수의 반열에 오른 자신을 볼 수 있게 된다. 그 과정에서 있었던 성공한 무용담과 실패한 무용담까지도 가슴속에 담아두는 주인공이 되어서 늘 투자를 즐기면서 할 수 있는 여유로운 마음을 가진 자는 대박투자를 요행이 아닌 당연한 투자의 결과로 남길 수 있는 주인공이 되는 것이다.

이 글을 쓰고 있는 필자도 오늘도 수없이 많은 질문들을 끊임없이 해주시는 멤버님들 덕분에 늘 새로운 분야의 새로운 세부 상황들을 즐기면서 공부하려는 노력을 끊이지 않고 그분들과 함께 투자를 병행하고 있을 뿐이다. 이 과정에서 반드시 대박투자의 물건을 접할 수 있다는 진리를 필자는 확신하고 있다. 성공한 무용담을 듣고 어떤 분야에 투자할까를 고민할 필요가 없는 것이다.

9억이 25억으로 변하는 재건축 투자 마인드

2012년경 필자가 부동산 투자회사에 월급쟁이로 근무하던 시절이었다. 부동산이 장기간 하락기를 겪고 있었던 시절이었다. 다니던 회사 금융 고객들의 투자 미팅에서 몇몇의 투자자들과의 미팅이 정기적으로 있었던 시절이었다.

그 당시 장기간 부동산이 침체시장 국면이었는데 부동산에 투자를 해야 하나, 주식에 투자를 해야 하나에 관한 소규모 세미나가 있었다. 주식은 주식 파트의 담당자가 이야기를 했고 부동산은 필자가 상담했던 적이 있었다.

그 당시 필자가 적합한 투자 물건으로 추천했던 곳이 잠실 주공5단지였다. 필자의 기억으로 약9억 중반대의 가격수준이었다. 자금력이 되어 보이는 3팀 정도의 고객에게 추천하면서 재건축 기대와 입지 호재에 관한 의견을 브리핑한 것이다. 그들은 당연히 잠실 주공5단지를 잘 알고 있는 고객이었다. 오히려 필자보다도 더 세부적인 지식을 가지고 있었다. 그럼에도 필자가 이야기하는 주공5단지를 받아들이는 마인드가 각각 달랐다.

결국은 두 팀은 투자하였고 한 팀은 투자하지 않았다. 투자하지 않은 한 고객은 너무 오른 가격인데 여기서 더 오르겠냐는 생각을 가지고 있었다. 투자한 2명의 고객은 투자 이후에도 필자와의 지속적인 연락이 있었다. 10여 년이 지난 이후 그 투자 결과는 어땠을까. 지금의 시세가 이야기를 해주고 있다.

그 고객은 어떤 공부를 하였기에 그렇게 많은 시세차익을 챙길 수 있었던 것일까. 부동산에 관한 지식이었을까, 투자에 임하는 마인드였을까. 그것은 바로 투자에 임하는 기본 마인드가 얼마나 중요한 것인지를 단적으로 설명해 주는 중요한 사례가 될 수 있다는 생각에서 필자의 과거 스토리를 호출해서 독자분들에게 말씀드리는 것이다.

그분들이 매수 이후에도 가격이 오르지 않자 실망스러운 마음으로 어쩔 수 없이 기다리고만 있다가 4~5년 후에 부동산 가격이 오르는 타이밍에 매각을 했다면 어땠을까 생각해보면 더더욱 투자의 기본 마인드가 어떤 것인지를 깨닫게 된다. 입지와 가치 하나만으로 자신 있게 찌른 투자는 실망시키지 않는다. 단지 시간의 문제일 뿐이다.

매수하지 않은 고객은 지금쯤 무슨 생각을 하고 있을까. 어깨에서 만족스러운 가격으로 매각을 한 고객은 그 이후에도 가격이 더 오른 사실에 상심이 많았을까.

잠실주공 5단지는 지금이나 10년 전이나 비교해보면 지금은 건축물이 사라지고 새로운 아파트단지가 들어섰는가. 뭐 이런 것들을 생각해보시면 필자가 말씀드리고자 하는 재재투자의 마인드가 어떤 것인지를 충분히 공감할 수 있을 것이라는 생각을 해본다.

한강 변을 끼고 트리플 역세권 잠실역과 환승센터 잠실대교 롯데타워 백화점 롯데월드 가히 입지로는 어느 한 가지도 빠지지 않는 곳이라고 할 수 있다. 이것 하나만으로도 다른 요소는 쳐다볼 필요가 없는 입지인데 무엇을 두려워하는가. 돈이 없다면 몰라도.

어느 정비구역이 사업성이 좋은 곳일까

재재정비구역에 투자하려는 투자자로서 가장 중요한 궁금증이 무엇이냐는 생각을 해보면 단연코 어느 사업단계에서 매수할까 그리고 어느 구역을 선택해서 얼마에 샀을 때 잘 투자한 것일까라는 점일 것이다. 사실 이 부분을 판단하는 것이 재재투자의 전부나 마찬가지라고 할 정도로 그리 쉬운 일이 아니다.

그런 이유로 재재투자공부를 해야 하는 것이고 좀 더 깊은 수준이 될수록 투자수익의 크기도 더 커진다는 표현을 하는 것이다.

시중에서 흔히 편하게 하는 말로 상당히 다양한 투자 격언들이 존재한다.

1. 용적률이 높은 정비구역에 투자하라. 이것은 토지의 용도지역이 용적률이 높은 용도지역에서 정비사업이 진행될 경우 훨씬 많은 연면적의 아파트를 지을 수 있는 장점이 있기 때문에 이런 이야기가 나오는 것이다.

2. 조합원의 숫자가 적은 구역을 선택하라. 당연히 해당 정비구역에서 지어지는 아파트 세대에서 조합원분을 배정하고 남는 세대수가 많을 경우 일반분양수익이 높아진다. 그럴수록 조합원이 분담해야 되는 금액도 줄어들 것이므로 이런 이야기도 당연히 맞는 말이다.

3. 일반 분양 세대가 많은 곳을 선택하라는 이야기도 같은 맥락에서 이해하실 수 있을 것이다. 조합의 사업수지를 개선시킬 수 있는 유일한 방법이 이 일반분양 세대를 통해서 거두어들일 수 있는 수익금이기 때문이다.

4. 입지가 뛰어난 곳을 선택하라는 이야기는 왜 나오는 것일까. 이 말도 당연히 분양가를 높게 책정할 수 있는 것이고 분양가가 높더라도 많은 사람들이 관심을 보여서 일반분양이 성공리에 마무리된다면 조합의 사업수지가 좋아지는 결과가 될 것이므로 입지가 뛰어난 곳을 선택하라는 말이 당연히 나올수 있는 것이다.

5. 사업성이 뛰어난 곳을 선택하라. 그게 그 말이다.

6. 그리고 특히 재건축의 경우에는 토지의 지분이 큰 물건이 좋고 기존의 아파트의 용적률이 낮게 적용되어 새 아파트를 재건축할 때 적용할 수 있는 용적률과의 차이가 큰 아파트단지를 선택하라는 이야기도 많이 나돌고 있다.

결과적으로 모두 맞는 말이고 모두 글자는 다르지만 도긴개긴의 이야기다. 하지만 이런 재재사업을 진행하는 조합의 사업구조를 이해하지 못하면 이 말들조차 이해하기가 그리 쉽지는 않을 것이다.

그런데 마지막으로 투자자가 고민하는 것이 있을 것이다. 그것은 투자하고자 하는 물건의 가격이다. 투자자가 정비구역에 속하는 해당 물건을 매수하는데 드는 가격이 과연 이 가격에 샀을 때 내가 희망하는 정도의 수익을 낼 수 있는 가격인가라는 점이다. 그렇다. 아무리 좋은 곳을 선택을 해서 투자를 하더라도 매수하는 물건의 가격이 터무니없이 비싼 가격으로 매수를 해서 나중에 보았더니 수익은커녕 일반분양한 물건보다도 못한 결과가 된다면 이는 많은 공부와 고민 끝에 시작한 투자가 오히려 하지 않느니만도 못한 꼴이 될 수 있다. 이것이 투자자에게 가장 중요한 포인트이자 궁금증일 것이다.

그런 의미에서 위에서 이야기하는 시중의 투자 격언 같은 이야기는 당연히 한계가 있는 말이 될 수밖에 없다.

솔직히 이것을 어느 정도까지만이라도 예상 수지를 분석하고 난 뒤에 최소한의 적정 가격으로 투자를 한다는 것은 개인으로서는 상당히 어렵고 난해한 문제인 것은 사실이다.

하지만 필자는 최대한 근사치에 다가갈 수 있는 논리를 바탕으로 사전에 수익률을 예상하고 난 뒤에 투자를 할 수 있는 방안까지 강구해서 나름 투자 판단을 하는데 방향성을 잡기 위한 프로그램을 만들어 전과 파트 책자에 올려두기는 했었다. 하지만 그 프로그램을 이해하는 데에는 정비계획을 수립하는 전체적인 이해가 전제되어야 하기 때문에 난이도가 제법 높기도 하거니와 그 내용까지 완전히 이해분석을 못하더라도 감정평가금액이 나온 구역이나 분양신청을 완료한 구역의 물건을 투자하는 데는 아무런 문제가 없다.

다음 파트에서 좀 더 실전적인 이해를 할 수 있게 될 것이다.

재개발 재건축 실전투자 II
— 실전 스터디(사례)

가장 쉽게 시작하는 재개발투자는

　필자가 재재투자에 관심을 가지기 시작하는 분들로부터 가장 많은 질문을 받는 내용이 있다. '재개발에 투자를 하고 싶은데 어려운 것 같은데 어떤 공부부터 어떻게 시작해야 할까요'라는 질문이다. 생각하기에 따라서 투자의 시작점이 사람마다 달라질 수 있는 것은 당연하다.

　이와 같이 대부분이 재개발투자를 어렵게 생각하고 있다는 것이다. 물론 어려운 재개발 투자 물건도 얼마든지 많다. 하지만 그렇게 어려운 물건들은 초기진입 투자자들이 관심을 가지고 처음부터 진입하려고 생각하지 않는 것이 현명하다. 가장 쉽고 보편적인 물건에 투자를 하시는 것이 옳다. 단지 핵심은 시간에 대한 두려운 마음을 떨쳐야 한다는 것과 실투자금액을 가능하면 최소화하는 두 가지 내용을 항상 머릿속에 기억하고 있어야 한다.

　필자의 투자클럽 평생회원 중의 한 여성회원분이 필자를 만나기 훨씬 오래전에 경험했던 미소 짓는 사연이 있었는데 그 회원분이 그 당시 시작했던 빌라투자가 훗날 어떻게 변했는지를 살펴보고자 한다. 그분은 2010년경에 금융위기 이후의 하락기에 부동산 경매시장에 입문해서 가장 먼저 투자를 한 부동산이 다세대 빌라였다.

　투자이유는 간단했다. 전세나 대출을 끼고 투자하기에 자신의 부족한 자금사정과 딱 맞는 물건이었기 때문이다. 불과 몇백만 원으로도 투자가 가능했기에 최초에 다세대 빌라 물건이 경매로 나와서 유찰된 물건들 중에서 낙찰을 받는 것이었다. 다세대 빌라 물건들 중에서도 낡은 물건들은 흔히 유찰이 잘 되었기 때문에 저렴하게 낙찰을 받아 대출을 일으켜서 투자금을 최소화시킨 후에 낡은 빌라의 내부를 여성의 섬세한 눈으로 리모델링까지는 아니더라도 어느 정도의 깔끔한 수준으로 내부를 수리한 후 세입자들에게 전월세로 임대를 하거나 보유하면서 적당한 가격에 임차인에게 매각하여 단돈 몇백만 원이라도 차익을 실현하기도 하고 혹은 타인에게 매각하기도 했던 아주 단순하지만 전통적인 방식의 투자로 시작한 것이었다.

대출을 끼고 월세를 받아서 대출이자를 갚고 그 차이를 포개나가는 방식으로 빌라의 투자개수를 늘려나갔고, 혹은 수리를 해서 시세보다도 좀 더 높은 가격으로 전세를 놓는 방식으로 투자개수를 늘려나갔던 것이다. 이러한 방식의 투자를 필자는 감히 엄두를 내지 못하는 이유가 내부 수리라고 하는 부분이 필자에게는 감당하기 어려운 부분이었고 몸으로 할 수 있는 개인적인 여건도 안 되었기 때문이기도 했지만, 그 여성분은 참으로 자신의 스타일과 잘 맞는다고 하면서 투자를 지속해서 이어 나가는 것이었다.

그 과정에서 실투자금이 한푼도 들지 않는 투자패턴이 만들어지기도 하고, 세입자에게 매각하면서 점점 더 익숙해진 투자를 되풀이하고 있었다. 이러한 투자 과정의 방식은 누구라도 조금만 배워서 소액으로 투자한다면 할 수 있는 분야가 될 수 있고 지금도 투자 분야의 한 획을 이루고 있을 정도로 많은 사람들이 보편적으로 투자하고 있는 분야다.

그렇게 시작된 투자 물건 중에서 어느 지역에 투자했던 낡은 빌라가 있는 곳에서 재개발이 된다는 이야기를 듣게 되었는데 그 회원분은 재개발에 관해서는 지금껏 한 번도 들어본 적 없는 용어였기에 부동산 중개업소로부터 들었던 이야기가 재개발이 되면 빌라가 철거되고 새로운 아파트가 들어서게 되고 분양받을 자금이 없는 사람들은 분담금을 못 내기 때문에 청산당하고 쫓겨나게 된다는 이야기들을 얇은 귀로 듣고서는 급히 매각해 버리기도 했다는 어이없는 일까지 있었다는 이야기를 듣고 박장대소를 하지 않을 수 없었던 에피소드도 있었다.

하지만 훗날에는 그러한 경험담들이 토대가 되어서 투자했던 다수의 빌라들 중에서 일부는 재개발구역으로 편입이 되면서 재개발사업의 진행에 대해서 자연스럽게 접하고 공부도 하게 되면서 단순한 빌라투자가 재개발 호재로 인한 큰 프리미엄 차익을 얻게 되었다.

즉 단순히 매입한 빌라가 재개발투자로 발전하게 되는 물건으로 변하게 되는 소중한 경험을 하게 되면서 재재투자시장에 관심을 가지고 입문을 하게 되었고, 지금은 점점 더 고수익을 올리는 세련된 투자를 할 수 있는 실력과 투자자가 될 수 있었던 것이다.

독자분들께서도 위와 같은 사연을 들으시면서 어떤 생각이 들지는 저마다 다르겠지만 일단 시작을 한다는 것이 가장 중요한 부분이고 그 시작이 투자의 씨앗이 되어서 점점 발전을 할 수 있구나라는 생각은 대부분이 공통적으로 공감할 수 있는 스토리라는 생각이 들 것이다.

물론 위와 같은 국지적인 내용만으로 투자를 시작하라고 강요하는 것은 아니지만 어렵게만 생각하는 많은 분들에게 용기를 드릴 수 있는 내용으로는 충분할 것이라는 생각이다.

그렇다면 어떤 지역의 어떤 빌라를 매수해야 할까에 관한 고민이 들겠지만 이런 고민 단계까지 왔다는 것은 일반 빌라를 수리해서 투자하는 단순한 방식은 별로 내키지가 않고 재개발이 될 수 있는 지역의 빌라를 매수해서 큰 프리미엄 차익을 올릴 수 있는 방법을 찾고자 하는 고차원적인 실력이 필요로 하는 수준까지를 초보자가 알고 싶어 하니 이 재개발투자의 시작이 어려워질 수밖에 없는 것이다.

필자도 예외는 아니었다. 전세 끼고 갭투자 방식의 저렴한 빌라를 투자한 것이 재개발구역으로 지정이 되면서 더욱더 큰 수익을 올릴 수 있는 물건으로 변하니 참으로 고마운 일이 아닐수 없는 것이다. 그런데 처음부터 재개발을 염두에 두고 빌라투자를 시작한다면 시작부터가 어려워질 수도 있다. 단순 빌라 수리투자도 해보고 그 과정에서 투자의 눈이 점점 더 커질 수 있다는 것이다.

그럼에도 불구하고 단순한 방식의 다세대 빌라투자 방식부터 시작하는 투자가 별로 내키지 않는다면 정상적인 레벨의 재재투자 방식에 관한 기본 용어나 기본절차, 기본 법규 내용들에 관한 지식부터 차곡차곡 쌓아나가야 하는 마음가짐이 필요할 것이다.

징하게 공부가 싫은 자가 그래도 투자를 간절히 하고 싶다면 답은 간단하다. 입지 좋은 지역의 아파트를 그냥 매수하시면 된다. 아주 쉽다. 기왕이면 필자가 전편에서 이야기하는 하락기 무렵의 가격 타이밍에 투자하는 것이 가장 이상적이다.

그래도 그것이 어렵다면 입지 하나만 보고 투자하라. 굳이 공부가 필요 없다. 웃을 일이 아니다. 분명하고 명확한 대답이다.

부동산 투자로 경제적인 꿈을 가장 효과적으로 이루고 싶다면 사실 미치도록 공부를 해야 하는 것은 기본이다. 그렇다고 공부만 미치도록 한다고 해서 이루어질 일도 아닌 것이 이 시장의 현실이다.

그렇다면 공부 외에 무엇을 더해야 할까. 그것은 바로 인맥도 합쳐져야 하는 생각이다. 정보의 홍수 정보의 바다와 같은 세상에서 무엇을 아느냐 뿐만이 아니라 어떤 사람을 잘 아느냐는 요소가 점점 더 중요해지고 있는 세상이다.

지식은 그 깊이에 따라 익힐 수 있는 방법이 다르겠지만 어느 정도의 기본적인 지식은 이제는 누구라도 포털 검색이나 유튜브 검색을 통해서 익히고 배울 수 있다. 하지만 이것들은 낮은 정도의 포괄적 지식에 불과한 것이고 진정으로 깊고 실전적인 지식·경험을 공유하고 배우는 데는 인터넷이나 유튜브 등으로는 한계가 있다. 이 한계를 극복할 수 있는 것이 오프라인에서 적재적소의 인간 관계를 맺는 것이다. 이러면 어느 정도의 한계를 극복할 수 있다. 이러한 인맥은 많을수록 좋겠지만 굳이 힘들게 많은 숫자의 인맥을 확보하려고 공력을 낭비할 필요까지는 없다.

나보다 먼저 현장에서 실전경험을 오랫동안 한 사람은 내게 큰 도움이 된다. 그런데 여기서 중요한 포인트는 소위 전문가라고 하는 사람을 어떻게 구분할 수 있을 것인가의 문제가 생긴다. 그래서 필자는 이런 전문가를 적어도 가려낼 수 있을 정도의 최소한의 부동산 투자 공부는 필요하다고 감히 말씀드리는 것이다.

만약 유튜브나 유명 부동산 카페 혹은 SNS나 언론 등에서 유명한 사람이라고 하는 사람을 어찌어찌해서 가깝게 대화를 나눌 수 있을 정도의 사이가 되었다면 투자에 관한 이야기를 자연스럽게 나눌 수 있을 것이고 그러다 보면 투자하고자 하는 부동산에 관한 이야기도 상세히 나눌 수 있을 것이다. 이때 투자물건을 소개받고 소개받은 물건을 투자하라는 방향으로 이야기가 전개된다면 여러분은 어떤 판단을 해야 하는 상황이 발생하게 된다. 이때 여러분이 가지고 있는 부동산 기본 지식이 투자를 하느냐, 마느냐에 관한 판단을 하는 데 중요한 기준으로 작용하기도 한다.

그런데 이 판단력이 부족해서 잘못된 선택을 한다면 이것은 오히려 전문가라는 사람을 알게 된 것이 독이 될 수도 있는 상황이 생긴다.

결국은 인맥만 잘 알아도 되는 것이 아니고 부동산 공부만 열심히 한다고 해서 되는 것이 아니다. 이런 투자 물건 소개를 받았을 경우 투자 판단을 해야 한다면 가능하면 하지 않는 것이 좋다는 것이 필자의 생각이지만 그래도 아쉬움이 있다면 다른 전문가를 통하여 교차상담을 해보는 것도 보완적인 방법이 될 수 있다. 인터넷이 발전하면서부터 많은 정보를 접할 수 있어서 좋기는 하지만 반대로 마케팅 목적의 과장된 허위정보도 같이 난무하는 세상이다 보니 좀 더 정확한 판단을 할 수 있는 최소한의 안목은 갖추어야 한다는 것이다.

우스갯소리지만 여러분께서 맺은 인맥을 통하여 소개받은 물건을 투자하고자 할 때 물건을 여러 전문가에게 교차확인을 했음에도 만나는 전문가마다 자신이 소개하는 물건에 투자하는 것이 좋다고 설명한다면 여러분은 만났던 모든 전문가와의 인맥을 끊어야 하는 슬픈 상황에 처할 수 될 수도 있다.

여러분의 성공조력자에는 이외에도 공인중개사도 있을 수도 있고, 부동산학원에서 수강하면서 만나게 되는 스터디그룹의 인맥도 될 수 있을 것이다. 이러한 현장 인맥들과의 교감도 상당히 중요한 인맥이 된다.

필자는 농담 삼아 '우문현답'이라는 사자성어를 꺼내고 싶다. 이 말의 뜻은 우리의 문제는 현장에 답이 있다는 뜻이다. 그만큼 현장에서의 경험이나 인맥이 중요하다는 말씀을 드리는 것이다. 간혹 신문 기사 등에는 부동산 관련한 안타까운 투자사기 기사들을 종종 보게 되는데 이는 욕심만 앞서고 최소한의 안목

향상과 확인을 게을리한 결과인 경우가 대부분이다. '네가 전문가니까 너를 믿고 투자할게'라는 안일한 마음의 결과다.

필자는 사실 부동산시장 분야에서 다양한 인맥을 맺고 살아온 인생이 아니라서 인맥 맺기에서는 어쩌면 낙제점에 해당하는 사람일 수도 있다. 사실 필자는 오랫동안 부동산 중개업소를 운영하면서 배우고 때로는 아픈 경험도 많았고, 그런 경험들이 토대가 되어 공인중개사분들을 대상으로 많은 강의와 지식을 공유해왔었고, 그러다 부동산자산관리투자회사에서의 몇 년간의 경력, 부동산대학원 과정을 마치는 정도의 커리어와, 투자 현장에서 익혀왔던 경험과 지식을 토대로 일반투자나 경공매투자로 구멍가게 수준의 투자만 해오다 보니 달리 업계의 유명하신 분들을 만날 기회가 별로 없었다.

그러다 보니 필자가 아는 분 정도의 인맥은 극히 제한적일 수밖에 없다. 그중에서도 부동산 경매 분야에서의 오랜 경험과 실력을 겸비한 강은현 교수는 필자와 동갑내기 친구이기도 하지만 특히 『경매야 놀자』라는 책으로 더욱 유명해진 분이다. 현장과 교단에서 아직도 활발한 활동을 하고 있다. 이 책자의 특수권리분석에 관한 내용도 강 교수의 자료를 많이 인용하였고 필자 또한 그 책을 통해서도 사숙을 할 수 있어서 큰 도움이 된 분이다.

NPL이라고 하는 부실채권의 활용을 통한 부동산 금융투자의 고수인 NPL투자 분야에서의 경험과 실력과 인성까지 두루 겸비한 이영준 교수도 필자에게 많은 도움을 주신 친구다.

건축투자 분야에서는 대구에서 해봄아카데미를 운영하시는 이원재 대표님, 수원에서 마스터 부동산경매학원을 운영하시는 안수현 원장님의 투자 커리어는 20년 전의 IMF 사태와 금융위기 속에서도 슬기롭게 경매학원을 운영하면서 투자 마인드를 전수시켜 주시는 분들이다.

유명 부동산 카페도 참 많다. 다세대 빌라투자에서 시작해서 점점 실력의 깊이를 쌓아가고 있는 쿵쿵나리라는 필명을 가진 이선미라는 분도 그의 성장 과정과 성공 스토리는 충분히 배울만하다. MBN 방송 프로그램의 서민갑부에도 출연한 영상을 보고 참으로 대단한 여장부라는 생각이 들었다. 그 여사가 강의

활동하고 있는 '행복재테크'라는 카페는 국내에서 가장 많은 가입자 수와 인기를 얻고 있는 카페인듯하다.

그 카페에서 토지강의 분야의 전문가로 명성을 높이고 있는 풀하우스 서상하 대표도 우직함과 근면함을 갖춘 믿음직스러운 실력파 전문가다.

상가투자 전문가로 시작한 강의에서 토지 분야로 그 영역을 넓혀서 바쁜 일상을 보내고 있는 김종률부동산아카데미 대표도 빼놓을 수 없는 전문가들이다. 그 외에도 분야별로 소개하실 분들이 있지만 드러내놓고 허락 없이 소개하는 것도 실례인 듯하다. 그리고 부동산대학원에서 맺게 된 다양한 분야의 현장 전문가분들과의 인맥, 그 외 소소한 외부 강의를 통해서 알게 된 몇몇 분들 정도이다.

새삼스럽게 나열을 해 보니 필자도 참 내세울 것 없이 보잘것없는 삶을 살아왔다는 사실을 깨닫게 되니 더더욱 부끄럽지만 지금이라도 좀 더 많은 분들과의 교감을 통해서 이 분야의 투자와 실력을 끊임없이 쌓아나가는 즐거움을 위안 삼으며 살고 있다.

벌써 환갑을 지난 나이임에도 나이를 먹을수록 더욱더 많은 교감과 소통을 할 수 있다는 것은 참으로 즐겁고 기쁜 일이기에 이 『기회는 온다, 부동산 투자 성공비법』이라는 6권의 책을 출판하면서 다시금 독자분들과의 소통채널을 넓혀가려는 시간을 가져볼 작정이다. 많은 기대와 격려와 채찍을 부탁드린다.

이 『기회는 온다, 부동산 투자 성공비법』 전집은 평생을 부동산 투자로 즐기고자 하는 의욕맨들을 위해서 만들어진 출판물이다. 읽고 또 읽으면서 필자의 강의와 함께 한다면 분명히 실패하지 않고 즐기는 투자를 할 수 있을 것이다.

하지만 징하게 공부는 하기 싫고 투자는 하고 싶은 사람은 어디로 가야 할까. 그것은 필자가 운영하는 멤버십투자클럽에 평생회원으로 가입하시면 된다. 필자의 모든 경험과 지식을 평생 동안 임대해 드린다. 여러분들의 훌륭한 순간 선택이 평생을 윤기나게 할지도 모를 소중한 인연이 될 수도 있다.

재재 용어와 절차 이해는
정확한 투자의 시작이다

　재재투자라는 분야에 익숙해지기 위해서 가장 기본적인 것이 이 사업에서 사용되고 있는 용어에 관한 이해다. 이 용어 이해가 부족하거나 제대로 안 된 경우에는 현지에서 부동산 중개업자가 하는 이야기조차도 이해하기가 어렵다. 손님이 기본적인 용어를 이해 못 하고 있으면 중개업자도 친절히 설명해주는 경우도 있지만 때로는 손님 대접도 제대로 받지도 못하기도 한다.

　가장 안타까운 것은 잘 모르는 고객에게는 중개업자가 물건안내를 잘 하지 않는다는 것이다. 알지도 못하는 고객에게 소중한 중개 물건을 이런저런 이야기로 설명해본들 계약으로 이어지기가 어렵다는 생각에서 물건소개를 잘 하지 않으려고 하는 경향이 많다.

　그렇다고 너무 잘 알아서 잘 아는 체를 하면 오히려 부작용이 있을 수도 있겠지만 잘 알고 있으면서 약간의 어수룩한 모습으로 대화를 하는 손님을 중개업자는 가장 선호하는 편이라는 것을 기억하고 있자.

　한 구역의 진행 사례를 통해서 몇 개의 어려운 용어들을 가장 쉽게 이해해보자.

　은평구 연신내역 인근에 갈현동이라고 하는 곳이 있다. 언덕배기 경사지에 자연스럽게 조성된 평범한 단독, 다세대 주택들이 산재해 있는 지역이다. 이곳은 2011년에 갈현 1구역으로 정비구역으로 지정고시 된 곳이다. 훨씬 이전인 2006년경에 구역 지정을 위한 공람공고가 있었으나 금융위기 등의 상황이 닥쳐서 조합설립을 위한 추진위원회가 있었음에도 사업 진행이 지지부진할 수밖에 없었다. 다른 구역도 마찬가지였고 조합설립이 2015년에 인가를 받았으니 초기 재개발구역의 사업 진척이 얼마나 오래 걸리는 것인지를 새삼 확인할 수 있을 것이다.

사업시행인가 신청은 2018년 1월 15일이었고 2019년 1월 31일에 사업시행인가가 완료되었고 이 이후에도 몇 차례의 변경인가 고시는 있었다. 사업시행인가 이후에 각 조합원들이 소유한 부동산의 감정평가가 있었고, 이어서 조합원들은 분양신청을 하는 절차가 진행되었다. 2020년 5월에 롯데건설로 시공사를 선정하고 2022년 5월 6일에 관리처분인가고시가 있었다.

이런 조합의 일련의 사정을 이야기하는 내용에서 사용된 용어들의 의미가 무엇인지를 최소한 기본적으로 알아둘 필요가 있는 것이고, 추가적으로 투자자의 입장에서 알아야 하는 용어들까지도 충분한 이해를 하고 있는 것이 재재투자를 효율적으로 할 수 있는데 도움이 될 것이다.

위에서 말씀드린 용어 이외에도 권리가액, 관리처분계획기준일, 분양신청기준금액, 청산금(추가분담금, 환급금), 비례율 정도의 용어 이해가 필요할 것이다.

참고로 서울에서의 재재구역에 관한 기본정보를 담아놓은 곳이 서울시 '정비사업 정보몽땅'이라고 하는 사이트를 방문하면 된다. 지자체마다 이런 정보를 한곳에 모아두는 사이트가 있는데 찾아보시면 된다.

서울, 부천, 인천 부산지역의 재재 사이트 캡처본을 참고하시면서 해당 페이지를 찾으시면 된다. 다른 지역도 마찬가지다.

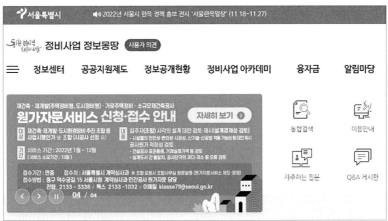

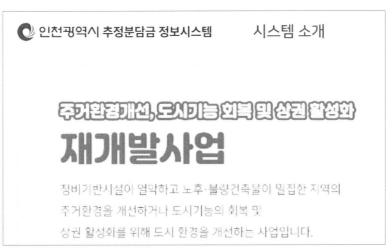

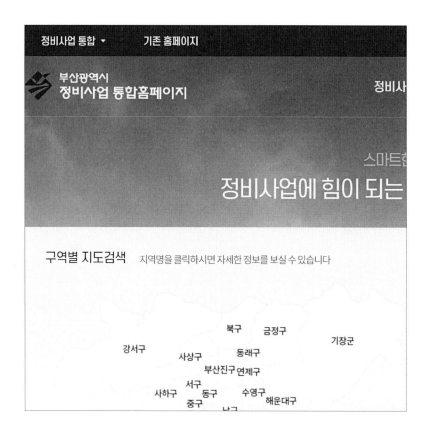

앞에서 말씀드린 갈현동 갈현1구역의 사업 진행과 관련해서 최종적으로 진행된 행정절차는 관리처분계획인가라는 것인데 이 인가 이후부터는 조합원들의 이주가 진행되고 이주가 완료되면 철거와 착공을 하게 되고 공사가 완료되면 준공이 되고 각자의 조합원에게 배정된 아파트의 소유권을 이전할 수 있는 이전고시가 진행된다. 그때서야 조합원들은 새 아파트에 입주를 하게 되는 것이다.

그렇다면 위의 관리처분계획인가 이후에 조합에서 조합원에게 배포·안내해주는 최종안내서류를 토대로 가장 일반적이고 보편적인 투자 방식인 '재재빌라투자'에 관한 내용을 알아보자.

이 빌라는 재개발 이야기가 본격적으로 나오기 2~3년 전에 단순히 일반매매로 매수한 물건이다. 신축한 지 몇 년 지나지 않았던 물건이었기에 전세를 끼고 불과 몇천만 원의 소액으로 투자를 한 것이다. 이 당시에 이 동네가 재개발이 될 것이라는 정보를 알고 매수를 한 것이라면 그는 엄청난 정보력을 가진 고수임이 틀림없다. 하지만 필자는 그런 정보를 갖고 있지 않았다. 단지 이 동네를 전체적으로 살펴본 적은 있었다. 살펴보면서 느낀 점은 많은 단독 주택들과 다세대 주택들이 있었지만 경사지가 제법많은 지역에 위치하였고 차량이 드나들기에는 상당히 불편한 경사도로를 가진 산 아래 위치한 노후된 주거밀집지역이었다.

더더욱 산 쪽으로 올라갈수록 그 노후 현상이 더 심해진 것을 보았기에 신축빌라가 많이 들어서기에는 한계가 있겠다는 느낌을 받았던 것이 전부였다. 그리고 이곳은 연신내역에 근접한 역세권이라고 하기에는 약간 아쉬움이 있는 정도의 거리에 위치한 곳이었다. 걸어서도 다닐 수 있는 거리였지만 마을버스를 타고 다니기에는 너무 가까운 거리 뭐 이 정도의 어중간함을 느꼈던 정도였다.

이와 같은 입지로 볼 때도 가령 재개발이 되지 않더라도 결코 잃지는 않을 것이라는 판단에 따라 갭투자 목적으로 매수를 한 것이기에 그리 큰 기대를 하면서 투자를 한 것은 아니었다.

사실 필자가 생각하는 초기 재재투자의 가장 큰 리스크는 해당지역이 재개발로 가기 위한 구역지정이 되지 않는 것이다. 그렇다면 투자 마인드는 자연스럽게 정해진다. 구역 지정이 되지 않을 경우에 어떤 방식으로 탈출할 것인가에 관한 전략만 있으면 간단하다.

그렇게 많은 시간이 흐르면서 전세 가격은 조금씩 더 올라주어 실투금은 점점 줄어드는 고마운 상황이 되었고 다행히도 정비구역지정이라는 반가운 소식을 듣게 된 것 뿐이었다. 구역이 지정되었음에도 요즘처럼 가격이 큰 폭으로 오르거나 하는 현상을 별로 없었고 약간의 상승분 위기가 있었을 뿐이었다. 그도 그럴 것이 2010년대 초반에는 부동산 경기가 거의 빙하기 수준이었고 강남조차도 하우스푸어라는 용어가 등장하면서 거의 모든 국민들이 부동산 투자를 외면하던 시절이었다. 그러다보니 자연히 정비사업의 진행은 지지부진하였고 추진위원회 구성과 조합설립인가를 받는 데까지 약 5~6년 정도가 걸린 것으로 기억한다. 이곳뿐만 아니라 서울의 여느 다른 곳도 비슷한 현상이었다.

신축아파트 가격이 하루가 다르게 오르는 시절에서는 재개발이 되면 무슨 대박투자가 되는듯한 생각들을 하게 되지만 그 당시에는 전혀 반대의 분위기가 있었던 것도 사실이다. 2010년 중반에 접어들면서부터 부동산 경기가 약간씩 좋아지는 분위기에 힘입어 사업 진척이 조금씩 진행되기 시작하였고 그로부터 3~4년 후에 사업시행인가를 받았으며 2018년경 시점에서는 부동산경기가 본격적으로 활황기가 되는 시기에 힘입어 본격적인 사업 진척이 진행되게 된 것이다.

그 후에 일사천리로 감정평가가 진행되고 시공자선정 등의 진척이 이루어진 것이다. 그렇게 진행된 내용들을 토대로 조합원 총회가 진행되고 최종적으로 관리처분계획인가의 단계까지 오면서 아래의 개인조합원별로 관리처분계획의 인가내용에 관한 통지서를 받게 된다.

이 과정들을 거치면서 평범했던 다세대 빌라의 가격은 단계적인 상승을 하게 되었고 불과 1~2억 정도에 불과하던 빌라들이 상승기의 분위기를 타면서 8~9억까지 호가가 상승하는 단계까지 가게 되는 것이다.

많은 사람들은 안정적인 재재투자를 하려면 사업 진척이 많이 이루어진 곳에 투자하라는 이야기를 하는 사람들도 있는데 틀린 이야기는 아니다. 하지만 그런 구역은 가격이 많이 상승한 부담이 있는가 하면, 필자는 반대로 사업 진행이 안 된 초기구역을 저렴한 경공매나 일반매매방식으로 갭투목적으로 매수를 하는 편을 선호하는데 그 이유는 단순한 빌라매매차익을 목적으로 투자할 수도 있지만 해당 물건이 정비구역으로 지정될 경우에는 상당한 프리미엄으로 인한 시세차익을 얻을 수 있는 장점이 있기 때문이다.

하지만 정비구역 지정이 안 되고 인근에 빌라신축이 많이 들어오게 될 경우에는 일반 빌라투자 방식으로 투자가 끝나버리는 단점도 있으므로 어느 단계에서 투자를 하는 것이 옳다 옳지않다고 판단하는 것은 사실 무의미한 것이고 어차피 투자에서 무엇이 옳고 그른지에 대한 정답이 있는 것은 없기 때문이다.

관리처분계획의 인가내용

■ 갈현제1구역주택재개발정비사업　　　　　　　　　　설계연번 :

정비사업의 종류 및 명칭	갈현제1구역주택재개발정비사업	사업시행자의 성명	갈현제1구역주택재개발정비사업조합
정비사업 시행구역의 면적	238,966.90㎡	사업시행자의 주소	서울시 은평구 통일로 937(갈현동), 3층
관리처분계획의 인가일	2022-05-06	성　명	

■ 분양대상자별 기존의 토지 또는 건축물의 명세 및 가격

소유자	지번	토 지			건축물	
		면적(㎡)	종전평가금액(원) (A)		면적(㎡)	종전평가금액(원) (B)
·	·		건물에 포함평가			276,250,000

관리처분인가 이후에 조합에서 각 조합원에게 보내준 통지서에 기재된 내용을 살펴보면, 다른 내용들은 볼 필요도 없이 가장 중요한 것이 해당 물건의 종전 평가금액이다. 즉 감정평가 금액이다. 삼억도 안되는 감정평가금액인데 중개업소에서 거래되고 있는 시세는 약 팔구억까지 호가가 나오는 경우도 있었다.

■ 분양예정인 대지 또는 건축물의 명세 및 추산가액 (동·호수 추첨 후 최종확정 됨)

분양배정	규모	대지지분	전용면적	분양면적	분양추산액
택지1~택지4		45.85			575,181,672
계		45.85			575,181,672

■ 징수/지급 내역 (동·호수 추첨 후 해당 분양금액에 따라 징수·지급액이 변동됨)

구　분		내　역	산 출 근 거
비 례 율(D)		98.486 %	(총 분양수입액－총 사업경비) ÷ 종전평가총액
분양기준가액(C × D)		272,067,575 원	총 종전가액 × 비례율
제사업경비에 따른 징수 / 지급액	징수액	**303,114,097** 원	분양가 추산액 － 분양기준가액
	지급액	원	분양기준가액 － 분양가(추산액)

필자가 신청한 아파트평형의 예상 조합원 분양가격이 기재되어 있다. 그런데 붉은색 박스 내에 기재된 내용을 자세히 살펴보자. 비례율이라고 하면서 98.486%라고 기재되

어 있고 산출근거에 관한 분수식이 적혀있다. 뒤편에서 별도로 살펴보기도 하고, 그 아랫줄에 분양기준가액이 272,067,575원으로 적혀있다.

산출근거로 '총 종전가액*비례율'이라고 되어있다. 말하자면 감정평가금액으로 산출된 금액에서 비례율을 곱한 금액이 분양기준가액이라고 표시되어 있는 것이다. 제일 하단에 기재된 303,114,097원은 조합원 예상분양가격에서 분양기준가액을 뺀 금액이 된다. 즉 조합원이 추가 분담해야 하는 예상 금액을 기재해 놓은 것이다.

이쯤에서 재재 투자자의 입장에서 수익률을 판단할 때 가장 많이 놓치기 쉬운 부분이 있다. 상기의 표에서 기재된 추가분담금의 부담 시기에 관한 내용이다. 이 추가분담금을 조합원이 분명히 부담해야 하는 금액인 것은 맞다. 그렇게 생각하면 투자자의 입장에서는 부담해야 하는 투자금에 이를 포함해야 한다. 하지만 (모든 조합이 다 그렇지는 않지만) 위 정비구역의 경우 추가분담금은 입주할 때에 한꺼번에 납부한다. 사업수지가 양호한 조합에서는 조합원들에게 추가분담금을 입주 시에 분담을 시키고 그렇지 않은 구역은 사업재원이 부족하므로 조합원들도 중도금 잔금 납부를 하는 방식으로 하는 조합도 최근에는 많이 늘었다. 이 또한 판단을 하려면 사업수지를 개략적으로라도 사전분석할 수 있는 능력이 필요한 것이다.

그렇다면 입주하기 전에 매각을 한다면 위의 추가분담금은 누가 부담하는 것일까. 당연히 매수자다. 매도자는 최초에 빌라를 매수할 때 실투자금이 소요되었고, 이주할 시점에 세입자에게 지급할 전세보증금만 부담하면 된다. 이마저도 조합원에게 주는 무이자 유이자 대출혜택을 받을 수 있다면 반환보증금 부담액도 줄어든다. 게다가 이주하기 이전에 매도를 한다면 세입자에게 반환해야 할 전세보증금도 부담하지 않게 되고 매수자가 부담하게 된다. 그래서 매각대금에서 보증금을 공제하면 그만이다.

결국은 이주 절차를 밟기 전에 재재 빌라를 매도한다면 최초에 소요된 실투자금이 전체투자금이 되는 것이다.

한 말씀만 더 언급한다면 재재투자가 인기가 좋은 시절에 저런 금액의 투자가 가능할 것인가에 대한 생각을 해보면 거의 불가능이다. 경기가 좋은 시절에 저런 빌라를 사려고 한다면 아마도 가격은 적어도 3억 4억을 호가할 것이다. 그렇다면 실투금도 커지고 투자기간도 길어지고 자연스럽게 투자수익도 기대보다 적어질 것이다. 그렇다면 부동산 투자는 어느시기에 하는 것이 좋을까 하는 질문에 대한 답변이 저절로 나오게 된다.

답을 찾는 것은 어려운 일은 아니겠지만 경기가 안 좋은 시절이 막상 닥쳤을 때를 대비해서 현금을 비축해두고 투자를 할 수 있는 용기와 마인드가 과연 있는지, 없는지 하는 부분이 가장 중요한 투자 포인트가 된다. 하지만 막상 그런 시기가 닥쳤을 때에는 거의 대부분이 투자를 망설이게 되는 것이 인지상정이다.

정비사업이 시작되는 출발점이 달라지고 있다

예전에는 정비구역이 지정되기 위해서는 지자체에서 정비기본계획을 수립하고 공람 단계를 거쳐서 진행하는 별도의 행정절차대로 정비예정구역을 지정하는 단계부터 시작이 되지만 최근에는 지자체의 행정업무에 의하는 방법 외에도 주민들이 일정한 동의율을 충족할 경우에는 정비구역지정을 요청할 경우 검토할 수 있는 방안도 법제화 되었다.

그러다 보니 어지간한 노후주택들이 밀집된 곳에서는 너도나도 할 것없이 동의서를 징구해서 우리 동네도 재개발을 추진해서 아파트를 신축해보자는 소위 으 으   하는 분위기가 형성된 곳이 참으로 많다. 그렇게 해서 원만하게 잘 진행되는 곳이 있기도 하고 진행은커녕 요건에 맞지 않아서 하세월만 보내고 있는 곳이 있다.

이점이 재개발투자를 하고자 하는 분들에게 아픈 상처가 될 수 있지만 이 진행가능성 여부를 판단하기 위해서는 제법 많은 공력을 들어서 공부하고 현지조사를 하는 능력을 필요로 한다.

정비기본계획이 수립 중인 행정업무가 진행되는 곳에서는 아직 확정된 재개발내용이 없는 단계이지만 이것이 재개발로 이어지는 경우 해당 지역의 부동산 가격이 급상승할 수도 있고, 이것을 노려서 더 많은 조합원 입주권을 확보하기 위한 소위 꾼들의 신축을 통한 지분쪼개기가 성행할 여지가 있기 때문에 최근에는 새로운 건축행위 등을 못하도록 하는 개발행위허가를 제한하는 선규제조치를 취하고 있다.

말하자면 아래의 지형도면 고시방식으로 행위제한을 하고 있는 것이다. 서울 마포구 아현1구역의 지형도면 고시내용이다. 잘 읽어보시면 정비계획이 수립 중이라는 내용과 그에 따른 규제내용들이 포함되어 있다는 것을 확인할 수 있다.

행위제한 및 지형도면 고시

마포구 아현동 699번지 일대 주택재개발 정비계획을 수립 중인 지역에 대하여 「도시 및 주거환경정비법」 제19조 제7항 및 같은 법 시행령 제16조, 「토지이용규제 기본법」 제8조 및 같은 법 시행령 제7조에 따라 아래와 같이 행위제한 및 지형도면을 고시합니다.

2019년 1월 31일
서울특별시 마포구청장

1. 제한지역 위치 및 면적
   - 위　　치 : 마포구 아현동 699번지 일대
   - 면　　적 : 103,979㎡
2. 제한근거 및 사유
   - 제한근거 : 「도시 및 주거환경정비법」 제19조 제7항
   - 제한사유 : 주택재개발 정비계획을 수립 중인 지역으로 비경제적인 건축행위 및 투기 수요의 유입 방지
3. 제한 대상 행위
   - 「도시 및 주거환경정비법」 제19조 제7항에 의한 건축물의 건축, 토지의 분할
4. 제한 예외사항
   - 행위제한 이전 관계 법령에 따라 적법하게 건축허가(신고) 등을 받아 진행 중인 사업
   - 재해복구 또는 재난수습에 필요한 응급조치를 위한 행위라고 인정되는 경우
   - 구청장이 구 도시계획위원회의 심의를 거쳐 주택재개발정비사업에 지장을 초래하지 않는다고 인정하는 경우 분할
5. 제한기간
   - 행위제한 고시일로부터 3년 또는 정비구역지정 시까지
   ※ 1회에 한하여 1년의 범위 안에서 연장가능.
6. 관계도면 : 붙임 참조
   ※ 첨부된 지형도면은 참고용 도면이므로 측량, 그 밖의 용도로 사용할 수 없습니다.
7. 주민의 열람편의를 위하여 마포구청 주택과(☎02-3153-9315)에 관련 도서를 비치하여 열람하고 있습니다.

○ 행위제한 지역 도면

위와 같은 절차를 거쳐서 정비구역으로 최종 확정고시할 때까지는 임시적인 성격의 정비예정구역(가칭 ***정비구역)이라는 표현이 사용되고, 다음 절차로 정비구역이 확정고시될 때 비로소 구역 명칭이 확정되고 본격적인 정비사업이 진행된다.

이때 해당 행정청은 권리산정 기준일이라는 날짜를 고시하게 되는데 정비구역지정일 또는 별도의 날짜를 정해서 고시하는데 이 날짜가 조합원들이 소유한 부동산의 권리관계를 판단하는 기준일이 되는 것이다. 말하자면 분양 자격개수를 늘리기 위한 꼼수 등을 방지하기 위해서 일정한 기준일을 정하고 이 날짜를 고시하는 것이라고 이해하시면 편하다.

◆ 서울특별시고시 제2020-346호

주택등 건축물의 분양받을 권리의 산정 기준일 고시

서울특별시 중구 약수동 346번지 일대 외 2개 구역에 대하여 「도시 및 주거환경정비법」 제77조 제1항의 규정에 따라 '주택등 건축물의 분양받을 권리의 산정 기준일'을 정하고 같은 법 같은 조 제2항의 규정에 따라 이를 고시합니다.

2020년 8월 20일
서 울 특 별 시 장

1. 대상지

연번	명　칭	위　치	면　적
1	약수동 346번지 일대 주택정비형 재개발정비사업구역(가칭)	서울특별시 중구 약수동 346번지 일대	12,384㎡
2	휘경동 43번지 일대 주택정비형 재개발정비사업구역(가칭)	서울특별시 동대문구 휘경동 43번지 일대	49,404㎡
3	아현동 699번지 일대 주택정비형 재개발정비사업구역(가칭)	서울시 마포구 아현동 699번지 일대	105,609.2㎡

2. 권리기준산정일: 2020. 8. 20.

3. 지정사유

　○ 기존 세대수가 증가될 경우 지역주민들의 사업비 부담 증가에 대한 피해 최소화 및 투기억제를 위하여 토지의 분할, 단독·다가구주택의 다세대주택 전환, 건축물의 신축, 토지와 건축물의 분리취득 등의 행위가 기준일 이후 발생하는 경우 주택등 건축물의 분양받을 권리를 제한하기 위함

4. 건축물의 분양받을 권리의 산정기준

　○ 「서울특별시 도시 및 주거환경정비 조례」 제36조 제2항 규정에 따름

　※ 「도시 및 주거환경정비법」 제16조에 따라 정비구역 지정되는 필지에 한하여 적용하되, 구역지정에서 제외되는 필지에 대한 권리산정기준일은 자동 실효

5. 관계도면: 붙임 참조

6. 기타 문의사항은 서울특별시 주거정비과(☎02-2133-7187, 7188, 7189) 또는 중구 도심재생과(☎02-3396-5722), 동대문구청 주거정비과(☎02-2127-4676), 마포구 주택과(☎02-3153-9314)로 문의하여 주시기 바랍니다.

　※ 본 고시는 향후 추진될 주택정비형 재개발정비사업에 대한 「도시 및 주거환경정비법」 및 「서울특별시 도시 및 주거환경정비 조례」상의 분양받을 권리를 산정하기 위한 기준일만 정하며, 건축물의 신축, 토지분할 등의 행위를 제한하는 것이 아님

　※ 첨부된 관계도면은 참고용이므로 측량, 그 밖의 용도로 사용할 수 없음

추진위원회

말 그대로다. 법률적인 거창한 표현을 할 필요조차도 없다. 정비예정구역 단계. 즉, 가칭 ***정비구역단계에서 정식으로 정비구역으로 지정되어 정비사업이 진행될 수 있도록 하기 위한 추진동력을 주민 스스로가 만들어야 하므로 토지등소유자들중에서 이 추진위원회를 구성하게 된다. 추진위원회 구성도 인가를 받아야 하는 사항이다 보니 처음에는 가칭이라는 명칭이 앞에 붙을 수도 있는 것이고 인가를 받게 되면 정상적인 추진위원회 명칭을 사용하게 된다.

토지등소유자와 조합원, 그리고 조합설립인가

조합원과 토지등소유자를 구분하는 중요한 법률적인 지식을 필자는 갖고 있지 않다. 일상적인 재개발투자에서 그 두 가지 용어의 법률적인 차이를 군이 알 필요는 없다. 하지만 조합이라는 조직이 아직 구성이 안 되어 있는 시기에는 조합이나 조합원 같은 용어를 쓸 수는 없는 것이다. 정상적인 토지건물을 소유한 사람들도 있을 것이고 한 개의 부동산을 여러 명이 소유한 경우도 있을 것이다. 도로와 같은 하찮은 부동산을 소유한 경우도 있을 것이고 면적이 아주 적은 토지만 갖고 있는 경우도 있을 것이다.

이들 중에는 훗날 조합원으로서 분양을 받을 수 있는 사람도 있을 것이고 그렇지 못한 사람도 있을 것이다. 그렇다면 분양을 받을 수 없는 사람도 훗날 조합원이 될 수 있는 것일까. 그리고 그런 사람들도 각종 동의서를 작성할 때의 효력을 인정받을 수 있을까하는 여러 가지 문제가 발생할 수도 있다. 그래서 재개발에서는 조합설립에 동의한 사람이든 동의하지 않은 사람이든 조합원 분양 자격을 가지는 사람이든 못 가지는 사람이든 모두 조합원으로 인정을 하고 있는데 이를 통틀어서 조합이 성립되기 이전에는 토지등소유자라는 표현을 쓰고 있다는 것만 이해하시면 된다.

조합원 분양 자격을 갖지 못하고 청산이 되는 조합원도 조합원이지만 조합의 사업 진행에는 별 관심을 가지지 않을 수도 있고 또 이런 조합원이 많은 경우에는 사업 진행에 필요한 각종 동의를 받을 때 반대하는 경우도 많겠다는 정도의 생각을 유추해 본다면 조합설립 등에 필요한 원칙적인 동의율인 3분의 2라는 동의율을 충족시킨다는 것이 상당히 어려운 구역도 있을 수도 있다. 이러한 과정을 거쳐서 완성되는 사업단계가 조합설립인가라고 하는 단계이며 서울을 제외한 모든 구역에서는 이 단계를 거친 이후에 시공사를 선정하는 절차를 밟게 된다(서울도 조합설립인가 후에 시공사 선정할 수 있는 개정이 진행 중이다).

건축심의

조합원의 동의율 등이 충족되고 각종 요건이 만족될 경우 조합설립이 인가되는데 이렇게 설립된 조합은 정상적인 일반법인과 동일한 효력을 가지게 되는 조직인데 이 조합의 대표인 조합장과 이사, 감사, 대의원 등이 조합원들을 대신하여 정비사업의 추진을 위해서 각종 다양한 업무를 해나가야 하는 것이고 그중에서 가장 대표적인 큰 업무가 건축심의를 받는 것이다. 이 건축심의를 받기위해서 사전에 거쳐야 하는 각종 교통, 학교, 환경, 재해영향평가등, 각종 용역업체선정과 선정된 용역업체의 도움을 받으면서 멀티태스킹한 조합업무가 진행되는 것이다. 이 영향평가는 사업시행인가를 위한 단계에서 진행되기도 한다.

일반적으로 정비구역에서 지어지는 건축물에 관한 전체적인 의견이 정해지는 과정이며 일반적으로 이 과정을 넘을 때 비로소 4부능선을 넘었다고 이야기한다.

사업시행인가, 감정평가, 조합원 분양신청, 관리처분계획기준일

사업시행인가라는 것은 정비사업의 전체 사이즈와 세대수를 정하고 학교나 도시계획시설의 설치 그리고 각종 비용부담내역등에 관한 근사치의 계획수립을 인가받는 과정이고 이 단계를 넘었을 때 흔히들 5부능선을 넘었다는 표현을 하는데 사업시행인가를 할때는 조합원들에게 공고를 하여 사업시행인가내용에 관한 의견을 수렴하기 위해서 일정기간동안 공람공고를 하게되며 이 기간이 경과된 후에 사업시행인가를 고시하게 된다.

사업시행인가가 고시되면서부터 조합의 사업 진행은 탄력을 받게 되고 선정된 감정평가업체에서 각 가정을 방문하면서 감정평가를 진행하게 되는데 이때의 감정평가금액은 중개업소에서 거래되는 시세와는 전혀 상관이 없는 정비계획수립을 위한 조건부 감정평가금액이라는 것이 중요한 포인트라는 사실을 기억해둘 필요가 있다.

이 감평가격이 조합원들에게 전달되는 과정에서 너무 적게 나왔다는 여론이 형성되면서 마치 이것이 시세인 양 이야기되는 분위기 속에서 저렴하게 매물로 내놓는 조합원들이 가끔씩 생기기도 하기 때문에 투자 타이밍이 될 수도 있기 때문이다.

다시 말씀드리면 감정평가금액의 속성을 잘 모르는 조합원일 경우에는 거래시세와 감정평가금액차이가 많이 나는 현실에 놀란나머지 중개업소에 의뢰하여 급매로 매도하는 물건이 일시적으로 나오게 된다. 아이러니한 것은 중개업을 하는 중개업소에서도 사실을 전달하는 것보다는 거래를 시켜야 하는 입장이다 보니 매도하는 방향으로 유도해서 거래성사를 시키는 경우가 흔히 발생하기도 하는 것이 바로 이 감평금액이 조합원에게 통지되는 타이밍에 일시적인 급매매물이 출현하는 이유이기도 한 것이다.

이렇게 조합원들의 종전자산에 관한 감정평가가 완료되면 각자의 조합원은 자신이 입주하고 싶은 아파트의 평형을 선택하여 순위별로 신청을 하게 되는데 이것을 조합원 분양신청이라고 한다.

조합에서는 이 분양신청에 관한 일정을 안내를 하게 되는데 최종 분양신청 마지막 날의 그 다음날에 관리처분계획기준일이라는 용어를 사용한다. 대개 60일 정도의 기간을 두고 분양신청을 받는데 대부분의 조합은 법에 정해진 20일의 연장기한까지도 다 사용하면서 조합원들의 분양신청을 받는다. 이 관리처분계획기준일을 관리처분계획인가일과 동일하게 생각하고 있는 일부 경매투자 강사들도 있으므로 주의를 해야 한다.

이때 조합원은 조합에서 평형별로 몇세대씩 건축할 것이라는 전체개요가 나와 있으므로 이 중에서 자신이 신청하고 싶은 평형을 1순위 2순위 3순위까지 신청을 할 수 있다. 물론 이렇게 신청한 평형이라고 해서 모두 신청평형에 배정되는 것은 아니다. 해당 평형세대수가 신청한 조합원의 숫자보다 부족할 때에는 권리가액의 순서대로 배정을 해주고 배정을 받지못한 조합원은 2순위로 신청한 평형으로 이월되기도 한다. 이때 2순위로 이월된 조합원과 기존에 1순위로 신청한 평형의 조합원들이 경합되는 경우도 있는데 이런 경우의 배정 방법은 정관으로 정할 수 있고, 동일평형 조합원들의 동호수는 관리처분계획인가 이후 이주 착공후에 추첨으로 정하게 된다.

감정평가의 이해

재개발이나 재건축 정비사업이라고 하는 것은 구역내에 있는 모든 조합원들의 건축물을 철거하고 일부는 도로나 공원 혹은 학교부지 등으로 제공하고 남는 토지에 아파트와 상가등을 짓는 사업이라고 생각하는 것이 가장 쉬운 표현이다. 그런데 이 사업을 하려고 하다 보면 어느 한 개인의 재산이 사고 팔리고 하는 시세금액을 기준으로 사업계획을 수립한다는 것은 어불성설이다.

조합원들이 가지고 있는 종전자산 즉 토지등 건축물을 사업밑천으로 삼아서 위의 시설이나 아파트를 짓는 전체적인 사업의 그림을 그리는 작업인 것이다. 그러므로 일개 조합원들이 가지고 있는 재산의 거래시세금액을 기준으로 계획을 수립하는 사안이 아닌 것이다.

다시 말하자면 조합원들의 토지를 밑천으로 전체구역을 완성했을 때 얻을 수 있는 수익금액을 산출해야 하는 것이고, 또 구역완성을 위해서 지출해야 하는 각종 비용을 산출해야 할 것이다. 이 수익과 지출의 차이금액에서 수익이 많으면 그 총수익금은 곧 조합원들이 가지고 있는 토지의 가치가 되는 것이고 총수익금에서 구역의 전체면적을 나누면 평당 평균토지가치가 될 수 있는 것이다라고 이해할 수 있어야 한다.

즉 조합이라고 하는 존재는 조합원들 전체의 대표성을 가진 것일뿐 조합이 수익을 많이 낸들 그것은 곧 조합원에게 배분해야 하는 것이고, 손실이 많이 나온다고 하더라고 그것은 곧 조합원들이 서로 분담해야 하는 것이다. 그렇다면 조합의 수익이나 손실이 한 푼도 발생하지 않도록 할 수 있는 방식으로 정비계획을 수립해야 한다는 것이 조합사업의 가장 원론적이고 기본적인 방향이 되어야 할 것이다.

수익이 많이 난다면 조합원들이 가지고 있는 토지등의 가치를 올려주면서 조합의 수익을 없애야 하는 것이고 손실이 많이 나는 경우라면 조합원들이 가지고 있는 토지 등의 가치를 낮추어서 조합의 손실이 없도록 해야 하는 것이 가장 이상적인 사업 진행 방식인 것이다.

이쯤에서 우리는 조합원들이 제공한 토지를 밑천 삼아 수익을 낼 수 있는 근원이 되는 요소들이 무엇인지를 생각해보면 오로지 한 가지뿐이다. 조합원들에게 배정하고 남은 아파트 등을 일반분양하여 들어오는 분양수익금과 조합원들이 납부하게 되는 추가분담금을 합한 금액이 수익총액일 것이다. 물론 조합의 사업성이 워낙 뛰어난 곳이라면 조합원은 추가분담금을 내지 않고 오히려 수익금을 돌려받게 되는 환급금이 발생할 수도 있을 것이다. 당연히 지출요소는 시공공사비와 설계, 각종 용역비용, 조합운영비, 청산조합원 청산금, 각종 이자비용 이런 것들이 있을 것이다.

이해를 돕기 위해 거듭 드리는 표현이지만 조합의 수익과 지출의 차액으로 산출한 금액과 조합원이 제공한 종전자산 즉 토지 등의 감정평가금액을 동일하게 만들기 위한 작업을 진행하는 일련의 계획을 우리는 조합의 정비사업수지분석이라고 이해하시면 되는 것이다.

이때 조합원이 가지고 있는 종전자산의 평가금액 총액을 분모로 놓고 조합사업을 위한 총 분양수익에서 총지출한 비용 즉 사업비총액을 공제한 금액을 분자로 하여 이 금액을 일치시켰을 때 흔히 우리가 듣는 비례율 1이라는 표현을 하는 것이다.

이 수식에서 분자의 금액이 분모의 금액보다 크게 사업계획을 수립하는 경우라면 해당조합의 비례율은 1보다 크게 되는 것이고, 반대일 경우에는 비례율이 1보다 적게 되는 것이다.

이렇게 산출된 비례율은 조합원들이 가지고 있던 종전자산의 감정평가금액에 곱하여져서 최종적으로 조합원 개인별로 분양신청을 할 때 인정받을 수 있는 분양신청기준금액이 되는 것이다.

자신이 가지고 있는 종전자산의 감정평가금액이 2억이라고 하고, 비례율이 1.1이라고 하고, 해당조합원이 분양신청한 평형의 조합원 분양가격이 5억이라고 한다면 분양신청기준금액은 2.2억이 되고, 5억에서 2.2억을 공제한 나머지 금액인 2.8억이 해당조합원이 입주까지 부담해야 되는 추가분담금이 되는 것이다.

결과적으로 위와 같은 방식으로 진행되는 사안을 이해하신다면 감정평가라는 것은 거래되는 시세와는 무관한 정비사업을 위한 조건부 감정평가금액이라는 것을 쉽게 이해할 수 있을 것이다.

관리처분계획인가

위와 같은 절차가 모두 마무리되면 각 조합원들이 선택한 아파트의 평형이 신청한대로 배정될 수도 있고, 혹은 해당 평형세대수가 모자라서 권리가약이 낮은 조합원은 1순위 신청평형배정을 못받고 차순위의 평형이 배정될 수도 있게 되는 것이다. 이러한 일련의 사정들을 정리한 최종계획이 수립되는 것이 관리처분계획이라고 하는데 이 내용은 총회를 통해서 결정되어야 하는 사안이며, 이렇게 결정된 내용은 관리처분계획인가로 이어지게 된다.

이렇게 마무리된 관리처분계획이 인가가 되면 비로소 조합원들의 이주에 관한 내용이 전달되고 이주에 필요한 세부적인 절차가 진행되고 착공이 되는 단계까지 이르게 되는 것이다. 이때 시공사의 보증이나 이자대납 등의 방법으로 동원하여 조합원들이나 임차인 등의 거주자들이 다른 곳으로 이주를 원활하게 할 수 있도록 이주비를 대출방식으로 지원을 해주며 무이자대출과 유이자대출의 방법을 사용한다.

이렇게 받은 대출을 활용하여 조합원은 임차인의 보증금변제에 사용하기도 하고 부족금은 소유자가 충당하여 세입자를 이주시키게 된다. 이때 이사비용과 관련된 내용은 그리 큰 금액이 아니지만 조합마다 대개 5백만 원내외로 지급을 해주며 순수지원을 하는 경우도 있고, 입주시에 갚아야 하는 조건도 있으므로 조합마다 다르게 처리하고 있다.

이사비 지원에 관하여 세입자와 갈등이 생기기도 하는데 세입자 입장에서는 이사가는 세대이므로 그 지원비를 세입자가 받으려는 경우도 있지만 순수 지원해주는 것이 아니라 갚아야 하는 것이라면 세입자가 주장할 명분도 없게 되지만 순수하게 지원해 주는 경우를 대비해서라도 투자자라면 애초에 임대차계약서에 명시를 하는 것이 현명하다. 그 문제로 갈등이 생기는 경우에는 원만하게 일부를 지원해주면서 명도를 시키는 것도 나쁘지 않은 방법이다.

그 외에도 명도 이후에 잔여폐기물 청소비, 수도, 가스, 전기폐전 신청등을 완료하고 심지어는 정화조 관련 청소비용까지도 일일이 납부완료한 후에 최종적으로 조합에 주택을 인도하게 되는 절차를 밟게 된다.

공동주택의 경우에는 이주가 시작되기 훨씬 이전부터 장기간에 걸쳐서 이사를 가는 세대들이 옥상이나 주차장 등에 폐기물들을 잔뜩 쌓아놓고 가는 경우가 많아서 최종적으로 남아있는 조합원 세대들의 공동비용으로 부담되는 경우도 많이 발생하므로 평소에 이를 잘 관리를 해야할 필요가 있지만 현실적으로 많은 한계가 있는 것은 사실이다. 필자의 경우에는 공동폐기물을 처리하는 비용으로 필자의 세대만 이백만 원 정도의 부담을 할 수밖에 없었던 어이없는 경험을 하기도 했다.

이주 철거와 착공

이주가 완료되면 철거, 착공 등의 절차가 진행되고 3~4년 정도의 기간 동안 건축 작업이 진행되며 준공을 거쳐서 이전고시라는 마지막 절차를 진행하게 되는데 이 말은 각 조합원들 명의로 소유권을 이전할 수 있다는 법률적인 기준일을 공표하는 뜻이다. 입주를 하게 되는 단계에서 입주잔금을 지급하고 마무리된다.

감정평가 완료된 구역의
재재투자수익의 예측

　이와 같이 정비사업이 진행되고 있는 구역에서 사업이 어느 정도 진척되어서 조합원들의 소유토지에 관한 감정평가금액이 나와있는 단계에서는 투자수익을 계산하는 방법이 그리 어렵지 않다. 이 단계까지 이르게 되면 조합원분양가격이나 일반분양가격도 어느 정도 계획이 나와있는 단계이므로 일선 중개업소에서도 간이방식으로 수익금액을 예상해 주기도 한다.

　예를 들자면 이렇다.

　조합원 소유부동산의 감정가격이 2억
　해당하는 조합원분양 예상가격이 4억
　일반분양 예상가격이 5억

　입주완료 후에 6억으로 매각을 하는 경우를 가정해본다, 비례율이라고 하는 것은 대부분의 조합이 특별한 사유가 있지 않은한은 1에 가까운 수치로 맞추는 경우가 대부분이므로 1로 가정하는 전제로 수익을 판단해보자. 만약 비례율이 1을 넘는 조합이라면 감정가격에서 비례율을 곱한 분양신청기준금액을 산출하여야 한다. 필자는 앞에서도 말씀드렸다시피 이 금액을 권리가액이라는 표현은 틀린 표현이기에 그렇게 표현하지 않고 분양신청기준금액이라는 용어를 사용한다. 이런 물건을 가진 조합원은 입주를 위해서 추가로 분담해야 하는 청산금은 2억이 된다. 그렇게 해서 4억을 들인 아파트를 6억에 매각할 수 있는 구조가 되는 것이다.

그런데 감정가격이 2억이었던 이 물건을 누군가가 3억에 매수하게 된다면 어떻게 될까. 대부분이 사업이 진행 중인 부동산의 거래금액은 감정가격보다 높은 가격에 거래가 된다. 그것도 제법 많이 높은 금액으로 거래된다. 우리는 이 차액을 프리미엄이라고 표현한다.

매수금액 3억에 추가분담금 2억을 합하면 5억이 된다. 이것을 나중에 6억에 매각할 수 있다면 1억의 수익이 되는 것이고 5억에 매각한다면 본전한 것이다. 이 매수자는 2억을 감정평가로 인정받은 물건을 프리미엄 1억을 더주고 매수하였으므로 매수원가가 더 들어간 것이다.

입지가 뛰어난 구역의 프리미엄은 기본적으로 몇억을 호가한다. 이 몇억의 프리미엄을 주고 구입하다 보면 이 프리미엄금액이 조합원 분양가격과 일반분양가격과의 차액보다도 더 큰 경우가 종종 있다. 그래도 구입하는 사람들이 있는 이유는 일반분양으로 당첨되기도 어렵거니와 조합원에게 배정되는 아파트는 적어도 일반분양분보다는 위치나 방향등이 우수한 곳에 먼저 배정되기 때문이다. 그리고 입주완료 이후에 가격이 상승하는 효과를 이미 학습하였던 것도 주된 이유가 될 것이다.

하기야 일반분양가격으로 분양당첨된 사람들도 입주 이후에 가격상승의 효과를 기대하고 분양신청을 하는 것이니 프리미엄을 좀 주더라도 매수하는 편이 낫다고 생각하는 것도 어쩌면 당연한 판단이 될 수도 있는 것이다.

이처럼 대부분의 재재부동산의 매매 가격은 이와 같이 예상되는 감정가격보다 많은 금액으로 거래가 된다. 그러기에 당연히 프리미엄을 주고 사는 방식으로 거래가 된다는 사실에 너무 실망하실 필요는 없다. 그도 그럴만한 이유가 분양가 상한제를 적용받는 지역일 경우에는 일반분양가조차도 제대로 된 시세를 반영하지 못한 채 눌려진 가격으로 분양을 하는 것이니 조합의 입장에서는 실제로 보이지 않는 손실이 발생하는 부분도 발생하는 현상이 생기게 되지만 일반 수분양자의 입장에서는 어부지리로 시세보다 저렴한 가격으로 신축아파트를 분양받고 그 이후에 일반 시세 가격 수준까지 상승하는 후광효과를 누리게 되는 현상이 생기는 것이 현실이다.

이 분양가격을 책정하는 것은 조합의 권한이기는 하지만 실제로는 조합의 처지가 시공사로부터 대규모 자금의 차입을 하는 형태로 운영되고 각종 크고 작은 이권사업에 조합의 임원들이 유혹을 뿌리칠 수 없게 될 경우 다소 끌려가게 되는 상황이 될 수도 있다 보니 시공사의 의견을 전적으로 무시할 수 없는 입장이고, 또 일반분양이 쉽게 완판될 수 있는 상황으로 사업이 진행되어야 시공비를 원만하게 받을 수 있는 구조이다 보니 시공사는 어떻게든 일반분양가격을 시세보다 저렴한 수준으로 책정하려는 뒷작업을 많이 하는 경향이 있을 수밖에 없는 것이다.

뿐만 아니라 시공에 관한 보증을 받아야 하는 문제라든지 분양가상한제가 적용되는 구역에서는 허그가 분양가격을 통제하는 역할도 하다 보니 조합에서는 그리 달가운 현실은 아닌 것이다.

일반분양이 초기에 완판이 된다는 것은 분양가격메리트가 있으니 많은 일반인들이 청약을 하는 것이지만 조합의 입장에서는 이것은 곧 조합원전체의 보이지않는 고른 손실로 이어지게 되는 것이다. 사실 그렇다고 해서 일반분양가를 무작정 높게 할 수도 없다보니 참으로 판단하기 어려운 난이도 높은 계륵 같은 고민 포인트가 아닐수 없는 것이다. 이래저래 프리미엄을 주고 투자하는 안전 투자자가 될 것인가 아니면 프리미엄을 받고 매각하는 선 투자자가 될것인가의 문제는 전적으로 해당 구역의 특성 본인의 투자여건 그리고 지식이나 경험에 기반한 자신만의 선택지일 뿐이다.

그건 그렇다 치더라도 만약에 감정평가가 진행되지 않은 단계에서 재재구역의 부동산을 거래하고자 한다면 앞에서 말씀드린 내용과는 달리 그 수지판단을 예측하는 것이 한층더 어려울 수 있다.

그러다 보니 대부분의 중개업소나 유명한 재재강의에서 감정평가 이전의 사정단계에서 감정평가를 예측하기 위해서 이야기하는 유명한 상수가 있다.

이런 경우에 사용되는 숫자가 1.3 또는 1.5라는 상수를 사용해서 투자자의 이해를 쉽게 도우려 하는 선의의 취지가 있지만은 이 숫자를 사용하는 이유를 알고 사용을 해야지, 모르고 막연하게 이 숫자만 적용을 하고 수익을 예측한다면 때로는 큰 오류가 발생할 수 있다는 사실을 인지하고 있어야 한다. 좀 더 자세히 설명을 드리자면 위의 숫자는 재재부동산의 감정가격을 예상할 때 흔히 사용하는 수치인데 공동주택의 공시가격에 위 수치를 곱해서 산출되는 이 예상감정금액을 기준으로 추가분담금을 예측하기 위한 수치인 것이다.

그런데 이 공동주택 공시가격은 해당 부동산에 재산세 같은 과세를 하기 위해서 시세와는 별개로 지자체에서 산정해둔 물건별 가격금액이지 정비사업의 감정평가를 하는데 기준이나 참고로 할 수 있는 금액은 전혀 아니다.

말하자면 만약 다세대 주택의 공동주택공시가격이 1억이라고 한다면 이 가격에 1.3 내지 1.5를 곱하여 나온 금액을 예상되는 감정가격이라고 일단 설명하는 것이다. 1.5를 곱하여 나온 금액은 1.5억이 되는 것이고, 이 금액이 조합원의 분양신청기준금액으로 예상하고 계산을 한다는 것이다.

나머지 다른 항목은 앞의 사례에서 가정한 금액과 같다고 한다면, 이 물건을 소유하게 되는 조합원은 입주할 때까지 2.5억원(=4억-1.5억)의 추가분담금을 부담하여야 할 것이다.

어찌 보면 그럴듯해 보이고 다시 보면 어이없이 기가 찬 방법으로 보일 수도 있다. 말하자면 반은 맞을 수 있고 반을 틀린다는 것이다. 그런데 투자에서 확률을 반반으로 이야기한다는 것은 도박과 같이 너무 위험한 투자 발상이 아닐까 하는 생각이 든다. 어쨌든 필자는 이 수치는 충분한 오류가 있는 수치이지만 틀리더라도 구체적인 수치계산에 대하여 궁금한 사람에게 활용될 수 있는 궁금해결상수라고 보기 때문에 엉터리라는 표현을 쓰고자 하는 생각은 전혀 없다.

초기재재구역의 수익의 예측과 투자 판단

그래서 필자가 많은 고민과 생각을 한 끝에 나름대로의 간편수식이라도 만들어서 그나마 약간의 발전된 논리로 투자하는 부동산의 가치가격을 예상할 수 있는 방안을 모색하게 된 것이다.

이 방안을 이 종합 요약본에서 말씀을 드리는 것은 사실 내용이 어려운 부분도 있고 그 분량도 만만치 않아서 부득이 생략하지만 적어도 필자가 드리고자 하는 말씀의 근본 취지는 감정평가가 나오지 않은 상태에서 수익을 예측하고자 할 때 주택공시가격에서 몇 퍼센트를 곱하면 예상 감정가격으로 추정해서 계산하는 대부분의 중개업소나 서적에서의 설명을 믿지는 말고 단순 참고하는 것이지 이 수치에 현혹되어서는 안 된다는 말씀을 드리고자 하는 것이다.

적어도 조합원의 숫자가 몇 명 정도이고 몇세대 정도를 지을 수 있을 것인가를 알아보는 것이 가장 중요하고 입지를 살펴서 계산적인 수치가 안 나오더라도 초기구역의 투자 판단을 하는 것이 훨씬 속 편한 투자가 될 수 있을 것이다.

쪽대박과 직결되는
권리산정기준일의 정확한 이해

지금까지의 내용을 읽으시면서 느낀 점이 있다면 아래와 같은 내용이 될 것이다. 도정법이나 시행령에는 조합원의 분양 자격에 관한 구체적인 내용은 없었고, 단지 여러 명의 토지등소유자가 소유하고 있는 부동산에 대하여 조합원 분양 자격을 한 개를 인정한다는 내용 정도만 있다는 사실을 확인할 수 있었다.

그렇다면 구체적인 조합원의 분양 자격은 어디에서 확인을 할 수 있다는 것일까. 그것이 바로 해당 지자체의 도정법 조례에서 확인을 할 수 있다는 것이다.

권리산정기준일이라고 하는 용어는 도정법 법률에 나오는 내용이 아니라 각 지방자치단체의 도정법 조례로 그 내용을 규정하고 있다. 도정법 조례는 지자체마다 그 내용을 다르게 정하고 있기 때문에 구체적인 투자 방향을 결정하는 단계에서는 반드시 해당 지자체의 도정법조례내용에 관한 이해를 필요로 한다. 이 용어외에도 중요한 용어의 정의를 조례로 표현하고 있는데 거의 대부분의 지자체가 서울시 도정법 조례내용을 약간 수정하여 원용하는 수준으로 사용하고 있기 때문에 서울시 도정법조례의 내용을 기본적으로 이해하면 다른 지자체의 도정법조례내용을 이해하는데 훨씬 쉽게 이해하실수가 있을 것이다.

그리고 무허가 건축물을 투자하는 데 있어서도 어떤 무허가 건축물인가에 따라서 분양 자격을 주는 경우와 주지 않는 경우로 나누어지기 때문에 난이도 있는 투자를 하고자 하는 성향이라면 필수적으로 세부내용을 이해하셔야 할 필요가 있다. 다소 수준 높은 레벨의 투자품목이 되는 것이다.

분양 자격유무를 판단하는 가장 중요한 권리산정기준일의 이해는 깊이 들어가면 갈수록 참으로 난해한 분야라서 어지간한 경험과 학습으로는 이해하기가 어려운 분야라서 필자도 이 요약본 책자에서 그 자세한 내용을 담는 것은 바람직하지 않아서 생략을 하고 세부책자에서 기술해 두었다.

하지만 군이 그것을 자세히 모르더라도 평범한 일반 매물을 투자하고자 한다면 권리산정기준일을 군이 투자자가 모르더라도 해당 정비구역에서 활동하고 있는 중개업자들은 자신이 중개하는 해당구역의 디테일한 내용에 정통하고 있기 때문에 여러 업소를 방문해서 상담을 하다 보면 저절로 관심갖는 정비구역의 권리산정기준일에 대한 필수적인 이해는 할 수 있을 것이니 그리 염려하면서 투자를 겁낼 필요는 없는 것이다.

사기당한 줄도 모르는 재재투자 초보자들

항상 드리는 말씀이지만 유명산악인 엄홍길이 하는 유명한 이야기 중에 기본기는 쉬우니까 익혀야 하는 것이 아니라 가장 중요하기 때문에 익혀야 한다는 말이 있다. 얼음빙벽을 타는 산악인에게 실전빙벽기술은 바일을 손에 제대로 쥐고 크램폰은 발에 제대로 신고 얼음을 찍는 방법과 발로 차는 방법을 배우는 것이 실전 기술일 것이다.

하지만 이보다 더 중요한 기본기는 얼음의 빙질을 먼저 파악하고 난 후에 이 빙벽에 도전을 할 것인가 말 것인가를 판단하는 것이 기본일 것이다. 이 기본을 망각하고 기술을 익히기 위해서 빙벽에 도전했다면 얼음절벽이 통째로 무너져 내리는 경우도 발생할 수 있을 것이다. 응용기술이 무의미해지는 순간이다. 부동산도 이와 다르지 않다는 것이다. 정비사업투자를 목적으로 물건을 매수하려 할 때 지금까지 말씀드렸던 내용에다가 추가로 별 재미없는 내용일지라도 그 기본기를 좀 알아두셔야 한다는 이유가 여기에 있는 것이다. 그 기본기를 바탕으로 해서 투자 물건의 수지분석을 어느 정도 할 수 있다면 금상첨화격 투자가 될 수 있다.

이 정비사업에 관한 투자 이야기는 그 어떤 강의나 책자에서도 쉽게 전달할 수 있는 내용이 아니다. 단순하게 어느 구역이 입지가 좋으니 이런곳에 빌라등을 사두면 좋다는 정도의 이야기수준을 벗어날 수가 없다. 자세하게 정비사업의 구조를 이야기하다 보면 강사나 수강생이나 똑같이 지겹고 재미없기 때문에 이야기를 꺼리고 배우기를 싫어하는 것이 정상이다.

하지만 그 원리와 구조를 이해하는 순간에 신박하고 신기하고 재미있어하는 자신을 발견할 수 있을 것이다. 필자도 그랬다. 아무도 콕 집어주지는 않지만 원리만 이해하면 나름 스스로 찍을수가 있는 구조라는 것이 신기할 따름이다. 그런데 이 구조와 원리를 모르면 한가지 위험한 문제가 발생할 수 있다.

모르는 사람들을 대상으로 SNS를 악용해서 정비구역투자를 부추기는 작전을 펼치는 세력들이 너무 많은데 그들의 먹잇감이 되는 경우가 많다.

말하자면 정비사업 재재투자에 관심 많은 사람들을 단톡방 등을 통해서 모집하고 정비사업에 관한 정보를 제공해주는 선의의 모습을 보이게 하면서 긍정적인 신뢰를 갖도록 유도한다.

그다음으로 노후된 빌라밀집지역을 선정해서 일부 세력들이 집단적으로 선투자를 한 뒤에 해당구역을 온갖 호재들로 추가 가공해서 띄우는 전술을 만들어내어 단톡방이나 밴드 등을 통해서 많은 사람들이 추가로 매수를 하게하고 자신들은 소리없이 빠져나가는 수법이 많이 동원된다.

어느 순간에 북적이던 단톡방은 조용해지고 결국은 마지막에 설거지매수한 사람들만 재개발구역지정이 진행되기를 기다리면서 인내심있게 기다리는 우울한 현실이 만들어진다. 서울에도, 수도권에도, 인천에도 숱하게 많은 사이비 단톡방들이 우후죽순처럼 정비사업의 정보를 제공해준다는 선량한 가면을 쓰고 있는 채로 난립하고 있다.

정비사업의 구조와 이해를 하고 있는 사람들은 이런 곳들이 있으면 금방 알아차린다. 그렇게 해서 단톡방에서 이의를 제기하거나 반발을 하는 의견을 낼 경우 가차없이 공개 강퇴된다. 방의 분위기를 흐리는 악의 존재로 처단되는 것이다. 적어도 이 책을 읽으시는 독자분들이시라면 그런 수법이 난무하는 곳에서 수렁에 빠지는 투자를 하지 않기를 바랄 뿐이다.

소규모로 재개발을 할 수 있을까 `사례`

재개발이나 재건축사업 외에도 서울지역이 가지고 있는 특성을 감안할 때 소규모로 정비를 해야 하는 필요성이 많이 대두됨으로 인해서 기존의 소규모 재개발방식이었던 가로주택 정비사업방식을 좀 더 적극적으로 활용하기 위해서 노후된 주택들과 신축된 주택들이 혼재되어 노후도가 충족되어 있지 않은 주택단지에서도 신축된 주택을 보전하고 새로운 주택을 공급할 수 있는 좀 더 발전된 형태의 모아타운과 같은 다양한 아이디어들이 나타나고 있다.

그렇다면 대규모로 진행되는 재개발이나 재건축에 비하며 이와 같은 방식의 투자는 상대적으로 수익성 측면에서는 떨어질 수밖에 없는 구조이지만 대규모 정비사업지는 그만큼 가격이 고가로 형성되어 있어서 도저히 투자하기에 넘사벽 수준의 가격이라면 차선의 투자방안으로라도 감안되어야 하지 않을까 하는 생각을 해본다.

필자도 이런 소규모 방식의 투자는 실질적으로 사업수익성 측면에서는 다소 부족한 점들이 많이 있지만 모든 소규모 개발지물건의 사업성이 떨어지는 것이 아니기에 지역에 따라서 사전에 수지분석을 한 후에 투자를 판단하고 안전한 투자를 하는 것도 훌륭한 투자 방법의 한가지가 될 수 있을 것이라고 본다.

아래의 그림파일은 금천구 가산동에 소재한 우창연립을 2억 초반대로 투자한 사례인데 이런 사업방식들이 조금씩 주위에 알려지면서 가격이 상승하여 2억 초반 대에 투자하게 된 소규모 단지인데 향후에 이 연립세대 중 일부가 경매로 나온 물건을 4억대로 낙찰받아 갈 정도로 노후 빌라의 가치가 상승하게 된 것이다. 이 또한 평범한 연립을 갭투자 방식으로 투자한 것에 불과하다. 단지 투자 마인드의 차이가 있었을 뿐이다. 이곳은 지금까지도 아무런 변화가 없이 가격만 올랐던 곳이다. 매각차익을 실현하면 재개발이 오래 걸려서 투자하기가 곤란하다는 사람들에게 답이 될 수 있는 사례가 될 것이다.

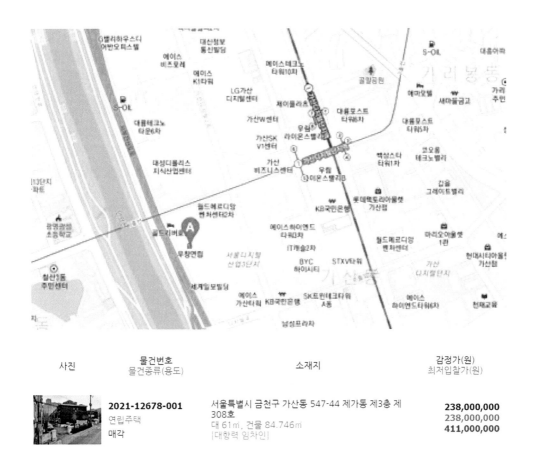

사진	물건번호 물건종류(용도)	소재지	감정가(원) 최저입찰가(원)
	2021-12678-001 연립주택 매각	서울특별시 금천구 가산동 547-44 제가동 제3층 제308호 대 61㎡, 건물 84.746㎡ [대항력 임차인]	**238,000,000** **238,000,000** **411,000,000**

소규모 재재투자 물건으로 강의 중이었던 필자의 레이더에 잡힌 물건이 하나 있었다.

인천 미추홀구에 있는 아주 오래된 저층아파트인데 세대수가 100세대도 채 되지 않은 아파트단지였다. 경매 물건을 검색하면서 필자가 강의를 하다가 이 아파트가 그냥 평범한 갭투 물건으로 나왔던 사례였다.

그런데 필자는 이 낡은 아파트를 갭투 물건으로 보지 않고 소규모재건축이나 가로주택정비사업과 같은 투자 마인드로 접근을 하였던 것이다. 강의 당시에는 이미 이 물건이 누군가에게 1차로 낙찰이 된 상황이라 경매로 낙찰을 받을 수는 없었던 상황이라 일반 매물로 투자하는 마인드로 접근하였다.

소 재 지	인천광역시 미추홀구 숭의동 170-12, 대호아파트 3층 313호 도로명검색 D지도 N지도 G지도 주소복사						
새 주 소	인천광역시 미추홀구 독배로462번길 55, 대호아파트 3층 313호						

				오늘조회: 1 2주누적: 0 2주평균: 0 조회동향			
물건종별	아파트	감 정 가	112,000,000원	구분	매각기일	최저매각가격	결과
				1차	2019-10-04	112,000,000원	유찰
대 지 권	30㎡(9.08평)	최 저 가	(49%) 54,880,000원	2차	2019-11-08	78,400,000원	유찰
				3차	2019-12-10	54,880,000원	매각
건물면적	65.18㎡(19.72평)	보 증 금	(20%) 10,976,000원	매각 56,589,000원(50.53%) / 1명 / 미납			
					2020-03-11	54,880,000원	변경
				4차	2020-04-14	54,880,000원	
매각물건	토지·건물 일괄매각	소 유 자	김○○	매각 71,065,000원(63.45%) / 2명 / 불허가 (차순위금액:57,890,000원)			
개시결정	2018-11-27	채 무 자	(주)크르섬	5차	2020-06-23	54,880,000원	
				매각 : 55,880,000원 (49.89%)			
				(입찰1명,매수인:인천 권○○)			
				매각결정기일 : 2020.06.30 - 매각허가결정			
사 건 명	임의경매	채 권 자	에이치에프에스팔사유동화전문 유한회사(양도전:신한은행)	대금지급기한 : 2020.08.14			
				대금납부 2020.07.30 / 배당기일 2020.08.24			
				배당종결 2020.08.24			

일반상업지역에 지어진 오래된 저층 아파트. 그런데 세대수가 적고 토지면적도 적다. 하지만 미래에 신축을 한다면 높은 용적률의 적용을 받아서 현재보다도 훨씬 많은 세대를 지을 수 있게 된다. 그렇다면 과연 어떤 마인드로 보아야 할까. 그리고 이 지역은 인천에서도 다소 상권이나 입지 그리고 지역의 소득수준 등이 다른 지역에 비해 다소 아쉬움이 많은 지역으로 보이는 곳이다.

불과 오래 지나지 않아서 소규모 재재 방식의 이야기가 나오게 될 때 가격의 상승을 예측하는 것은 그리 어렵지 않다. 관리처분이나 준공하고 입주까지 기다리면서 투자를 하는 것보다는 분위기와 기대심리가 있을 때 수익을 실현하는 것도 나름 훌륭한 투자방안이 될 수 있을 것이다.

경매 물건은 누군가가 낙찰을 받았지만 필자의 강의를 듣던 멤버는 현장에 가서 일반 매물을 전세를 끼고 투자를 하게 된다. 예측한대로 그리 오래 지나지 않아서 신문 기사에서 이런 소식을 접할 수 있게 된다.

호반건설, 인천 미추홀구 '대호아파트 주변 가로주택정비사업' 수주

발행일 : 2022-02-28 10:17 지면 : 2022-03-02 📄24면

> 인천 미추홀구 숭의동 170-12번지 일대에 지하 4층~지상 33층, 아파트 300가구 신축

정비사업지 이렇게 찾으면 된다

시중에서 많은 인기를 얻고 있는 재개발·재건축 투자 서적들에는 대부분이 어느 지역이 진행되고 있고 현재 사업 진행 단계는 어떻고 하는 등의 사업 진행 목록과 현황 등에 관한 내용들이 많이 있으나 그런 내용들은 인터넷 검색만으로도 누구든 쉽게 찾을 수 있는 것이라서 이 책자에서 사업 진행이 되고 있는 구역의 목록을 나열하는 것은 소중한 지면을 낭비하는 일이라는 생각이 들어 생략한다.

물론 그런 구역목록들을 알아야만 답사도 해보겠지만 아파트 실거래가 사이트나 리치고 사이트 각 지자체 홈페이지만 클릭해도 쉽게 위치와 현황을 알 수 있다. 그리고 지도에 표시된 구역의 위치를 토대로 학군, 교통 등의 입지를 파악한 후에 자신의 자금 여력에 맞는 투자를 할 수 있을 것이다.

어느 단계에서 투자하는 것이 좋냐는 질문은 필자가 어디를 가더라도 들을 수 있는 질문인데 누구는 정비사업은 최소한 사업시행인가가 나온 구역을 투자하라는 자도 있지만 거기에 대한 정답은 어차피 없다. 투자자의 입장이나 투자 마인드에 따라서 얼마든지 달라질 수 있기 때문이다.

필자는 초기 단계에 투자를 하고 프리미엄이 어느 정도 형성되는 단계에서 수익을 실현하는 편을 선호하지만 그렇다고 사업시행인가 이후에 투자를 하지 않는것도 아니다. 사시인가나 관처 이후에 투자는 실거주 전략과 함께 투자 전략을 수립해야 하는 부분도 있기 때문에 사람마다 다르다고 답하는 것이 정답이다.

어느 단계든 자신의 전략대로 돈만 벌면 되는 것이지, 그런 것이 뭐가 중요한가.

쉬운 재재투자, 어려운 재재투자.
이것이 가장 중요하다

누구든지 처음 접하는 일은 어렵고 낯설지만 익숙하게 되면 무엇이든 쉽다. 초기부터 난이도 있는 재재 물건에 투자해서 극강의 수익률을 올리려고 하는 것이 아니라면, 그 노력이라는 것이 무슨 대단한 투자 전문가가 되기 위한 많은 수고까지 할 필요는 없다. 그저 재재투자에 관한 구조를 이해할 수 있는 정도의 노력이면 충분하다.

일단의 낡은 주택들을 철거해서 새로운 주거단지를 만드는 것인데 이 과정에서 알아야 할 필요가 있는 절차적인 내용과 투자자로서 수익실현에 관한 이해를 할 수 있어야 한다는 것이다. 이 최소한의 노력조차 하기 싫은 분이라도 재재투자를 할 수 있는 방법도 있다. 입지가 아주 좋은 지역에서 잘 진행되는 정비구역 재재 물건을 믿을만한 중개업소를 통해서 단순 매수하면 된다. 어차피 신축 대단지 아파트는 입지가 뒷받침된다면 투자에서 밀릴 이유는 거의 없다고 보시면 된다.

그런데 수익적인 측면에서는 잘했다는 장담을 하기는 쉽지 않다. 매수하는 금액이 훗날 손해볼 수도 있는지 아니면 이익을 볼 수 있는지는 지식과 이해가 필요하기 때문이다. 그런 측면을 감안해서 필자는 입지가 뛰어난 곳의 물건이 다소 비싸더라도 단순 매수투자를 권하는 편이다. 말하자면 굳이 어렵게 투자하지 않아도 투자할 수 있는 것이 재개발 재건축투자이다.

필자도 가끔은 난해한 물건을 어려운 방식을 동원하여 투자를 하는 경우도 있다. 오로지 수익률 때문인데 수익률을 극대화시키기 위해서 어느 정도의 위험을 감수하더라도 수익률 극대화를 위한 해결솔루션을 실행하면서 하는 투자를 말하는데 이런 방식은 재재 입문 투자자들에게는 솔직히 어렵고 작은 투자금이지만 입주권이 없이 청산될 수도 있는 위험이 다소 크기 때문에 별로 권하지는 않는 편이다.

하기야 청산되더라도 손해볼 일은 아니라고 생각한다면 굳이 위험한 투자솔루션이라고 생각할 필요도 없는 것이다.

단순하게 재개발구역에서 다세대 빌라를 매수하는 것은 금액만 잘 맞으면 매수해서 분양 자격이 있는 조합원이 되는 쉬운 방법도 있고, 공유지분이나 토지 일부나 건축물의 일부 또는 무허가건물 이런 것들을 매수해서 정상적인 조합원 분양 자격을 받을 수 있는 방법으로 만들어 나가는 것도 투자 방법의 하나가 될 수 있다. 앞에서 그 흔한 빌라투자가 재개발로 변모한 사례를 이야기했던 파트가 있었으나 이 장에서는 정상적인 투자 사례뿐만 아니라 난이도 있는 사례까지도 같이 이야기해보려고 한다.

이미 진행되고 있는 정비구역의 물건은 가격이 비싸다는 것이 흠이다. 그래도 입지가 양호한 곳이라면 입주 이후에도 지속적인 가격상승의 효과를 누릴 수가 있기 때문에 새 아파트에 대한 로망이 있는 분이라면 실수요 겸 투자를 겸해서 얼마든지 투자를 할 수 있다. 몸테크를 감수해야 할 수도 있다는 것이다.

반면에 지속적인 노후 진행이 예측되는 초기지역을 잘 판단하는 것도 상당히 중요하다. 이런 경우에는 그냥 정상적인 노후주택을 일반매매방식으로 매수하는 것이나 다름없는 투자다.

이와 같이 일반적인 방식으로 노후 빌라나 전세 긴 다가구 갭투자가 있을 수 있고, 좀 더 발전한 방식을 이야기한다면 일정한 조건을 충족하는 상가투자, 공유지분투자, 법정지상권투자로서 건물만 매수하는 투자, 토지만 매수하는 투자 등, 특수권리분석을 통한 접근방식으로 한 개의 완성된 입주권을 만들어가는 솔루션투자들로 나눌 수 있을 것이다.

앞 파트에서도 거듭 표현했던 내용이지만 가끔씩 필자가 재재투자에 관해서 받는 질문이 있다.

첫 번째 질문은 어느 단계에서 투자를 하는 것이 가장 좋으냐는 질문이 가장 많다. 그 대답은 정말로 답할 수가 없는 질문이다. 물건 따라 지역 따라 단계 따라 장단점이 모두 다르게 공존하고 있기 때문이다. 대답을 듣는 사람은 황당할 수도 있겠지만 그저 수익을 많이 낼 수 있는 물건과 초기투자금이 적게 드는 물건에 투자하는 것이 좋다는 일반적인 대답 외에는 해드릴 말이 전혀 없는 질문이다.

두 번째 질문은 대도시 인구밀집지역의 재재투자는 가격이 너무 비싼데 아파트 평당 분양가가 저렴한 지역이나 지방중소도시의 재개발투자를 어떻게 볼 것인가에 관한 이런 질문도 사실 난감하기는 마찬가지이지만 그나마도 답하기 좀 수월한 편이다.

그것은 중소도시는 아파트 가격이 저렴한 특징이 있기 때문에 대도시에 비하면 아파트의 가치가 상대적으로 떨어지는 측면이 있어서 불리한 점이 많다. 게다가 중소도시는 도시 외곽에 아파트를 공급할 수 있는 유휴토지가 많이 있기 때문에 아파트를 공급할 수 있는 방법이 인구밀집한 대도시에 비하면 다양하기 때문에 상대적으로 재개발의 진행이 더딜 수 있는 문제가 발생한다. 말하자면 한없이 기간이 길어질 수 있는 문제의 소지가 크다는 것이다.

이야기가 잠시 원론적인 부분으로 흘렀지만 다시 본론사례로 돌아와서 본격적으로 사례들에 관한 말씀을 드리고자 한다.

5천이 3억으로, 5백이 1억으로 변한 이유 사례

위의 사진은 부산시 좌천동에 위치한 노후 지역인데 오래전부터 부산항에서 부두 노역을 하던 사람들이 거주해왔던 무허가 주택이 즐비한 곳이었다. 그런데 일반상업지역이다. 오래전 "니가가라 하와이"라는 대사로 유명했던 영화 친구의 촬영 배경이 되었던 매축지라고 이름 지어진 동네이다.

이런 무허가 주택이 있는 토지의 공유지분을 저렴하게 낙찰받아서 나머지 지분권자들과의 협상을 통해서 토지와 무허가건축물의 소유권을 이전해와서 완전체로 만들어나가는 솔루션투자가 진행된 곳이었다. 이곳은 부산항과 인접해있는 곳이고 토지의 용도지역이 일반상업지역이라서 재개발이 진행될 경우 초고층 주상복합아파트가 들어설 수 있는 장점이 있는 구역이었다.

무허가 주택이 난립되고 소규모 필지가 빼곡하게 있는 지적도 형상이 확인된다. 필자가 매입할 당시보다 훨씬 오래전에 조합이 설립되어 있었고, 장기간 여러 법적인 송사에 휘말려 있는 곳이었다. 그럼에도 투자를 하게 된 이유는 간단하다. 소액으로 투자한 것이고 구역의 노후도를 살펴본 바에 의하면 정비사업이 취소될 이유는 없었고 시간의 문제이지 어쨌든 사업은 진행될 것이라는 확신이 있었기 때문이었다.

최초에 약 8백만 원에 불과한 토지공유지분을 취득했다가 나머지 지분 모두를 매입하는데 소요된 자금이 약 5천만 원 남짓했지만 지금은 수억의 프리미엄이 형성되어 있고, 57층의 초고층 아파트를 설계 중이다. 부산항 북항 개발의 프리미엄까지 얻게 될 경우에는 좀 더 욕심을 부릴만한 입지의 물건이 될 것으로 믿는다. 필자가 거주할 계획은 아니지만 이런 유형의 극강수익률의 소액투자도 가능한 분야가 바로 이 재재투자 분야인 것이다.

위 그림 속의 오전다구역이라는 정비구역이 보인다.

이는 경기도 의왕시에 소재한 재개발 정비구역이었다. 공매로 나온 과소토지의 현황이 도로로 사용되고 있는 2필지의 과소토지인데 공유지분을 불과 5백만 원 정도의 극소액으로 낙찰을 받고 나머지 다른 공유자들과 협의를 통해서 조합에 대표조합원 선임동의서를 제출하고 분양신청까지 하고나서 공동으로 매각을 하기로 한 물건이었다.

다행히도 다른 공유자분들께서는 상속을 받은 가족관계들이고 소유자들이 너무 많다 보니 공동으로 받게 되는 조합원 입주권에 관심을 두는 사람들이 없어서 필자가 법인으로 저렴하게 매수를 완료한 후에 프리미엄을 붙여서 단기매각차익을 실현한 물건이다.

경매나 공매로 재재구역의 물건이 나올 때에는 가장 먼저 검토해야 하는 위험요소가 조합원 분양 자격 여부이다. 힘들게 높은 경쟁을 뚫고 낙찰을 받았는데 조합원 입주권에 문제가 있는 물건을 낙찰받았다면 낭패가 아닐 수 없다.

그래서 필자는 가능하면 경매나 공매로는 경쟁도 높은 재재 물건 투자를 권하는 편이 아니다. 하지만 청산을 당할 수 있다는 최악의 경우를 가정해두고 투자 결정을 한다면, 그리고 그 위험을 극복할 방법을 찾을 수 있다면 기꺼이 투자해도 상관없을 것이다.

웃프다 이런 투자

극히 소액으로 투자하는 방법 이외에도 아주 입지가 훌륭한 구역의 물건이 가끔씩 경매로 나오는 경우도 있다. 아래의 경우가 그런 물건이다.

뛰는 놈 위에 나는 놈이 있고 나는 놈 위에 드론이 있다는 우스갯소리가 있다. 경기도 성남시 모란역이 있는 더블역세권 물건도 도로지분이지만 필자가 조사한 내용에 의하면 입주권을 받을 수 있다는 판단이 들었던 물건이었다.

1등 낙찰이라는 기쁨도 그리 오래가지는 못했다. 차순위 입찰자에게 뒤통수를 맞고 물건을 빼앗기게 되는 비정한 시장의 경험을 한 물건이었다.

경매개시　65　배당요구종기일　88　최초진행　0　매각　7　허가　1　기각

2019타경50101

* 수원지방법원 성남지원　　* 매각기일 : **2019.06.10(月) (10:00)**　　* 경매 7계(전
화:031-737-1327)

소 재 지	경기도 성남시 수정구 수진동 4781-1 도로명검색 지도 지도		

물건종별	도로	감 정 가	220,022,100원
토지면적	145.71㎡(44.077평)	최 저 가	(100%) 220,022,100원
건물면적		보 증 금	(10%) 22,010,000원
매각물건	토지지분매각	소 유 자	양○
개시결정	2019-01-08	채 무 자	양○
사 건 명	임의경매	채 권 자	기술보증기금

오늘조회: 1　2주누적: 2　2주평균: 0　조회동향

구분	입찰기일	최저매각가격	결과
1차	2019-06-10	220,022,100원	

낙찰 : 232,323,100원　(105.59%)

(입찰2명,낙찰:김양수 /
차순위금액 231,500,000원)
매각결정기일 : 2019.06.17 - 매각허가결정
대금지급기한 : 2019.07.25

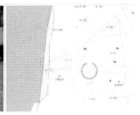

이 정도 난이도의 물건에 입찰을 하는 사람이라면 정비구역의 특수물건투자에 대해
서 일가견이 있는 실력자가 아니라면 입찰을 결정하기가 쉽지않은 물건이었다.

필자를 포함해서 2명이 입찰을 했는데 꼴찌인 2등을 한 입찰자가 채무자의 채무전액
을 변제할 수 있는 상황이다 보니 필자가 1등으로 낙찰을 받게되자 채무자를 직접 찾
아가서 필자가 낙찰받은 금액보다 조금 더 얹은 금액으로 매매계약을 체결하고 등기
부상의 채권들을 모조리 말소시키는 전략에 하릴없이 당하고 말았던 기억이 있다.

아래 물건도 도로가 경매로 나온 경우의 사례이다. 같은 도로인데 투자 색깔이 다른
물건이다.

소 재 지	서울 성동구 성수동1가 685-326 도로명주소		

용 도	대지	감 정 가	**337,080,000**
토지면적	106㎡ (32평)	최 저 가	**215,731,000 (64%)**
건물면적	0㎡ (0평)	보 증 금	21,573,100 (10%)
경매구분	임의경매	소 유 자	민권식
청 구 액	162,674,822	채 무 자	민권식
채 권 자	엠씨아이대부 ㈜(변경전:북가좌(새))		

<< 가지고 계신 물건 사진을 등록하면 사이버머니 지급 또는 광고를 게재해 드립니다 >>   회원답사사진등록

■ **진행과정**

구분	일자	접수일~
경매개시일	2017.04.04	0일
감정평가일	2017.04.18	14일
배당종기일	2017.06.21	78일
최초경매일	2017.11.27	237일
최종매각일	2018.02.19	321일

■ **매각과정**

법원기일내역

회차	매각기일	최저가	비율	상태	접수일~
①	2017.11.27 (10:00)	337,080,000	100%	유찰	237일
②	2018.01.15 (10:00) ↓20%	269,664,000	80%	유찰	286일
③	2018.02.19 (10:00)	↓20% 215,731,000	64%	매각	321일
		매각가 222,000,000 (65.86%)			

■ **GG Tip** 상세정보와 공시자료 등을 참고한 지지옥션의 주관적인 의견임 (2017.11.29)

본 사건은 권리분석(등기내용 포함)상의 하자 및 매각 후 인수사항은 없을 것으로 예상됩니다

현황도로 지목은 대지이지만, 현황은 도로인데, 관할 지자체에서 매수(買受)해줄 수 있을지 의문이고, 주택가에 접한 토지로 불특정 다수가 사용하는 것으로 추정된다는 점에서 지료청구도 어려울 것으로 예상됩니다. 이해관계인 외의 입찰은 재고해보시기 바랍니다.

재개발의 성지로 불리는 성수동에 있는 도로이다 보니 많은 사람들이 분양 자격을 기대하고 투자에 관심을 가지는 경우가 많다.

하지만 위의 물건은 기존의 소개 물건과는 그 결이 다르다. 성수동이라고 해서 모두 재개발로 가지 않는다. 어떤 곳은 골목길 재생사업의 형태로 유지, 관리, 발전시키는 컨셉으로 가는 곳도 있다. 이런 곳이 바로 그런 곳이다.

그런데 2억이나 넘는 거금을 도로투자에 쏟아부었다. 어디에서 어떤 이야기를 듣고 그랬을까 궁금하다. 하지만 모를 일이다. 이곳이 장차 재개발구역이 지정되어 정비사업이 진행된다면 엄청난 투자효과를 가져올 것이니 뭐라고 단정지을 수 있는 것은 아무것도 없다. 변화되는 개발계획소식은 없이 지금도 여전히 그대로다.

소 재 지	서울 성동구 성수동1가 671-243 (04766) 서울 성동구 왕십리로13길 7-1			
용 도	주택	감 정 가	302,798,440	
토지면적	33㎡ (10평)	최 저 가	302,798,440 (100%)	
건물면적	전체 43㎡ (13평) 제시 외 9.9㎡ (3.0평)	보 증 금	30,279,844 (10%)	
경매구분	임의경매	소 유 자	김수문	
청 구 액	670,530,391	채 무 자	세종농원(유)	
채 권 자	신용보증기금			

《<가지고 계신 물건사진을 등록하면 사이버머니 지급 또는 광고를 게재해 드립니다>》 회원답사사진등록

■ 진행과정

구분	일자	접수일~
경매개시일	2017.04.13	1일
감정평가일	2017.04.17	5일
배당종기일	2017.06.28	77일
최초경매일	2018.02.05	299일
최종매각일	2018.02.05	299일
매각허가일	2018.02.12	306일

■ 매각과정 향고   법원기일내역

회차	매각기일	최저가	비율	상태	접수일~
①	2018.02.05 (10:00)	302,798,440	100%	매각	299일
	매각가 432,110,000 (142.71%)			허가	

감정가보다 40퍼센트나 높은 가격으로 낙찰받은 사람은 정상적인 투자인가? 과소토지면적 대비하여 계산하면 평당 4,300만 원이다. 이 일대의 현재 시세를 아는 사람은 왜 이렇게 높은 금액으로 낙찰받은 사람이 부러운지를 알고도 남음이 있을 것이다.

혹자는 말한다. 이 일대가 언제 그렇게 될 것인 줄도 모르고 마냥 기다리는 장기투자는 싫다고 말한다. 누가 장기투자하라고 했나. 시간이 지나면서 개발계획이 점점 더 구체화 됨에 따라서 가격은 당연히 오른다. 올랐으면 투자 기간의 선택은 내가 하는 것이고, 오래 기다리는 것이 싫거나 목표수익을 실현했으면 빠져나오면 된다. 참고로 성수지구의 재개발 빌라의 토지지분시세는 평당 1억을 호가한다.

쉬엄쉬엄 투자 공부,
한양도성 사대문 투자 투어

힐링 겸 투자 겸 겸사겸사했던 투자 생활을 보람으로 전환시키고자 하는 필자의 마음을 같이 공유하고자 써나갔던 필자의 지난 칼럼을 독자분들과 공유하고자 한다.

지난 일요일 모처럼 가벼운 차림으로 종로구 행촌동 도시재정비사업구역(도시재생 활성화사업으로 진행하는 행촌동성곽마을)부터 성북동 성북2구역 재개발구역까지를 걸어서 살펴보는 시간이 있었습니다. 행여 동행하실 시간이 되시는 분이라도 있으면 길동무라도 좋았으련만 그러지를 못하고 아쉬움으로 혼자서 힐링하는 시간이었습니다. 다음기회에는 미리미리 동행하실 분을 모셔야겠다는 생각을 해 봅니다.

독립문역에서부터 성북동까지 쉬엄쉬엄 가는 여정이었지만 이게 짧은 거리는 아니었기에 게으름을 피웠더니 다시 경복궁역으로 돌아오는 데까지 어느덧 땅거미가 내려앉을 정도의 게으른 일정을 즐겼습니다.

독립문역에서 내려 처음 접어들었던 행촌동 무악동일대의 골목길입니다.

일부는 아직 건축된지 오래되어 보이지는 않지만 도로여건이 현실적으로 개선불가능할 정도의 모습을 보이고 있습니다. 이런 골목길 동네를 유지, 개선 ,보수, 개량하는 도시재생방식으로 보존을 해야 하는 것이 과연 옳은 것인지 한번 되짚어보는 계기가 되는 것 같습니다.

보존의 가치가 있다면 당연히 그렇게 해야 하는 것이 타당할 것이고 개선방식으로는 불편함이 나아질 것으로 보여지지 않으면 다른 대안을 검토해볼 필요도 있지 않을까요. 급경사와 계단. 좁은 통로가 미로처럼 만들어져 있네요.

　이삼십 분 이상의 시간을 동네 안에서 미로 게임 하듯이 헤매다가 한양도성의 투어출발길로 찾아 나섭니다. 한양도성의 전체 안내를 보니 동서남북의 성곽 윤곽이 머릿속에 뚜렷이 그려집니다.

　오늘은 그 절반 정도만 투어하겠지만 다음 기회에는 흥인지문(좌청룡 동대문낙산) 숭례문(남주작 남대문) 돈의문(우백호 안산 서대문)까지의 투어를 완성해볼 생각이 듭니다. 그러면서 서울의 골목골목을 밟는 것도 많은 의미를 주리라는 생각이 듭니다. 자세한 설명이 있어서 참 많은 도움을 줍니다.

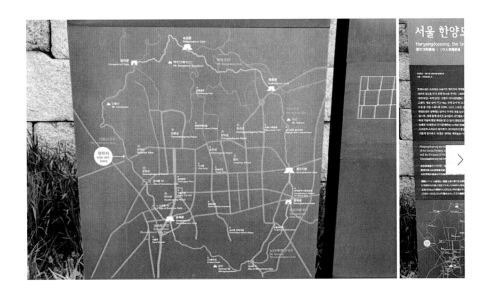

행촌동 성곽마을에서 곧바로 이러지는 인왕산 순라길의 모습도 생각보다는 무척 정겨운 모습입니다. 도시농업을 하고 있는 마을 분들도 정겨워보이고 가까운 도심에 이렇게 아름다운 자연을 두고 있는 마을도 무척 행복해보입니다.

인왕산 정상은 오래전에는 출입이 제한적이었는데 세상이 참으로 많이 변했습니다. 이제는 군인들의 모습도 보이지도 않습니다.

멀리 청와대도 보일 정도인데 많은 자유로움을 느끼는 대한민국입니다. 이런 기억을 가진저는 아마도 꼰대 세대라고 불리우겠죠. 제가 이삼십 대 때는 저도 50~60세 정도의 어른들을 꼰대라고 서슴없이 불렀는데 세월의 무상함이 따로 없네요.

역사 속 수많은 이야기를 품은 인왕산을 뒤로하면서 올려다보는 치마바위는 미처 생각에 잠기느라 사진을 찍지를 못했네요. 임금님을 오매불망 그리워하며 경복궁에서 쉽게 보이는 바위에 큰 치마를 걸어두어서 이름 붙었다는 그 바위. 예나 지금이나 임금이나 천민이나 남녀의 순정은 같은 마음인가 봅니다. 경사를 따라 내려오는 마지막 자락에 시인 윤동주의 문학관과 시인공원이 자리하고 있는 부암동을 맞이합니다.

죽는 날까지
하늘을 우러러 한 점 부끄럼 없기를

부암동의 골목길도 여전히 정겹습니다.

　어느덧 부암동 맛집들이 즐비한 골목 초입에서 배고픈 나그네를 유혹하는 만두집을 그냥 지날 수가 없네요. 단촐한 메뉴임에도 만두의 육즙이 향긋하게 배어나오는 맛이 일품입니다.

간단한 점심과 함께 다시 시작하게 되는 오후 투어 일정을 살펴보면서 인왕산을 뒤로하고 연결된 북악산의 중턱에서 내려다보는 부암동의 전경이 왜 복사골이라는 네임이 붙었는지 복사꽃이 아직 피지 않아도 충분히 느껴집니다. 꽤 먼거리임에도 오래전에 제가 살았던 곳이 희미하게 보일락말락할 정도로 날씨가참으로 맑습니다. 서북쪽에서 서울 한양으로 들어오는 소문으로 지어진 창의문에서 한 컷과 함께 힘찬 발걸음을 다시 내딛어봅니다.

허물어진 성곽의 바위들을 다시 복원한 모습에서 역사의 깊이를 느끼는 산책길입니다. 노송과 성벽이 어우러지는 너무나도 길게 닿은 호젓한 산책로가 이어집니다. 일요일임에도 만나는 행객이 드물 정도로 한적해서 더욱 아련하고 아름다운 모습입니다.

길의 마지막에 자리 잡은 한양도성의 서북쪽 숙정문에서 잠시 지친 다리를 쉬게 합니다. 한때 서울시의 권력을 한 손에 휘어잡고 휘두르던 그 분이 마지막으로 외로이 떠났던 이곳 숙정문의 현판의 한자를 보면서 정치를 하는 자의 마음가짐을 이 숙정이라는 마음으로 하였더라면 스스로 선택하는 죽음이라는 비극은 없었을 것입니다.

성북동으로 내려가는 성곽길 방향… 여전히 호젓한 모습이 끝없이 이어집니다. 혼자 느끼기에는 너무나도 아까운 전경들이 펼쳐집니다. 시간이 되시는 분들께서는 요즘같은 많은 분들이 집안에서 답답한 시간을 보내시는 힘든 시기에 나들이하기에 참으로 안성맞춤의 산책로입니다.

성곽길의 마지막 자락에 자리 잡은 성북동 구마을인 북정마을과 마주하고 있는 곳. 서울의 옛 생활 모습을 아직도 그대로 간직하고 있는 낡은 건축물들이 골목골목 즐비한 모습입니다. 간간이 지나가는 마을버스와 두부 장수의 종소리도 정겹습니다.

이 성곽마을이 재개발이 된다면 여느 재개발구역처럼 높이 올릴 수는 없는 일이겠지요. 성곽으로 인한 보존문화재와 잘 어우러지는 설계가 그려지고 있나 봅니다. 지상 4층 정도의 타운형 재개발사업이 추진되고 있습니다. 일반 투자자분들이 생각하고 있는 내용대로라면 저층 개발이니 이곳은 투자가치는 전혀 없겠다는 생각이 들 것입니다.

하지만… 재미있는 개발방식이 도입되었네요. 성곽으로 인하여 잃게 되는 건축물의 용적률 일부를 다른 재개발구역으로 옮길 수 있는 방식을 도입하였나 봅니다. 쉽게 말씀드리면 이곳에 있는 일부 조합원들은 그들의 권리가액을 가지고 그곳으로 옮겨갈 수 있도록 계획이 짜여져 있다는 것이지요.

어느 구역일까요? 신월곡1구역입니다. 아직도 건축물의 흔적이 그대로 남아있을 것입니다만은 많은 분들이 옛날부터 미아리텍사스라고 불렸던 곳이지요. 바로 미아리 집창촌이 있었던 길음역 역세권에서 진행되고 있는 재개발구역입니다.

한 걸음 한 걸음을 마을 구석구석을 다니면서 찾아보는 곳이 있었습니다. 그곳이 어디일까요. 오래전부터 꼭 한 번 와보고 싶었던 곳.

심우장… 일반 가정집의 대문과 다름이 없고 그저 한자로만 새겨진 현판이 세워져 있을 뿐입니다. 무심코 지나다가는 그냥 골목길에 있는 오래된 고택이겠거니 하면서 지나칠 수도 있겠습니다.

만해 한용운이 말년을 보내다가 세상을 떠난 곳. 조선총독부가 있는 방향을 보기가 싫다하여 북쪽으로 방향을 잡은 터.

심우장, 소를 사람의 마음에 비유하여 잃어버린 나를 찾자는 의미라고 합니다. 무상과 대도를 깨우치기 위한 공부하는 인생을 의미한다는 내용이 눈에 보입니다. 해가 중천에 떠 있는 이 시간이면 마당 앞이 밝은 햇빛으로 비추어야 하건만 북향으로 지어진 탓에 벌써 그늘이 드리워지기 시작합니다.

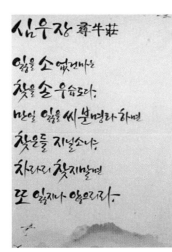

안방에 고즈넉히 앉아서 밖을 바라보는 사치를 잠시 부려봅니다.

일요일임에도 찾아오는 이가 없어 한동안 혼자서 즐기는 사색으로 역사 속으로 잠시 나를 옮겨가는 신비한 시간 호사를 가져보았습니다.

부암동에서 먹었던 점심의 포만감은 어느덧 사라지는 타이밍에 내려오는 곳의 입구에 떡하니 버티고 있는 맛집. 지금도 여전히 성업 중입니다. 한때 택시기사들의 입소문이 서울을 맛집을 만들어내던 시절부터 유명했던 곳이지요.

어느새 입소문을 타서 동네 맛집으로 우뚝 선 모습이 정겹습니다. 이곳과 과학고등학교 뒤편 돈까스 집들이 서민들의 맛집 쌍두마차였었지요. 추억에 젖은 길을 따라 혜화동으로 넘어가는 작은 고갯길에서 만나는 혜화문.

서울의 북쪽에서 내려와서 한양도성으로 들어가는 성문입니다. 혜화문에서 성벽은 도로의 개설로 끊기고 길 건너에는 낙산의 성벽이 보이고 그 성벽은 낙산으로 이어지고 다시 동대문이라 불리는 흥인지문으로 연결이 될 것입니다. 낮고 힘이 약한 좌청룡의 낙산을 북악산의 기운과 비슷하게 하고자 동대문의 현판에 '지'자를 써 넣어서 기운을 보강하려 했다는 풍수 이야기는 들으면 들을수록 재미를 더해가는 이야기입니다. 나그네의 발길은 이곳 혜화문에서 일정을 멈추고 다음에 이어지는 코스는 또다른 날을 정해서 기약합니다.

혜화동 로타리에서 버스를 타고 서촌이 있는 경복궁으로 이동하고 하루를 마무리하는 의미 있는 시간을 보냈습니다. 다음 기회에는 동행하시는 분들이라도 있으면 또 다른 느낌의 힐링투어가 되지 않을까 하는 생각도 해봅니다.

9부

부동산
법률투자

서류분석만으로도 절반의 성공이다

부동산 서류라고 해서 무슨 논문같이 어려운 것도 아니지만 그 서류에 기재되어 있는 용어들이 무엇을 뜻하는지를 알아야 하는 것은 중요하다. 우리가 길을 가다가도 항상 접할 수 있는 건축물의 그 외형은 누구나 쉽게 볼 수 있으나 비슷하게 생긴 건축물일지라도 건축물의 용도가 서로 다르다고 한다면 외형만 보고 투자를 판단하기에는 성급한 투자가 될 수 있는 것이다.

그러므로 해당 건축물이나 토지와 관련한 부동산 서류를 열람하거나 발급해보고 그 건축물의 서류상 상세 내용을 보고 현장 물건과 비교해서 투자 결정을 해야 하는 것은 기본 중에서도 기본에 속하는 포인트이다.

많은 서류들 중에서도 가장 중요한 서류로는 토지이용계획확인서와 부동산등기부(토지등기부, 건물등기부, 집합건물등기부) 건축물대장인데 이 세가지 서류는 내용을 상세히 알아야 할 필요가 있다. 그리고 토지대장(임야대장)과 지적도(임야도) 그 외 서류들도 있으나 그것들은 현실에 닥쳐서 살펴봐도 별문제가 없는 서류이고 어렵지도 않다.

효율적인 이해를 돕기 위해서 서울의 어느 한 토지를 기준으로 정해서 사례방식으로 서류를 살펴보기로 하겠다.

토지이용계획확인서의 이해

이 서류는 인터넷 사이트 '토지이음'이라는 곳에서 해당 지번을 입력하면 국가가 이 토지에 대해서 법률적인 규제사항이 적용되는 법률 명칭과 규제키워드가 기재되어 있는 서류다.

그 외에도 해당 토지에 적용되는 기본적인 사항들이 표시되어 있다. 기재된 법률 명칭과 규제키워드에 대한 자세한 설명을 종이 한 장에 다 표기할 수는 없는 일이다 보니 기재된 키워드가 무엇을 의미하는지는 스스로 파악해야 한다는 것이다. 친절하게도 인터넷으로 볼 수 있는 서류이다 보니 서 류하단에 해당 법률로 연결되는 링크를 표시해둘 수 있어서 좀 더 자세히 찾아보는 수고를 덜어주고 있다.

하지만 조금 난이도가 높아지는 단계에서는 한 개의 토지에 여러 개의 법률규제가 적용되는 토지일 경우 어떤 법률이 우선하여 적용되고 어떤 법률은 해당 규제를 적용하지 않는 경우도 있고, 법 적용 우선 여부를 따지지 않고 해당 법률 전체를 중복 적용하는 경우도 있다.

이와 같은 내용에 관한 분석 방법을 이야기해주는 토지저서는 필자도 지금까지 본 적이 없고, 그런 강의를 하는 곳도 접해본 적도 없다. 좀 난해한 부분이다 보니 어려울 수 있기 때문이기도 하거니와 그것까지 이야기한다면 토지에 문외한인 초보자들은 도무지 무슨 말인지조차 이해하기가 어렵기 때문에 수강생들이 싫어하는 분위기이다 보니 굳이 어려운 내용을 실어둘 필요성이 없는 이유일 수도 있다. 필자도 공감하는 바라서 이곳에서 굳이 어렵고 방대한 규제키워드에 관한 내용을 책자에 설명하는 것 보다는 오프라인 스터디에서 사례를 통해서 전달하거나 해당 파트의 전과저서에 그 내용을 기재해 두는 것이 독자분들의 니즈에 맞춘 효율적이라는 생각에서 기본적이고 표준적인 내용 정도만 이곳에서 언급하려고 한다.

그렇게 언급하는 정도만으로도 사실 고난도 투자 아니고서는 별문제가 발생할 여지가 거의 없기 때문이다.

토지이용계획확인서에 기재된 법률을 이해하는 방법 정도만 알아도 해당 토지에 관한 정보는 약 7할 이상은 알게 된 것이나 마찬가지다. 나머지는 유관기관에 문의하거나 현장에서의 확인과 인터넷 검색을 통해서 투자정보를 채울 수 있다면 가장 쉽게 익힐 수 있는 표준적인 토지분석 방법이 된다.

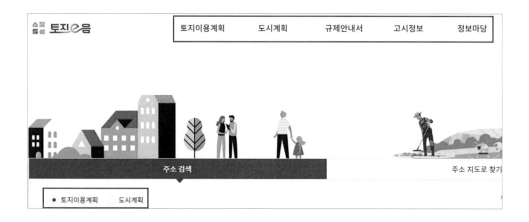

토지이음이라는 사이트의 상단화면을 캡처한 것이다. 상단의 카테고리에 토지이용계획 도시계획 규제안내서 고시정보 정보마당이라는 카테고리가 보인다. 필자는 이 다섯 개의 카테고리가 보물창고나 마찬가지라고 생각하는 사이트이다. 보이는 만큼 보이는 것이지만 장차 독자분들께서도 이 사이트의 가치를 제대로 실감할 수 있는 날이 금방 올 것이라고 확신하므로 이 사이트의 콘텐츠에 관한 스터디를 끊임없이 해 나가시기를 권하고 싶다.

다음 이미지는 해당 지번을 입력할 경우 조회되어 나타나는 화면이다. 토지이용계획확인서는 그 양식의 구조는 아주 단순하게 되어 있다.

국토계획법에서의 규제내용을 다루는 1단과 그 외 다른 개별법에서의 규제내용을 다루는 2단과 토지이용규제 기본법에서의 기재내용이 3단으로 표시되어 있다.

그리고는 해당 토지에 관한 지적도면이 하단에 표시되어 있고 지적도면 위에는 다양한 색깔 표시를 해두고 우측의 범례를 통해서 도면에서의 규제내용 이해를 돕고 있다. 자주 접하다 보면 한눈에 대략적인 토지규제사항에 관한 느낌을 잡을 수 있다.

그리고 해당 법률의 구체적인 사항을 알고 싶을 때는 어떤 방법으로 찾아가는지를

소재지	서울특별시 관악구 봉천동 738-9번지		
지목	대 ❓	면적	96 m²
개별공시지가(m²당)	4,425,000원 (2021/01) 연도별보기		

지역지구등 지정여부	「국토의 계획 및 이용에 관한 법률」에 따른 지역·지구등	도시지역 , 제2종일반주거지역(7층이하) , 도로(접합)
	다른 법령 등에 따른 지역·지구등	가축사육제한구역<가축분뇨의 관리 및 이용에 관한 법률>, 교육환경보호구역(상대/절대정화구역 최종확인은 동작교육청에 반드시 확인이 필요한 사항임)<교육환경 보호에 관한 법률>, 대공방어협조구역(위탁고도:194m)<군사기지 및 군사시설 보호법>, 과밀억제권역<수도권정비계획법>
「토지이용규제 기본법 시행령」 제9조 제4항 각 호에 해당되는 사항		중점경관관리구역(주요산 주변)

범례

- ☐ 교육환경보호구역
- ☐ 가축사육제한구역
- ☐ 하천구역
- ☐ 문화재보존영향 검토대상구역
- ☐ 중점경관관리구역
- ☐ 과밀억제권역
- ☐ 도시지역
- ☐ 제2종일반주거지역
- ■ 자연녹지지역
- ☐ 공원
- ☐ 법정동
- ☐ 도로

☐ 작은글씨확대 축척 1 / 600 ∨ 변경 도면크게보기

상기 도면 페이지의 아래쪽을 살펴보면 좀 더 자세한 설명을 해 두고 있다. 그래도 금방 이해하기는 힘들 수도 있을 것이지만 낙담하실 필요는 전혀 없고 이 출판저서를 되풀이해서 읽다 보면 자연스럽게 터득할 수 있도록 된다. 필자는 수많은 사례를 설명하면서 가장 먼저 살펴보는 것이 바로 이 서류이기 때문이다.

이 서류에 기재된 도면 내용과 인터넷지도 내용만으로도 토지의 형상을 확인하는 데는 충분하므로 예전에 많은 사람들이 사용했던 지적도나 임야도 같은 것은 이제는 별 의미가 없는 서류로 전락하고 있다.

부동산 관련한 서류를 열람할 수 있는 대표적인 사이트가 정부24라는 사이트가 있다. 그리고 국가에서 과세를 목적으로 정해둔 부동산의 공시가격이나 토지의 공시지가를 쉽게 알 수 있는 사이트로 한국부동산원에서 제공하고 있는 부동산 가격알리미

사이트를 이용하실 수 있다.

재재투자 파트에서 말씀드린 내용과 자연스럽게 일부 중복이 된다는 사실을 알 수 있다.

위 사이트에 접속하셔서 현재 본인이 거주하고 있는 부동산의 주소를 입력하면 해당 부동산의 과세기준이 되는 금액을 알 수 있다. 이것은 부동산의 거래시세와는 크게 연관이 없는 자료이지만 어느 정도 참고적으로 사용할 수 있다고 생각하시면 된다.

정부24사이트에서는 토지대장, 건축물대장, 지적도, 임야도 등의 서류열람이나 발급 서비스를 받을 수 있으며 그 외 대한민국 국민으로서 필요한 대부분의 서류들을 이 사이트를 통해서 서비스 받을 수 있다.

- 지적도 임야도와 축척의 이해

문서확인번호 : 1643-1760-4690-1091

지적도 등본

발급번호	20221620001649859	처리시각	14시 51분 56초	발급자	정부24
토지소재	서울특별시 관악구 봉천동	지 번	738-9번지	축 척	등록:1/1200 출력:1/1200

위 서류도 정부24라는 사이트에서 누구라도 열람할 수 있는 서류다. 지적도에는 지번에 '산'이라는 글씨가 붙어있지 않은 토지를 도면으로 표시해 둔 서류이고, '산'이라는 글씨가 지번에 붙어있는 토지는 지적도가 아닌 임야도에 따로 표시하고 있다.

이 두 서류는 서로 도면에 나타내는 축척 크기가 달라서 임야와 임야가 아닌 토지를 같이 맞대어서 비교해 보기에 상당히 불편했었다.

상기 지적도에서의 원 표시가 휑하게 비어있는 이유도 도면 페이지가 다른 페이지에 표시된 경우에 비워두기도 하고, 산지번을 가진 임야가 있을 경우에도 임야도에 표시가 되므로 지적도에는 아무런 표시 없이 공란으로 보이는 경우도 있다. 임야든 일반토지든 서로 연결성을 볼 수 있는 편리함이 있어야 하는데 지적도와 임야도는 서로 축척을 달리해서 제작을 하므로 같이 붙여놓고 보는 데는 너무 불편하다.

이래저래 불편한 것은 예나 지금이나 마찬가지이고 차라리 토지이용계획확인서상의 고시된 지형도면이나 스마트국토정보사이트를 이용해서 한꺼번에 해당 필지와 인근 필지와의 인접관계를 살펴보는 것이 훨씬 가시성과 효용성이 뛰어나다. 그래서 지적도 임야도는 필자가 안 본 지도 참 오래된 서류이다.

기왕 이야기가 나온 김에 위와 같은 도면을 보았을 때 도면의 생긴 모양새는 알겠는데 실제로 현장에 갔을 때 도면의 한 변의 길이가 현장에서 몇 미터 정도 되는지를 알아두실 필요가 있는데 그것은 아주 간단하다.

도면에는 항상 축척이라고 하는 분수 형태의 숫자가 있는데 지적도에는 대개 1/500, 1/600, 1/1200 등의 축척이 사용되고 임야도에는 대개 1/3000, 1/5000 등의 축척이 사용된다. 이 숫자를 사용해서 도면에서의 1센티미터가 실제 현장에서는 몇 미터가 되는지를 알 수 있다.

쉽게 표현하면 1/600 축척 도면에서의 1센티는 현장에서 6미터이고 1/3000 축척 도면에서의 1센티는 현장에서 30미터가 된다. 그렇게 계산된 가로세로의 길이를 곱해서 나온 숫자가 제곱미터 면적이 된다. 이것을 평으로 환산하려면 3.3058을 나누면 된다. 다음 그림을 참고하시면 좀 더 이해가 쉬워질 것이다.

다음 서류로 살펴볼 것은 건축물대장이라는 서류가 있다. 이 서류는 건축에 관한 해당 법률을 적용하여 허가나 신고를 받아서 신축한 건축물이 있을 때 만들어지는 서류이다. 위의 사례 토지에서 건축허가를 받고 착공을 하고 완공을 한 후에 건축물대장

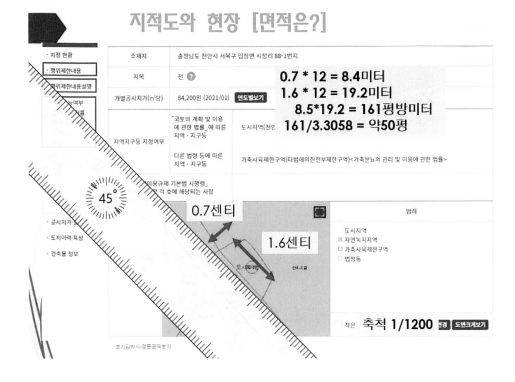

지적도와 현장 [면적은?]

소재지	충청남도 천안시 서북구 입장면 시장리 88-1번지	
지목	전 ❔	**0.7 * 12 = 8.4미터** **1.6 * 12 = 19.2미터**
개별공시지가(㎡당)	84,200원 (2021/01) [연도별보기]	**8.5*19.2 = 161평방미터** **161/3.3058 = 약50평**

지역지구등 지정여부

「국토의 계획 및 이용에 관한 법률」에 따른 지역·지구등 · 도시지역(천안...

다른 법령 등에 따른 지역·지구등 · 가축사육제한구역(타법에의한전부제한구역)<가축분뇨의 관리 및 이용에 관한 법률>

「...이용규제 기본법 시행령」... 각 호에 해당되는 사항

0.7센티

1.6센티

범례

도시지역
■ 자연녹지지역
□ 가축사육제한구역
□ 법정동

축척 1/1200 [배경] [도면크게보기]

이 제작되는데 이 서류에는 건축허가와 관련된 세부적인 모든 내용이 기재되어 있는 서류이다.

이 서류도 정부24라는 사이트에 접속하여 해당 지번을 입력하고 구분사항에 체크를 한 후에 민원 신청을 클릭하면 서류발급도 가능하고 화면열람도 가능하다. 그런데 이 건축물대장의 건축물의 종류에 따라서 대장의 종류도 나누어져 있다는 사실을 알고 있으면 두고두고 도움이 된다.

건축물대장 종류와 토지대장·임야대장

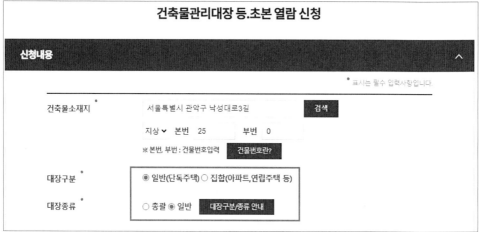

건축물대장에는 1가지 종류만 존재한다고 생각하는 분들이 많은데 3가지 종류가 존재한다. 단독 주택과 공동주택을 크게 나눌 수가 있겠지만 큰 면적의 토지에 여러 채의 단독 주택이나 여러 동의 공동주택이 있는 경우도 있을 수 있다. 이때는 총괄 건축물대장을 클릭해서 확인을 하는 방법이 있다. 몇 개의 동이 존재하는지에 관한 내용과 각 동마다 몇 개의 호실이 존재하는지에 관한 내용이 기재된 건축물대장도 있다는 사실을 기억해두면 실전투자를 하는 단계에서 도움이 된다.

기재하는 내용에 따라서 갑구 페이지, 을구 페이지 이런 식으로 구분해두고 있다.

| 고유번호 | 1162010100-1-07380009 | 민원24접수번호 | 20220126 - 48498133 | 명칭 | 파이치차앙 | 호수/가구수/세대수 | 0호/1가구/0세대 |

| 대지위치 | 서울특별시 관악구 봉천동 | | 지번 | 738-9 | 도로명주소 | 서울특별시 관악구 낙성대로3길 25 (봉천동) |

※대지면적	96 ㎡	연면적	210.87 ㎡	※지역	제2종일반주거지역	※지구		※구역	
건축면적	57.475 ㎡	용적률 산정용 연면적	156.42 ㎡	주구조	철근콘크리트구조	주용도	단독주택 외 1	층수	지하 1층/지상 4층
※건폐율	59.87 %	※용적률	162.94 %	높이	13.5 m	지붕	(철근)콘크리트	부속건축물	동 ㎡
※조경면적	㎡	※공개 공지·공간 면적	㎡	※건축선 후퇴면적	㎡	※건축선 후퇴거리			m

		건축물 현황			소유자 현황				
구분	층별	구조	용도	면적(㎡)	성명(명칭) 주민(법인)등록번호 (부동산등기용등록번호)	주소	소유권 지분	변동일 변동원인
주1	지1	철근콘크리트구조	다중주택	54.45	김선숙 780708-2*****	서울특별시 관악구 낙성대로3길21-6, 501호(봉천동)	1/1	2021.9.7.
주1	1층	철근콘크리트구조	소매점	45.57				소유권보존
주1	2층	철근콘크리트구조	다중주택	36.95				
주1	3층	철근콘크리트구조	다중주택	36.95				

이 등(초)본은 건축물대장의 원본 내용과 틀림없음을 증명합니다.

말씀드린 대로 대지면적과 지번, 건축면적, 연면적, 건축물 높이, 층별 건축물 현황에 관한 내용 등이 갑구 첫 페이지에 기재되어 있다.

구분	성명 또는 명칭	면허(등록)번호		※주차장					승강기		허가일	2021.3.17.
건축주	김선숙	19780708*****	구분	옥내	옥외	인근	면제	승용 대	비상용 대	착공일	2021.4.8.
설계자	고영대 건축사사무소 우진	관악구-건축사사무소-192						※오수정화시설		사용승인일	2021.8.31.
공사감리자	정호원 JHW건축사사무소	구로구-건축사사무소-230	자주식	대 ㎡	1 대 12 ㎡	대 ㎡		형식	부패탱크방법	관련주소	
공사시공자 (현장관리인)	김동욱 (주)태상종합개발	강서구-건축공사업-02-1295	기계식	대 ㎡	대 ㎡	대 ㎡	대	용량	20인용	지번	

※제로에너지건축물 인증		※건축물 에너지효율등급 인증	※에너지성능지표 (EPI) 점수	※녹색건축 인증		※지능형건축물 인증	
등급		등급	점	등급		등급	
에너지자립률	%	1차에너지 소요량 또는 에너지절감율	kWh/㎡(%)	※에너지소비총량	kWh/㎡	인증점수	점	인증점수	점
유효기간 ~		유효기간 ~				유효기간 ~		유효기간 ~		도로명

| 내진설계 적용여부 | 적용 | 내진능력 | VII-0.167 | 특수구조 건축물 | | 특수구조 건축물 유형 | |
| 지하수위 | G.L -2.0㎡ | 기초형식 | 지내력기초 | 설계지내력 | 20 t/㎡ | 구조설계 해석법 | 동적해석법 |

		변동사항				
변동일	변동내용 및 원인		변동일	변동내용 및 원인		그 밖의 기재사항
2021.9.2.	건축과-24595(2021.08.31.)호에 의거 사용승인되어 생성 작성(신축) -이하여백-			-이하여백-		주용도: 제1종근린생활시설

갑구 두 번째 페이지에는 건축설계와 관련한 정보와 주차대수, 승강장, 허가일, 착공일, 사용승인일, 하수처리시설 그리고 2개 이상의 토지에 건축물이 지어졌을 때 나머

지 토지의 지번을 기재하는 관련주소란, 건축물의 용도변경에 관한 내용이나 법령위반 사실이 있는 경우에 기재하는 란 등으로 구성되어 있으므로 하나의 건축물에 관한 거의 모든 정보를 이 한 장의 서류로 확인할 수 있다.

건축물 현황의 내용이 많을 때에는 (을)구를 추가로 작성하여 층별 건축물의 구조, 용도와 면적에 관한 사항을 기재한다.

건축물현황(을) (3쪽 중 제 3쪽)

| 고유번호 | 1162010100-1-07380009 | 민원24접수번호 | 20220126 - 48498133 | 명칭 | 파이치치9 | 호수/가구수/세대수 | 0호/1가구/0세대 |
| 대지위치 | 서울특별시 관악구 봉천동 | | 지번 | 738-9 | 도로명주소 | | 서울특별시 관악구 낙성대로3길 25 (봉천동) |

| 건 축 물 현 황 | | | | | 건 축 물 현 황 | | | | |
구분	층별	구조	용도	면적(㎡)	구분	층별	구조	용도	면적(㎡)
주1	4층	철근콘크리트구조	다중주택	36.95					
주1	옥탑1층	철근콘크리트구조	다락(연면적 제외)	21.45					
주1	옥탑1층	철근콘크리트구조	계단실(연면적 제외)	7.11					
		- 이하여백 -							

다음으로는 토지대장이라는 서류가 있다. 토지의 지번 숫자 앞에 "산"이라는 글자가 붙어있는 산지번이 붙어있는 임야일 경우에는 토지대장에 등재되지 않고 임야대장이라는 서류가 따로 있다. 사실 이 서류도 이제는 별로 중요한 역할을 하는 서류는 아닌 듯하다.

토지의 분할합병과 관련한 내역을 알고 싶을 때나 사용되는 정도의 서류다. 민사소송이나 경매를 할 때 첨부서류 정도로 사용하는 서류로 전락한 지 오래된 듯하다. 산지번이 없는데도 지목이 임야인 토지도 있는데 이런 토지도 토지대장에 등재되어 있고 이런 토지는 지목이 임야임에도 임야도가 아닌 지적도에 표시되어 있다.

이런 토지는 별로 접하기가 많지는 않지만 토임 혹은 토림이라고 불리워지는데 그리 중요한 부분은 아니다. 필자의 경험에 의하면 이런 토임은 아무래도 산지번이 있는 토지와 비교해 볼 때 비교적 토지의 상태가 좀 더 나은 경우에 해당하는 토지가 많았다. 별 중요치 않은 이야기라서 생략한다.

토지대장(임야대장)에는 토지에 관한 면적과 토지의 변동사항 등에 관한 내용들이 있는 정도이고 하단에는 토지의 공시지가와 관련한 등급, 공시지가 정도가 적혀있다. 그리고 해당 토지의 소유자가 여러 명일 때 공유자 연명부라는 서류가 다음 페이지에 첨부되어 있는데 각 공유자들의 소유지분에 관한 표시가 나타나 있다.

그리고 토지의 지상에 있는 건축물이 집합건물일 때 대지권의 권리를 표시하는 대지권등록부를 별도로 첨부하여 지상 건축물의 호실별 소유자들의 토지소유지분에 관한 권리 내용을 표시해 둔 서류가 있다는 정도만 알고 있으면 충분하다. 이런 서류의 기재 내용이 오류가 있더라도 사실상은 소유권 관계에 관한 부분은 별도로 등기부라는 서류가 있기 때문에 별 크게 활용할 수 있는 서류까지는 못 된다.

토지임야대장열람신청

신청내용

* 표시는 필수 입력사항입니다.

대장구분 *	● 토지대장 ○ 임야대장
대상토지 소재지 *	서울특별시 관악구 봉천동 [검색]
	738 - 9 번지
	※ 예) 1-1번지
연혁인쇄 유무선택 *	○ 유 ● 무
폐쇄대장 구분선택 *	● 일반 ○ 폐쇄
특정소유자 유무구분 *	○ 유 ● 무
주민(법인) 등록번호	
공시지가기준년도	● 최근7년 ○ 직접입력 2016
	※ 신청은 2002년부터 가능합니다.

고유번호	1162010100 - 10738 - 0009			토지 대장		도면번호	4	발급번호	202211620-00164-9847
토지소재	서울특별시 관악구 봉천동					장번호	1-1	처리시각	14시 47분 05초
지번	738-9	축척	1:1200			비고		발급자	인터넷민원

토지 표시				소유자			
지목	면적(㎡)		사유	변동일자	주소		
				변동원인	성명 또는 명칭		등록번호
(08) 대	96		(20)1979년 04월 04일 분할되어 본번에 -167을 부함	2021년 06월 13일	서울특별시 관악구 낙성대로3길 21-6, 501호(봉천동)		
				(03)소유권이전	김선숙		780708-2******
			—이하 여백—	—이하 여백—			

등급 수정 년 월 일	1986. 08. 01. 수정	1989. 01. 01. 수정	1990. 01. 01. 수정	1991. 01. 01. 수정	1992. 01. 01. 수정	1993. 01. 01. 수정	1994. 01. 01. 수정	1995. 01. 01. 수정
토지 등급 (기준수확량등급)	171	174	188	198	208	215	222	227
개별공시지가기준일	2015년 01월 01일	2016년 01월 01일	2017년 01월 01일	2018년 01월 01일	2019년 01월 01일	2020년 01월 01일	2021년 01월 01일	용도지역 등
개별공시지가(원/㎡)	2901000	3003000	3096000	3301000	3701000	3989000	4425000	

토지 대장에 의하여 작성한 열람본입니다.

2022년 1월 26일

서울특별시 관악구청장

　

지금까지 말씀드린 토지지번에 해당하는 정보를 표시하는 서류를 확인하는 과정에서 독자분들께서 느끼신 토지의 실제 모양과 지상의 건축물은 어떻게 생겼고 소유자는 누구일까라는 궁금증이 생길 수도 있다.

물론 토지대장에도 토지의 소유자가 표시되어 있고 건축물대장에도 건축물의 소유자가 표시되어 있기는 하다. 하지만, 건축물의 소유권에 관한 사항은 위의 대장 내용보다는 부동산등기부에 기재된 내용을 우선시한다는 것도 알아두실 필요가 있다. 대부분이 동일하지만 다를 경우에는 등기부를 우선한다는 전제하에 일치시키는 민원 업무를 진행하시면 될 것이다.

지금까지 말씀드린 서류에 있는 실제 건물은 다음의 왼쪽 사진과 같은 모습이다.

왼쪽 사진의 건축물은 최초의 사진이고 이 건축물은 매매가 되고 난 뒤 철거가 완료되었다. 그리고는 오른쪽과 같은 사진의 건축물이 탄생한 것이고 그에 따른 건축물대장이라는 서류가 있을 것이다.

철거된 예전의 건축물대장은 말소되어 폐쇄건축물대장이라는 서류로 보관되며 새로운 건축물대장은 건축물의 종류에 따라 적합한 해당 건축물대장이 새로이 생성되는 것이다.

등기부등본(등기사항 증명서)의 발급과 분석

그렇다면 이 토지 주소의 정보만 가지고 소유자들의 현황과 기존의 건축물이 있던 상태에서의 매매금액과 어떤 과정을 거쳐서 이렇게 된 것인지를 주인들에게 물어보지도 않고 스토리를 알 수 있을까.

당연히 알 수 있다. 그것은 위에서의 서류들과 등기부를 살펴보면 자연스럽게 알 수 있게 된다. 등기부도 건물등기와 토지등기부가 있을 것이다. 그런데 이 건축물의 경우에는 예전의 철거 전 등기부도 있을 것이고, 철거가 완료되었으니 이젠 등기부가 폐쇄되었을 것이다. 이를 건물폐쇄등기부라고 표현하면 된다. 물론 건축물대장도 마찬가지로 폐쇄건축물대장과 현재의 일반건축물대장 모두 확인이 가능하다.

토지등기부는 토지가 멸실되는 경우가 없으니 폐쇄되지 않고 소유자의 변동사항이나 소유자들의 법률적인 권리관계가 표시된 내용까지도 모두 확인할 수 있으므로 투자자에게는 상당히 중요한 서류일 수밖에 없다. 등기부는 인터넷등기소에서 누구나 열람, 발급이 가능하다.

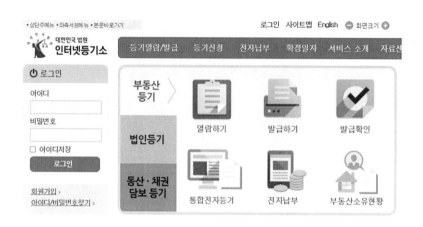

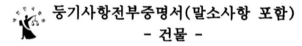

등기사항전부증명서(말소사항 포함)
- 건물 -

고유번호 1143-1996-032029

[건물] 서울특별시 관악구 봉천동 738-9

【 표 제 부 】 (건물의 표시)				
표시번호	접 수	소재지번 및 건물번호	건 물 내 역	등기원인 및 기타사항
2		서울특별시 관악구 봉천동 738-9 [도로명주소] 서울특별시 관악구 낙성대로3길 33-17	연와조 스라브즙 2층 주택및 점포 1층 43.31㎡ 2층 43.31㎡ 지하실 43.31㎡ (내역 지하는 지하실 1층중 27.11㎡ 점포 나머지 주택 2층 주택 임)	도로명주소 2012년6월22일 등기
3	2021년5월12일			2021년4월30일 멸실
				3번 등기하였으므로 본 등기기록 폐쇄 2021년5월12일

[건물] 서울특별시 관악구 봉천동 738-9

【 갑 구 】 (소유권에 관한 사항)

순위번호	등 기 목 적	접 수	등 기 원 인	권리자 및 기타사항
1 (전 4)	소유권이전	1995년7월10일 제23462호	1995년6월5일 매매	소유자 간영학 400726-******* ~~서울 관악구 봉천동 81-1~~
				부동산등기법 제177조의 6 제1항의 규정에 의하여 1999년 06월 14일 전산이기
1-1	1번등기명의인표시 변경		2021년3월30일 주소변경	간영학의 주소 경기도 용인시 수지구 대지로 64. 301동 1501호(죽전동,도담마을롯데캐슬) 2021년3월31일 부기
2	소유권이전	2021년3월31일 제57901호	2021년1월9일 매매	소유자 신연옥 711105-******* 강원도 춘천시 퇴계로 128. 203동 1402호(퇴계동,휴먼시아남춘천2단지아파트) 매매목록 제2021-1404호

[건물] 서울특별시 관악구 봉천동 738-9

【 매 매 목 록 】

목록번호	2021-1404			
거래가액	금940,000,000원			

일련번호	부동산의 표시	순위번호	예 비 란	
			등기원인	경정원인
1	[토지] 서울특별시 관악구 봉천동 738-9	2	2021년1월9일 매매	
2	[건물] 서울특별시 관악구 봉천동 738-9	2	2021년1월9일 매매	

위 서류들이 철거하여 멸실된 폐쇄등기부를 캡처해서 올려둔 화일이다. 건물철거로 폐쇄된 사실에 관한 기재 내용이 확인되고 폐쇄 이전에 어떤 거래가 있었고 매도인은 이 건물과 토지를 합해서 얼마에 매각했는지 확인이 된다.

등기사항전부증명서(말소사항 포함)
- 건물 -

고유번호 1101-2021-015000

[건물] 서울특별시 관악구 봉천동 738-9 파이치치9

【 표 제 부 】 (건물의 표시)

표시번호	접 수	소재지번 및 건물번호	건 물 내 역	등기원인 및 기타사항
1	2021년9월7일	서울특별시 관악구 봉천동 738-9 파이치치9 [도로명주소] 서울특별시 관악구 낙성대로3길 25	철근콘크리트구조 (철근)콘크리트지붕 4층 단독주택, 제1종근린생활시설 지1 54.45 ㎡ 1층 45.57 ㎡ 2층 36.95 ㎡ 3층 36.95 ㎡ 4층 36.95 ㎡ 옥탑1층 28.56 ㎡	

【 갑 　 구 】 (소유권에 관한 사항)

순위번호	등 기 목 적	접 수	등 기 원 인	권리자 및 기타사항
1	소유권보존	2021년9월7일 제177916호		소유자 김선숙 780708-******* 서울특별시 관악구 낙성대로3길21-6. 501호.(봉천동)

【 을 　 구 】 (소유권 이외의 권리에 관한 사항)

순위번호	등 기 목 적	접 수	등 기 원 인	권리자 및 기타사항
1	근저당권설정	2021년9월7일 제177918호	2021년9월6일 추가설정계약	채권최고액 금840,000,000원 채무자 김선숙 서울특별시 관악구 낙성대로3길 21-6. 501호(봉천동) 근저당권자 관악새마을금고 114344-0000378 서울 관악구 청림길 7(봉천동) 공동담보 토지 서울특별시 관악구 봉천동 738-9의 담보물에 추가

　그렇게 매매된 부동산은 그 이후에 어떤 변화가 있었는지 확인이 된다. 철거된 건물이 있던 자리에 신축을 완료하고 새로운 건축물대장이 만들어졌고 그에 따라서 건축물의 소유관계가 어떻게 되는지를 이 신축건물이 보존등기된 내용만으로 알 수 있다.

　새로운 소유자는 이 건물과 토지를 담보로 7억 원을 대출받았고 채권최고액 8억 4천만 원을 근저당을 한 사실이 확인된다. 그렇다면 앞에서 기존의 낡은 건물과 토지를 9억 4천만 원에 매수해서 건물은 철거하고 새로운 건물을 지었으며 대출금은 7억을 받은 것이 확인된다.

그리고 현장에서 이 건축물에 있는 임대호실이 몇 개인지 확인을 하고 임대료를 확인하고 신축하는데 들어간 연면적 대비 통상의 공사비와 설계감리비 정도를 추측한다면 이곳 토지건물의 전체 시나리오를 충분히 짐작하고도 남음이 있게 되는 것이다.

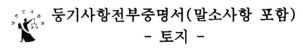

등기사항전부증명서(말소사항 포함)
- 토지 -

고유번호 1143-1996-028954

[토지] 서울특별시 관악구 봉천동 738-9

【 표 제 부 】 (토지의 표시)

표시번호	접 수	소 재 지 번	지 목	면 적	등기원인 및 기타사항
1 (전 1)	1981년10월8일	서울특별시 관악구 봉천동 738-9	대	96㎡	
					부동산등기법 제177조의 6 제1항의 규정에 의하여 1999년 06월 10일 전산이기

【 갑 구 】 (소유권에 관한 사항)

순위번호	등 기 목 적	접 수	등 기 원 인	권리자 및 기타사항
1 (전 5)	소유권이전	1995년7월10일 제23462호	1995년6월5일 매매	소유자 간영학 400726-******* 서울 관악구 봉천동 81-1
				부동산등기법 제177조의 6 제1항의 규정에 의하여 1999년 06월 10일 전산이기
1-1	1번등기명의인표시 변경		2021년3월30일 주소변경	간영학의 주소 경기도 용인시 수지구 대지로 64. 301동 1501호(죽전동,도담마을롯데캐슬) 2021년3월31일 부기
2	소유권이전	2021년3월31일 제57901호	2021년1월9일 매매	소유자 신연옥 711105-******* 강원도 춘천시 퇴계로 128. 203동 1402호(퇴계동,휴먼시아남춘천2단지아파트) 매매목록 제2021-1404호
3	소유권이전	2021년5월13일 제89424호	2021년5월4일 매매	소유자 김선숙 780708-******* 서울특별시 관악구 낙성대로3길 21-6. 501호(봉천동) 거래가액 금973,600,000원

이 한 필지에 관한 일련의 부동산 서류열람을 통해서 사업을 진행한 거의 대부분의 스토리를 짐작하고 나면 누구든지 필요한 예산을 예측할 수 있고, 예상수익률을 산정하는 것은 그리 어려운 일이 아님을 알 수 있는 것이다.

순위번호	등 기 목 적	접 수	등 기 원 인	권리자 및 기타사항
	【 을 구 】		（ 소유권 이외의 권리에 관한 사항 ）	
1	근저당권설정	2021년3월31일 제57902호	2021년3월31일 설정계약	채권최고액 금840,000,000원 채무자 신연옥 ~~강원도 춘천시 퇴계로 128, 203동 1402호(퇴계동,휴먼시아남춘천2단지아파트)~~ 근저당권자 관악새마을금고 114344-0000378 서울 관악구 청림길 7(봉천동) ~~공동담보 건물 서울특별시 관악구 봉천동 738-9~~
1-1	1번근저당권공동담보소멸			건물 서울특별시 관악구 봉천동 738-9 멸실 2021년5월12일 부기
1-2	1번근저당권변경	2021년5월13일 제89425호	2021년5월13일 계약인수	채무자 김선숙 서울특별시 관악구 낙성대로3길 21-6, 501호(봉천동)
1-3	1번근저당권담보추가			공동담보 건물 서울특별시 관악구 봉천동 738-9 파이치치9 2021년9월7일 부기

【 매 매 목 록 】

목록번호	2021-1404				
거래가액	금940,000,000원				
일련번호	부동산의 표시		순위번호	예 비 란	
				등기원인	경정원인
1	[토지] 서울특별시 관악구 봉천동 738-9		2	2021년1월9일 매매	
2	[건물] 서울특별시 관악구 봉천동 738-9		2	2021년1월9일 매매	

　　건축주가 9억4천에 매수하면서 7억이라는 자금을 융자받고 시공사와의 시공계약을 하고 공사기성분에 따라서 공사비를 지급하고 공사완료 시에 공사잔금을 지급하는 방법으로 이 과업을 완수한 것으로 추측할 수 있다.

　　건축물대장에 있는 연면적이 약 210제곱미터인 점을 감안해서 약 70평 정도의 공사를 할 때 시공비가 얼마인지를 어느 정도 예측하는 것은 어려운 일이 아니다. 인허가를 득하게 될 경우 공사비의 조달이 어려운 경우라면 신축매매업에 의한 사업자대출을 추가로 받아서 진행하는 등 다양한 방안을 강구해서 신축사업을 하는 전문건축업자들의 업무 스토리를 충분히 짐작할 수 있는 것이다. 이러한 세부적인 사안은 이 장에서 다룰 내용은 아니고 별도의 신축 파트를 참고하시면 될 것이다.

　마지막으로 이 등기부라는 것은 부동산에 얽혀있는 권리관계를 확인할 수 있는 중요한 서류로서 소유자가 누구인지에서부터 근저당이나 가압류가처분 등에 관한 투자의 중요한 내용들이 있으므로 이 등기부의 권리관계를 나타내는 다양한 용어들에 관해서는 반드시 알아두어야 한다. 이것은 부동산적인 요소라기보다는 민법적인 요소에 해당하는 분야라서 굳이 이 파트에서 설명은 하지 않고 해당 권리분석 파트에서 자세한 말씀을 드리게 될 것이지만 이 서류 한 장으로 투자를 결정할 수 있는 결정적인 중요한 포인트를 찾을 수 있는 서류이기도 한 것은 분명한 사실이다.

이 책자 내용의 군데군데 토지이용계획확인서에 관한 이야기가 되풀이되고 있다는 것은 필자가 보는 토지서류 중에서 가장 중요한 서류이고 가장 기본적인 투자지침이 되는 서류이기 때문이다.

토지이용계획확인서에 기재된 내용은 국가가 해당토지에 대해서 하고자 하는 기본적인 이야기를 부동산 법률적인 용어를 사용해서 함축적으로 표시하고 있는 서류이다. 이 서류한장에 모든 내용이 다 담길수는 없지만 거의 대부분의 내용이 담겨있다고 보셔도 무방하다. 그런데 이 서류한장에 담긴 용어의 의미를 이해한다는 것은 참으로 어려운 일이다. 많은 분들이 이 서류를 잘 살펴보아야 한다는 이야기는 하는데 정작 제대로 분석하는 노하우를 배우기에는 쉽지 않다.

필자는 이 서류의 용어를 제대로 이해못해서 큰 경제적인 손실을 입기도 했다. 적어도 모르면 개략적인 내용에 관한 관공서 질문정도만이라도 했었어야 하는데 그런 개념조차도 없었던 초보시절이었으니 손실을 입는 것은 어쩌면 당연한 결과이었을지도 모른다.

본문에서도 말씀드렸다시피 토지이용계획확인서에는 토지이음이라고 하는 사이트에서 토지의 주소별로 토지에 가해지는 법률적인 제한사항들을 도면과 함께 표시해둔 서류이다. 토지대장에 기재되어 있는 토지의 면적과 지목 그리고 공시지가도 참고적으로 표시되어 있다. 표시된 도면과 기재내용을 보면서 법률적인 제한내용을 이해할 수 있으면 된다.

가장 기본적인 표시내용은 한 장의 서류를 3칸 정도로 표 형태로 분리해서 표시하고 있는데 첫 번째 칸은 국토의 계획 및 이용에 관한 법률(국토계획법)에서 정하고 있는 법률적인 제한내용이 기재되어 있고, 두 번째 칸은 국토계획법이 아닌 그 외의 부동산 법률에서 정하고 있는 법률적인 제한내용이 기재되어 있다. 세 번째 칸에는 토지이용규제기본법에서 표시하라고 정해져 있는 내용이 기재되어 있다.

좀 더 자세한 내용을 덧붙이자면 첫 번째 칸에 기재된 내용은 국토계획법에서 표기하고 있는 토지의 용도지역 지구 구역에 관한 다양한 종류들을 한번 정도는 읽어보아야 할 필요가 있다. 그런데 우리는 수많은 종류의 용어가 있더라도 가장 많이 사용되는 몇가지 정도의 용도지역과 지구, 구역 정도만 익숙해져 있으면 그리 큰 문제는 없는 것이고, 모르는 용어가 나오면 사이트에서 안내하고 있는 용어사전을 통해서 읽어보든가 아니면 해당 시군구청에 전화민원을 통해서 문의를 하면 친절한 안내를 받을 수 있기 때문에 많은 용어들을 익히는데 시간과 공력을 낭비할 필요까지는 없다.

그렇다면 보편적으로 많이 사용되는 용어들이라고 한다면 도시지역에는 주거지역, 상업지역, 공업지역, 녹지지역 정도이고 비도시지역으로는 관리지역, 농림지역, 자연환경보전지역 이 정도의 용도지역 종류가 있고, 각 용도지역은 세분화된 용도지역이 있을 것이라고 보시면 된다. 예를 들자면 주거지역에는 전용주거지역, 일반주거지역, 준주거지역이 있고, 상업지역에는 일반상업지역, 근린상업지역, 중심상업지역, 유통사업지역이 있다는 정도의 이해를 하고 있으면 된다.

그런데 토지라는 투자 분야에 관심을 두는 분이라면 이런 용도지역은 기본적으로 알아야 하는 이유가 토지의 용도지역에 따라서 주택, 상가, 공장, 창고를 지을 수 있는지를 규정해두고 있고, 또 지을 수 있더라도 어느 정도의 크기로 지을 수 있는지에 관한 기본적인 내용이 정해져 있기 때문에 알아두어야 한다는 것이다.

만일 내가 살펴보고자 하는 한필지의 토지의 용도지역이 자연녹지지역이라고 기재되어 있다면 나는 개인적으로 이 땅에 다세대 주택과 조그마한 물류창고를 지으면 참 좋겠다고 생각하고 있는데 이런 나의 생각이 법률적으로 가능한지에 관한 개략적인 판단을 하려면, (물론 진입도로나 상하수도 등의 기타사항에 관한 것들은 문제가 없다는 전제로 보는 것이다) 국토계획법과 이 땅이 소재한 지역의 해당 지자체의 도시계획조례를 찾아서 그런 건축이 가능한 것인지를 찾아야 하는 것이고, 가능할지라도 주택은 어느 정도의 크기로 지을 수 있는지, 그리고 창고는 어느 정도의 크기로 지을 수 있는지를 사전에 알아볼 수 있게 되는 것이다.

그렇게 하려면 건축물의 다양한 종류를 알아야 하는 것이고, 용도지역별로 지을 수 있는 건축물의 종류를 제한하고 있는 내용을 찾을 수 있게 되는 것이다.

건축물의 크기와 관련된 용어 또한 건폐율과 용적률이라는 용어가 사용되고 있다는 것도 최소한 알아두어야 하는 것이다.

만약 여기에서 용도지역만 기재되어 있던 토지이용계획확인서의 내용에 추가로 기재된 어떤 용도지구라는 용어가 있다면, 이 용도지구가 위에서 살펴보았던 건축물을 짓는 데 있어서 어떤 영향을 미치는 용도지구인지, 그리고 건축물의 크기에 어떤 영향을 미치는 내용이 담긴 용도지구라고 한다면, 용도지역뿐만이 아니라 용도지구에서 제한하고 있는 법률적인 규제도 지켜야한다는 것으로 이해하시면 되는 것이다.

용도구역이라는 것도 예외는 아니다. 예를 들어 지구단위계획구역이라는 용어가 있다면 해당 지구단위계획의 내용을 일일이 찾아서 그 계획에서 정하고 있는 행위제한 내용을 살펴봐야 하는 것으로 이해하시면 될 것이다.

이런 방식으로 이해하는 것을 교집합방식의 행위제한이라는 표현을 하는데 실은 모든 규제방식이 이렇게 교집합방식으로 행위제한을 하는 것은 아니다.

예를 들자면 용도지역이 농림지역이고 용도구역이 농업진흥구역(혹은 농업보호구역)이라는 내용이 적힌 토지이용계획확인서라면 농림지역에서 규제하고 있는 건축물의 행위제한은 무시하고 농업진흥구역(혹은 농업보호구역)에서 정하고 있는 건축물의 행위제한만 적용하는 경우도 있다는 정도만 이해하시면 충분하다.

토지이용계획확인서의 기대내용은 무작정 현장에 나가서 확인한들 확인되는 내용도 아니고 현장으로 나서기 전에 토지의 법률정보에 관한 거의 대부분을 책상에 앉아서 확인을 할 수 있는 서류인 것이다.

이 서류를 살펴보는 기본지식이 없는 상태에서 누군가가 이 땅은 사두면 반드시 돈이 되는 물건임이 확실하다고 하는 말에 잘생긴 땅에 투자하는 경우가 많은 것이 초보자인 토지 투자자들의 현실이다.

내눈에 아무리 잘생긴 땅일지라도 10년이 지나도 그대로인 땅이 있고, 아무리 못난이 땅이라고 해도 투자자에게 큰 이익을 챙겨주는 땅도 있으니 그런 땅을 고를 수 있는 정보가 바로 이 한 장의 서류분석능력에 있는 것이니 필자가 이 서류를 보물창고라고 하는 이유가 여기 있는 것이다. 막연한 내용의 서술만으로 이야기를 드린 탓에 이해가 잘 안될 수가 있겠지만 이 책자의 전반에 걸쳐서 사례물건을 설명하는 과정에서 이 한 장의 서류에 관한 많은 이야기를 할 수 있으니 기대하셔도 좋다.

위와 같이 용도지역이나 용도지구 등의 법률적인 규제가 없다면 토지의 소유자들은 자신이 하고 싶은 건축물을 마음대로 지을 수 있는 무법의 상황이 될 수도 있는 것이다. 주택이 지어져 있는 바로 옆에 숙박업소나 유흥시설을 짓는 사람도 있을 것이고, 심지어는 축사를 짓는 경우도 생길수 있을 것이다. 개인소유의 토지에 국가가 제한을 한다는 것은 어찌보면 재산권을 침해한다는 생각을 할 수도 있으나 도시계획이라고 하는 큰 틀에서 보면 법률로서 개인의 사유재산권을 일정한 범위내에서 규제를 하는 것은 어쩔 수 없는 현실이라고 인정하는 것이 타당하다고 본다.

그래서 국가는 토지를 용도에 따라서 어느 지역은 주거 위주로, 어느지역은 산업적인 특징이 있는 지역으로, 어떤 지역은 상업적인 지역 등의 목적으로 다양한 용도지역을 설정하고 세부적인 지역의 특징에 따라서 용도지구나 용도구역 등의 추가규제를 하는 것으로 이해하시면 될 것이다.

그래서 토지투자에 관심이 많은 사람이라면 당연히 이러한 내용들이 담겨져 있는 토지이용계획확인서를 살펴보고 이해를 하는 것은 투자의 필수요소가 아닐 수 없는 것이고, 이런 서류조차도 보지도 않고 말로만 하는 이야기를 믿고 매수하는 것이라면 이는 투자가 아니라 작전세력에 속아 넘어가는 참으로 안타까운 사람이라는 표현밖에 할 말이 없는 것이다.

부동산 법규들의 연결구조를 알면
토지가 쉬워진다

꼬마빌딩투자 파트에도 유사한 내용이 설명되어 있지만 약간의 중복되는 내용이 있겠지만 그 파트에서는 건축적인 측면에서 접근을 한 설명이었다면 이 파트에서의 전개 방식은 큰 틀의 부동산 법률공법적인 차원에서 이해를 할 수 있도록 하기 위해 설명을 드리고자 한다.

이 파트에서도 많은 독자님들을 따분하고 지루하게 할 수 있는 내용이 시작될 것이다. 하지만 반드시 머릿속에 느낌표를 찍어두어야 하는 내용이라서 결코 도서는 재미있어야 한다는 논리에 밀려서 생략할 내용이 아니고 본 책자의 퀄리티와 자존심을 위해서라도 최소한의 써야 할 내용은 써야 한다는 필자의 의지로 이해해 주시기를 바란다.

필자는 법률전문가는 아니다. 그냥 살아오면서 투자활동을 하면서 자연스럽게 접하게 되었고 그렇게 알게 된 법률지식을 바탕으로 말씀을 드리려고 한다.

부동산 분야의 투자는 사실 부동산 관련한 법을 떠나서는 올바른 판단을 할 수가 없다. 극히 일부에 해당하는 경우는 법을 하나도 몰라도 투자할 수 있는 분야가 있다. 그것은 아마도 건축이 완료된 아파트나 빌라의 단순매매투자에서는 군이 부동산 법규를 모르고 매매에 관한 기본지식과 물건 확인 정도만 할 수 있으면 된다.

하지만 그 외 다른 분야의 투자는 모든 분야가 부동산 법률 내용과 밀접한 연결이 되어 있다. 법조문을 실제로 읽은 적은 없더라도 누군가로부터 배우거나 들어서 알게 된 것도 사실은 부동산 법률의 내용일 것이다. 하지만 모든 부동산 법규를 알아야 할 필요는 전혀 없다. 그중에서 실전투자에 쓰이는 필수 내용 정도만 스스로 읽든 누구로부터 배워서 알게 되든 무슨 수를 쓰든지 알아두어야 한다.

특히 투자의 위험이 되는 대부분의 이유가 법조문에 있는데 그것을 무시하고 자신의 상식으로 투자를 하는 것은 스스로 쪽박 투자자임을 자초하는 경우나 마찬가지이다. 필자도 실제로 그랬던 경험으로 참으로 힘들고 슬픈 시간을 보낸 적도 많다. 나중에 알고 보니 쪽박투자의 원인이 모두 법조문에 고스란히 있음에도 그것을 제대로 확인하지 않고 주위 사람의 의견에 의존하는 어리석은 투자를 한 생생한 경험을 갖고 있으니 필자가 이것을 중요하다고 어찌 강조하지 않겠는가.

부동산 법규를 알 필요가 없다는 강사들이 시중에는 참 많지만 그들의 진정한 의미는 핵심적인 내용만큼은 그래도 알아두어야 한다는 의미로 받아들여야 한다. 법에서 기초해서 법에서 발전하고 법에서 응용하고 법을 가지고 놀 수 있는 불법 아닌 편법도 불사하는 실전투자귀재가 되어야만이 결코 실패하지 않고 즐길 수 있다. 부동산 법규를 무시해서 필자와 같은 안타까운 청춘을 보내는 독자분들은 적어도 없었으면 좋겠다.

그렇다면 이런 법들은 어디에서 만들어지는가. 국회에서 국회의원들이 만든다. 정부 부처에서 입법요청을 올리기도 한다. 만들어지기 전에 입법이 된다는 예고를 국민들에게 미리 하는데 이것을 입법예고라고 한다. 사전심사절차들을 거쳐서 결국은 국회의 본회의장에서 망치를 두드려야 한다. 그때부터 그 법에서 정한 내용대로 시행시기 등이 정해지고 해당 법에 의한 규제를 받게 된다.

그런데 그렇게 제정된 법은 세부적인 내용까지를 정하지 않고 큰 틀에서의 뼈대 정도가 만들어지는 경우가 많다. 그래서 보다 세부적인 내용은 대통령령으로 따로 정한다거나 규칙으로 정한다거나 조례로 정한다는 식으로 법조문이 만들어진다.

그렇다면 세부적인 내용들은 어떤 방법으로 정할까.

대한민국은 대통령뿐만 아니라 각 부처의 장관들이 있고 차관들이 있고 계급에 따라서 공무원들이 자신의 일을 할 것이다. 이때 대통령은 매주 정기적인 각 부처 장관들을 모아놓고 회의를 하는데 이것을 아마도 국무회의라고 할 것이다. 이 국무회의 때에 법에서 만든 대통령령으로 따로 정한다는 내용이 있는 법률들의 세부내용을 의결하고 또 망치를 두드리면 되고, 이 대통령령에서도 세부내용을 규정하기 어려운 것이 있을 경우에는 규칙으로 정할 수 있다고도 할 수 있는 것이고 혹은 조례로 위임한다는 내용으로 정할 수 있다. 이것을 우리는 해당 법률의 명칭뒤에 시행령이라는 이름을 덧붙인다. 그리고 법조문에서 규칙으로 정한다는 내용이 있는 경우의 법조문은 해당 정부부처의 장관이 별도로 정하게 되는 것이다.

마지막으로 법조문이나 시행령에서 조례로 정한다는 내용이 있는 경우에는 도조례가 만들어지기도 하고 시청이나 군청에 있는 시의회나 군의회의 결의를 통해서 만들어지기도 하는 것이다.

말하자면 건축법을 국회에서 만들면 건축법 시행령은 국무회의에서 만들고 건축법 시행규칙은 국토교통부 장관이 만들고 건축조례는 해당 시군의 의회에서 만드는 것으로 이해하시면 부동산 투자를 하는데 있어서 큰 문제는 없다.

그렇다면 가장 많이 접하게 되는 대표적인 부동산 법규는 무엇일까. 사실 몇 개 되지도 않는데 많은 분들은 복잡하고 어렵다는 이유로 접근조차도 거부하는 경우가 많다. 그러지 않았으면 좋겠다. 돈을 버는 일인데 조금만 신경을 한 번 써보시기를 권하고 싶다.

아무리 하려고 애를 써봐도 법률에 대한 관심이 전혀 가지 않는 투자자라면 딱 두 가지 투자 방법이 있다.

첫 번째 방법은 아파트 투자만 사고팔고를 하시면 된다. 그런 유형의 갭투자도 타이밍과 투자심리를 잘 활용하면 충분히 경제적인 여유를 가질 수 있는 가장 소중하고 기본적인 투자이기 때문이다. 사실 이런 유형의 투자만으로도 투자 마인드만 잘 장착이 되어 있다면 법률지식이 없어도 투자하는 데는 아무런 지장이 없다.

두 번째 방법은 그냥 필자에게 와서 물어보시면 된다. 그것도 싫고 번거로우면 위

첫째 방법만 투자하시면 충분하다.

대한민국의 모든 국토의 계획에 관한 대표적인 모법이라고 할 수 있는 국토의 계획 및 이용에 관한 법률이 있다면 국토의 계획 및 이용에 관한 법률시행령이 있고 국토의 계획 및 이용에 관한 법률 시행규칙이 있다. 그리고 위 법률의 조례에 해당하는 도시계획조례가 각 도와 시군에 마련되어 있다.

각 법에는 제정이나 개정을 할 때 개정된 내용을 시행하는 시기나 새로운 조문의 적용 방법을 정하기 위해서 '부칙'이라는 것을 통해 설명을 하고 있다. 그리고 각 조문에서 일일이 표현하기 곤란한 내용이 있을 때는 '별표'를 사용해서 좀 더 자세한 내용을 첨부하고 있다.

건축법이라면 건축법시행령이 있고 규칙들이 있다. 그리고 00시 00군 건축조례가 있을 것이다. 재개발 재건축에 관한 법률로는 도시 및 주거환경정비에 관한 법률이 있고 도시 및 주거환경정비에 관한 법률시행령이 있고 도시 및 주거환경정비에 관한 법률시행규칙이 있고 각 지자체 명칭을 붙인 조례가 있다. 이를테면 서울특별시 도시 및 주거환경에 관한 조례가 있다.

그리고 최근에 많은 관심을 받고 있는 소규모재개발, 가로주택정비사업, 소규모재건축, 자율주택정비사업같은 사업의 내용을 규정하고 있는 법으로는 빈집 및 소규모 주택정비에 관한 특별법이 있고 이 법의 시행령이 있고, 시행규칙이 있고, 조례가 있는 것이다.

그리고 가끔씩 조례를 따로 제정하고 있지 않은 경우도 있는데 그것은 해당 시군에서 굳이 조례를 정해서 관리할 필요가 없을 정도이거나 아니면 게을러서 제정을 하지 않는 경우도 있을 것이다. 이때에는 조례가 따로 없으면 해당 시군이 소재하는 도조례를 적용한다고 생각하시면 될 것이다. 예를 들자면 경기도 의왕시에서 재개발사업을 하는데 의왕시에는 현재 재개발에 관한 도정법조례가 없다. 그렇다면 의왕시에서 진행하는 재개발사업은 어떤 법규에 의해서 진행될까. 당연히 도정법의 기초하에 조례의 적용은 경기도 도정법 조례를 적용하게 된다는 것이다.

그 외에도 도로법이나 기타 개별법들이 많이 있을 것이지만 대표적인 위의 법률들의 구조나 연관성 정도만 알아도 다른 법률들은 자연스럽게 이해할 수 있게 되므로 다른 법률까지 공부하려는 성급한 열정이 있으시다면 잠시 넣어두시고 다음 장으로 넘어가시기를 권한다.

그리고 위의 내용을 볼 수 있는 사이트는 다양한 방법으로 볼 수 있지만 필자가 주로 보는 사이트는 국가법령정보센터와 유료사이트이지만 로앤비라고 하는 사이트이다. 로앤비사이트는 유료인데 굳이 유료로 보지 않으셔도 되고, 레벨이 올라갈 경우에 법조항과 관련된 주요 판례 등을 찾기가 편하게 연결되어 있다.

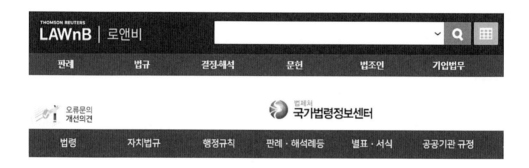

지목변경투자의 진실

지목	부호	지목	부호	지목	부호	지목	부호
전	전	염전	염	하천	(천)	체육용지	체
답	답	대	대	제방	제	유원지	(원)
과수원	과	공장용지	(장)	구거	구	종교용지	종
목장용지	목	학교용지	학	유지	유	사적지	사
임야	임	도로	도	수도용지	수	묘지	묘
광천지	광	철도용지	철	공원	공	잡종지	잡
주유소	주	주차장	(차)	창고용지	창	양어장	양

지목 28종류

　반복되는 이야기일 수도 있지만 일부 구석기시대의 투자 논리인 지목변경을 통해서 토지의 가치를 올려서 큰 수익을 거둘 수 있다는 내용들이 아직도 많은 사람들에게 회자되고 있는 것 같은데 다 부질없는 이야기다. 법령이 개정되면서 지목의 변경은 목적행위나 건축행위가 완료되고 난 뒤에 마지막에 지목변경을 허용하는 것으로 법이 변경되었다. 쉽게 말하면 지목을 변경하려면 건축까지 완료한 이후에 지목변경을 신청할 수 있다는 것이다.

　그렇다면 지목변경을 목적으로 토지에 건축행위까지 완료하는 비용을 추가부담하는 점을 감안해서 투자수익을 판단해야 할 것이다.

대지와 잡종지 지목변경투자

많은 분들이 필자에게 종종 하시는 질문들 중의 한가지가 있다. 대지가 좋아요? 잡종지가 좋아요? 대지에는 집을 지을 수 있고 잡종지에는 내가 짓고 싶은 건축물을 마음대로 지을 수 있다고 하니 대지보다는 잡종지가 좋은 것 아닌가요? 그런데 공시지가는 잡종지가 대지보다 적은 경우도 있는데 이것은 왜 그런가요? 라는 등의 질문을 하시는 분들을 자주 접한다.

필자는 왜 그런 생각을 하게 되었는지라고 다시 되물어 본다. 그러자 많은 사람들이 하는 이야기가 잡종지가 대지보다 좋다고 하는 이야기를 들었다고 한다. 질문하신 분이 들었던 이야기가 틀린 이야기는 아니다. 그렇다고 맞는 이야기라고 할 수도 없다. 질문자체가 선택할 수 없는 질문일 뿐이다.

토지의 용도가 법제화되기 전에는 일제 강점기때에 만들어진 지목을 가지고 토지의 가치를 서로 평가할 수 있었다. 그리고 건축법이 생기기 전에는 그냥 집을 지었다. 차량이 없으니 차량통행에 필요한 도로조건도 필요없고 토지의 용도에 따른 건축가능여부를 정해두지 않았으니 아주 오래전에는 그랬었다. 맞는 이야기다.

그러다 보니 그런 이야기가 입에서 입으로 전해져 오고 있었던 것이다. 그런데 그 이야기는 그때는 그랬다는 것으로 결론지어야 한다. 아이러니한 것은 지금도 공인중개사자격증이 생기기 이전의 소개업법 시절에 부동산 중개인자격으로 사무실을 운영하시는 연세가 지긋하신 분들중에 여전히 위와 같은 이야기를 하시는 분들이 계시기도 한다.

세월이 지나면서 많은 부동산관련 법령들이 개정되고 체계화되고 있다. 그래서 필자는 가장 짧게 답변을 해 줄수 있는 방법이 무엇일까하는 생각을 해 본다.

이제는 그런 스타일의 판단을 달리해야 한다는 말씀을 드린다. 이제는 대지와 잡종지는 어느것이 좋은지를 비교판단할 수 있는 대상이 아니다.

도로개념이 불확실했던 시절에는 지목에 따라서 건축을 할 수 있었던 시절이 있었다. 하지만 이제는 대지라고 해서 집을 다 지을 수 있는 것이 아니다. 집을 못짓는 대지도 많다. 소위 맹지대지라고 한다. 잡종지라고 해서 내가 짓고 싶은 건축물을 마음대로 지을 수 있는 것도 아니다. 건축이 불가능한 잡종지도 많다.

28종류로 분류되어 있는 지목은 토지의 현재의 토지사용용도에 따라서 편의적으로 구분해 놓은 것뿐이다. 그런데도 많은 분들이 지목이 무엇인지에 따라서 건축물을 지을 수 있는가를 판단하는 기준으로 생각하시는 분들이 많다. 이제는 언릉 버려야 하는 생각이다. 지목은 토지가 가지고 있는 쓸모에 맞추어서 사후에 지어진 이름이다.

하지만 이제는 전답 과수원같은 지목의 농지도 정해진 건축요건에 맞을때 집을 지을 수 있고, 잡종지에도 일정요건에 맞으면 집을 지을 수도 있다. 건축이 가능한 대지와 건축이 가능한 잡종지라는 전제하에 둘을 비교한다고 하더라도 단순 비교는 어려운 것이다. 해당 토지의 입지나 가치상승요소들을 종합적으로 비교판단해야 한다.

농지와 대지를 비교한다고해도 마찬가지다. 대부분의 사람들은 농지보다는 대지를 선택할 것이다. 틀린 선택이라고 하는 것은 아니다. 그런데 대지의 입지나 가치상승요소와 농지의 그것과 비교했을때 농지가 비교우위에 있다면 필자는 당연히 농지를 선택할 것이다. 말하자면 건축허가가능한 농지와 건축이 가능한 대지를 비교한다면 그 둘의 비교는 어쩌면 농지에 건축을 하기 위해 추가적인 비용 정도의 차이아닐까하는 생각을 해본다. 여기서 추가적인 비용이라고 한다면 농지전용과 관련된 설계비용, 농지전용비용, 각종공과금, 기본적인 토지정지 작업비용 정도만 생각해서 비교하면 충분하다.

경매 물건에 지목이 종(:종교용지)인 토지가 경매로 나왔다고 치자. 건축행위를 지목을 기준으로 판단하는 사람이라면 그 사람은 이 땅에 교회와 같은 종교시설만 지을 수 있다고 판단할 지도 모른다. 안타까운 생각이 될 수있다.

농기계 보관창고용도로 지어진 토지의 지목은 '창'이다. 이 창고가 있는 토지를 매수해서 일반물류보관용도의 창고로 사용할 수 있을까를 생각해보면 어떤 생각이 들까.

농산물을 가공하는 식품가공공장이 지어진 토지의 지목은 '장'이다. 이 공장이 있는 토지를 매수해서 일반 제조공장용도로 사용할 수 있을까를 생각해보자. 가능할까. 그런데 각자의 지목은 같은 지목이다.

약간의 느낌적인 느낌을 받았을지도 모르겠지만 토지에 무엇을 지을 수 있는지를 판단하는 기준은 지목이 아니다. 기본적으로 토지의 용도지역, 지구, 구역 등에 따라서 판단하고 해당 토지의 개별적인 특성에 따라 기타 검토요소들을 기준으로 건축가능여부를 판단할 수 있는 것이다.

항상 되풀이되는 말씀이지만 국가는 대한민국의 모든 토지를 용도지역으로 분류해 놓았다. 그 용도지역은 우리가 많이 들어서 알고 있는 주거지역, 상업지역 공업지역 녹지지역 뭐 이런 종류인 것이다.

이 책자의 전반에 걸쳐서 기술되고 있는 이야기이지만 좀 더 자세히 설명드리면 토지의 용도지역은 주거지역, 상업지역, 공업지역, 녹지지역, 관리지역, 농림지역, 자연환경보전지역이라는 7개의 용도지역으로 구분되어 있다. 이 용도지역이 무엇인가에 따라서 그 토지에 지을 수 있는 건축물의 종류를 알아볼 수 있다. 그 기본에서 추가로 규제할 내용이 더 있는 토지라면 구역이나 지구 등의 규제방식을 활용한다.

그래서 지목이 무엇인가에 따라서 지을 수 있는 건축물을 판단할 수 있는 것이 아니다. 결국은 지목이 중요한 것이 아니라 국가가 토지에게 부여한 용도지역이 무엇이냐를 따져서 그 내용을 기초해서 판단할 수 있는 것이다.

지목변경도 이제는 상당히 까다롭다. 오래전에는 토지의 현황상 사용용도를 보고 지목변경이 가능하기도 했고, 건축행위를 하지 않았음에도 단순한 형질변경허가만으로도 지목변경이 가능했었다. 그래서 많은 업자들이 지목변경을 이용해서 토지의 공시지가를 올려서 많은 도시민들에게 대지 가격으로 매매를 하는 수단으로 사용되기도 했다.

그래서 한때는 지목변경을 활용해서 토지의 가격을 올리는 수단으로 쓰여지는 사례들이 비일비재했다. 마치 지목변경이 토지투자의 마법사라도 되는 양 많은 선량한 사람들을 현혹시키던 시절도 있었다. 지목변경이라는 책도 출판될 정도였지만 이제는 그런 시절이 아니다.

법령의 개정으로 그것이 쉽지 않게 되었다는 것이다. 그것도 아주 오래전에 개정되었다. 2000년대 초반으로 기억이 되니 오래된 내용이다. 그럼에도 아직도 지목을 변경해서 토지의 가치를 올리는 이야기들이 공공연하게 나돌고 있는 현실이다. 이제는 지목변경은 목적행위가 완성되지 않는 한 지목변경을 해주지를 않는다.

아래의 이야기는 필자가 인터넷에서 아직도 나돌고 있는 지목에 관한 내용을 올려보았다. 상당히 재미있고 조리 있게 쓰여진 내용이다. 내용이 틀린 것이 아니라 오래전의 이야기를 읽고 지금도 그렇다고 생각하면서 읽으시면 안 된다. 세월의 변화에 따라서 법률도 변했다. 독자분들께서도 이 내용을 읽어보시고 지목에 관한 구석기시대의 아래 스토리와 현재의 확실한 느낌을 잡을 수 있으시기를 기대해본다.

출처 불명 이야기

오래전 옛날 호랑이 담배 피우던 시절의 이야기를 올려본다. 대지보다 잡종지가 더 좋은 이유?

토지투자 대상은 시대가 필요로 하는 지목을 선택하는 것이 좋다. 현행 지적법상 지목은 28개로 분류된다. 이중 어떤 지목이 시대의 요청을 받는지 생각해볼 필요가 있다. 1960년대 이전에는 논이 가장 각광을 받는 땅이었다.

1990년대에는 준농림지역의 전답이나 임야가 인기를 한 몸에 받았다. 현재 투자가치가 있는 땅은 잡종지, 대지, 관리지역 내 농지, 공장용지 등이다. 이 중 잡종지는 대지보다 더 나은 땅으로 꼽힐 정도로 투자성이 높은 땅이다. 잡종지는 특별히 정해진 용도가 없는 땅이다. 때문에 어떤 용도로도 지목변경이 가능하다(심각한 오류가 있는 내용이다).

대지와 가격 수준이 비슷한 잡종지가 나온 이유는 용도가 무궁무진하다는데 있다. 주택 등 건축물의 건축만 가능한 대지와 달리 주유소, 자동차운전학원, 주차시설, 납골당 등의 설치가 가능하고 대부분 도로와 인접해 있는 경우가 많아, 별다른 인허가 절차나 토목공사 없이 건물의 신축이 가능한 경우가 많다.

때문에 일부 수도권 지역에서는 잡종지로 지목변경에 따른 지가차익을 노리고 멀쩡한 농지에 쓰레기를 매립하거나 방치하기도 한다. 불법 매립되거나 방치된 쓰레기로 농지가 오염되어 불모의 땅이 될 경우 당국은 농지 주인의 요청에 의해 현장을 확인만 하고 잡종지로 지목을 쉽게 바꿔주기 때문이다.

주로 농지에 작물이 심겨 있지 않은 농한기에 이 같은 일이 흔히 발생한다. 그뿐만 아니다. 밭에 축사를 지어놓고 축사허가를 받았다가 다시 잡종지로 바꾸는 사례도 있다. 사업자등록을 하고 논밭에 자재 등을 야적한 다음 잡종지로 바꾸기도 한다. 변경된 잡종지는 일정 기간이 지나면 택지용으로 지목이 다시 변경돼 주택이나 근린생활시설 등의 건축이 가능해진다.

이럴 경우 토지 소유주는 가만히 앉아서 쉽게 큰 이익을 볼 수 있다. 일반적으로 평당 5만 원 정도의 농지가 잡종지로 지목이 변경되면 50만 원 이상 호가하게 된다. 카페나 식당 등 근린생활시설 용지로 지목이 바뀌면 평당 500만 원이 넘기도 한다. 이처럼 지목이 잡종지로 쉽게 변경될 수 있는 땅으로는 골재 채취장, 물길이 다르게 난 하천, 유지 등이다.

도로·주택·상가와 연접해 있어 사실상 오래 전에 나무가 없어진 도시계획구역 내 임야도 잡종지로의 전용이 매우 쉽다. 이처럼 지목이 임야였지만 나무가 없어진 지 10년 이상 지나 사실상 산림이 아닌 다른 용도로 이용되는 토지에 대해선 대체조림비나 전용부담금까지 면제해 준다. 뿐만 아니라 농지와 달리 면적에 상관 없이 매매가 자유롭다.

공부상 지목이 '전'으로 되어 있더라도 사실상 '잡종지'로 사용하고 있어 농경지로 사용하지 않을 경우 읍·면·동장의 농지이용확인서를 발급받아 농지취득자격증명을 대신할 수 있다.

대개 잡종지는 쓸모없는 땅으로 오해하는 사람들이 있으나, 도로나 공원 등 공공용으로 사용되고 있거나 문화재가 있는 땅을 제외한 나머지 잡종지는 용도가 무궁무진하다. 또한 잡종지는 조각땅인 경우가 많아 일반인들이 매입하기에 부담스럽지 않다. 잡종지 소유자가 해당 토지에 밭을 일궈도, 과수원을 해도, 집이나 창고를 지어도 상관없다. 때문에 업계에서는 오히려 대지보다 나은 땅으로 치는 사람도 있다.

　생각 없이 읽기만 하면 혹하는 내용들이 많이 보인다. 심각한 오류로 쓰여진 글임에도 모르는 사람에게는 상당한 설득력이 있는 호랑이 담배 피우던 시절의 이야기다. 출처 불명 이야기 끝.

땅 보는 안목의 현장종합정리

필자를 만나는 분들은 필자에게 거의 공통적으로 묻는 대화가 있다. 그리고 토지를 보러 갈 때 가끔 잘 아는 지인들과 동행을 할 때에도 듣는 질문이 있다. 어떤 땅이 좋은 땅인지를 묻는다. 숱하게 많이 듣는 질문이다.

추가로 하는 질문 또한 정해져 있다. 땅을 볼 때 유의할 점이 무엇인지를 물어본다. 질문은 쉬울지 모르지만 막상 대답을 하려면 쉬운 질문이 아니다. 땅마다 살필 내용이 다를수 있는데 공통적인 정답을 원하는 듯 해서 난감하기 그지없다.

그냥 땅을 보려는 목적에 맞으면 되지 않을까요? 라는 답을 하려고 하면 너무 무성의한 답변으로 실망하실지도 모를 일이다.

목적이 다양하면 토지를 살펴봐야 하는 방법도 달라진다. 전원주택을 짓고 싶어 하는 사람이라면 교통과 주위환경, 인허가, 토지 가격. 이 정도면 충분하다. 모르긴 몰라도 돈을 벌려는 목적으로 토지를 살펴보는 것이 가장 어려울 것이다. 돈을 벌려는 목적을 달성하기 위해서는 돈을 버는 방법 또한 워낙 다양할 것이니, 토지를 통해서 돈을 벌려는 다양한 방법을 배워야만이 어떤 토지가 좋은 땅인지 그리고 땅을 볼 때 주의할 점이 무엇인지를 저절로 알게 된다. 그렇다면 결국은 토지를 통해서 돈을 벌려는 다양한 방법을 배워야 하는 것인데 어디 이것이 쉬울 것 같으면 누구라도 관심있는 사람이라면 토지에서 돈을 쉽게 벌 수 있을 것이다. 물론 사두기만 하면 되는 시절에는 토지를 통해서 쉽게 돈을 벌었던 시절도 있었지만, 이제는 아니다. 그 시절보다는 좀 더 많은 아니 훨씬 더 많은 공부를 해야할 필요가 있을 것 같다.

이 책을 보시는 독자분들의 대부분이 토지를 진정으로 자식같이 아끼고 사랑해서 이 책을 필독하시는 분은 그리 많지는 않을 것이다. 토지투자를 통해서 실패하지 않고 돈을 벌 수 있는 방법이나 투자실력을 쌓고싶어하는 분이 대부분일 것이다. 그렇다면 위의 질문에 대한 답은 이 책 전부의 내용이 그 해답이 될 수 있으니 썰렁해진 답이 되어버린다.

하지만 최소한의 기법 위주로 몇 말씀이라도 드리고자 한다면 우리가 아는 땅이란 주된 사용 목적에 따라 대지. 답, 전, 과수원. 임야 등 28가지의 지목으로 구분해 놓고 있다. 그리고 국토의 계획 및 이용에 관한 법률에는 토지의 용도에 따라 도시지역, 농림지역. 관리지역, 자연환경보전지역 등 크게 4가지로 구분한다. 그리고 땅이라는 것은 그 위치와 모양과 형태가 각양각색이다.

또 투자목적이나 용도에 따라 점검 포인트가 다를 수밖에 없다. 하지만 일반적으로 나대지나 농지, 임야 등을 보는 관점을 종합적이지만 간략하게 정리해보고자 한다.

먼저 현장을 가면 땅이 생긴 모습을 살펴야 한다.

땅의 모양, 경사, 방향, 토질이 될 것이다. 그리고 인접한 땅과의 경계가 깔끔한지 그리고 토지에 접하는 도로여건이 내가 사용하고자 하는 목적에 알맞은 정도인지를 살펴야 한다. 접하고 있는 도로가 없다면 도로를 확보할 수 있는 명확한 방안이 있는지도 중요한 포인트가 될 것이다.

토지의 경사는 때로는 목적에 따라서 도움이 되기도 하고 방해가 되기도 한다. 경사를 활용해서 토지의 목적을 달성하는데 더 큰 도움이 된다면 고마운 일인 것이다. 하지만 경사 때문에 허가를 못 받게 된다면 심각한 문제가 될 수도 있는 것이다. 개발행위허가를 필요로 하는 토지라면 토지의 경사는 아주 중요한 문제가 될 수도 있을 것이다.

토지가 향하고 있는 방향도 중요한 요소일 수도 있다. 남향으로 햇빛을 받는 땅이 좋다고 하는 일반적인 이야기는 당연한 것이고, 때로는 북향의 토지가 더욱더 투자효과를 발휘하는 경우도 상당히 많다는 점을 알고 있어야 할 것이다. 물론 내가 사는 집을 지을때는 당연히 남향으로 볼 수 있다면 좋겠지만 이는 투자 차원이 아니라 실수요 차원에서 남향이 좋다는 것으로 생각하시면 될 것이다. 근생상가일 경우에는 북향이 오히려 낫다. 일조권 측면에서도 북향이 유리한 점이 많다. 그리고 산양삼이라고 하는 장뇌삼을 식재하려는 계획을 가진 분이라면 응달의 북향 임야가 최적일 수도 있다.

거기에다가 토질을 살펴볼 수 있다면 금상첨화일 것이고, 지하수가 필요한 지역의 토지라면 인근 탐문을 통해서 해당 지역에 지하수가 잘 나오는지를 확인하는 수고도 필요하다. 가끔씩 토지의 수맥을 살펴보고 수맥이 흐르고 있으니 안 좋은 땅이라는 표현을 하시는 다소 다른 분야의 감성을 가진 분들의 의견도 들린다.

독자분들이 각자 판단해야 할 몫이다. 필자는 투자 측면에서 보는 토지에서는 수맥 같은 것은 무시하는 투자 마인드를 가진 편이다. 수맥이 건강에 미치는 영향을 믿지 않는 것이 아니다. 우스갯스러운 이야기일수도 있지만 수맥이 지나가면 풍수에서 흉이 든다는 이야기를 듣고 수맥이 없는 곳의 토지를 매수해서 전원주택을 지었는데 정말로 수맥이 없어서 지하수를 100미터나 뚫었는데도 물이 안 나온다면 이는 참으로 아이러니한 현실이 아닐 수 없다.

물이 고여있는 응달샘 같은 물이 계속 올라오는 고래실논을 누군가가 흙을 메워서 땅을 매각하는 것이라면 이 또한 살펴볼 수 있어야 할 것이다. 매립을 한 토지는 가장자리를 살펴보면 인근의 토지와 토질이 현저히 다른 점을 알 수 있다. 가령 물이 나오지 않는 땅일지라도 매립을 한 토지라면 적어도 몇 년이 지나고 난 뒤 토지의 자기다짐이 어느 정도 완료된 땅임을 확인하는 것이 필요할 것이다. 그리고 매립을 한다고 해서 지하의 물이 가만히 있을까. 천만의 말씀이다. 어떤 식으로든 지하수는 흐르기 마련이다. 이런 정도의 수맥은 분명 피하는 것이 맞다. 땅을 팠을 때 물웅덩이가 고일 정도라면 그것이 주택에는 적합하지 않다는 정도는 필자도 충분히 믿기 때문이다.

공장이나 창고의 입지로서 최적이라는 판단이 드는 토지인데 규모가 큰 정도의 물이 흐른다면 어떨까. 물길을 바꾸는 작업을 해서라도 수익이 크다면 해야 한다.

매각하는 자의 입장에서는 매수하는 자가 토지매립을 모르고 그냥 현황대로 매수해주기를 기대할 것이며, 매수자의 입장에서는 매립한 토지를 정상토지 가격으로 사고 싶어 하는 사람은 없을 것이다. 누구를 위해서 이 책을 써야할 지를 잘 모르는 입장이다 보니 양쪽 입장의 표기를 다 해두고 싶은 필자의 마음인 것이다.

주택이나 근생 또는 공장 등 물을 사용해야 하는 토지의 목적이 있다면 당연히 사용한 물이 인근의 배수로나 구거로 빠져나갈 수 있어야 할 것이다. 이를 확인하지 않은 채 매수를 하게 된다면 도로는 있지만 허가를 받을 수 없는 안타까운 투자를 하게 되는 것이다.

이와 같이 토지의 사용 목적에 따라서 살펴봐야 하는 포인트들이 다른 것이다. 사용수익의 목적이라면 실수요자일 것이고 투자자의 입장이라면 보유 또는 개발목적이 될 것이다. 그래서 땅을 볼 때에는 자신이 무슨 목적으로 땅을 보는 것인가에 따라서 배워야 할 지식도 다르므로 거기에 맞는 지식을 익힌 후에 목적에 맞게 살펴보아야 한다는 것이다.

다음으로는 토지의 주변 환경에 관한 이야기를 해볼까 한다. 땅은 이동할 수가 없으므로 토지의 주위 환경은 인위적으로 피하는 데는 한계가 있다. 혐오시설이나 위험시설 또는 기피시설들이 주위에 있어서 나의 토지투자목적을 달성하는데 애로가 있다면 사전에 피해야 하는 것은 당연한 것이고, 혹은 매수 이후에 이런 기피시설들이 들어설 수 있다면 사후에 직접적인 피해를 입게 될 수도 있는 것이다. 그렇다면 그런 기피시설이 들어올 수 있는 토지가 없는 지역을 선택해야 하는 것이고 이 또한 내가 매수하고자 하는 토지에 관한 지식 이외에도 인근 토지들에 관한 지식까지도 배워야 한다는 부담이 생기는 것이다. 어려운 일이 아닐 수 없다.

만약 수용보상을 목적으로 토지를 매수하는 것이라면 크게 신경 쓸 분야는 아닐 수도 있겠지만 만약 전원주택을 목적으로 토지를 매수하는 경우인데 냄새나는 우사나 돈사 혹은 양계장 등이 들어선다면 참으로 난감해질 수도 있는 상황이 되는 것이다. 이와는 반대로 주변에 관광명소나 공원, 골프장, 유명 계곡, 강, 호수 등이 있을 때에는 오히려 이점이 있을 수 있게 될 것이다.

추가로 위치와 관련된 교통환경, 접근성도 중요한 포인트가 될 것이다. 인구가 밀집되어 있는 대도시에서의 접근성이 뛰어난 곳이라면 두말할 필요도 없겠지만 최근에는 교통수단의 현저한 발전이 있음으로 해서 예전에는 경치가 좋지만 너무 멀다고 생각했던 지역도 이제는 투자지역을 확대시킬수 있는 이점이 되고 있다.

땅의 소유권이나 권리 관계 등의 제한사항에 관한 판단은 아주 기초적이고 필수적인 사항이라 굳이 부연해서 설명할 필요는 없는 것이기에 복잡한 권리관계가 얽힌 토지는 가능하면 피하되 명확하게 해결가능한 방안이 제시된다면 법률전문가와의 확인하에 진행해야 할 필요가 있을 것이다. 예를 들자면 가압류가 등기된 토지를 매수하고 싶은데 가압류 때문에 망설여진다면 세부적인 내용을 물어보고 해결가능한 방안을 찾을 수도 있는 것이다. 좋은 땅을 그냥 가압류 때문에 놓치고 싶지 않다면 그런 방안까지도 생각해 볼 수 있어야 한다.

필자도 작은 빌라를 매수하는 과정에서 가압류가 되어 있는 빌라를 저렴하게 매수할 수 있었던 기억이 있다. 자세한 내용을 들어보고 확인한 이후 특약을 통해서 잔금을 길게 잡아서 마무리한 사례도 있다. 일반 매수자들은 그런 물건은 위험이 있다는 점 때문에 매수를 망설이는 것이 당연하다.

그리고 토지에 부과되어 있는 부동산 법규상의 규제내용을 파악할 수 있어야 한다. 대한민국 토지는 어떤 토지일지라도 법규의 제한을 받는 토지는 없다. 그것을 확인할 수 있는 능력이 없다면 적어도 해당자치단체를 방문해서 토지의 목적에 맞는 토지인지 그렇지 않은 토지인지에 관한 기본적인 안내를 받을 수 있는 마인드 정도는 갖추고 있어야 한다.

토지를 현재의 현황대로가 아닌 다른 목적으로 사용하고자 한다면 어떤 식으로든 관계기관의 인허가를 필요로 하는 것이기 때문이다. 이도저도 싫다면 시군구청 앞에 있는 인허가 대행업체를 방문하는 정도의 수고는 꼭 하시라는 의견을 드리고 싶다.

한 개인이 국토의 계획 및 이용에 관한 법률, 건축법, 농지법. 산지관리법 등 등의 다양한 부동산규제법령을 무슨 수로 다 알겠는가. 가령 그러한 법령들을 이해하고 있더라도 실무와 관련된 시행령, 시행규칙, 고시, 공고, 훈령, 지침 등과 조례, 예규 등을 파악하는 것은 보물찾기보다 어려운 일이 될 수가 있기 때문이다.

토지투자에 있어서 내가 직접 사용 목적에 따라서 개발하는 것이 아니라면 향후 해당 토지의 개발가능성을 판단할 수 있어야 할 것이다. 그 지역 또는 주변 환경의 개발전망과 실현 가능성을 판단해보는 것이다. 일반적인 개발호재라고 하면 각종 도로의 신설 확충과 이에 관련된 인터체인지 신설. 터널 그리고 철도 노선의 신설 등이 있을 것이다. 그 외에도 신도시개발, 산업단지, 공장, 기업 이전, 공기업의 유치, 골프장이나 스키장개발과 관광단지 등이 될 수 있다.

이러한 호재들은 지역과 주변의 많은 토지수요를 유발하며 인구유입을 촉진하고 향후 인접 토지의 지가를 상승시키는 좋은 호재가 될 것이므로 이러한 개발정보를 정부 고시사이트나 지자체의 각종 소식지 등은 훌륭한 투자소스가 될 것이며, 심지어는 소문조차도 토지 가격상승에 한몫을 하는 시대한 된 것이니 무엇이든 적극성을 가지고 개발정보를 서치하는 마인드는 투자성공의 중요한 자세가 될 것이다.

내 땅이 이러한 개발호재지역에 직접 포함되거나 또는 포함되지 않더라도 개발로 인한 수혜지역으로 되어 지가상승을 기대할 수 있을 것이다. 개발가능성이나 전망은 정부의 국토개발 기본계획과 개발정책을 예의 주시하면서 지역의 동향뉴스를 살펴보는 치밀함도 필요할 것이다.

그렇다면 필자가 지금까지 말씀드린 모든 조건을 다 갖춘 토지를 찾기 위해서 열심히 현장을 다니다 보면 이에 적합한 토지를 찾을수 있을까에 대한 궁금증이 문득 생길 수도 있을 것이다. 아쉽지만 모든 조건을 갖춘토지는 매우 드물고 설령 있다손 치더라도 마지막으로 한 가지 단점인 가격이 비싼 문제가 생길 것이다. 그렇다고 해서 이 책을 읽어야 할 필요가 없는 것이 아니라 거의 모든 땅은 기본적인 흠이 있다는 사실을 가슴속깊이 새겨둘 필요가 있다는 말씀을 드리고 싶은 것이다.

물이 너무 지나치게 맑으면 물고기가 없다는 옛말도 있듯이 완벽한 토지도 있을 수 없다는 것이다. 이런 마인드를 갖추지 못한다면 아무리 현장을 다니면서 토지를 살펴본들 이놈은 이것이 문제, 저놈은 요것이 문제라는 생각에서 투자를 할 수가 없는 지경에 이르게 된다.

그렇게 땅만 보러 다니는 세월을 이삼 년하다 보면 옛날에 보았던 똑같은 땅을 최근에 다시 보면서 가격만 오른 채 소개받게 되는 아이러니한 경험을 하게 되는 토랑자(토지유랑자) 신세가 되기도 한다. 좋은 말로 해서 토지유랑자라는 표현을 하는 것이지 중개업자들끼리는 '땅걸뱅이', '똠방'이라는 말로 소통되는 안타까운 사람이 될 수도 있기 때문이다.

하기야 토지 공부는 1도 하기 싫은 데다가 귀가 얇아서 이땅 저땅 기획부동산 땅도 사두기도 하고, 개발되면 벼락부자 된다는 업자 말만 믿고 올인해서 매수하고 현금일랑은 하나도 없이 토지등기부만 몇 개 가진 채 하루하루 힘들게 사는 땅거지보다는 백번 나은 것이겠지만 이도 저도 모르겠고 무섭다면 하나부터 백까지 제대로 배우시든지 그도 아니면 아예 토지투자를 하지를 말든지 할 일이다.

땅은 임자가 따로 있다는 말도 있고 내가 계약서를 쓰지 못했다면 나랑은 인연이 아닌 땅이라는 말도 있다. 가격이 비싸거나 흠이 있어서 내가 못 샀는데 다른 사람이 샀다는 이야기를 듣고 후회할 필요는 없다는 의미에서 생긴 말이기도 하다. 가끔 지인들로부터 토지의 가격이 왜 따로 정해지지가 않고 들쑥날쑥하는 것인지 이해가 잘 안되고 마치 속는 것 같다는 느낌을 받는다는 하소연을 듣기도 한다. 충분히 그 심정이 이해가 간다.

그리고 땅값도 매도자의 땅에 대한 애착이나 매수자의 목적에 따라서 가격이 다르게 매겨질 수도 있다는 의미에서 땅값은 정해진 가격이 없다는 말이 생겨난 것이다. 이 말을 땅은 부르는 게 값이라는 말로 오해해서는 안된다. 해당 토지를 원하는 사람에 따라 그 평가가 다를 수 있고, 평가가 다르니 자연히 그 가격도 달라질 수가 있을 것이므로 객관적인 가격을 정하기가 어렵다는 것이다.

공장을 지어서 운영을 하겠다는 사업가의 입장에서 보는 토지의 희망가격과 공장을 지어서 분양을 하겠다는 개발업자의 입장에서 보는 토지의 희망 가격이 같을 수는 없는 것이다. 공장을 매각하려고 하는 사람 입장에서는 본인이 최초에 토지를 매입하고 토목공사를 하고 각종 인허가 비용과 건축비가 공장의 원가이지만 이 가격에 자신이 수고한 프리미엄 수익을 얹어서 매각하려는 가격이 형성될 것이고, 매수자의 입장에서는 노후된 공장의 감가상각을 생각하고 공장의 사이즈나 높이 건축구조 등의 여건이 맘에 안 드는 상황임을 감안해서 산정하는 매수가격과는 괴리가 충분히 발생할 수 있는 것이다.

　　전원주택도 마찬가지로 매도자는 낡아 있는 전원주택은 감안하지 않고 신축했던 당시의 비용에다가 자신이 고생한 프리미엄을 감안한 가격을 얹어서 매도가격을 정하는 것이고, 매수자라면 그 정도의 비싼 가격이라면 토지를 사서 허가 내서 신축하는 비용이 더 저렴하다면 매수자는 당연히 새로운 전원주택을 신축하려고 할 것이기 때문에 가격괴리가 생기는 것이다.

　　이러한 현상들이 빈 공장과 빈 전원주택을 양산하고 끊임없이 신축하는 공장과 신축전원주택이 생기는 사이클이 반복되는 것이다. 비싼 매도가격은 설명을 들어보면 그 나름대로 비싼 이유가 있는 것이라서 굳이 수요공급의 경제원칙에 의해서 가격이 결정되는 것이 아니기에 토지에 가격이 따로 없다는 말이 공공연히 생긴 것이라고 이해하시면 될 것이다.

　　대략적인 정리를 해보건대 땅을 제대로 살펴본다는 것의 의미는 원하는 목적과 용도에 따라 살피는 정도와 내용도 다를 수밖에 없다는 것이다. 같은 토지라도 실수요자가 보는 대지, 임야, 논 밭, 농가주택 등 대상물에 따라 다를 것이고 투자자의 입장에서 살펴보는 요소도 다를 것이다. 순수한 투자 목적인 경우에는 환경보전보다는 개발가능성이 더 큰 비중을 차지할 것이고 현재보다는 장래를 더욱 중요시할 것이다.

　　결과적으로 각자 나름대로의 사용수익이냐 투자냐에 따라 우선적으로 고려해야 할 사항이 다를 수밖에 없는 것이다. 또 투자라 할지라도 수익성과 환금성, 안정성을 동시에 고려해야 하기 때문에 모두에게 동일한 투자기준이 있을 수도 없다. 따라서 각자 땅을 제대로 배워서 자기목적에 맞는 땅을 스스로 선택하는 것이 가장 잘 사는 것이다고 결론을 지어보지만 사실상은 웃기는 결론이고 가장 정확한 결론은 "딱히 정해진 결론은 없다"라는 결론이겠지만 그 결론에 가까워지기 위한 노력을 해나가는 과정이라는 표현이 어쩌면 답일지도 모를 일이다.

10부

수용보상투자

수용당한 것인가, 수용투자한 것인가

땅이 수용된다고 하면 예전에는 많은 사람들이 수용당했다는 표현을 썼다. 왜 그랬을까. 국가가 공익사업 등을 하기 위해 개인이 소유한 토지를 수용하면서 보상금으로 지급하는 금액이 거의 공시지가와 비슷한 수준의 금액이었기 때문이다. 말하자면 시세보다 저렴한 가격으로 수용되니 당연히 빼앗긴다는 느낌이 드는 시절이었다.

불과 그리 오래되지 않은 시절의 이야기이다. 그때만 해도 수용되는 토지를 매수해서 보상금을 받아서 차익을 챙긴다는 것은 생각지도 못했던 시절이었다. 그런데 필자의 기억으로는 고 노무현 대통령이 당선된 이후부터 이런 폐단을 하나씩 고쳐나가기 시작했다. 헌법에도 나와 있는 "정당한 보상" 이라는 법조문대로 현실적인 가격에 맞추어서 보상금을 지급해야 한다는 것이었다. 지극히 당연한 이야기인데도 제대로 지켜지지 않았던 시절을 살아왔다는 것이 한탄스러운 일이었다.

차츰 보상금 지급의 기준이 현실매매 가격에 준하는 방식으로 지급이 되면서부터 이것을 먼저 눈치챈 일부 사람들은 공익사업의 시행이 예상되는 지역의 토지를 선매입하는 작전세력들이 등장하기 시작한 것이었다. 그 정보를 미리 알지 못했던 지주들은 낮은 가격으로 땅을 수용당할까 봐서 급히 매각하는 현상도 발생하곤 했다.

대표적인 곳이 판교신도시 개발사업지였다. 그야말로 보상금이 대박의 수준으로 나왔던 것으로 기억한다. 그때부터 많은 보상금을 수령한 농민들은 은행에 예치하는 금액이 많다 보니 감사의 표시로 에쿠스 승용차를 받았던 분들도 많았고 이 분들이 농지에 일하러 나갈 때 고급 승용차를 끌고 나가서 트렁크에서 삽을 꺼내는 장면들이 많이 회자되기도 했던 시절이었다. 농지가 있는 평야에 고급 승용차 전시장을 방불케 한다는 기사도 있었다.

그러다가 평택으로 미군기지가 이전되는 등의 대규모 국책사업들이 진행되면서 수용보상이라는 분야에서 투자라는 단어가 붙어서 수용보상투자라는 새로운 부동산 투자 영역이 생기게 된 것이다.

수용되는 토지투자만 하면 큰돈을 번다

www.seoulfn.com › news

한탕 노린 토지 경매 '활활'…'묻지마 투자' 주의 필요 - 서울파이낸스

2021.05.26. 한국토지주택공사(LH) 사태 이후 **토지**가 돈이 된다는 인식이 팽배해지면서, 보상금을 노리고 **토지** 경매가 활황을 보이고 있다. 그러나 경매 응찰에서 **묻지마**식 **투자**가 횡행하면서, **투자** 판단에 주의가 필요할 것으로 전문가들은 지적한다....

M www.m-i.kr › news

토지보상 경매시장 '묻지마 투자' 주의보 - 매일일보

2020.03.26. 최근 **토지보상**금을 노린 경매물건의 응찰자가 늘어나고 있는 가운데, '**묻지마 투자**'로 인한 낭패도 속출하고 있다. 막연한 기대감에 낙찰을 받았다가 향후 받게될 **토지보상**금이 낙찰가보다 적다는 사실을 뒤늦게 깨닫고 잔금납부를 포기,

ER www.econovill.com › news

토지보상 겨냥한 땅 경매투자 독(毒)된 사연 ‹ 이슈 ‹ 건설/부동산...

2020.03.30. 때문에 언제 **토지보상**이 이뤄질 수 있을지는 기약이 없는 상태다. 신태수 지존 대표는 "**토지보상 투자**는 환금성과 수익성을 갖춘 매력적인 **투자**처임에는 분명하다"면서도 "**토지보상**과 감정평가에 대한 전문지식이 없는 상태에서 막연히

bdsgj.isoftbox.com › bbs

도시공원 해제땐 대박?..묻지마 투자하단 '쪽박' › 경매/공매 | 부동...

토지 투자의 가장 큰 단점이 '환금성이 부족하다'는 것인데 2020년 7월 전까지 보상이 이뤄진다면 위험성이 제거되기 때문이다. 설령 **토지 보상**이 이뤄지지 않더라도 개발이 불가능했던 땅이 규제가 풀리면 가치가 상승할 것이란 기대감도... ◇해제되...

달이 차면 기울듯이 많은 사람들이 너도나도 수용보상이 예정된 토지를 일반 매수방식이나 경매나 공매 등으로 낙찰받기 위한 관심을 가지게 되었고 심지어는 보상을 받

고 손해를 보는 경우도 발생할 정도로 과열현상이 발생하기도 했다. 간단하게 검색만 해보더라도 위와 같은 기사를 쉽게 접할 수 있는 현실인데 그저 무지개만 쫓는 보상투자를 하시는 분들을 볼 때 안타까움을 금할 수 없다. 지금도 마찬가지 현실이다.

일반적이고 기본적인 투자에서 벗어난 전문 분야의 투자로 접어든다면 그에 알맞은 기본기는 적어도 갖추고 난 뒤에 접근을 해야 하는 것이 기본 중에 기본인데 그저 몇 마디 주워들은 얇은 귀로만 투자를 하다가는 그 결과가 난감해지는 상황이 될 수도 있다. 특히 경매나 공매로 나온 보상부동산 물건의 경우에는 지름신이 왕림한 입찰자들이 참으로 많은 분야가 되었다. 당장이야 표가 안 나겠지만 세월이 지나서 비로소 그게 아니었다는 경험을 한다면 그 마음이 얼마나 아플까라는 생각을 하면 짠하기도 하다.

그렇기에 우리는 새로운 경향의 이 수용보상투자 분야에서 어떤 마인드와 실력을 갖추어야 하는지를 분명하게 알고 투자를 해야 할 필요가 있는 것이다.

그 첫 번째로 개발사업이 예정된 토지를 찾는 방법적인 것이 중요한 투자 포인트가 되었고 둘째로는 예상되는 보상금이 어떤 방식에 의해서 산정되는 것인지를 예측하여 사업시행자가 지급하는 보상금보다 낮은 가격으로 매수하여 수익을 내는 것이 중요하고 당연한 투자포인트가 될 것이다.

조금 더 욕심을 부린다면 너도나도 수용보상 물건에 관심을 갖는 과열된 시장이라면 이미 보상이 결정된 부동산에 투자하는 방법에서 한 걸음 더 나아가서 공익사업으로 인한 수용과는 상관이 없는 토지일지라도 다른 법률에서 정하고 있는 보상 대상이 될 수 있는 토지를 찾아내어 보상을 요청하는 방안도 있을 것이다. 수용보상 확정이 아직 안 되었더라도 개발압력이 충분히 예측되는 지역의 토지를 선매수하여 보상을 받는 방법이나, 수용대상 면적에 포함되지 않는 인근의 토지일지라도 해당 공익사업의 시행으로 인하여 지가상승의 혜택을 충분히 노릴 수 있는 토지에 투자하는 방법도 있을 것이다.

그렇다면 구체적으로 보상투자를 하는 데 있어서 어떤 내용을 알고 있어야 하는지는 스스로 자명해진다.

- 사업예정지의 위치와 정보를 파악하고
- 보상금의 예상지급시기를 예측하고
- 예상되는 보상금액을 예측할 수 있으면 된다.

위 내용을 알기 위해서 우리가 알아야 하는 것이 토지보상이 진행되는 절차와 관련된 내용일 것이다.

보상가격은 도대체 얼마가 될까

공익적인 목적의 사업이 시행되는 프로젝트에서 이 수용보상이라는 것은 필연적인 절차이다. 그러기에 이 절차는 당연히 법률적인 절차에 의해서 공평해야 하고 공정해야 하고 정당해야 한다. 그러려면 가장 밑바탕이 되어야 하는 객관적인 지침이 필요하다. 그것이 바로 법률이다. 이 토지보상이라는 절차를 진행하기 위해서 만들어진 기본법이 "공익사업을 위한 토지 등의 취득 및 보상에 관한 법률"이다. 쉬운 표현으로 토지보상법 혹은 공취법이라고 부르기도 한다.

이 토지보상법에는 토지 등을 수용하거나 사용할 수 있는 사업의 종류를 수십 가지로 분류하고 있는데 이것을 우리는 모두 알 필요는 없다. 단지 해당사업을 수용보상방식을 적용하는 사업인지 아닌지만 확인하고 해당되는 경우에만 보상적인 마인드로 접근하면 그만이다. 사업지내에 있는 토지는 당연히 보상이 되겠지만 지상에 있는 건축물은 보상이 될까. 같은 재료로 지어진 건축물인데 어떤 건축물은 식당으로 사용하고 있고 어떤 건축물은 주택으로 사용되고 어떤 것은 축사나 창고 등 등으로 사용된다면 이런 것들의 보상은 어떻게 하는 것일까. 또 그곳에 있는 임차인들은 어떻게 되는 것일까. 해당 부동산이 사업의 경계선상에 있어서 일부는 수용이 되고 수용이 되지 않고 남는 잔여지토지가 있는경우에는 어떤 마인드로 판단해야 할까 뭐 이런 다양한 경우의 수가 있을 수 있는 것이다.

아이러니하게도 위와 같은 경우의 수가 워낙 다양하고 광범위하므로 법률로서 일일이 정해둘 수가 없다. 그러다 보니 시행령과 시행규칙이 있고 그보다도 더 세부적인 보상방법을 정해두는 세부지침이나 토지수용업무 편람자료들이 있는 것인데 이러한 모든 내용을 스터디를 통해서 알고 있어야 할 필요는 전혀 없다. 하지만 그러한 자료들을 항상 옆에 두고 뒤적거려서 해당 내용을 잘 찾아서 그때 그때 활용하는 방식으로 접근을 하는 것이 현명한 것이지 카더라통신이나 단순한 인터넷 검색을 통해서 투자 결론을 내리는 성급한 투자를 하는 것은 바람직하지 않은 것이다.

이 수용보상이라는 업무를 이해할 때 독특한 용어가 있는데 가격을 책정하는 방법에 있어서 '나지상정 평가'라는 용어가 있다. 이것은 무엇을 의미하는 것일까. 수용보상 물건이 토지가 있고 지상에 토지 아닌 다른 건축물이나 구조물 등이 있을 때 토지의 가격을 평가하는 독특한 원칙을 이야기하는 것이다. 일반적인 경매나 공매에서는 지상에 건축물이 있는 경우 이 건축물로 인해서 토지의 가격이 제대로 평가를 받지 못하는 가격으로 감정평가되는 금액으로 경공매가 진행되는 경우가 많다.
하지만 보상의 경우에는 지상건축물이 없다는 전제하에 토지를 평가한다는 것이고 지상건축물은 토지와 별도로 평가를 한다는 것으로 이해하고 보상 공부를 시작해야 한다. 그것이 건축물일 수도 있고 구조물이 될 수도 있고 묘지가 될 수도 있다는 것이다.

보상에서 감정평가업자의 역할은 중요하다. 하지만 감정평가라는 업무 역시 모든 것이 법률적인 근거에 기반해서 평가를 할 수밖에 없는 것이고 그 범위 내에서 최대한 감평사의 재량이 행사될 수 있다고 보시면 된다.
토지보상법으로 그 내용이 정해지고 세부적인 법률인 시행령과 시행규칙에 보다 상세한 보상방법에 관한 내용이 있다. 그리고 실무에서는 토지보상업무처리지침에 의해서 평가되고 있으며. 더욱더 세부적인 내용을 담은 방대한 용량의 감정평가처리지침이나 업무편람 등이 있으나 세부적인 평가항목이 궁금할 때 펼쳐보면 된다. 자료가 부족한 것이 아니라 그것을 어떻게 활용하느냐의 시대로 접어든 것이다.

이 책에서 첨부하는 것은 분량도 많아서 무의미하기도 하고 차라리 독자분들에게 첨부자료로 보내드리는 편이 효율적이라고 생각해서 생략한다. 그리고 인터넷 검색만으로도 충분히 다운로드 받을 수 있을 정도로 그런 정보들은 이미 다 공개되어 있는 세상이다. 단지 공개된 정보를 어떻게 잘 가공해서 현실투자에 맞게 잘 운용하는 것이 더 중요한 것이다. 가장 핵심으로 요약된 내용만 정리해 보기로 하겠다

가. 토지

표준지 공시지가를 기준으로 토지 가격의 변동률 등을 고려하여 토지보상액을 평가한다. 이때 산출하는 수식은 우리가 흔히 경매감정평가서에서 보는 방식과 동일하다. 다만 적용하는 세부 방법이 다를 뿐이고 세부 방법은 뒤에서 별도로 말씀을 드릴 것이다.

나. 건축물 등 구조물 보상

토지보상감정평가액 = 비교표준지 공시지가 × 지가변동률 × 지역요인 비교수치 × 개별요인 비교수치 × 기타요인 비교수치

거의 대부분이 건축물이나 구조물의 면적대비해서 평가를 하게 되는데 재조달하는 방식이 많이 사용된다. 물론 재조달방식의 평가를 하더라도 시간 경과에 따른 건물의 감가를 감안해서 평가된다.

그리고 영업보상 축산보상, 수목보상, 분묘보상 등등 수없이 많은 종류의 보상항목이 있다. 그러나 필자는 애석하게도 그 모든 것을 잘 모른다. 단지 투자에 필요한 내용 정도만 머릿속에 넣어둘 뿐이고 그때그때 해당 부분의 보상자료들을 뒤적거리면서 찾

는 방법을 선택하고 있다.

그 외에도 이주대책에 해당하는 보상이 있는데 흔히 많이 듣는 이주자 택지, 협의양도인 택지, 생활대책용지 등등에 관한 이야기로 소위 딱지라고 불리워지는 보상항목도 있다. 이들의 경우는 별도로 말씀을 드릴 것이나 보상대상으로 선정되는 기준과 그 기준일자가 사업지마다 별도로 적용되는데 이러한 기준들을 사전에 알고 투자 시기나 면적에 맞게 투자를 할 경우에 해당 택지지구에서 공급되는 소규모 택지를 분양받을 수 있는 자격이 주어진다.

실제로 필자의 회원분 중에서도 남양주 왕숙지구에 편입되는 건축물과 토지를 일찌감치 투자를 해 놓은 결과 기분좋은 고민을 하시는 경우도 있어서 주위의 부러움을 한 몸에 받고 있다. 좀 더 자세한 내용의 평가방식에 관해서는 뒷장에서 따로 설명드리기로 한다.

수용보상절차를 알면 투자 타이밍을 잡는다

해당 공익사업에 관한 각종 계획이 수립되고 사업시행자가 선정되면 모든 사업이 그렇듯이 국민들에게 알리고 본 사업에 관한 의견을 수렴하기 위한 공람공고를 실시하고 일정기간이 경과 후에 해당 사업계획을 지형도면과 함께 고시를 하게 된다.

이때 우리는 토지이음 사이트의 고시정보 카테고리나 해당 지자체의 사이트 또는 해당사업시행자의 사이트에서 고시내용을 확인할 수 있게 된다.

사업시행자는 사업 진행을 위한 세부사업시행계획을 수립하게 될 것이고. 이때 가장 먼저 진행되는 업무가 토지조서와 건축물 등의 현황물건조서를 작성하는 것이다. 보상을 목적으로 사후에 의도적으로 진행된 행위도 조사하고 실제로 보상기준을 평가할 때 평가목록에 포함시킬지 여부도 판단하여야 하는 것이다.

그에 기준하여 보상 시기와 방법 및 절차 등이 포함된 보상계획을 공고하고 각 토지소유자들 및 이해관계인에게도 통지하고 이를 일반인들이 열람할 수 있도록 한다. 이때 공고된 내용과 다름이 있을 경우 명확하게 의견을 제시하여야 한다.

다음으로 감정평가업무가 진행되며 이때 토지소유자도 감정평가업자를 선정하여 감정에 참여시킬 수 있도록 하고 있으나 필자는 별도로 선정해 보지는 않았다. 감정평가 금액이 큰 자산일 경우에는 자신의 재산권을 지키기 위하여 선정하는 것이 좋다는 필자의 생각이다. 감정평가가 완료되면 각각의 감정평가금액을 산술평균하여 보상금액이 산정되고 보상협의요청서를 소유자들에게 개별통지를 하게 된다.

통지받은 내용과 금액대로 매도할 의사가 있을 경우에는 시행자가 요청하는 기재 내용대로 계약서류나 기타 동의서 등의 서류를 작성하여 발송을 하면 보상계약이 체결된 후 사업시행자로 소유권이 이전되고 난 뒤에 보상금은 계좌입금된다. 특별한 갈등이 있지 않은 한은 실제로 얼굴 마주치는 경우는 별로 없다.

보상금이 낮아서 불만이 있을 경우에는 협의 보상에 응하지 않아도 된다. 사업시행자는 수용절차를 진행하기 위해서 재결을 신청하게 되고 수용위원회에서 진행되는 최종 수용재결 내용에 불복할 경우에는 보상금은 공탁되고 토지소유권은 사업시행자로 이전된다. 이때 소유자는 이의신청 또는 소제기를 할 수 있다. 우리가 흔히 등기부를 볼 때 공공용지 협의취득이라고 표기된 등기부는 재결절차를 거치지 않고 부드럽게 마무리된 경우이고, 재결절차를 거친 경우에는 수용이라는 용어가 기재되어 있으므로 그 차이를 짐작할 수 있을 것이다.

다양한 개발정보 쉽게 찾는 방법

보상정보 이렇게 확인하라

개발정보를 찾는 가장 손쉬운 방법은 지자체 홈페이지다. 물론 공익사업을 시행하는 주체가 지자체뿐만이 아니라 국가나 공공기관 등 다양한 사업주체가 있지만 이 모두는 관할 지자체의 협조가 필수적이다. 게다가 지자체장은 자신의 치적 등을 위해서 해당 사업에 관한 홍보를 적극적으로 하려는 경향이 있으므로 지자체 홈페이지는 개발정보를 찾는 가장 기본적인 보물창고라고 할 수 있다.

카테고리별로 시정계획이나 행정정보공개자료 혹은 고시공고되는 내용들 중에서 수용보상사업이 진행되는 곳도 파악할 수 있고, 혹은 수용보상이 아니더라도 해당 개발정보를 통해서 투자를 할 수 있는 지역도 파악할 수 있는 소중한 사이트이다.

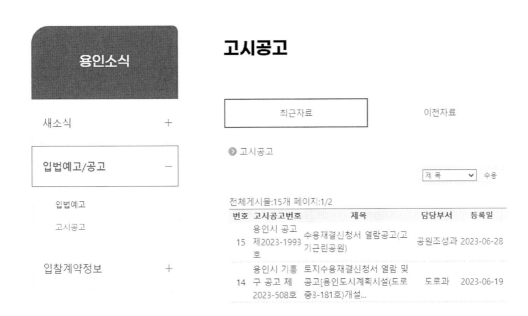

위와 같은 고시공고내용만 보더라도 수용재결에 따른 세부적인 내용을 누구라도 열람할 수 있도록 공개되고 있다.

다음으로는 지역신문에 게재되는 뉴스의 활용이다. 각 지역별 뉴스는 전국적인 뉴스 외에 해당 지역개발사업의 정보를 쉽게 접할 수 있는 통로가 된다.

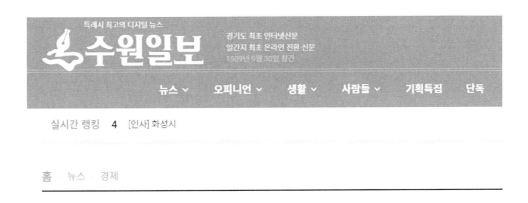

홈 뉴스 경제

수원시, '탑동 이노베이션밸리' 조성..2026년 준공목표

- 수원도시공사, 권선구 탑동 일원 26만8818㎡에 복합업무단지 조성 추진
- 800여 명 고용창출 효과, 1900억원 규모 경제효과 기대돼
- 7월 6일 수원컨벤션센터서 '탑동 이노베이션밸리 기업유치 설명회' 개최예정

공익사업이라고 하는 것이 해당 지자체만 시행하는 것이 아니라 사업의 종류에 따라 주관하는 정부부처나 공사 등 다양한 곳에서 시행을 하는 것이라서 이런 부처들의 홈페이지는 그들이 진행하는 모든 사업들을 공개하고 있으므로 누구라도 쉽게 홈페이지에서 개발정보를 파악할 수 있다. 택지정보시스템 사이트도 마찬가지이다. 그리고 국토교통부의 홈페이지 껍데기만 보아도 누구든지 개발정보 진행사항들을 확인할 수 있다.

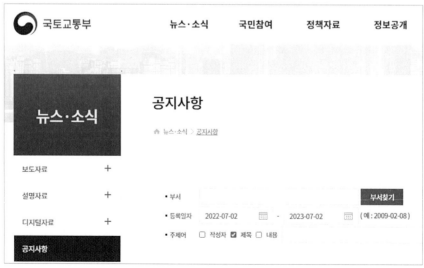

각 지자체마다 당해연도의 주요업무계획을 한곳에 모아둔 사이트도 행정안전부에서 운영하고 있다. 내고장 알리미라고 하는 검색어를 입력하면 누구라도 확인할 수 있으며 세부적인 내용들을 파일까지 통째로 내려받을 수 있다.

이외에도 중앙도시계획위원회 그리고 지방도시계획위원회에서 정기적으로 개최하는 회의내용도 정기적으로 살펴봄으로서 미처 기사화되기 이전이나 행정계획이 즉각 반영되기 이전에 미리 살펴볼 수 있는 소중한 내용들도 있는 경우가 있다. 이러한 회의자료들은 한 가지만 정확하게 정보를 알수 있는 것만으로도 때로는 투자에 큰 도움이 되기도 하므로 수시로 관심을 가지고 접속해보는 습관을 들이는 것도 좋은 방법이 될 수 있을 것이다.

이와 같이 다양한 개발정보를 파악하는 루트 외에도 워낙 많은 사이트들이 제공되고 있으나 필자도 그 모두를 다 알고 있지는 못하므로 정기적으로 개정증보판을 통해서 이러한 자료들을 업데이트해서 제공해 드릴 계획이다.

하지만 이런 개발정보를 찾았음에도 그 정보의 실제적인 실행가능성 등에 관한 부분도 상당히 중요한 부분을 차지하므로 그에 관한 판단을 하는 데 있어서 소중한 자료로 활용할 수 있는 사이트가 바로 해당 사업의 예산을 컨트롤하는 지자체 예산의 확보와 지자체의 집행의지의 확인이다.

예산이라고 하는 것은 토지의 보상과 바로 직결되는 부분이므로 추진의지가 아무리 강해도 예산이 마련되지 않으면 사업이 시작도 안 되는 것이라서 보상 시기를 예측하기가 무척 힘들어지고 길어질 수 있다는 점을 간과해서는 안 된다. 이런 예산을 확인하는 방법은 해당 지자체의 의회 사이트를 일일이 방문해서 회의록과 함께 확인하는 구체적인 방법이 있고 이것을 중장기적으로 지자체의 발전계획과 수요를 전망해서 반영한 지방재정계획을 확인할 수도 있다. 지방재정 365라고 하는 사이트에 접속하면 누구라도 재정계획을 확인할 수 있도록 공개하고 있다.

보상세부정보 확인 사이트

- LH보상정보
- 각 지자체 사이트
- 경기주택공사
- 국가철도공단
- 국방부
- 대전도시공사
- 대구도시개발공사
- 부산도시공사

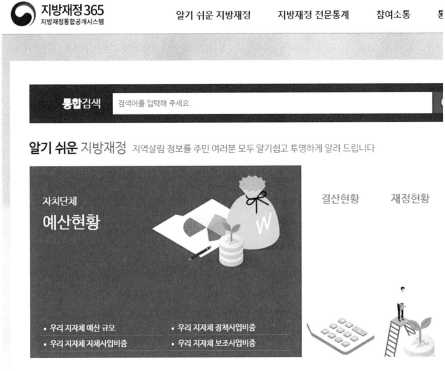

알기 쉬운 지방재정 지역살림 정보를 주민 여러분 모두 알기쉽고 투명하게 알려 드립니다

자치단체
예산현황

결산현황　　　재정현황

- 우리 지자체 예산 규모
- 우리 지자체 자체사업비중
- 우리 지자체 정책사업비중
- 우리 지자체 보조사업비중

지방재정 전문통계 지방재정 전문가들을 위한 정보를 제공 해 드립니다.

지방재정 통합공시

통합공시 개요

항목별 현황

단체별 현황

우리 지자체 재정공시

예산

예산현황

주요경비 예산편성

재정지표

우리 지자체 예산서

우리 지자체 주민참여예산

집행

세입현황

분야별 세출현황

세부사업별 세출현황

우리 지자체 세입세출현황

발주계획

계약현황

우리 지자체 계약현황

우리 지자체 일일 집행현황

- 인천도시공사
- 중앙토지수용위원회
- 한국농어촌공사
- 한국부동산원
- 한국수자원공사
- 환경부 개별 유역청
- 기타 보상사업 진행사업체의 해당 사이트

낡고 허름하고 자그마한 면적의 토지가 일반 매물이나 경매 혹은 공매로 나왔다고 치자. 내가 이 물건이 있는 지역에 관한 정보를 잘 모르는 사람이라면, 이런 물건은 어떤 마인드로 접근을 해야할까요라는 질문은 많은 분들의 공통점일 것이다. 필자가 이런 경우를 접했을 때 살펴보는 방법을 말씀드리고자 한다. 필자도 신이 아닌 이상 일반인들이 살펴보는 내용들과 크게 다른 내용은 없다.

　가장 먼저 보는 것은 이 물건이 어디에 위치해 있는지를 지도로 살펴본다. 인터넷지도는 많은 지도가 있으나 필자는 카카오맵과 네이버지도를 보는 편이고 어느 정도 세밀한 관찰이 필요할때는 다른 다양한 어플도 참고로 살펴본다. 지적도와 실물과의 실제위치를 살펴보고 싶을 때는 스마트국토정보지도를 쓰는 편이다. 항공뷰도 도시의 분위기를 볼 때 참고하는 페이지다. 그 외에도 구글어스나 물건의 성격에 따라 골고루 참고를 하는 편이다. 해당 물건이 현장에서 어떤 위치 형상 접근성 등을 하고 있는지를 살펴본다. 현장에서 촬영해둔 도로뷰도 유심히 살펴보는 편이다.

　그다음에는 토지이용계획확인서를 본다. 지목, 면적, 공시지가, 용도지역, 용도지구, 기타법률에 의한 제한사항 등을 본다. 그리고 해당 페이지의 아래에 있는 고시도면을 보면서 조금 전 지도로 보았던 현장의 물건과 지적도상의 토지상황을 머리속에서 비교해본다. 지상건물이 있더라도 그것은 그다음이다.

　토지이용계획확인서의 내용과 도면을 통해서 현재 해당 부동산에 대해서 국가가 규제하고 있는 도시관리계획의 내용을 살펴보는 것이다. 이 도시관리계획은 어느누구나 볼 수 있도록 공개되어 있는 것이지만 이 서류에 공개되어 있어도 그 내용이 투자에 있어서 어떤 의미를 가지고 있는지를 알기에는 쉽지않다. 혼자서도 지식을 쌓아나가는 것이 불가능한 것은 아니나 효율적인 측면에서는 별도로 토지관련 공부나 강의를 따로 들을 필요가 있을 것이다.

　예를 들어서 내가 보고자 하는 물건이 현재는 허름한 건물에 다쓰러져가는 지붕이 있을 지라도 토지이용계획확인서상에 도시계획시설도로로 표시되는 붉은색선이 이 토지를 가로지르는 상황이라면 우리는 이 건물과 토지가 도로계획시설사업으로 잘려나갈 수 있구나를 예측하는 연습은 그리 어려운 것은 아닐 것이다. 해당 토지의 전부가 도로계획으로 편입될 수도 있고 일부가 편입되고 일부는 남을 수도 있을 것이다. 그런 상황이라면 편입되는 도로는 언제 얼마가 보상이 될 것이고, 남는 토지는 어떤 용도로 사용할 수 있을까에 관한 과제가 남는다. 이 보상관련 예측이 토지공부이고 남은 토지의 효용가치를 판단하는 것이 토지공부가 될 것이다.

　그런데 토지이용계획확인서에 위에서 언급한 내용이 중요한 사항이 별로 없다면 어찌할 것인가. 지역에 관한 소문이나 기본적인 정보가 없는 사람이라면 패스하게 될 것이고, 혹 이 지역에 관한 미래계획을 조금이라도 들은 사람이라면 좀더 검색을 해 볼 수도 있을 것이다. 그래서 도면에 아직 표시되지 않은 미완성정보의 실현가능성까지를 알아낼 수 있는 정도까지 간다면 더욱더 큰 투자수익을 올릴 수 있는 결과가 나올 수도 있을 것이다. 강아지도 홈그라운드에서는 50%이기고 들어간다는 속담이 이것을 두고 이야기하는 것이 아닐까.
　하지만 이 소문이라고 하는 것도 요즘은 어느 정도 키워드로 지역검색을 해보면 지방신문이나 해당 지자체사이트에서도 계획이 진행되고 있다는 사실을 확인할 수가 있는 시절에 살고 있으니 이래저래 토지투자를 하기에는 점점 더 좋은 여건이 되고 있는 것은 분명한 사실이다. 그렇게해서 매수한 토지의 정보를 이웃한 공인중개업소에 자세히 공유하면서 매각을 원한다면 상승된 가격으로 매각해서 차익을 실현할 수도 있는 것이고, 아니면 그냥 보유하면서 예정된 계획이 실현되는 시기까지 간다면 훨씬더 큰 차익을 누릴 수도 있는 것이 토지투자의 기본인 것이다.

　아직 계획이 수립되지도 않은 경우가 될 지라도 무슨 지역의 중요한 선거 등이 있을 경우에는 개발공약을 내세워서 먼저 온 국민들에게 개발호재를 공공연하게 알리게 되는 이벤트를 하게 되니 많은 사람들이 원하는 지역의 개발방향을 사전에 파악을 해두고 선점하는 투자를 하더라도 이는 훌륭한 토지투자가 될 수도 있을 것이다. 하지만 이 과정에서 발생할 수 있는 주의해야 하는 문제가 생길 수 있다.
　그것은 개발호재가 발표되고 계획되고 실현되더라도 해당 지역의 토지들 중에서도 가치나 가격의 상승을 기대하기 어려운 토지를 골라서 투자를 하시는 분들이 꼭 있다는 것이다. 이런 호재들을 소재삼아서 작업을 하는 소위꾼들의 먹잇감이 되는 투자를 하시는 분들이 종종 있다. 하필 그것만은 하지 말아야 하는 짓을 골라서 투자를 하는 분들을 가끔씩 보면 귀재라는 생각이 들기도 한다.

당연히 몰라서 그랬다는 변명을 하시지만 안타깝지만 모르면 하지 않아야 한다는 기본을 정녕 몰랐을까 아니면 욕심이었을까를 반성해보아야 한다. 흔히 개발호재 등이 발표되고 계획이 수립되는 단계일지라도 실현되는 단계에서는 국가나 지방자치단체는 임야와 같은 토지까지 편입을 시켜서 훼손시키는 개발계획을 수립하는 경우는 특별한 경우가 아니면 별로 없다는 것을 명심했으면 좋겠다.

개발이 불가능한 임야는 가격이 워낙 저렴하기 때문에 기획부동산의 투기표적이 되기에 안성맞춤이고 이런곳은 어김없이 기획부동의 사기작품이 개입되어 선량한 시민들의 소중한 쌈짓돈을 몽땅 빼앗아가는 안타까운 일이 생기는 경우가 비일비재하다. 우리나라 거의 대부분의 개발계획이 발표된 인근의 임야나 가령 개발계획이 없는 곳에서의 임야도 소유자가 수백명이 공유지분으로 소유를 하고 있고, 수십수백개의 필지로 바둑판처럼 분할되어 소유하고 있는 임야가 많이 보이는 이유가 바로 이런 데에 있기 때문이다.

국가가 아무리 이런 기획부동산의 병폐를 방지하고자 조례를 제정하고 법령을 강화하는 등의 노력을 하더라도 한계가 있을 수밖에 없기 때문에 기획부동산의 기획작품은 앞으로도 영원히 존재할 수밖에 없을 것이다.

지금도 강남역, 역삼역, 선릉역 거리를 걷다 보면 이런 피해를 입은 연세드신 분들의 샌드위치 1인시위를 자주 접하는데 우리사회의 병폐가 분명하다. 땅에 투자하면 돈을 번다는 달콤한 말을 믿고 투자하는 대부분의 사람들은 서민들뿐이고 자본금이 많은 분들은 투자를 결정할 때 주위의 지인그룹들을 적극적으로 활용하기 때문에 그런 토지는 쳐다보지도 않는다는 사실을 명심했으면 좋겠다. 과욕이 부른 참사다. 너무 가슴이 아픈 현실이다.

더더욱 놀라운 것은 기획부동산들은 이제 임야투자에서 진화하여 농지까지 임야에 적용하던 수법을 그대로 이어받아서 기획매각을 하는 것을 보면 아연실

색할 수밖에 없는 현실이다. 농지를 취득하면 매년 일정량의 쌀을 보내드린다는 등의 메리트를 제공하면서 접근하는 방식에 필자는 혀를 내두를 수밖에 없다. 역세권의 토지라서 사두기만 하면 대박의 수익을 거둔다는 말에 솔깃하지 않을 사람들은 거의 없을 것이다. 필자가 잘 아는 분들도 그런토지를 아직 미련을 못 버린 채 20년이 넘도록 가지고 있는 분들도 있다.

자기 땅의 위치가 어디있는 지도 모르니 죽어서 묘자리도 못하는 땅인 줄을 믿으려고 하지를 않는다. 굳이 그런땅을 이미 매수하신 분에게는 상처주는 이 야기를 가능하면 필자도 하지 않는 편이다. 그런데도 그 분은 자기가 사둔 땅이 좋은 땅이라는 확인을 필자에게서 받고 싶어한다. 토지는 장기투자라는 대답말 고는 달리 뭐라고 답할 말이 없다. 이런 개뿔같은 세상이다. 토지가 장기투자하 는 품목이라고? 늙어 죽을때까지 마르고 닳도록 보유하고 있으면 밥이 나오나 떡이 나오나. 토지든 뭐든 목표한 수익이 달성되는 단계면 팔고 나오면 되는 것 이지 무슨 토지가 장기투자라는 귀신이 씨나락을 까먹는 소리를 하는지 필자도 잘 모를 일이다.

그럼에도 굳이 개발호재가 있는 지역의 임야에 투자해야겠다는 의지와 고집 이 크신 분이라면 한말쓱 감히 드린다.
적어도 임야의 소유 관리 개발등에 관한 노력과 공부를 적어도 5년이상은 해 본 후에 투자를 하신다면 말리지는 않겠다. 5년동안 공부하다가 지쳐서 나자빠 지겠지만 그래도 고집있으신 분이라면 산지의 용도와 관리, 산지전용 노하우 등 을 익힌 후에 투자를 제대로 하신다면 큰 수익을 올릴 수 있는 분야가 사실은 농지보다 임야에 있다는 것이 맞는 말이다.

결론적으로 돈이 되는 임야와 독이 되는 임야가 정확하게 구분되고 있고, 그 구분에 따른 가치상승의 능력은 소유자의 능력에 비례해서 임야의 가치는 상승 할 수밖에 없다는 말은 분명한 진리다. 말로는 참 어렵지만 해보면 안다. 고수들 에게는 임야가 농지보다 훨씬 뛰어난 투자처라는 것을.

이야기가 잠시 옆으로 빠진 느낌이 있지만 도시외곽지역의 토지투자는 아무 래도 기본적인 개발호재나 토지의 자체적인 내재가치를 파악할 수 있어야만이 투자에 두려움이 덜할 것이다. 그럼에도 불구하고 경매나 공매에서 감정가격대비해서 가격이 많이 저렴하다는 이유로 매입을 하는 것은 어쩌면 매각전략을 내가 수립하지 못하고 감정평가사가 감정한 감정가격에 전적으로 매달리는 매각 출구전략이 될까봐 염려스러울 수도 있다.

투자에 있어서 단연 중요한 것은 입지라고 할 수 있는 것인데 이것을 무시하고 타인이 책정한 가격만으로 매수를 한다면 매각전략에 차질이 생길 것이고, 장기간 자금이 묶이는 일이 생길 수도 있을 것이다. 미래 입지가 좋아질 지역을 국가나 지자체의 개발고시정보를 활용해서 찾아낸다거나, 도로개설 등으로 인해 인구의 증가 가구수의 증가현상이 발생한다면 부동산의 수요도 자연스럽게 올라갈 수 있다는 아주 상식적인 선에서 접근하는 것이 가장 안전한 투자일 것이다.

내가 분석해둔 지역에 혹시라도 내가 생각하는 정도이하의 금액으로 급매물이 나온다면 먼저 선점하는 자가 달콤한 과실을 먼저 차지하는 투자를 하게 될 것이다.

미확정된 지역뉴스도 참으로 투자에 있어서는 소중한 정보다. 실현가능성과 시기등에 관한 판단을 하고 혹여라도 미실현될 경우를 대비해서 도로여건 등이 불량하지 않은 곳에 투자를 해 두는 것도 현명한 방법이 될 수 있을 것이다. 길거리를 가다 보면 많은 새들이 모여있는 곳을 보면 그 이유는 간단하다. 먹이거리가 그곳에 많으니까 모여서 머리를 쪼는 것이 아닐까. 지방을 가더라도 중개업소가 유달리 많이 모여있는 곳이 있다면 차라도 한잔 먹는다는 마음으로 매수 투자자의 자격으로 방문해서 물어본다면 그들은 소중한 투자정보를 내게 전해줄 것이다.

그렇다고 무턱대고 매수를 저질러버리는 그런 짓만 하지 않으면 된다.

대규모 프로젝트 사업 진행지 이렇게 찾는다

너무 쉽다. 4가지 방법을 알려 드리겠다. 아는 만큼 보이고 아는 만큼 찾을 수 있을 것이다. 필자와 오프라인에서 만나는 스터디 기회가 있다면 같이 공유하는 구체적인 방법을 진행해 볼 예정이다.

토지이음이라는 사이트에서 해당 키워드를 입력시키면 소팅이 된다. 키워드는 뭐라도 좋다. 도로구역, 국도, 공원, 도시계획시설, 실시계획 등 등의 키워드도 가능하다.

해당 지자체 사이트에서 알려주고 있는 정보 내용을 통해서 알 수도 있다. 평택시청 사이트를 방문해서 위 페이지로 오시면 도시개발 지구를 선택하면 많은 도시개발구역의 진행내용을 알 수 있다.

이 사이트는 보상공고가 난 사업시행지의 정보를 알 수 있는 사이트이다. 여기에 올라있는 지역의 토지라면 보상이 얼마 남지 않은 곳이다.

| 환경영향평가소개 | 사업조회 | 협의통계 |

사업명을 입력하세요.

전략환경영향평가 　소규모환경영향평가 　환경영향평가

이 사이트는 다소 생뚱맞다는 느낌이 들 수도 있을 것이다. 하지만 대규모 사업을 시행할 계획이 내부적으로 있다면 반드시 사전에 거쳐야 하는 필수단계가 이 환경평가에 관한 내용이 있는 사이트다.

우리가 경매나 공매에서 도로 보상과 관련된 물건을 찾을 때 가장 쉽게 발견할 수 있는 정보는 토지이용계획확인서상의 도면을 보고 감을 잡는 방법이 있다. 그렇게 해서 공익도로로 편입된 토지를 찾는 것이다. 공익도로라고 하면 도로 파트에서 자세한 도로의 종류를 알 수 있는데 도심에서의 도로라고 하면 도시계획시설도로로 결정되었거나 완공된 도로를 말하는 것이고 도심을 벗어난 곳에서는 도로법에 의한 도로 등의 개설사업이 진행되었거나 예정된 도로를 말한다.

도심에 있는 도시계획시설도로는 우리가 흔히 토지이용계획확인서에 표기되는 내용으로 대로, 중로, 소로 등과 같은 용어를 볼 수 있는 데 이와 같은 도시계획시설도로로 편입된 토지는 도면에 붉은색 라인으로 표기가 되어 있으므로 쉽게 찾을 수 있다.

도로법에 의한 도로라면 도로구역이라는 키워드가 보일 것이고 이 중에서 사업이 완료되지 않은 곳이 있다면 보상 차원으로 접근하는 것이다.

현재는 도로가 아님에도 공익사업이 시행될 경우 도로용도로 편입된 토지를 경매나 공매로 만나게 될 경우 감정평가서의 내용을 잘 살펴볼 필요가 있다. 도로로 감정이 되었는지 도로가 아닌 것으로 감정평가가 되었는지를 가장 먼저 확인해야 한다.

감정평가를 할 때 인근의 정상적인 토지보다 훨씬 낮은 가격으로 평가를 하는 경우가 있다. 그렇다면 이렇게 도로로 편입된 토지를 나중에 보상을 받게 되면 경매로 감정된 도로 가격으로 평가를 할까. 그건 아니다. 도로로 편입되기 이전에 사용되었던 토지용도와 사용현황 등을 기준으로 평가를 하게 된다. 이와 같이 도로로 편입되는 전제로 평가된 도로예정지 평가금액은 보상감정평가금액이 높을 수밖에 없다.

거기에다가 도로라는 이유로 많은 사람들이 관심을 가지지 않는다면 유찰이 될 것이고 더 낮은 낙찰가격으로 더 높은 보상가격이 보장되는 투자가 되는 것이다. 편입된 토지가 도로가 아니라 공원일지라도 마찬가지일 것이다. 이런 방식의 투자들이 보상투자의 보이지 않는 메리트라고 할 수 있을 것이다.

보상감정평가는 어떻게 하는가

보상감정평가금액이 얼마인지에 관한 궁금증은 필자를 비롯하여 모든 투자자들이 궁금해하는 내용이 아닐 수 없다. 하지만 지금까지 읽었던 내용을 기본적으로 이해하고 계신다면 여기에서 보상감정평가를 하는 방법이 다른 일반 감정평가를 하는 방법과의 다른 점을 알고 평가지침의 기본적인 내용을 아신다면 어느 정도는 충분히 짐작을 할 수 있게 된다.

필자도 많은 분들에게서 듣는 질문이 보상감정평가를 어떻게 하는지에 관한 질문을 많이 받는다. 여기까지의 내용을 이해하셨던 독자님들이라면 어떤 답변을 해주실 수 있을까. 한마디로 그것을 쉽게 전달할 수 있는 방법 자체가 없는 것이다. 그 방법을 알기 위해 사전에 배워야 하는 기본 지식이 필요하다.

사례 한 방으로 풀어내는 보상감정평가

우스갯소리로 많은 분들이 이같은 질문을 하실 때 필자는 가장 쉬운 방법이 있다고 알려주는 내용이 있다. 감정평가사와 술을 자주 마시라고 한다. 그러면 예상되는 감정평가 자료를 알려 주지 않을까 농담 삼아 답변을 하기도 한다. 사실 틀린 답은 아니지만 현실적으로 쉽지 않다. 감정평가사는 그래도 준공무원에 속하는 직업이기 때문에 반드시 지켜야 하는 윤리가 있기 때문이다. 아마도 법적으로 이런 정보를 외부에 유출하는 행위는 금지하고 처벌하는 규정이 당연히 있을 것이다. 그렇다면 이런 정보를 알 수 없는 우리 같은 사람들은 가장 원시적인 방법으로 추측을 하는 수밖에 없는 것이다.

가장 쉽게 판단하는 마인드는 해당 토지와 가장 유사한 용도와 이용 상황, 물리적 현황 등이 비슷한 토지의 정상거래 사례를 찾는 것이다. 그것도 지금 현재를 기준으로 하는 것이 아니라 앞에서 말씀드린 사업인정 고시일을 기준으로 거래된 시세의 토지를 찾아서 그 토지와 해당 토지의 다양한 조건을 비교해서 추정하는 방법이다.

거래된 사례를 찾는 방법은 국토교통부 실거래 사이트를 활용할 수도 있고 전국의 토지건물 시세를 알려주는 밸류맵이나 디스코라는 사이트를 활용할 수도 있다. 그리고 밸류쇼핑이라는 사이트를 통해서도 인근의 유사거래 사례나 보상감정 사례정보도 확인할 수 있다.

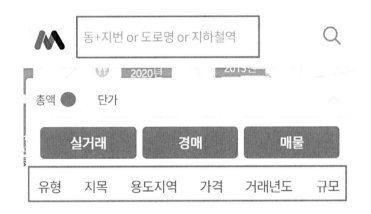

이 사이트를 활용하시면 실제로 소중한 보상감정평가에 필요한 유사한 자료를 얻을 수 있다. 특히 해당 지역의 거래사례가 거의 없는 경우에는 인근에 있는 보상사례가격 까지도 얻을 수 있으므로 도움이 될 것이다.

자 그렇다면 앞단에서 말씀드린 대로 경매로 나온 농지의 경우를 사례로 들어서 좀 더 이해의 폭을 넓혀보도록 하자. 아래와 같은 농지가 경매로 나왔었기에 필자의 투자 클럽회원과 공동으로 조사를 해보기로 하였다.

소 재 지	충청남도 당진시 면천면 성하리 32 외 1필지 [도로명검색] [D 지도] [네 지도] [🔊 주소 복사]						
물건종별	농지	감 정 가	229,437,000원	오늘조회: 1 2주누적: 0 2주평균: 0 [조회동향]			
				구분	매각기일	최저매각가격	결과
토지면적	1961㎡(593.2평)	최 저 가	(70%) 160,606,000원	1차	2020-04-28	229,437,000원	유찰
				2차	2020-06-09	160,606,000원	
건물면적		보 증 금	(10%) 16,060,600원	매각: 183,456,000원 (79.96%)			
매각물건	토지 매각	소 유 자	강영주	(입찰2명,매수인:인천 김미경외1인)			
				매각결정기일: 2020.06.16 - 매각허가결정			
개시결정	2018-12-19	채 무 자	강영주	대금지급기한 : 2020.07.16			
				대금납부 2020.07.15 / 배당기일 2020.09.23			
사 건 명	임의경매	채 권 자	한국자산관리공사	배당종결 2020.09.23			

소재지	충청남도 당진시 면천면 성하리 32번지		
지목	답 ❓	면적	893 m²
개별공시지가(m²당)	35,200원 (2021/01) [연도별보기]		
지역지구등 지정여부	「국토의 계획 및 이용에 관한 법률」에 따른 지역 · 지구등	자연녹지지역 , 소하천(저촉) 중로2류(폭 15M~20M)	
	다른 법령 등에 따른 지역 · 지구등	가축사육제한구역(전부제한)<가축분뇨의 관리 및 이용에 관한 법률> 도로구역(국지도 70호)<도로법>, 소하천구역(나무고개천)<소하천정비법>, 소하천예정지(나무고개천)<소하천정비법>	
「토지이용규제 기본법 시행령」 제9조 제4항 각 호에 해당되는 사항	중점경관관리구역(2021-09-14)		
확인도면		범례 ■ 자연녹지지역 □ 소하천구역 □ 소하천예정지 □ 가축사육제한구역 □ 중로2류(폭 15M~20M) □ 소하천 □ 법정동 □ 도로구역 □ 작은글씨확대 축척 1 / 1200 ∨ [변경] [도면크게보기]	

　필자는 이 토지의 보상감정 평가액을 이 경매사례에서의 감정평가금액과 유사한 수준으로 예상을 했었다. 해당 도로개설사업으로 인해서 지가가 급등한 현상도 보이지 않았고 도로구역에 편입이 되었으나 도로구역 편입을 전제하지 않은 상태로 현황감정을 한 것으로 확인되었기 때문이다.

　그리고 보상 시기를 여유 잡고 약 2년 정도를 예상하고 낙찰 후에 대출을 받을 계획으로 1억7천대로 지인과 공동으로 입찰에 참가했던 것으로 기억한다. 1억4천 정도로 융자를 받고 보상을 받을 때까지 이자를 지급할 계획으로 실투자금은 4천만 원 정도를 계획했고 2, 3억을 보상받으면 세전수익으로 약 100% 정도 생각했던 기억이다. 아쉽게 2등은 했지만 사실은 꼴찌였다.

　이 물건을 찾을 때 도로구역 결정에 관한 최초 고시내용을 아래에 첨부한 충청남도 도보를 통해서 확인을 한다. 물론 토지이음이라고 하는 사이트에서 해당목록을 키워드로 검색을 해서 비슷한 고시들을 클릭하는 수고를 먼저 아끼지 말아야 한다. 그럼에도 찾기가 힘들면 무조건 해당 지자체 도로관련부서에 전화 문의를 한다면 친절한 안내를 받을 수가 있다.

충청남도 고시 제2019 - 1041호

도로구역결정(변경) 고시

「도로법」 제25조제3항 및 같은 법 시행규칙 제6조에 따라 도로구역을 아래와 같이 결정(변경)하였음을 고시합니다.

2019년 9월 10일

충 청 남 도 지 사

1. 도로구역 결정(변경) 내용

구분	종류	노선번호	노선명	위치	사업연장 (km)	주 요 경과지	구역결정 (변경) 사유	비고
결정	국가 지원 지방도	70호선	당진 ~ 서산	서산시 운산면 갈산리 ~ 당진시 합덕읍 석우리	19.1		당진-서산 도로건설공사	

변경	중로 3	시1	12 ~15	보조 간선 도로	7,420	중로2-국지70B 면천, 삼웅리 775	대로3-103 대덕동 1366	일반 도로	-	
신설	중로 2	403	17.5 ~87	보조 간선 도로	2,284	도시지역경계 면천, 성하리 539-2	도시지역경계 면천, 성상리 78-14	일반 도로	-	국지도 70호선
기정	소로 3	959	12	집산 도로	3,197	소로3-954 순성, 봉소리 767	중로3-국지70A 면천, 문봉리 604	일반 도로	당진고제68호 2017.03.30.	농어촌도 로
변경	소로 3	959	12	집산 도로	3,157	소로3-954 순성, 봉소리 767	중로2-국지70A 면천, 문봉리 988	일반 도로	-	

　　해당 토지가 명확하게 보상 대상이라는 사실이 고시내용과 토지이용계획확인서를 통해서도 확인이 된다. 마지막으로 한국부동산원의 보상공고내용을 확인해본다.

당진~서산 도로건설공사(2구간)

| 등록일 | 2020.04.21. |

한국감정원(충청보상사업단) 공고 제2020-04호

보 상 계 획 공 고

　　충청남도 고시 제2019-1041호(2019.08.10.)로 도로구역결정 고시된 '당진~서산 도로건설공사(2구간)'에 편입되는 토지 등의 보상계획을 「공익사업을 위한 토지 등의 취득 및 보상에 관한 법률」 제15조에 따라 다음과 같이 공고하오니 토지소유자 및 관계인은 기간 내 열람하시고 토지(물건)조서 등의 내용에 대하여 이의가 있을 경우 서면으로 이의신청서를 제출하여 주시기 바랍니다.

1. 사업의 개요

사업의 종류 및 명칭	사업시행자	사업의 위치 및 면적	비고
당진-서산 도로건설공사	충청남도지사 (종합건설사업소장) (보상수탁기관:한국감정원장)	서산시 운산면 갈산리 - 당진시 합덕읍 석우리 (19.1㎞)	

소재지	편입지번
당진시 면천면 성하리	109-2, 112-2, 113-1, 114-3, 114-1, 114-3, 115-1, 115-2, 116-3, 116-4, 117-1, 117-3, 118-2, 119, 120, 121-1, 121-2, 121-3, 122, 1 133, 135, 14-10, 14-11, 14-12, 14-8, 140, 141-1, 141-2, 142-3, 153-2, 154-2, 154-1, 155-2, 155-3, 155-8, 18-6, 18-3, 19-4, 19-1, 24-2, 24-3, 24-5, 27-1, 27-2, 27-3, 27-4, 27-5, 27-9, 27-10, 27-6, 27-7, 27-8, 30, 31, **32, 33,** 34-3, 34-4, 34-1, 34-2, 35, 41-3, 540-3, 540-2, 541-1, 541-2, 541-3, 542-1, 542-3, 542-4, 542-2, 543, 544-7, 545-2, 545-3, 545-5, 545-7, 546-3, 546, 598, 599, 600 2, 71-4, 73-1, 73-2, 74-2, 75, 76-2, 76-1, 77-1, 77-2, 91-1, 91-2, 94, 94-1, 95-1, 95-2, 97-1, 97, 97-2, 97-3, 97-4, 97-12, 97-1 545-7

경매로 나온 필지가 지번까지 명확하게 보상계획 공고문에 포함되어 있다. 모든 것이 명확해졌다. 이제는 입찰하는 금액을 정하는 일만 남았다. 필자와 같은 생각을 가진 이가 2명이 공투입찰을 했다. 욕심 많은 필자는 낙방이었다.

사실 일반매매시장에서 수용보상이 되는 물건을 매수하기는 쉽지 않다. 어차피 세월이 지나면 보상이 나올 것이라서 굳이 매각을 할 필요가 없기 때문이다. 하지만 토지소유자가 채무불이행이나 체납 등의 사유로 변제를 하지 못할 경우에는 수용보상이 되는 토지도 경매나 공매로 나오는 경우가 있다. 이때에는 감정평가된 자료를 이용하는 것이 상당히 효율적인 방법이 되기도 한다. 보상평가방식은 일반평가를 하는 방식과는 그 기준만 다를 뿐 평가를 하는 원론적인 공식은 다르지 않기 때문이다.

그렇다면 여기에서 보상감정 시에 적용하는 방식과 일반평가방식과의 차이점부터 살펴보도록 하자. 이에 대한 자세한 내용은 앞에서도 소개하였듯이 보상평가 업무지침에 수록되어 있으나 그 내용을 읽고 이해하기가 어려울 독자분들의 입장을 감안해서 필자가 간략히 요약해 보기로 하겠다.

전면개정 2009. 10. 28

2010. 4. 29

2010. 6. 29

전면개정 2018. 2. 28

토지보상평가지침

제1장 총 칙

제1조(목적) 이 지침은 「공익사업을 위한 토지 등의 취득 및 보상에 관한 법률」(이하 "법"이라 한다), 같은 법 시행령(이하 "법 시행령"이라 한다) 및 시행규칙(이하 "법 시행규칙"이라 한다), 그 밖에 다른 법령에 따라 공익사업을 목적으로 취득 또는 사용하는 토지에 대한 손실보상을 위한 감정평가(이하 "토지 보상평가"라 한다)에 관하여 세부적인 기준과 절차 등을 정함으로써 감정평가의 적정성과 공정성을 확보하는 것을 목적으로 한다.

[원칙]

1. 지목에 불구하고 가격시점의 실질적인 이용상황을 기준으로 평가

2. 건축물 등이 없는 상태를 기준으로 토지평가

   - 개발제한구역 건축물은 토지가치 증가요인 감안하여 건축물있는 상태평가

3. 해당 공익사업에 따른 가치상승분 배제

   - 해당 계획 고시에 따른 가치변동분

   - 해당 계획에 의한 토지이용계획내용의 변경에 따른 가치변동분

4. 표준지 공시지가 기준평가

   - 당해 사업의 사업인정 고시일의 당해연도

   - 위치, 형상, 환경, 이용상황 고려

5. 비교표준지 선정

   - 국토계획법상 용도지역, 이용상황, 주변환경 등이 비슷하고 가까운 토지

6. 가격시점의 결정

   - 협의보상은 협의성립 당시, 수용재결은 수용재결 당시를 기준

7. 공법상 제한평가의 구분

   - 제한을 받는 상태를 기준으로 평가

   - 해당 공익사업 시행목적으로 용도지역 등이 변경된 경우는 변경전의 용도지역 등을 기준으로 한다.

8. 용도지역 등이 변경된 토지의 감정평가

   - 가격시점 당시의 용도지역 등을 기준으로 평가

   - (예외)해당 공익사업의 시행목적이나 절차 등으로 변경된 경우

9. 개발제한구역 - 공법상 제한을 받는 상태를 기준

10. 무허가건축물 부지

    - 무허가 건축물이 건축될 당시의 이용상황을 기준

    - 89. 1. 24 이전 무허가는 가격시점 당시의 현실적인 이용상황기준

11. 불법 형질변경토지

    - 불법 형질변경이 될 당시의 이용상황기준

12. 도로

    - 사도법 사도는 인근토지의 1/5

    - 사실상 사도는 인근토지의 1/3

    - 미지급 용지는 종전 공익사업에 편입될 당시의 토지이용상황을 토대로 가격시점에서 평가

보상가격을 예측할 수 없는 물건투자

　토지투자를 하다 보면 조사를 하려고 해도 도저히 조사할 수 있는 방법이 생각나지 않을 때가 있다. 특히 이 수용보상 투자는 도시지역의 대지들이라면 인근 사례들이 워낙 많아서 그리 어렵지 않을텐데 일반거래사례가 거의 없는 경우라면 난감한 생각이 들 때가 한두 번이 아니다.

　특히 도시근린공원같은 도시계획시설로 고시되어 있는 임야같은 경우에는 더더욱 그렇다. 이런 경우에는 웃기는 이야기가 될 지라도 무슨 수를 써서라도 예상 보상가격을 알아내는 방법을 찾아야 한다. 본인의 노력으로 도저히 찾을 엄두가 안 날 때는 어떻게 해야 할까. 유일하게 할 수 있는 방법이 분명히 있다. 해당 전문가와 같이 술을 한잔 하시든지 세부적인 방법까지는 필자가 말씀을 드리기에는 한계가 있다. 하지만 필자가 드리고자 하는 말씀은 집념과 끈기로서 한번 노력해보자는 말씀이다.

　필자가 공매로 낙찰받았던 사례물건도 비슷한 경우였다. 예상보상가격에 관한 고민이 깊어질 수밖에 없다. 해당 토지는 공유지분으로 나온 것이다. 해당 토지는 도시근린공원으로 지정되어 있었던 토지였다.

　이 근린공원의 일정 면적을 민간이 공동주택으로 개발하도록 허용해주고 나머지 면적은 공원으로 조성하도록 하여 오랫동안 재산권 행사를 못 하고 피해를 본 소유자들에게는 적절한 보상을 해주는 방식의 개발사업에 포함된 임야였다.

　소위 도시근린공원 개발행위 특례사업이라고 한다. 본 토지는 광주광역시 중앙근린공원 2지구 개발행위 특례사업지에 포함된 토지로 보상대상이 되는 사실이 확인된 것이다.

「환경영향평가법」제13조 및 동법 시행령 제13조, 제15조에 따라 "광주광역시 중앙공원(2지구) 민간공원 특례사업 전략환경영향평가서(초안)"에 대한 공람 및 주민설명회 개최를 아래와 같이 공고합니다.

2019. 06. 21.
광 주 광 역 시 장

1. 계획의 개요
○ 계 획 명 : 광주광역시 중앙공원(2지구) 개발행위 특례사업
○ 위 치 : 광주광역시 서구 풍암동, 남구 주월동 일원
○ 면 적 : 593,332㎡
○ 시행예정자(우선협상대상자) : ㈜호반건설(주간사)

　　망설임 없이 입찰을 결정한다. 소액이든 뭐든 낙찰가격과 보상가격과의 차이가 이익이다. 인근의 매매사례 중 백방으로 사례와 비스무리 한 것이라도 찾으려는 노력을 했다. 그랬더니 2년 전에 한 건의 매매사례가 있었고 1지구에서의 보상이 진행된 내용이 확인되었다. 등기부도 몇 개 확인해 보았더니 보상이 진행된 사례가 있었고 감정평가가 된 사례도 있었다. 그렇다면 인근지역의 중개업소를 여러 군데 방문해보면 그나마 정보를 알고 있는 중개업소가 있을 수도 있다. 필자의 지인에게도 현장조사를 부탁했더니 쉽게 정보를 찾아서 알려준다. 이 정도면 이제는 얼마에 입찰을 하는가의 문제만 남는다.

　　토지의 공시지가는 평당 12만 원인데 기존에 보상된 가격은 평당 40만 원~60만 원 사이이고 일반 거래사례는 평당 43만 원의 사례가 딱 한 개 있다. 보상 예정 공고문의 토지세목도 확인이 된다. 어쩌면 너무 빨리 보상이 되어서 양도세부담이 많아질 수도 있겠다. 거기에다가 거리가 멀리 있어서 비사업용 토지다. 단기매각이 되면 수용보상에 대한 세금감면 혜택도 없다.

　　흔히들 수용보상가격은 공시지가의 1.5배 내지 1.9배 정도로 예상하면 된다는 이야기들을 많이 듣는다. 공시지가가 평당 12만 원이라면 예상 보상가격이 20만 원 내외라는 것인가. 죄다 헛소리들이다. 참고적인 수치일 뿐이다. 그런 가격으로 보상을 받은 경험이 있을 경우에 역산해서 하는 소리가 일반적인 보상예상가로 소문이 날 수도 있다. 하지만 이 곳의 경우에는 그런 배수가 통하지 않는다. 기존의 보상가격수준이 확인

되었기 때문이다.

🚩 토지

광주광역시 서구 풍암동 산 18

1,193,650,000원 ❗

- 거래시점	- 토지면적당 단가	♻단위
2019년 08월	434,864원/3.3㎡ 거래면적 : 2,744.89(3.3㎡)	

공시지가의 약 2배 정도인 평당 24만 원 정도를 생각하고 입찰을 한다.

사실 이 토지는 필자의 멤버십 평생회원분이 물건을 검색해서 필자에게 입찰상담을 해왔던 것이다. 예상 보상가격의 예측이 어려울 수밖에 없었던 물건이라 필자도 깊은 고민과 분석을 했었던 기억이 난다. 소액투자한다는 마음으로 둘이 공동으로 편한 마음으로 입찰서를 접수한다. 다행히도 낙찰소식을 듣는다.

낙찰을 받고 보상 일정이 어떻게 될까 싶어서 해당 사업단에 전화를 하기도 하고 이런저런 검색도 해보니 예상외로 그리 오랜 기간이 걸리지는 않을 것 같은 생각이 들었다.

그런데 낙찰 후 등기를 완료한 그해 가을에 보상협의회 개최와 감정평가일정 소식이 들린다. 예상은 했지만 너무 빨랐다. 이를 예상하고 법인명의로 입찰을 했으니 단기 비사업용 토지 중과세 대상은 아니다. 추가과세 정도만 생각하면 된다.

사업시행자에게 소유권을 먼저 완전하게 이전해주는 서류와 계좌입금 요청서를 보내면 등기가 완료되고 난 뒤에 계좌입금이 되면 끝이다.

보 상 금 청 구 서

금   액 : 금육천삼십사만이천팔백일십원정 (₩60,342,810)
○ 사업의 명칭 : 중앙근린공원(2지구) 개발행위 특례사업

○ 사업시행자 : 광주광역시 외 1개사

위의 사업시행자가 시행하는 "공익사업"에 편입되는 "토지 등의 표시 및 계약내역(붙임 참조)"에 대하여 보상협의계약에 합의하고 소유권 이전(가)등기가 완료(또는 토지 등에 대한 소유권 및 점유사용권이 사업시행자에게 귀속)되는 경우에 위 금액을 아래 계좌로 지급하여 줄 것을 청구합니다.

2021년 01월 27일

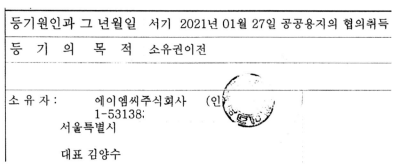

등기원인과 그 년월일	서기 2021년 01월 27일 공공용지의 협의취득
등 기 의 목 적	소유권이전

소 유 자 :   에이엠씨주식회사   (인)
                1-53138;
        서울특별시

        대표 김양수

모든 일들이 우편으로 일사천리로 진행되고 감정평가된 금액이 계좌입금되면 그냥 끝난다. 5월에 시작된 일이 다음에 1월에 끝났다. 평당 22만 원에 낙찰을 받고 평당 48만 원에 마무리된다.

법인명의로 하지 않았더라면 그나마 국세청과 너무 많은 공투를 할 뻔 했다. 마지막으로 수용보상 사실 확인서를 받아 두고 다음 해 법인세 신고할 때 국가에 충성하는 납세자가 되면 모든 게 끝난다. 만약 개인이 보상금을 수령한다면 양도일이 속하는 달의 2달 이내 말일까지 양도신고를 하시면 된다.

도시계획시설을 알면 왜 돈이 될까

도시계획시설해제를 활용한 투자 사례

이천시 장호원 읍내를 가로지르는 38번 국도변에 접해있는 임야가 경매로 나왔다. 이 물건은 최초에 지분으로 경매가 나왔었는데 4년 후에 다시 다른 공유자의 지분이 경매로 나왔던 것이다. 2014타경 18532는 지분면적이 174평이었고 감정평가금액이 9,800만 원이었다. 유찰되어 누군가가 낙찰을 받았다가 잔금을 미납하고 다시 경매에 등장했다.

당시 가까운 지인이 문의를 하여 앞에서 말씀드렸던 방식대로 도시계획시설이 해제될 것인지 아니면 사업 진행이 될 것인지에 관한 확인을 하였던 바, 이 물건은 해제를 앞두고 있는 물건임이 확인되었다. 여전히 이 물건은 완충녹지라는 도시계획시설에 저

촉이 되어서 비록 국도변에 접하고 있더라도 건축행위를 할 수 없는 토지였다.

2014타경18532

소 재 지	경기도 이천시 장호원읍 진암리 산28-14 도로명검색 지도 지도 주소 복사			

• 수원지방법원 여주지원 • 매각기일 : 2015.12.09(水) (10:00) • 경매 3계(전화:031-880-7447)

물건종별	임야	감 정 가	98,022,000원
토지면적	576.6㎡(174.42평)	최 저 가	(24%) 23,535,000원
건물면적		보 증 금	(30%) 7,060,500원
매각물건	토지만 매각이며, 지분 매각임	소 유 자	충주석씨참판공파지동종친회
개시결정	2014-11-21	채 무 자	충주석씨참판공파지동종친회
사 건 명	강제경매	채 권 자	석

오늘조회: 1 2주누적: 1 2주평균: 0 조회동향

구분	매각기일	최저매각가격	결과
1차	2015-04-08	98,022,000원	유찰
2차	2015-05-13	68,615,000원	매각
	매각 83,695,000원(85.38%) / 1명 / 미납		
3차	2015-08-26	68,615,000원	유찰
4차	2015-09-30	48,031,000원	유찰
5차	2015-11-04	33,622,000원	유찰
6차	2015-12-09	23,535,000원	
	매각 : 33,800,000원 (34.48%)		
	(입찰2명,매수인:석 (공유자우선매수))		

매각결정기일 : 2015.12.16 - 매각허가결정

대금지급기한 : 2016.01.25

대금납부 2016.01.06 / 배당기일 2016.01.27

배당종결 2016.01.27

그런 점을 감안해서 감정평가를 하다 보니 감정금액은 당연히 정상적인 토지 가격보다는 현저히 낮은 가격으로 감정평가되었음을 확인할 수 있었다. 이 물건이 유찰에 유찰을 거듭해서 6차 입찰에서 약 35%의 가격으로 낙찰을 받았다. 아쉽지만 공유자우선매수가 들어와서 낙찰을 받지못하는 아쉬운 상황으로 마무리되었다.

1차에서 유찰 후에 낙찰받고 미납한 사람은 왜 미납했을까. 필자가 위에서 설명드린 내용을 알고만 있었더라면 그 금액으로 낙찰을 받고 잔금을 냈더라면 그래도 2배 이상의 매각차익을 얻을 수 있었을 텐데. 하는 생각 속에서 필자의 머릿속에서 잊혀져 간 물건이었다.

소 재 지	경기도 이천시 장호원읍 진암리 산28-14 도로명검색 ■지도 ■지도 ■주소 복사						

물건종별	임야	감 정 가	160,294,800원	오늘조회: 1 2주누적: 0 2주평균: 0 조회동향			
				구분	매각기일	최저매각가격	결과
토지면적	전체: 2883㎡(872.11평) 지분: 576.6㎡(174.42평)	최 저 가	(70%) 112,206,000원	1차	2019-04-03	160,294,800원	유찰
				2차	2019-05-08	**112,206,000원**	
건물면적		보 증 금	(10%) 11,220,600원	매각 : 128,250,000원 (80.01%)			
				(입찰1명,매수인:·)			
매각물건	토지만 매각이며, 지분 매각임	소 유 자	박규회 외 4명	매각결정기일 : 2019.05.15 - 매각허가결정			
개시결정	2018-07-31	채 무 자	박규회 외 4명	대금지급기한 : 2019.06.20			
				대금납부 2019.05.30 / 배당기일 2019.06.18			
사 건 명	임의경매	채 권 자	이	배당종결 2019.06.18			

그런데 몇 년이 지난 후에 다시 다른 공유자의 지분이 같은 면적으로 경매로 나왔다. 이 물건도 여전히 토지이용계획확인서상에는 완충녹지가 기재되어 있었다. 아마도 해제가 되었음에도 토지이용계획확인서상에 기재 내용이 삭제되지 않았을 수도 있었을 것이다.

이 물건이 경매로 나올 당시에도 여전히 완충녹지라는 도시계획시설에 저촉이 된 상태였고 그 상태대로 감정평가가 낮은 가격으로 평가된 것이었다. 이 물건도 필자에게 위와 같은 내용의 강의를 들었던 가까운 지인께서 공투방식으로 낙찰을 받게 되었다. 감정가격은 1억6천이고 낙찰가격은 약 1억3천만 원인데 공유자우선매수가 들어오지 않았다. 아무도 입찰하지 않았던 단독입찰이었다.

공유지분을 낙찰받았을 때 의례적으로 진행하는 공유물분할청구의 소를 제기하게 되었고, 표준대로 소송이 마무리된다면 경매를 통해서 매각대금에서 공유지분비율로 나누게 되었을 것이다.

감정평가액의 산출근거 및 결정의견

라. 본건은 공유지분 토지로서 그 중 "석균만" 지분만을 산정하되 위치확인이 곤란하여 전체 토지를 기준으로 한 평균단가를 적용하되 그 면적은 지분비율에 의하였음.

마. 본건 토지는 완충녹지, 도시계획'도로'에 저촉되는 바, 이를 감안하여 감정평가하였음.

바. 본건 지상의 입목(소나무, 잣나무 등)은 일반적인 거래관행을 고려하여 토지에 포함하여 감정평가하되, 본건 일부 식재된 소유자 미상의 조경수(단풍나무 등)는 평가대상에서 제외하였는 바, 경매진행시 참고하시기 바람.

이즈음에 완충녹지는 해제되어 토지이용계획확인서에서 삭제되었다. 공유물 분할청구소송에서 다른 공유지분권자가 매수하겠다는 의견을 보임에 따라 법정에서 감정을 하게 되었고, 완충녹지가 해제된 상태의 감정평가금액을 인정받아서 화해권고결정으로 2억5천만 원으로 매각하게 되었다.

16 (전 59)	14번 이전	지분전부	2021년6월22일 제32748호	2021년6월22일 매매	공유자 지분 10분의 1 석⋯ ⋯⋯⋯⋯5-******* 경기도 여주시 가남읍 22-24 지분 10분의 1 이⋯ ⋯⋯⋯⋯-******* 경기도 수원시 ⋯⋯⋯ ⋯⋯⋯⋯(천천동, ⋯⋯⋯ 아파트) 거래가액 금250,000,000원
					분할로 인하여 순위 제1번부터 16번까지 등기를 경기도 이천시 장호원읍 진암리 17-59에서 전사 접수 2021년8월30일 제45476호

상기의 도시계획시설공원투자나 도시계획시설도로투자, 그리고 미지급용지 등에 관한 투자이야기 등 이 부동산법률 파트와 수용보상 파트를 좀 더 다양하고 자세히 말씀을 드리고자 한다면 분량도 그렇고 독자분들께서 느끼는 난이도 문제도 있고 해서 상당히 조심스럽다.

기초적인 내용만 발췌한다고 했음에도 다소 어렵겠다는 내용이 포함되어 필자의 마음이 편하지는 않다. 이 분야투자에 적극적인 의지가 있는 분들께서만 별도로 필자와의 소통을 기대하며 이쯤에서 마무리함을 양해해주시기를 바란다.

[바로간다] 강남 야산에 목없는 마네킹…"땅 사달라" 섬뜩한 시위

입력 2021-04-09 20:11 | 수정 2021-04-09 20:15

어느 방송사의 방송내용에서 앵커의 말이다.

강남구 어느 학교 앞 임야에 피 묻은 마네킹 시위

학교 정문에서 출발해 뒷산으로 향하자 산등성이 위로 사람 형체가 여럿 보입니다. 산에 올라가 가까이서 보니 여성 한복을 입은 마네킹입니다. 학교를 내려다보는 마네킹도 있고, 나무에 매달린 것도 있습니다. 어떤 건 목이 없고, 또 어떤 건 다리가 없어서 보는 것만으로도 섬뜩합니다.

"목을 매단 여인들이 치마 입고 있는 걸 봤을 때 어우 섬찟했어요. 소름이 쫙 끼치대요. 이렇게 해야만 하는 걸까요…"

처음엔 두세 개였던 마네킹은 지난달부터 점점 늘어나더니 지금은 30개나 됩니다. 당초 이 야산은 도시자연공원으로 지정돼 있었는데 지정 기간이 끝나면 개발을 할 수 있을 걸로 기대하고 8년 전 이 땅을 구입했습니다. 하지만 작년 6월 서울시가 이 땅을 다시 도시자연공원에서 도시자연공원구역으로 지정하면서 개발을 할 수 없게 되자 기괴한 마네킹 설치로 항의를 하고 있는 겁니다. 정 씨는 투자자 500명을 모아 10억 원을 주고 이 땅을 구입했는데 땅값이 올랐다며 180억 원의 보상을 요구하고 있습니다. 하지만 서울시는 보상 요건에 해당되지 않는다고 밝혔습니다. 이러는 동안 주민들은 영문도 모른 채 혐오스러운 마네킹 시위에 시달리고 있습니다.

법과 판례의 취지를 무시한 정책을 한 것인지 아닌지 필자는 자세한 내용을 잘 모르지만 이러한 기사를 통해서 우리가 배워야 하는 교훈을 알아두자는 취지이다. 투자자들은 부득이 소송을 제기하겠지만 그 결과는 필자도 잘 모른다.

2012타경　　• 서울중앙지방법원 본원　• 매각기일 : **2013.12.17(火) (10:00)**　• 경매 21계(전화:02-530-1822)

소재지	서울특별시 강남구 일원동 산	도로명검색 □지도 □지도					
				오늘조회: 1 2주누적: 10 2주평균: 1 조회동향			
물건종별	임야	감 정 가	5,064,042,000원	구분	입찰기일	최저매각가격	결과
				1차	2013-03-05	5,064,042,000원	유찰
				2차	2013-04-09	4,051,234,000원	유찰
토지면적	68433㎡(20700.983평)	최 저 가	(17%) 849,606,000원	3차	2013-05-14	3,240,987,000원	유찰
				4차	2013-06-18	2,592,790,000원	유찰
				5차	2013-07-23	2,074,232,000원	유찰
건물면적		보 증 금	(10%) 84,960,600원	6차	2013-08-27	1,659,386,000원	유찰
				7차	2013-10-08	1,327,509,000원	유찰
				8차	2013-11-12	1,062,007,000원	유찰
매각물건	토지 매각	소 유 자	(주)	9차	2013-12-17	849,606,000원	
				낙찰 : 936,789,500원 (18.5%)			
개시결정	2012-07-05	채 무 자	(주)	(입찰1명,낙찰:(주)　　)			
				매각결정기일 : 2013.12.24 - 매각허가결정			
				대금지급기한 : 2014.02.06			
사 건 명	임의경매	채 권 자	저축은행	대금납부 2014.02.06 / 배당기일 2014.03.21			
				배당종결 2014.03.21			

이 물건의 투자를 함에 있어서 조사를 하였겠지만 투자의 결과는 예상치못한 복병규제를 만나게 되어 만족스럽지 못한 결론에 도달한 물건인 것으로 판단된다.

토지이용계획확인서를 살펴보건대 도시자연공원이라는 도시계획시설은 해제가 된 것은 분명하지만 다른 법률에 의해서 적용되는 규제는 여전히 남아 있는 것이다. 개발제한구역이 해제되는 것도 아니고, 공익용산지가 해제되는 것도 아

닌 것이다. 더군다나 추가로 또다른 규제인 생태규제인 비오톱규제와 도시자연
공원구역이라는 첩첩의 규제가 더해진 결과가 나왔으니 안타까울 따름이다. 임
야가 도시계획시설인 공원에서 해제가 된다면 해제 이후의 토지분석이 필요하
고 보상이 된다면 예상보상금을 추정할 수 있어야 한다.

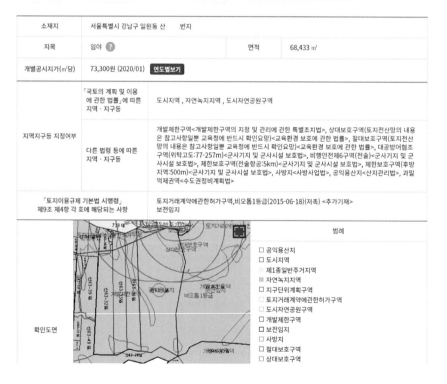

• 매각토지.건물현황 (감정원 : 명문감정평가 / 가격시점 : 2012.07.16)

목록	지번	용도/구조/면적/토지이용계획	㎡당 단가	감정가	비고
토지	일원동 산	▶참고사항참조	임야 68433㎡ (20700.983평) 74,000원	5,064,042,000원	표준공시지가: (㎡당)63,000원
감정가		토지:68433㎡(20700.983평)	합계	5,064,042,000원	토지 매각

현황
위치
* 지하철 3호선 일원역 남측 인근에 위치하고 북측 인근으로 서울로봇고교, 북동측 인근으로 대모초등교, 대왕중교가 소재하며 인근지역은 대규모의 아파트단지, 근린생활시설, 공원, 임야 등으로 형성된 추거지임
* 본건까지 차량진입은 불가능하고, 버스정류장 및 지하철 3호선 일원역이 도보 약5분 거리에 소재하여 대중교통사정은 양호함
* 북향 급경사 사다리형 토지로서 자연림 상태의 임야임, 맹지

참고사항
▶토지이용계획:도시지역, 자연녹지지역, 공원, 개발제한구역<개발제한구역의지정및관리에관한특별조치법>, 대공방어협조구역(위탁고도:77-257m)<군사기지및군사시설보호법>, 비행안전제6구역(전술)<군사기지및군사시설보호법>, 제한보호구역(전술항공:5km)<군사기지및군사시설보호법>, 제한보호구역(후방지역:500m)<군사기지및군사시설보호법>, 사방지<사방사업법>, 공익용산지<산지관리법>, 비오톱1등급<서울특별시도시계획조례>, 과밀억제권역<수도권정비계획법>, 상대정화구역<학교보건법>, 절대정화구역<학교보건법>, 토지거래계약에관한허가구역

소재지	서울특별시 강남구 일원동 산 번지		
지목	임야 ❓	면적	68,433 ㎡
개별공시지가(㎡당)	73,300원 (2020/01) **연도별보기**		
지역지구등 지정여부	「국토의 계획 및 이용에 관한 법률」에 따른 지역·지구등	도시지역 , 자연녹지지역 , 도시자연공원구역	
	다른 법령 등에 따른 지역·지구등	개발제한구역<개발제한구역의 지정 및 관리에 관한 특별조치법>, 상대보호구역(토지전산망의 내용은 참고사항일뿐 교육청에 반드시 확인요망)<교육환경 보호에 관한 법률>, 절대보호구역(토지전산망의 내용은 참고사항일뿐 교육청에 반드시 확인요망)<교육환경 보호에 관한 법률>, 대공방어협조구역(위탁고도:77-257m)<군사기지 및 군사시설 보호법>, 비행안전제6구역(전술)<군사기지 및 군사시설 보호법>, 제한보호구역(전술항공:5km)<군사기지 및 군사시설 보호법>, 제한보호구역(후방지역:500m)<군사기지 및 군사시설 보호법>, 사방지<사방사업법>, 공익용산지<산지관리법>, 과밀억제권역<수도권정비계획법>	
	「토지이용규제 기본법 시행령」 제9조 제4항 각 호에 해당되는 사항	토지거래계약에관한허가구역,비오톱1등급(2015-06-18)(저촉) <추가기재> 보전임지	

확인도면	범례
	☐ 공익용산지 ☐ 도시지역 ▨ 제1종일반주거지역 ▨ 자연녹지지역 ☐ 지구단위계획구역 ☐ 토지거래계약에관한허가구역 ☐ 도시자연공원구역 ☐ 개발제한구역 ☐ 보전임지 ☐ 사방지 ☐ 절대보호구역 ☐ 상대보호구역

도시계획시설이 해제가 예상되는 물건이라면 반드시 해당 지자체에 상세한 문의를 하고 새로운 용도지역지구구역의 지정이 없어야 할 것이며, 해제된 상태를 전제로 새로운 개발행위와 건축행위를 할 수 있는지를 명확하게 짚어보는 단계까지 확인을 해야 할 필요가 있는 것이다.

11부

농지임야
실전투자

사례로 쉽게 배우는 농지투자

묵은 맹지농지의 금의환생 사례

농지에 관한 투자 이야기를 하는 단계에서 법률적인 이야기부터 먼저 하다 보면 금방 따분해지는 느낌을 받을 수 있겠다는 생각에서 일단 재미를 붙여야 한다는 취지에서 농지의 개발사례 파트를 먼저 소개해 보고자 한다. 필자가 오래전 소위 지주 작업을 통해서 개발과 분양을 완료했던 사연에 관한 이야기다. 어쩌면 재미있는 작은 논픽션이 될 수 있기를 기대해본다.

현장을 다니다 보면 지도에는 큰 면적의 농지가 있는데 현장에 직접가보면 마치 임야로 보이는 경우가 많다. 벌써 오래전의 이야기다. 인터넷으로 위성지도를 쉽게 볼 수 있던 시절이 아니었으니 무거운 5000분의 1 지도책자를 들고 이산, 저산. 이 들판, 저들판을 휘젓고 다녔던 시절이 있다. 인터넷 정보가 넘치는 지금 생각해보면 참 부질없는 우스꽝스러운 라떼 스토리라고 웃을 수 있는 일이겠지만 그때는 그럴 수밖에 없던 시절이라 지도책 한권으로 온 동네를 돌아다닐 수밖에 없었다.

눈에 잘 보이는 멀쩡하고 이쁜 토지는 필자의 공략 대상이 아니었다. 어차피 이쁘고 잘생긴 토지는 가격이 비쌀 것이 분명하니 공략해본들 영양가없는 일이 되는 것은 뻔한 이치였다. 소위 땅 작업이니 지주 작업이니 하는 일을 해본들 영양가 없는 결과가 나오는 작업으로 굳이 힘 뺄 필요 없다는 생각이었다. 대신에 못생기거나 길이 없거나 혹은 도시 사람들이 좋아할 만한 뷰를 가지고 있으면서도 흠이 많은 토지가 필자의 관심 물건이었다. 못생기거나 길이 없는 토지는 소유자 입장에서는 애물단지로 여길 수도 있기 때문이다. 그중에서도 한 번 건드려볼 만하다는 생각이 드는 토지가 땅 작업의 대상이었다. 열 개의 물건을 작업해서 한 개의 물건을 성공시킨다면 대단한 확률이라고 보시면 된다.

땅주인이 어찌하지 못하는 애물단지 땅을 필자가 운좋게 해결할 수 있다면 그 단계에서 발생하는 가치차익을 얻을 수 있는 것이다. 때로는 저렴한 가격에 매수해서 개발이나 손질을 거쳐서 매각차익을 얻을 수도 있고, 매수하기에 부담이 클 경우에는 땅주인과의 약정을 통해서 개발업무와 매각대행을 통해 수익을 배분하는 방식을 택할 수도 있는 것이다.

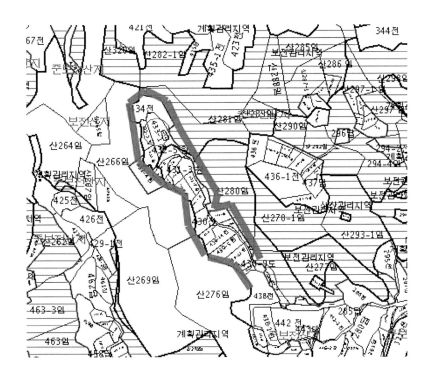

지도책을 살펴보면 양쪽에 있는 임야 사이에 분명히 경사진 농지가 길게 뻗어져 있는데 현장의 아래쪽 큰 도로에서 올려다보는 모습으로는 농지가 보이지 않고 그저 나무가 빽빽한 연속된 임야로만 보이는 것이었다. 지도로는 분명히 남동향을 바라보는

농지가 양쪽의 임야를 끼고 약 4~5천 평 정도 보이는데 멀리서 바라보는 현장은 그 농지가 보이지 않는다는 것이다.

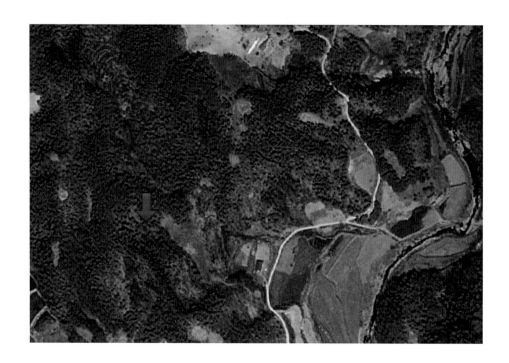

위성지도(당시에는 위 사진과 같은 위성지도 표시가 최상이었다)에도 필자의 눈에는 아무리 보아도 임야 사이에 농지가 없다. 그런데 지도책자에서는 엄연히 농지가 동남향으로 길게 존재하고 있는 지적도의 모습이 보인다. 이런 상황을 어찌해야 할까. 두말도 필요 없고 망설임 없이 가까이까지 접근해본다.

주위의 임야 형상까지 세밀하게 살펴본 결과, 오랫동안 경작을 하지 않아서 현황이 수목이 자라서 완전한 임야로 변해있었던 토지라는 잠정적인 결론을 내릴 수가 있었다. 말하자면 지목은 농지이나 현황은 잡목과 나무를 식재해 두어서 임야나 다름없는 것이었다.

다시 해당 토지의 가장 상단부까지 헤집고 올라가서 수목들 틈새로 내려다보이는 조망도 살펴보고, 심지어 농지에 심어져 있는 나무가 대부분이 아름드리 잣나무에다가 오래전에 조림이 된 채로 지금까지 세월이 흘러온 것 같은 생각도 들었다. 약간의 군침이 도는 느낌이랄까. 어째 이런 곳에 이런 땅이 있었단 말인가.

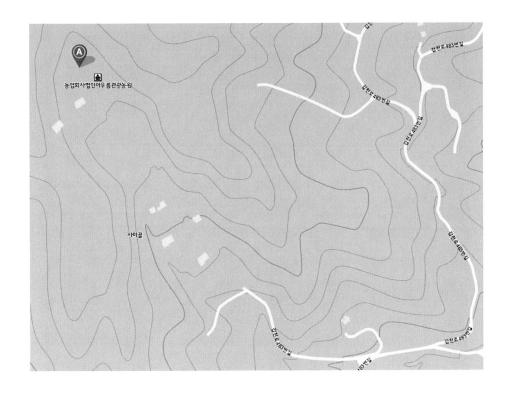

지도상의 등고선도를 살펴보더라도 임야와 임야 사이가 나지막한 경사도를 보이는 토지가 존재한다는 것이 확인된다. 위 등고선 도면상으로 하얀색의 점들이 있는 곳의 토지가 농지였던 것이다. 등고선의 방향이 위쪽의 A방향으로 쑥 들어가 있는 형상이니 경사는 양옆의 토지보다 현저하게 낮다는 것이 분명하게 확인된다. 이 경사에 관한 이 야기는 임야 파트에서 자세하게 설명을 드릴 것이니 이해가 잘 안되는 분께서는 뒤편 내용을 참고하시면 된다.

좀 더 자세히 토지의 형상과 수목들을 살펴 보니 오래전에 사람이 지게를 메고 영농을 위해 다녔던 좁은 통로 흔적들도 찾을 수 있었고 경사도 적당히 완만하고 동남향받이에다가 토지가 주위 임야 높이의 약 5부~7부 능선에 위치해 있고 완만한 경사를 이루고 있는 농지의 모습이 머릿속에 완전히 그려지는 것이다.

거기에다가 내려다보이는 경치가 도시 사람들이 아주 좋아할 만한 정도의 뷰여서 아주 훌륭한 토지라는 생각이 들었다. 다만 그 농지까지 접근하려면 정상적인 길이 없어서 타인의 임야를 거쳐서 꼬불꼬불 걸어서 갈 수밖에 없었고 진입 초입 부분이 약간의 경사가 좀 심하지 않을까 우려가 되기는 했었다. 잣나무잎들이 땅에 떨어져서 토질도 포실포실한 느낌에다가 돌나물과 각종 산나물들이 지천에 널려 있었다.

위 사진은 잣나무가 조림된 상태의 사진을 미리 확보하지 못한탓에 사후에 벌목을 완료하고 기초토목을 마무리한 후에 찍은 사진을 첨부한 것이다. 짐작해보건대 이 토지의 주인은 아주 오래전에는 농사를 짓기도 했는데 농기구가 다닐 수 있는 길이 없고 높은 곳에 위치해있다 보니 농사를 짓기에는 아무래도 어려움이 있어서 부득이 조경용으로 잣나무를 심어놓은 상태로 관리를 해오지 않았을까?라는 어설픈 추측도 해 보았다.

그리고 토지의 개발 가치를 기준으로 보는 필자의 입장에서는 이 토지는 위치가 높은 곳에 있으니 뷰가 좋아서 훌륭한 장점이 되는 것이고 진입로가 없으니 해결해야 할 문제가 있는 토지였던 것이다. 이 토지가 만약 진입로가 있었다면 필자는 처음부터 땅을 살펴보는 일을 할 필요도 없었을 것이다. 왜냐하면 땅주인이 높은 가격으로 매각을 할 수 있으니 굳이 필자에게까지 팔거나 맡길 필요가 없기 때문이고 맡기더라도 굳이 필자에게 맡기는 순서가 올 리가 만무했던 것이기 때문이다.

어쨌든 이 농지에 도로를 내기 위해서는 아래쪽 임야를 소유한 분의 허락이 있거나 진입로에 해당하는 토지를 매수해야 하는 문제가 남아있는 것이다. 필자에게는 고마울 수 있는 토지의 여건이었다. 진입도로를 확보하기 편리한 곳에 묘지도 하나 보였는데 이것도 또한 묘지 이장에 필요한 협의를 해야 하는 문제도 있는 토지였다.

이 묘지는 수소문해서 연고자를 찾아서 결국은 필자의 비용으로 이장을 하고 추가로 약간의 사례비를 주는 것으로 마무리되었기에 묘지 이장과 관련한 사초 작업 관련한 협의 사연들은 이곳에서는 생략하기로 한다.

위의 사진도 진입로개설을 완료한 이후에 촬영된 위성지도를 보니 필자가 작업해둔 그대로 모든 것이 지도상에 나타나 있는 모습이라고 할 수 있겠다. 사실 이런 것들이

성공을 하는 일이 쉬운 일은 아니지만 그래도 성공했을 경우에 얻게 되는 보람과 금전적인 수익은 꽤 만족스러운 결과를 낳을 수 있기 때문에 많은 토지 전문 중개사들이 이런 토지개발 작업에 대한 로망을 가지고 있기는 하지만 사실 보통 일이 아닌 것은 사실이다.

 토지의 주인을 찾는 일도 때로는 쉽기도 하고 때로는 참으로 어려워서 포기하는 경우도 있는데, 인근 주민들에게 수소문하는 것이 가장 빠른 일이라 이집 저집을 다니면서 물어본 결과 의외로 쉽게 주인이 살고 있는 동네를 알 수 있었다.

 대개 해당 토지의 등기부에 있는 주소에는 이사를 가고 주인이 살고 있지 않는 것이 보통인데 바로 인근에 그대로 오래전부터 농사를 지으면서 살고 있었던 주인 부부를 만날 수 있었다. 직접 만나서 이것저것 농사일을 거들면서 위 토지에 관한 이야기를 꺼냈더니 해당 농지는 전체가 약 5천 평 정도 되는데 집과의 거리도 멀기도 하고 리어카 한 대도 끌고 갈 수가 없고 오로지 지게로만 농사일을 해야 할 정도로 길이 없다 보니 농사짓기가 너무 힘들어서 오래전에 잣나무를 심어놓았는데 목재값이 형편없이 떨어져서 작업비도 안 나오는 현실이 되어버려서 부득이 그대로 애물단지로 놔둔 채 지금까지 그대로라는 것이라는 이야기를 들을 수 있었다.

 필자의 예측은 적중했고 이틀이 멀다 하고 주인집을 방문해서 노골적으로 농사일도 거들도 밥도 얻어먹고 하면서 며칠을 보내면서 가족관계까지 자연스럽게 알게되다 보니 농사도 짓지 못하는 땅이고 앞으로도 손도 대지 못할 땅인데 팔아서 자제분들 도시 생활이나 학비에 도움이 되도록 하는 것이 좋지 않을까?라는 등의 온갖 설득을 다 하는 노력도 했었다.

 처음부터 매도할 생각이 없었다면 필자의 노력도 사실 무의미했겠지만 애물단지에다가 가지고 있어본들 영농을 통해서 얻을 수 있는 방법이 달리 없다 보니 팔아서 생업에 보태든지 자식들의 뒷바라지로 사용하는 방향으로 가닥을 잡은 듯한 느낌이 들었다. 훗날 확인된 이야기지만 그분의 자제분은 이제 지방에서 유명변호사로 활동할 정도로 자식농사를 잘 지은 순박하지만 존경스러운 농부이셨다.

삼고초려보다 더한 노력 끝에 다행히 저렴한 가격으로 약간의 가계약금을 걸고 조건부 가계약을 체결하게 되었다. 여기서 조건부라는 내용은 며칠 내에 본계약을 체결하는데 그때 나머지 계약금을 지급한다는 조건으로 진행한 것이다. 대개 계약서작성을 날짜를 정해놓고 하다 보면 그 날짜가 되기 전에 매도인이 이쪽저쪽에 물어보게 되는 경우가 다반사인데 이때 필자의 경험상 반드시 이 계약이 제대로 이루어지지 않도록 초를 치는 인간들이 비일비재하게 나타나는 경험을 해 보았던 터라 땅 주인과 대화 중에 매각하겠다는 의사를 보이는 바로 그 순간에 잠시 물 한 잔 먹는 시간에 종이 한 장에 이름과 토지지번 금액과 도로특약만 쓰는 방식으로 급진행해버리는 것이 현명하다고 필자는 생각하므로 순식간에 그렇게 진행한 것이다.

그리고 사람의 심리상 일단 소액이라도 얼마간의 현금을 손에 받아쥐고 나면 그 마음을 바꾸기가 쉽지 않고 더군다나 현금이 별로 없는 시골생활에서는 특히 생각을 뒤집기가 쉽지 않은 것이 현실이다.

물론 필자는 토지주와의 협의를 진행하는 며칠간의 기간 중에 당연히 진입도로를 내는데 필요한 임야의 주인도 수소문했었고 임야의 주인이 도로승락이나 매도를 완강하게 거부했으면 계약서를 작성하는 것이 불가능했거나 애로가 발생했을 것이지만 다행히도 거부를 하는 것이 아니라 토지사용승낙조로 내거는 조건이 매수를 하게 될 경우 토지의 일정 면적을 달라고 하는 좀 받아들이기 어려웠던 수준 정도였다.

말하자면 진입도로를 정상적으로 개설하기 위한 토지승낙을 해주는 대신에 필자가 매수하려고 하는 농지의 일부를 자기에게 무상으로 넘겨달라는 조건이었다. 그것도 약 5백 평 정도의 면적이었다. 평당 10만 원만 계산해도 5천만 원인데,라는 생각에 머릿속에 많은 계산기를 돌리고 있던 중에 농지소유자분과의 매매금액이 정해진 것이다.

본계약을 체결하기 전에 도로개설에 필요한 승낙서와 인감서류를 받고 임야소유주가 요구하는 내용대로 약정서를 체결하고 앞에서 말씀드렸던 묘지 이장 협의까지 일사천리로 마무리하게 되었다. 묘지 이장은 시기적으로 날짜가 맞지 않았지만 만약 이장을 거부할 경우에는 위약벌과 임의로 파묘 이장을 해도 어떤 이의를 하지 않겠다는 내용으로 협의한 후에 며칠 후에 원만히 마무리하게 되었다.

농지전체필지의 매매 본계약을 정상적으로 체결하고 계약금을 지불하고 최대한 빨리 인허가를 진행했음에도 개발행위허가를 받기까지의 기간이 약6개월 정도가 소요되었던 것으로 기억한다. 진입도로를 개설하려고 하다 보니 기존의 현황도로를 먼저 약간 넓혀놓는 사전 작업도 필요했고, 길게 산의 7부 8부 능선까지 이어진 농지를 개발 완료 후에 작은 면적으로 분할해서 매각을 하려면 모든 토지가 건축법상의 도로에 접할 수 있도록 해야 하는 문제를 극복하기 위해서 임야의 가장자리를 따라 장비 작업 뿐만 아니라 도로개설을 하고자 하는 최상단 끝부분에 어설프지만 농기계 보관창고를 하나 지어야 하는 정도 진행하다 보니 시간이 많이 소비되었던 것이다. 게다가 창고의 바닥기초를 위한 레미콘도 어설프고 경사진 임야도로를 따라 위험하게 올려야 하는 일도 극복해야 하는 문제였다.

어쨌든 비로소 허가를 득하고 공사를 시작하려고 하니 마침 장마철이었고 고민고민하다 공사 진척은 느릴지라도 오히려 농지의 양쪽에 있는 임야에서 내려오는 물길을 잡기에는 장마철도 괜찮겠다 싶어 쉬는 것보다는 강행하는 것을 택하게 되었다.

농지 위의 잣나무부터 인부를 동원해서 베고 굴삭기 도저 등으로 밀어붙이면서 도로확보를 위한 작업도 병행했다. 도로확보를 위한 임야의 경사가 막상 나무들을 베고 나니 생각보다 경사가 심해서 임야 가장자리를 좀 더 깊게 파야 하는 상황이 발생하였지만 비용이 좀 더 들어도 작업을 강행할 수밖에 없는 일이었다. 여기까지 왔는데 멈춘다는 것은 필자의 쫄망이나 마찬가지인 것이기 때문이었다. 빨리 진행해서 잔금도 지불해야 하니 그렇지 못하면 문제가 발생할 여지가 점점 더 커질 수 있기 때문이다.

원래 맹지토지에는 제대로 대출을 해주는 금융기관이 없는데 다행히 인허가를 득하고 공사를 어느 정도 진행하고 있는 단계까지 이르렀기에 잔금을 지급하기 위해서 대출을 신청하였고, 다행히도 대출을 위한 감정평가가 농지 상태가 아닌 조성된 대지를 가정하여 감정평가를 할 수 있도록 손을 쓴 덕에 오히려 대출금으로 매매잔금 전액을 지불하고도 공사비까지 확보할 수 있었던 것으로 기억한다.

그때까지만 해도 장비 비용이 꽤 부담스러울 정도의 금액이 나온 것으로 기억하는데 근데 이게 웬일일까 싶은 일이 생겼다. 도로확보를 위해 경사를 최대한 낮추도록 잡아야 해서 임야를 좀 더 깊이 파려고 하는 과정에서 1미터도 안 팠는데 풍암바위층이 나오길래 두드려서 깨고 계속했더니 이번에는 또 시퍼런 암반층이 나오는 것이다. 농지는 잘 살펴봤는데 도로를 내는 임야 부분을 자세히 살펴보지 못했던 것이다.

순간 당황하지 않을 수가 없었고 교회도 평생 안 가는 제 입에서 '오! 하느님' 소리가 저절로 터져 나온다. 장비기사는 바위가 꽤 커보인다는 이야기를 하고 필자는 소리 없는 한숨을 내리 쉬면서 도대체 얼마나 큰 것일까 생각하면서 막막한 심정을 누를 길이 없다. 그래도 여기에서 멈추면 모든 상황이 최악으로 갈 수밖에 없었던 상황이었다. 임야 위에 있는 소위 풍암층은 흙이 있을지라도 조금 더 파 내려가면 큰 암반이 나온다는 걸 잘 알고 있었는데도 간과하고 서두르다 보니 위치를 잘못 잡고 일을 진행한 나의 성급함이었다.

숙고 끝에 정공법으로 하는 데까지 깨보자고 마음먹었지만 뿌레카(암반파괴용 드릴)장비를 가지고 돌을 깰 때 시퍼런 연기가 올라오는 모습을 쳐다 보면서 하루 종일 작업을 진행하였다. 찍어도 찍어도 1미터 깊이를 못 깰 정도로 야무진 암반이었다.

진입도로가 좀 멀더라도 다른 방향으로 길을 낼 수 있는 방법을 모색해보기로 하고 인허가를 변경하고 기존의 작업장은 다시 복구하느라고 시간이 좀 걸리긴 했으나 약간 돌아가는 방향으로 도로를 개설하기는 하였으나 그 또한 바위와의 사투를 완전히 벗어나지는 못 하다 보니 마무리를 하기는 했지만 아마도 그 흔적이 역력하게 남아있는 추억의 도로가 되었다.

우여곡절 끝에 도로개설공사와 어설프지만 임야의 법면경사공사까지 마무리하게 되었고 도로개설 부분의 상단에 위치한 창고까지도 대한민국에서 가장 어설픈 방식으로 마무리하게 된다.

몰릴 만큼 몰린 일거리들 중에서도 가장 중요했던 일들이 창고 짓기였다. 올라가는 진입도로가 개설공사한 지 얼마 되지 않아 암반이 없었던 곳은 토사와 진흙땅이 채 여물어지지 않았기에 일부는 바위 부분이라 튼튼했지만 일부는 흙을 파낸 부분이라 바닥 다지기 작업부터가 만만치 않았다. 거기에다가 경사지 농지를 평지화 작업을 하기 위해서는 구간별로 축대를 쌓아야 했기에 발파석을 실은 덤프트럭을 올리는 과정에서도 바퀴가 더 올라오지 못하고 점점 땅속으로 들어박히더니 끝내는 나오지를 못하고 혼자서 윙윙 헛바퀴만 구르는 일도 경험하게 된다.

포크레인을 불러서 와이어로 끌었더니 작은 장비라서 그런지 제대로 힘도 못 쓰고 좀 더 큰 장비를 불러서 와이어 이어서 땅겼더니 그제서야 끌그적거리면서 올라온다. 바닥 기초할 레미콘 차량이 올라와야 하는 일정에 맞추느라고 다들 여념이 없었던 기억이다.

지금 생각해보면 그저 웃을 일 정도일 뿐인데 장마철이고 비도 더럽게 많이 오던 해이다 보니 평범한 일도 사람 기운을 다 빼놓는 웃픈 일로 남았던 시절의 그해 여름이었다.

비가 많이 온다는 것은 현장 작업을 하는 데는 참으로 얄궂은 일들이 생긴다. 레미콘 타설이 특히 그렇다. 약속된 날짜, 시간에 장대비가 쏟아지면 일을 진행하기가 좀 거시기하다.

현장공사 작업은 중단된 상태였다. 하지만 이 기회에 서둘러서 미뤄놓았던 나무 베기 작업을 시작한다. 땅 면적이 워낙 넓다 보니 인부를 6명이나 불렀는데 일하는 모습들이 영 시원찮다. 물을 먹은 나무니 오죽이나 무겁고 위험한 작업인가. 기계 톱쟁이들은 그래도 열심히 하는 모습에 필자의 속을 삭이고 하는 데까지 하다 보니 쌓아놓은 나무가 산더미다. 처치 방법이 묘연해서 굴삭기 기사한테 그저 공짜로 가져가라고 하니 좋다고 하면서 냉큼 차를 불러서 실어간다. 얄밉기도 하지만 어찌하랴. 치워주는 것만으로도 고마운데. 나중에 물어보니 잣나무로 원두막 짓는 데 사용할 것이라고 한다. 좋은 사람들의 힐링이 되는 원두막이면 만족한다.

레미콘타설 마무리 작업으로 바닥기초 끝내고 도로를 다지고 또 다지는 등의 무리한 공사감행 속에서 참으로 배운 게 많은 현장이었다. 원래 20전 두께의 시멘트 바닥 타설 물량으로 했지만 바닥 10전만 타설하기로 하고 마무리하는 것으로 하였다. 비로소 드는 초가을의 따끈따끈한 햇살 덕분에 양생 시간도 빨랐다.

이어지는 전기연결 작업이다. 창고에 전기를 연결하기 위해서 전봇대 설치 작업과 이설 작업을 한전에 신청했던 것이 있었는데 새벽부터 울리는 '한국전력' 공사 인부가 거는 핸드폰 벨소리에 눈을 뜬다.

"전주이설신청하셨죠? 지금 출발하는데 현장으로 나와서 포인트 좀 잡아주세요."라고 한다. 대충 고양이 세수와 늑대 양치질만 하고 현장으로 출발한다.

이설하러 현장에 나온 김에 추가로 오후에 전주신설 작업까지 번개처럼 마무리해준다. 그렇잖아도 도로에서부터 창고까지의 거리가 200미터가 초과되어 비용을 감안하고 있었는데 무슨 영문인지 여러 개의 전주를 추가로 설치를 해주면서도 비용추가요청을 하지 않았다.

궁금하기도 했지만 물어보지는 않았다. 나중에 알고 보니 농업용시설창고는 거리를 초과해도 비용을 청구하지 않는다고 한다. 전주이설, 신설뿐만 아니라 또 며칠 있으면 창고건축물이 있는 곳까지 계량기를 설치해야 하는 일이 남아 있지만 그런 것은 동네 전기설비점에 신청하면 모두가 일사천리로 진행되고 딱 깨끗하게 설치를 해준다. 요런 것들은 참좋은 세상이다.

앞에서도 말씀드렸듯이 이 땅이 원래는 아무 쓸모 없는 땅으로 산 중턱에 있다 보니 농사짓기도 워낙 힘들고해서 주인도 포기했던 땅이다. 몇날 몇일을 장비 투입하여 나무를 모두 베고 토목평탄공사를 하고 물길 잡고 호밀을 뿌려놨더니 파릇파릇한 호밀이 돋아난다.

토지평면 작업을 위해서 아래쪽 경사면 구배를 맞추기 위한 석축을 쌓고 장마철 대비하여 물길을 잡기 위한 수로를 마무리짓고 도로라는 생명을 불어넣어서 마무리한다.

지금도 대한민국의 쓸모없는 땅을 찾아내어 좁은 국토를 조금이라도 넓고 효율적으로 사용하기 위한 막대한 기여를 하고 있다는 자부심을 가지고 이 일을 완수하는 보람으로 삼는다. 지금은 시골의 정취를 진심으로 사랑하시는 도시의 몇몇 분들이 여러 명 어울려 공동으로 매수하여 힐링건강농원을 제대로 만들어 놓은 현장이 되었으니 그나마 다행스러운 자연의 변화라는 위로를 스스로 해본다.

매수자분들이 건강섭생에 대하여 아주 박식한 분들이라 농원을 만들어 정성 들여서 가꾸고 있는 모습을 보면 무척이나 흐뭇하기 그지없다. 이 땅 위에 하나씩 하나씩 참된 자연인의 삶의 표본을 가꾸어 나가시길 기대해 본다.

농지투자의 첫 관문 농지취득자격증명서

발급 노하우와 미발급 시 대응 노하우

앞 파트의 맹지농지 개발사례에서처럼 필자가 지주 작업을 해서 농지매수계약을 체결 후 등기할 때 반드시 필요로 하는 것이 농지득자격증명서이다. 필자도 예외일 수는 없다. 대한민국 누구라도 농지를 취득하고자 한다면 이 증명서를 필요로 한다. 농지투자에 관심을 가진 초보자분들이라면 농지취득자격증명서라는 서류가 무엇인지부터 알아야 할 필요가 있다.

우리가 농지를 취득할 때에는 농지취득자격증명서(이하 농취증)를 첨부해서 소유권이전등기를 신청할 때 첨부해야 하기 때문이다.

그래서 이 농취증을 취득하고자 할 때는 농지취득자격증명신청서와 농업경영계획서를 작성하게 된다. 농업경영계획서는 1,000제곱미터 이상의 농지를 취득하게 될 때 작성을 하는 것이고, 그 미만 면적일 경우에는 농업경영계획서를 작성하지 않아도 된다. 1,000제곱미터 미만의 면적은 주말영농체험을 위한 목적으로 취득이 가능하기 때문에 농업경영의 범위에 포함시키지 않기 때문이다. 이때 1,000제곱미터는 한 세대 전체가 보유하는 면적을 합해서 판단하게 된다. 예를 들자면 최초에 남편이 600제곱미터를 취득할 때에는 주말영농체험목적으로 농취증을 신청하면 되고, 나중에 아내가 500제곱미터를 취득할 때에는 주말영농체험이 아니라 합해서 1,000평방 이상이어서 영농목적이 되기 때문에 농업경영계획서를 별도로 작성하면 된다.

이 서류를 작성할 때에는 농사지을 작물이나 기본 농기계 등의 보유현황을 있는 그대로 작성하면 되는 것이다. 없으면 없는 대로 없다고 기재하면 된다. 이 농취증신청서와 농업경영계획서는 농지취득 이후에 영농을 할 것이라고 하는 사후적 계획서류이므로 이 계획서류를 토대로 증명서을 발급하는 담당 공무원들이 나름대로 믿을만한 느낌을 줄수 있을 정도로 어느 정도의 정성을 들여서 기재를 해야 할 필요가 있다. 물론 아주 당연히 발급을 받을 수 있는 정도의 무결농지라면 대략의 기재사항만 채우면 농취증이 나오기도 한다.

농지취득자격증명신청서

※ 뒤쪽의 신청안내를 참고하시기 바라며, 색상이 어두운 란은 신청인이 작성하지 않습니다. (앞쪽)

접수번호				접수일자			처리기간	4일 (농업경영계획서를 작성하지 않는 경우에는 2일)		

농 지 취득자 (신청인)	①성 명 (명 칭)			②주민등록번호 (법인등록번호)			⑤취득자의 구분			
	③주 소						농업인	신규 영농	주말·체험영농	법인 등
	④전화번호									

취 득 농지의 표 시	⑥소 재 지						⑩농지구분			
	시·군	구·읍·면	리·동	⑦지번	⑧지목	⑨면적(㎡)	농업진흥지역		진흥지역 밖	영농여건 불리농지
							진흥구역	보호구역		

⑪취득원인							
⑫취득목적	농업경영		주말·체험영농		농지전용		시험·연구·실습지용 등

「농지법」 제8조제2항, 같은 법 시행령 제7조제1항 및 같은 법 시행규칙 제7조제1항제2호에 따라 위와 같이 농지취득자격증명의 발급을 신청합니다.

년   월   일

농지취득자(신청인)   (서명 또는 인)

농업경영계획서

취득 대상 농지에 관한 사항	①소재지			②지번	③지목	④면적 (㎡)	⑤영농 거리	⑥주재배 예정 작목 (축종명)	⑦영농 착수시기
	시·군	구·읍· 면	리·동						
	계								

농업 경영 노동력의 확보 방안	⑧취득자 및 세대원의 농업경영능력					
	취득자와 관계	성별	연령	직업	영농경력(년)	향후 영농여부
	⑨취득농지의 농업경영에 필요한 노동력확보방안					
	자기노동력		일부고용		일부위탁	전부위탁(임대)

[별지 제5호서식] <개정 2012.7.18>

제 2021-00 호   **농지취득자격증명**

농지 취득자 (신청인)	성명 (명칭)	수	주민등록번호 (법인등록번호)	51740
	주 소	경기도 전자이		
	연락처	010-	전화번호	--

취득 농지의 표시	소 재 지	지 번	지 목	면 적 (㎡)
	경기도 파주시	02 4	전	

취 득 목 적	

귀하의 농지취득자격증명신청에 대하여 「농지법」 제8조, 같은 법 시행령 제7조제2항 및 같은 법 시행규칙 제7조제4항에 따라 위와 같이 농지취득자격증명을 발급합니다.

그럼에도 불구하고 이 농취증을 발급하는 담당자마다 참으로 다양한 모습을 보이기도 한다. 발급담당자가 임의로 판단하려고 하는 것이 현장의 문제다. 농지의 상태가 이러이러한데 당신이 무슨수로 농사를 지을 수 있겠느냐 혹은 취득을 완료한 이후에 소유자가 해야 할 일을 취득하기도 전에 먼저 해결해 오라고 하는 기본을 벗어난 행정을 하는 경우도 일선 현장에서는 비일비재하다.

농취증 발급요령에 관한 업무처리지침이 있지만 그 지침에는 담당자가 임의로 결정할 수 있는 어떤 권한도 명시하고 있지 않은채 적당한 정도의 판단을 할 수 있도록 하고 있다. 하물며 어떤 담당자는 직접 자신의 담당부서를 방문해서 면담을 해야 결정을 해 줄 수 있다고 하는 담당자도 있다. 시험 면접관이 되고자 하는 모양이다.

요즘은 대부분 농지의 상태가 별문제가 없는 경우에는 정부24라는 인터넷 사이트를 통해서도 신청이 가능하다. 하지만 농지의 상태가 정상적인 농지 상태가 아닐 경우 인터넷 신청 방법은 별로 권하고 싶지 않다. 발급불허가 되어 버리면 곤란한 상황이 생길 수도 있기 때문이다. 물론 익숙한 사람들은 정상적인 농지가 아니더라도 인터넷 신청으로 보완할 서류를 작성해서 첨부서류로 제출하는 방법을 사용하기도 한다.

정부 24의 사이트를 방문해서 농지취득자격증명서를 인터넷으로 일단 신청을 해보자. 주된 페이지인 위의 페이지 내용을 채워 넣으면 된다.

농지가 산으로 간 이유

산이 농지를 먹었다라는 말이나 농지가 산으로 갔다는 말이나 그 말이 그 말이다. 필자가 현장에서 토지를 중개했던 아주 오래전에 있었던 일이다. 경기도 북쪽 철원어디에 있던 밭이었다. 그 밭에서 내려다보이는 강물이 굽이치는 경치는 참으로 경이로왔고 뒤로 받쳐주고 있는 산은 소나무와 벚나무외 수목들로 아름다왔던 곳이었다. 필자가 보기에도 한눈에 뷰가 마음에 들 정도였다.

필자가 살펴보았던 해당토지는 지적도면상 진입도로의 폭은 건축허가를 받기에는 다소 좁았으나 현황의 도로는 임야를 이용해서 그런지 차량진입하기에는 다소 폭이 여유로웠다. 만약의 경우를 예상해서 진입도로의 문제로 임야지주를 만나서 비용좀 건네주고 도로사용승낙서를 받아놓았기에 건축허가문제는 별 문제가 없었다.

해당토지의 면적이 필자의 기억으로는 약800평(약2,600m²)이었는데 단지 눈으로 보기에 면적이 좀 적다싶어서 혹시 엉뚱한 토지를 소개하고 중개하는 것이 아닐까 염려스러운 마음에 지적도면을 들고 이리저리 왔다갔다 확인을 해봤는데 인접한 농지들과의 경계모양새도 일치하고 해서 별문제가 없다는 판단을 하고 계약서를 작성했다.

여기에서 필자의 실수가 발생한다. 서류상의 축척에 따른 지적도상의 거리와 현황에서의 거리를 비교하지 않고 얼추 그러할 것이라는 막연한 느낌으로 맞다는 결론을 내버렸던 것이다. 매수고객도 저랑 생각이 비슷했는지 토지대장과 토지등기부 등을 확인한 뒤 계약진행이 별문제가 없이 마무리가 되었다. 그리고는 위치경계를 확인하기 위해서 지적공사에 측량을 의뢰하고 그 날짜에 경계말목을 박기위해서 아침일찍 현장으로 나오게 되었다. 그런데 측량을 하던 기사가 갑자기 산으로 올라가는 것이다.

필자는 기사 보고 거기를 왜올라가느냐고 그랬다. 별 말이 없더니 경계말목을 박아야 하는 자리가 산으로 훨씬 올라간 위치에 경계말목을 박으라는 이야기를 하는 것이다. 농지의 지적경계가 20미터 정도 산으로 올라가 있었던 것이었다. 약 200평(660m²)의 농지가 산으로 갔다고 한다. 정확하게 말하면 오랜 세월이 지나면서 산의 흙들이 농지로 내려온 경우라는 이야기를 하는 것이다. 하지만 그렇다고 해서 농지의 면적이 없어진 것은 아니라고 필자를 안심시키는 말을 하는 것이다. 웬 뼈다귀 같은 말인지.

측량해서 면적을 찾아봤자. 경사면이 되어버린 지 오래라서 농지로서의 기능을 찾기에는 너무 애로점이 생겨버린 소용없는 면적이 생긴 것이다. 글자 그대로 산이 농지를 먹어버린 상황. 농지가 산으로 올라가 버린 상황이 되었다. 땅주인은 토지대장면적이랑 차이가 없고 땅이 어디로 도망간 것도 아니니까 잔금 내라는 것이고 매수자는 농지를 샀지 산을 매수한 게 아니다 농지만큼만 사겠다고 면적을 줄이거나 가격을 조절해달라는 갈등 상황이 발생하게 되었다.

하는 수 없이 필자가 포크레인 장비동원해서 흙을 긁어내는 작업을 하게 되었다. 그렇더라고 임야를 수직으로 깎아내릴 수는 없는 것이라서 어느 정도는 경사처리하고 임야유실 안 되게 풀씨법면때 작업으로 마무리할 수밖에 없었다. 한마디로 개고생을 한 셈이다. 매수자는 법면처리된면적만큼은 토지대금 못 준다고 하지만 땅생긴후로 일제시대 측량한 이후로 측량 한 번 해본 적 없는 땅인데 매도인도 알 수는 없는 일이다 보니 그래도 원만하게 해결하는 데까지 꽤 머리 아팠던 기억이다.

중개수수료로 받으려고 했던 금액에서 줄어든 땅값 몇백만 원 정도로 해결하고 포크레인 비용과 법면 떼 작업비랑 인부삯 공제하면 남은 돈은커녕 허탈한 마무리를 하게 되었던 필자의 흑역사다. 그 이후로 필자는 교통사고 경찰관들이 들고 다니는 바퀴 달린 줄자를 사서 땅을 보러 다닐 때 가지고 다니곤 했던 기억이 있다. 20년이 지난 이제 와서 생각하면 재미있었던 추억들이다.

그 당시 얻었던 교훈이라면 배산임수토지 너무 좋아하지 마시라. 산이 농지를 잘 먹는다. 지적도면을 제대로 읽지 못하면 앞으로 벌고 뒤로 손해본다. 배워야 하는 것은 배워야 한다.

취득한 농지를 어떻게 관리할까

취득한 농지는 어떤 방법을 강구해서라도 지속적인 관리가 필요하다고 지금까지 말씀을 드렸다. 벼농사를 짓는 용도의 논이라면 그리 어려운 것은 아니겠지만 밭의 경우에는 실질적으로 참 힘들기 그지없다.

매년 씨뿌리고 물주고 풀 베고 약 치고 수확하고 하는 일이 농업을 전문으로 하지 못하는 도시민의 경우라면 더욱 힘들다. 농지의 면적이 더 커질 때는 더더욱 힘들어진다. 필자는 제주도에 있는 자그마한 토지를 관리하는 과정에서 서귀포시의 적극적인 관리행정으로 인해서 꽤 고생했던 기억이 있다. 서울과 제주도를 오가면서 관리를 한다는 것은 여간 힘든 일이 아니었다.

부득이 지역주민께서 생각해낸 아이디어가 매실나무 묘목을 심어보자는 것이었다. 이것도 풀베기와 관리가 필요하지만 일단 다년생이기에 매년 심어야 하는 작물보다는 효율적일 것이라는 생각에 그렇게 진행하였다. 매실이 열릴 때 또 어떻게 해야 하는지에 관한 고민도 하지 않은 채 진행하였다. 그나마 다행스러운 것은 제주도라는 곳이 바람이 많다 보니 벌들이 자생하기가 쉽지 않아서 자연수정이 되지 않아 매실이 열리지 않는 일이 벌어진 것이다. 이것이 다행인지 불행인지는 모르나 적어도 필자에게는 다행스러운 일이 아닐 수 없었다. 감사한 일이다. 그 이후로는 서귀포시청에서의 더 이상의 영농사실 여부에 관한 연락은 오지 않았다.

다음 사진은 훗날 농지를 분할해서 매각하기 쉽도록 하기 위해서 경사가 울퉁불퉁한 농지를 장비를 동원해서 1차적으로 평탄 작업을 진행하고 있는 모습이다. 필자도 한때 포크레인 등의 장비를 사용하는 비용이 너무 많이 들어서 장비를 빌려서 쉬운 객토 작업등은 직접 하려는 목적으로 면허증도 취득하여 몇 번 포크레인 운전을 직접 하기도 하였던 적이 있었다.

그런데 몇 번 해보니 이 작업이 얼마나 위험하다는 것인지를 깊게 느낀 점이 있어서 이제는 차라리 돈을 덜 버는 한이 있더라도 전문가에게 맡기고 오히려 일을 진행하는 방향과 관리를 훨씬 더 효율적으로 하는 것이 낫더라는 진리를 깨우치게 되었다.

우스갯소리지만 약은 약사에게 진료는 의사에게 투자는 필자에게 등기는 법무사에게라는 말이 있는 이유가 분명했다.

　나무라는 것은 물과 공기만 먹으면서도 불과 몇 년 지나지도 않아서 쑥쑥 자라는 것이 참으로 신기하고 신통하기 심지어 신비롭다는 느낌까지 주는 존재다. 4년 정도밖에 안 되어도 조경 용도로 매각할 수 있을 정도의 크기까지 자라주는 고마운 존재였다. 하지만 필자가 심었던 벚나무는 조경용으로 사용하기 위해서는 옆 가지가 빨리 올라오는 경우에 일일이 잘라주어야 하는데 그렇지를 못했더니 조경으로 써먹을 만한 나무가 그리 많지를 않아서 제대로 값을 받지도 못하는 일도 생기게 된다.

　그렇더라도 아주 훌륭하게 자라서 사람들을 기쁘게 해줄 수 있는 나무로 자라는 모습을 보는 호사를 누리기도 하였다. 작업이 마무리되고 반출을 기다리고 있는 벚나무의 모습이다.

이와 같이 농지의 면적이 넓은 경우에는 묘목을 심은 후에 풀 관리를 하는 편이 그나마 나은 편이었다. 요즘은 농업용 부직포가 저렴하게 나오는 것이 있어서 나무 주위에 촘촘하게 덮어두면 그나마 가장 힘들게 하는 풀 관리의 고통에서 어느 정도 벗어날 수 있었다.

일년생 작물일 경우에는 물을 주기 위한 방안도 사전에 고민을 해야 한다. 면적이 넓으면 일일이 그리할 수 없기 때문에 비가 안 와서 묘목이 말라죽더라도 어쩔 수 없이 그대로 둘 수밖에 없는 일도 발생한다. 묘목에게는 한없이 미안한 일이지만 묘목이 말라죽더라도 농사를 짓지 않은 것이 아니기 때문에 그렇게까지 해서라도 농지의 관리는 반드시 필요하다.

가장 좋은 관리 방법은 현지에 거주하는 지인이 농사를 지어주고 실제로는 내가 농사를 짓고 있다는 방법을 입증할 수 있는 근거를 남겨놓는 방법이 가장 효율적이다. 그게 가끔씩 사단이 날수 있기 때문에 좀 더 적극적인 인적관리를 필요로 하는 부분이 있다. 영농직불금의 수령 등에 관한 문제로 나중에 들통이 나게 되면 고민스러운 일이 생기기 때문이다. 이 자리를 빌어서 그런 편법이나 불법적인 이야기를 하는 것은 투기를 조장한다느니 하는 등의 우려도 있고 해서 만나는 자리가 있으면 서로 웃으면서 주고받는 이야기도 어쩌면 필요할 수도 있을 것이다.

맹지농지에 주택 아닌 주택을 지어보자

대부분의 농지는 도로를 끼고 있는 농지가 드물다. 여기서 이야기하는 도로는 건축을 할 수 있는 조건을 갖춘 도로를 말한다. 농사를 짓기 위해서 진출입이 가능한 통로를 갖춘 농지는 많다. 하지만 이런 통로를 통해서 농지에 건축을 할 수 있다는 것은 별개의 문제다.

건축허가를 받지 못하는 도로를 끼고 있는 토지는 토지의 개발 측면에서는 맹지다. 그렇다면 이런 맹지농지에는 건축물을 짓지 못한다.

농 막 ?

1. 농업경영(주말영농 불가)에 이용하는 토지에 설치
2. 주거목적이 아닌 농기구. 비료 등 기자재, 종자보관, 농작업 중 휴식
   및 간이취사 등의 용도 단, 화장실 불가(지자체 판단)

3. 연면적의 합계가 20㎡ 이내일 것
4. 전기, 수도, 가스 등 새로운 간선공급설비의 설치를 요하지 아니할 것
5. 가설건축물신고, 국토계획법 등 적용대상이 되는 경우에 그 법령의
   절차 규정을 이행

그렇다면 차선책으로 생각해볼 만한 것이 농막이라는 것이다. 농막은 건축법의 적용을 받는 건축물은 아니다. 군이 표현하고자 한다면 가설건축물 설치에 해당한다고 볼 수 있다.

이 농막은 한마디로 예전에 원두막이라고 표현하면 맞다. 하지만 우리가 어릴적 동화책에서 보던 원두막의 개념과는 그 결을 달리한다. 목적은 같은 용도이지만 건축의 내용을 다르게 할 수 있다는 말이다. 건축법상의 건축물이 아니라서 당연히 맹지농지에 설치를 할 수 있다.

그러나 정상적인 건축물과는 그 내용이 약간 다르다. 영농 작업을 하기 위한 휴식의 공간개념으로 정의하고 있으므로 규모가 일단 극히 소규모다. 그리고 정상적인 주거공간과는 차이가 있다고 봐야 한다. 샤워장도 설치할 수 있다. 냉난방시설도 가능하다. 주방설치도 가능하다. 단지 화장실의 설치는 지자체에 따라서 그 기준을 달리한다.

그도 그럴 것이 화장실을 설치하는 순간부터 토지에 해야 하는 작업의 내용이 달라진다. 정화조의 문제가 대두되고 토양오염과 관리의 문제가 생기기 때문이다.

필자는 토지개발과 중개를 해오던 시절에 지방의 토지들을 케어해본 적이 있다 보니 시골전원생활의 장단점을 잘 알고 있다. 전원생활이 좋다, 나쁘다의 차원으로 접근하는 것은 불필요한 논란이다. 자신에 맞느냐 맞지 않느냐의 생각으로 접근하는 것이 맞다. 도시생활을 하면서 가끔씩 계절에 따라서 시골에서 생활하는 패턴을 꿈꾼다면 굳이 시골의 주택을 소유할 필요까지는 없다.

투자할 때마다 신경이 쓰이는 존재가 될 수 있다. 주택을 소유함으로서 도시에 투자해둔 주택의 세금 문제에 영향을 미칠 수 있기 때문이다. 그래서 필자는 시골집을 소유한다는 개념보다는 농막을 설치하거나 단기 전세개념으로 시골생활을 접근하는 것이 낫다는 생각을 한다.

최근에 농막설치기준을 강화해서 휴식 공간을 대폭 줄이고 숙박을 할 수 없다는 등의 규제를 발표했지만 비현실적이라는 반발에 눌려 없던 일로 된 적이 있다. 정부부서에서 고작 하는 규제들이란 책상머리에서 할 일 없는 굼벵이같은 정책을 내놓을 때는 심히 한심스럽기 그지없다.

예전의 농막 설치기준 및 요건에 관한 내용을 간단하게 요약해본다. "농업인이 간단한 취사나 영농 작업 후 샤워를 할 수 있도록 규제를 완화했다"고 한다. 변경된 농막 설치 기준은 아래와 같다. 그래도 지역특성에 맞게 세부적인 기준이 다를 수 있으므로 사전에 적어도 전화 문의 정도는 해보고 관련소개자료를 받아보는 편이 현명하다. 농지에 설치하고자 하는 건축물, 공작물 또는 콘테이너 등 시설이 다음 요건에 해당하는 경우에 농막으로 인정하여 농지전용 절차없이 설치할 수 있지만 가설건축물 설치신고절차는 거쳐야 한다. 가설건축물은 3년마다 갱신신고를 해야 한다.

① 농업생산에 직접 필요한 시설일 것
② 주거목적이 아닌 시설로서 농기구, 농약, 비료 등 농업용 기자재 또는 종자의 보관, 농 작업 중 휴식 및 간이취사 등의 용도로 사용하는 시설일 것
③ 연면적 합계가 20㎡(약 6평) 이내일 것

농막은 자체가 농지이므로 타법(건축법. 국토의 계획 및 이용에 관한 법 등)에 의한 인허가(가설건축물 축조신고. 건축물 기재사항 신청. 건축신고. 개발행위허가 등 해당하는 경우에 한함)절차는 이행하여야 한다. 다만 주거목적은 아니기 때문에 화장실은 설치가 원칙적으로 불가하다. 불가한 지역에서는 옥외 화장실을 설치하는 것이 오히려 비용과 효용 측면에서 낫다. 1년 내내 거주하면서 살 것이 아니기 때문이다. 하지만 인구 유입이 절실한 지자체에서는 농막 내에 화장실까지도 허용해주고 있다는 기사를 본 적이 있는데 어느 지자체인지 지금은 기억이 나지를 않는다. 그렇다고 하더라도 필자는 화장실을 실내에 설치하고픈 생각은 없다.

화장실 설치가 가능하다고 해서 무턱대고 하는 것은 고민을 한번 해보시라는 말씀을 드리고 싶다. 정화조를 설치하고 하수처리 문제를 위한 인근 토지와의 관계를 살피다 보면 농막 설치가 불가능할 수도 있기 때문이다. 결국은 도로가 문제가 아니라 하수 때문에 안 되는 경우도 있기 때문이다.

다음으로는 전기문제다. 첩첩산중의 농지에 농막을 설치하려고 하다 보면 전기를 끌어와야 하는 문제가 생긴다. 전주 설치를 타인의 토지에 임의로 할 수도 없는 것이니

이때에는 비용도 부담스럽지만 공공소유도로가 존재해야 한다.

적어도 오랫동안 사용해온 사실상의 도로라도 있어야 한다. 인근에 전주가 있는 농지인지를 살펴보는 안목이 있어야 한다. 마지막으로 농 작업을 위한 지하수 설치가 가능한지를 알아보아야 한다. 물이 없다면 영농 작업도 힘들지만 농막 생활도 하기 힘든 상황이 되기 때문이다.

그리고 농막을 제작할 때 이동식으로 설치할 것인지 현장에서 신축할 것인지에 따라서 작업 차량의 접근방법에 관한 문제도 사전에 살펴보아야 한다. 이 정도의 준비를 하는 것이 어려운 것은 아니지만 그래도 아무 생각 없이 농막은 어디에든 하면 된다는 단순한 생각으로 농지를 취득하는 성급한 투자를 할 필요는 없는 것이다.

농지를 팔고 다른 농지를 취득할 때를 감안해서 필자는 이동이 가능한 농막을 선호하는 편이다. 그리고 화장실은 실내에 설치하지 않는다. 전기 정도만 들어올 수 있는 편안한 느낌을 주는 농지라면 힐링되는 주말주택 용도로 사용할 수 있다면 만족한다.

농막의 종류가 워낙 다양하게 만들어지고 있다 보니 인터넷을 통해서도 충분히 알아볼 수 있다. 가격뿐만이 아니라 가설건축물 설치신고에 필요한 기본비용도 필요하고, 하수처리와 전기가설, 그리고 지하수 비용까지도 미리 체크하고 예산을 편성해야 할 것이다.

아래 내용은 간단하게 요약된 보도자료 내용이다.

"최근 「농막」을 위장한 콘테이너 가설 건축물을 농지 내에 설치하여 농지법 위반 사례가 빈번하게 발생하고 있어 농막설치기준 및 요건을 다음과 같이 알려드립니다. 기존 설치되어 있는 농막에 대하여 불법 사례가 발생하지 않도록 참고하시기 바랍니다."

농막 설치기준 및 요건

가. 농업생산에 직접 필요한 시설로서 농업경영에 이용하는 토지에 설치하는 시설일 것

나. 주거목적이 아닌 시설로서 농기구. 농약. 비료 등 농업용 기자재 또는 종자의 보관, 농 작업중의 휴식 및 간이취사 등의 용도로 사용되는 시설일 것

다. 연면적의 합계가 20㎡ 이내일 것

라. 전기, 수도, 가스 등 새로운 간선공급설비의 설치를 요하지 아니할 것

마. 농막의 범위에 해당되더라도 건축법, 국토의계획및이용에관한법률 등 관계 법령의 적용대상이 되는 시설일 경우에 그 법령에서 정한 절차 규정을 이행하여야 함.

앞으로 농막 생활이 한결 수월해질 전망이다. 농막에 전기·수도·가스 설치가 가능해졌기 때문이다. 농막은 먼 거리에서 농사를 짓는 농업인이 농기구·농약·비료·종자를 보관하거나 잠깐의 휴식을 취하기 위해 농지에 설치하는 가건물을 말한다. 농지전용허가 절차를 거치지 않고 20㎡(6평)까지 지을 수 있다. 지금까지는 농막이 주거시설로 이용되는 것을 막기 위해 전기·수도·가스 시설 설치가 허용되지 않아 농업인들의 불만이 컸다. 관계자는 "농업인들이 농막에서 간단한 취사나 농 작업 후 샤워를 할 수 있도록 간선공급설비 설치를 허용했다"고 말했다. 기분 좋은 정책이다.

지하수 작업과 정화조 하수시설

지하수는 사이즈와 용도에 따라서 그 비용이 달라지는데 우선 마을에 들어가서 지하수를 파면 물이 잘 나오는 동네인지를 먼저 확인해볼 필요가 있다.

청평댐을 끼고 있는 경기도 가평군의 경우에는 지하수가 나오지 않아서 애를 먹고 있는 지역도 여러 곳이 있어서 필자도 애를 먹은 적이 있었던 기억이 있다. 거대 댐에서 담고 있는 물의 수압이 인근의 지하수를 몽땅 다 빨아들이고 있는 모양이다.

　퍼올리는 지하수는 식수로 사용할 것인지 영농목적으로 사용할 것인지 그리고 지하수 깊이에 따라서도 그 비용이 달라진다. 2015년 기준으로 필자는 대공 사이즈로 깊이 100미터 정도의 지하식수 용도로 약 7백만 원 정도의 비용을 지불하였던 적이 있었다는 것을 참고하시면 된다.

　위의 사진이 최종 완료된 지하수를 사용할 수 있도록 마무리된 구조물이다. 지하수 설치업자는 혹한의 추위에 대비한 추가시설을 해주지는 않는다. 그러기에 추가로 해야 할 조치 등에 관한 내용을 물어보고 보온대책을 완벽하게 해 두어야 한다. 얼지 않아야 한다는 것이 가장 중요한 포인트임을 잊지 말아야 할 것이다.

물이 흘러나오는 수전을 외부에 둘 경우에는 얼지 않는 수전이 판매되고 있으니 그 점은 별문제가 없을 것이다.

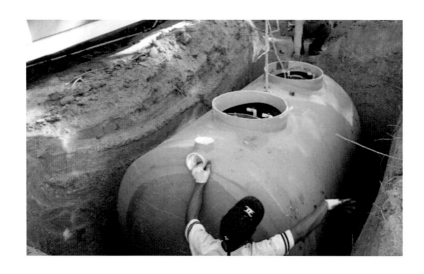

정화조를 설치하는 경우에는 건축물의 규모와 용도에 따라서 그 사이즈가 정해지며 배출되는 하수도나 상수도가 땅속에 매설된 호스가 겨울에 얼지 않고 장마철에 역류하지 않도록 잘 흘러갈 수 있도록 위치나 경사처리 그리고 보온에 많은 신경을 써야

할 필요가 있다.

경사가 제대로 되지 않을 경우 하수가 오랫동안 적체되어서 막히는 경우가 생긴다. 힘들어진다는 것은 자명하다. 땅에서 너무 얕게 매설해도 얼게 된다. 하수관 설치 길이가 짧고 깊이는 깊고 경사가 있도록 하는 것이 기본이다.

도시민이 시골 농지에 자그마한 주택을 짓고자 한다면 필자의 경우에는 공장에서 조립식으로 만들어진 소형주택을 선호하는 편이다. 이것저것 신경써야 하는 설계나 건축 과정 등에 관한 신경을 덜 써도 되는 장점이 있다는 생각에서다.

조립식으로 만들어지는 건축물이다 보니 복잡한 모양새로 만드는 것은 지양하는 편이 낫고 가능한 한 단순한 일자 형태의 구조가 가장 현명하다고 본다. 추가로 창고 같은 공간이 필요하다면 별도로 컨테이너 같은 임시가설물을 만드는 편이 낫다. 그래도 정상적인 주택이므로 바닥기초는 필요로 하는 것이고 특히 배관이 얼지 않도록 신경을 써야 한다. 추운 겨울철에는 오히려 물을 빼버리고 도시에 와서 사는 것이 현명할 수도 있다. 이마저도 관리가 귀찮다면 처음부터 보온문제는 물이 아닌 전기를 활용하는 것이 현명할 수도 있다.

평생 고액 월급 받는 농지투자

노후의 적정생활비는 매월 얼마 정도 필요할까. 통계청 자료에 의하면 부부는 최소의 생계유지비용으로는 200만 원이고 적정생활비는 300만 원이라고 한다. 물가나 생활 편의성을 좀 더 올린다면 매월 500만 원 정도는 필요하지 않을까. 품위까지 챙기면서 살려고 한다면야 이보다 더 많은 금액이 필요할 것이다. 물론 자녀와 거주 주택의 비용은 제외한 것을 기준으로 하는 말씀이다. 준비가 안 된 사람의 노후라면 어쩌면 심각한 노후생활을 맞이하게 될 지도 모른다. 그래서 필자도 연금에 많은 관심을 가질 수밖에 없는 것이다.

일반인들에게 연금이라고 하면 국민연금을 떠올릴 것이다. 그 외에도 주택을 담보로 해서 평생 받을 수 있는 주택연금이라고 하는 제도를 생각할 것이다. 그리고 공무원연금 사학연금 군인연금 이런 것들이 있으나 필자와 같은 사람에게는 그저 꿈의 연금으로 신들이나 누릴 수 있는 제도이다.

하지만 신들이 누릴 수 있는 공무원연금보다도 더 뛰어난 연금혜택도 받을 수 있는 방법이 있다면 무슨 수를 써서라도 그에 해당될 수 있는 노력을 해야 하는 것은 당연할 일이 아닐까. 사실 일반인들이 누릴 수 있는 연금제도는 국민연금과 주택연금밖에 아는 것이 없는 실정 아닌가.

나의 노후 대비, 농지연금보다 나은 게 없다

농민들에게 주어지는 농지연금이라고 하는 제도가 약 10년 전에 생겼다. 일반인들은 당연히 대상이 되지 않는다. 하지만 일반인도 농민이 되어서 합법적인 자격요건이 된다면 연금 혜택을 받을 수 있지 않을까. 1인당 매월 300만 원을 한도로 받을 수 있다. 부부가 요건이 된다면 매월 600만 원을 받을 수 있게 된다.

국가의 예산이 뒷받침이 되는 농어촌공사에서 시행하는 제도인만큼 안정성이 높다. 소유자가 사망을 해도 배우자에게 승계가 된다. 사망 후 연금수령금액총액이 농지처분가격보다도 많더라도 그 자체로 종결되며 부족할 경우에는 상속인에게 돌려준다.

독자분께서 만약에 아직 청춘이라면 농지연금을 신청할 수 있는 조건이 안 된다. 부모님께서 조건에 맞는지를 알아보시는 방안도 있겠다. 부모님께서 영농을 한 경력이 5년 이상이라면 조건이 될 수 있다. 본인이 지금 당장 안되더라도 그래도 알아두시면 노후가 편안해질 수 있는 방법이 있다는 사실만으로도 큰 위안이 되고 이를 위한 자금운용계획도 짤 수 있게 되고 사전에 준비하는 시간도 가질 수 있다.

젊었을 때 농지에 투자해서 관리하는 기간 그 자체만으로도 훗날 연금수령을 위한 자격요건을 쌓아가고 있는 것이다.

농지연금 소개

농지연금으로 든든한 노후보장
고령농업인의 노후를 설계해드리는 새로운 연금제도입니다.

📋 예상연금조회 　　　 ▶ 연금신청하기

📞 **농지연금** 고객상담 **1577-7770**
(상담시간 09 : 00 ~ 18 : 00 토,일, 공휴일은 쉽니다.)

가입요건　　　　　　지급방식　　　　　　가입절차　　　　　제출서류안내

농지연금제도가 처음 생길 때만 해도 현실과 많은 괴리가 있어서 많은 호응을 받지는 못했다. 점점 제도가 개편되면서 좋아지고 있으므로 항상 개정되는 내용을 주시할 필요가 있겠다. 가입연령도 하향조절하고 상품을 좀 더 세분화하고자 하는 모습들이 느껴진다.

농지연금은 일정 연령 이상인 고령 농업인이 소유한 농지를 담보로 매월 연금을 지급 받는 방식인데 가입요건부터 살펴보도록 하자

가입요건

신청하는 연도의 말일을 기준으로 만 65세 이상이고 영농경력이 5년 이상이어야 한다. 나이 기준은 2022년부터는 60세로 조정되었다. 농지연금 신청일을 기준으로 5년 이상의 경력을 갖추면 되며 이 영농경력은 계속 연속적일 필요는 없다. 전체 영농기간을 합산해서 5년 이상이라는 것을 증빙하면 된다.

세부적인 증빙서류는 농지원부나 농업경영체등록확인서로 경력이 확인된다. 앞 단원 파트에서 이런 서류들의 생성과정이나 영농방안에 관한 말씀은 이미 드린 바가 있다. 이 영농경력을 위와 같은 서류로 입증을 하지 못 할 경우에도 지역별 농어촌공사의 농지연금 담당자와 별도의 면담을 통해서 당해 농지소재지의 이장님이나 동장님의 인우보증 확인서로도 가능하다.

영농경력을 이야기하는 것이지 굳이 농업인이어야 하는 조건은 아니기 때문이다. 물론 농업인이라면 금상첨화다. 농지법상의 농업인 조건에 관해서는 이 장이 아닌 다른 파트에서 안내내용을 참고하시면 된다. 영농경력 5년이 부담스러운 경우라면 요즘 한창 유행인 귀농귀촌 종합센터에서 그 방안을 연구해 보는 것도 도움이 된다.

그리고 영농경력이 없어서 고민이고 현재의 자금이 부족하지만 시간을 낼 수 있는 경우라면 직접 영농을 해 보겠다는 마인드를 가지고 농어촌공사에서 공매로 내놓는

임대농지를 낙찰받은 후에 이 농지의 임대료를 지불하고 실제로 영농을 한다면 가장 확실한 영농경력을 인정받을 수 있는 방안도 있겠다.

가입연령 만 65세 이상인 자 (신청연도 말일 기준)

　＊2022년 부터 만 60세 이상으로 가입 완화 예정
　　(농어촌 공사법 시행령 개정 중)

　＊배우자가 만60세 이상인 경우 승계형 가입 가능

영농경력 영농 경력 5년 이상 (기간 내 합산 가능)

농지조건 담보농지 기본조건

　• 실제 영농에 이용되고 있는 농지(공부상 지목이 전, 답, 과수원)

　• 2년 이상 보유한 농지

지금 시점에서 검색을 해봐도 대부농지로 나온 토지를 공매사이트에서 찾을 수 있다. 혹은 농지는 소유하고 있는데 연로하셔서 영농을 하지 못하는 분들의 농지를 임차하는 방안도 있을 것이다.

대상농지

일단 신청자의 농지소유기간이 2년을 경과해야 한다. 해당 농지를 신청 당시까지 자경해야 할 필요는 없다고 하지만 어려운 일이 아니라면 자경을 하는 것이 낫다는 생각이다. 그런 규정은 연로해서 농사를 더 이상 짓지 못하는 분들을 위해서 자경의무를 주지 않는 것이다.

그리고 농지법상의 농지 중에서도 지목이 전, 답, 과수원이고 실제 영농에 이용되고 있어야 한다. 만약 지상에 잡목이나 불법구조물 등이 있어서 영농에 이용되고 있지 않은 농지라면 무슨 수를 써서라도 영농에 이용하는 형태로 변화시켜야 할 것이다. 상속받은 농지도 요건만 충족하면 가능하다. 부부가 공동소유하고 있는 경우 분할하지 않아도 가능하다.

농지와 소유자의 주민등록상 주소지까지의 직선거리가 30키로 이내이거나 연접시군구에 있는 농지라야 한다. 크게 중요한 내용은 아닌 듯하다.

농지의 등기부에 저당권 등의 제한 물건이 없어야 하는데 선순위 채권최고액이 담보 농지 평가가격의 15/100 미만은 신청 가능하며, 압류 가압류 가처분 등은 없어야 한다.

불법건축물이 있으면 안 되며 타인과 공동으로 소유하고 있는 농지는 제외되므로 분할해야 한다. 개발계획이 고시된 농지 등 농지로서의 유지가 어려운 각종 계획이 수립된 농지는 제외되는데 이는 별도의 업무처리요령에서 해당 농지를 정하고 있으므로 확인할 수가 있다.

얼마로 평가하는가

개별공시지가의 100% 또는 감정평가가격의 90% 중 가입자가 선택할 수 있다. 당연히 많은 금액을 내가 선택할 수 있다.

그렇다면 실전에서는 어떤 전략을 수립하는 방법이 있는지를 알아보자. 여기에서 우리는 가장 중요한 요소가 무엇인가를 생각해본다면 단연코 농지의 가격이다. 이 가격을 기준으로 모든 금액이 산정된다는 사실을 알 수가 있다.

그렇다면 우리가 경매나 공매를 통해서 농지를 취득할 때 농지연금 목적으로 취득을 하는 것이라면 어떤 물건을 선택해야 하는지가 자명해진다. 감정가격 대비해서 유찰이 많이 되는 농지로서 영농이 되고 있거나 영농가능한 농지를 취득해야 하는 편이 유리할 것이다.

만약에 토지의 공시지가가 높은 대도시 인근지역의 농지라면 그린벨트일지라도 맹지일지라도 유찰이 많이 되었거나 공시지가 대비해서 훨씬 낮은 가격으로 낙찰을 받은 후 2년 이상을 보유해야 한다는 결론이 나온다. 그 외에도 유찰이 많이 된 농업진흥지역의 토지를 낙찰받았는데 훗날 이 토지가 농업진흥지역에서 해제가 된다면 토지의 가격상승 효과가 기대되어 감정가격이 함께 상승해서 유리해질 수 있다.

혹은 미래가치가 높은 농지일 경우에도 연금지급이 종료되고 난 뒤에 청산하는 절차를 진행하게 될 때 높이 상승한 가격효과를 누릴 수도 있기 때문이다. 이처럼 다양한 형태의 농지를 농지연금마인드로 쳐다본다면 그만큼 투자를 할 만한 범위가 넓어지는 효과가 있는 것이다.

실제로 그런 마인드로 농지를 취득한 아래 사례를 확인해 보자. 감정가격이 4.1억 정도였는데 약1.6억에 단독으로 낙찰을 받았다. 이 건의 미래 예상감정가격을 보수적으로 현재의 감정가격을 기준으로 산정을 해보았다. 9,500만 원을 수시 인출하는 방법으로 했더니 종신월금액이 약 백만 원이다. 그렇다면 실투자금이 6,500만 원에 종신토록 월 백만 원을 받게 된다면 노후세팅을 제대로 한 것이다. 불과 5년 정도만 수령하면 투자원금 전액을 거의 회수하게 되는 것이다. 수시인출을 하지 않고 종신정액형을 선택했더니 매월 270만 원을 수령하게 된다.

필자가 생각하고 있는 전략대로 실행한다면 종신수령액을 기준으로 했을 때 실투자금액대비 1억당 매월 약 80만 원 정도가 나오게 된다. 그것도 중도인출형을 선택하면 훨씬 더 좋은 조건으로 변환이 된다.

이 농지에서 평생 매달 얼마씩 받을까

6,500만 원을 투자해서 매월 백만 원의 연금을 평생을 받을 수 있다면 어떤 투자가 있을까 단연코 농지연금 외에는 없다. 투자금을 높이고 월수령액을 더 받고 싶다면 1.6억을 투자해서 매월 270만 원을 받을 수도 있다. 선택은 자유다. 즐거운 선택이다. 대

박부자가 아니라면 노후를 대비한 이런 투자는 당연히 관심을 가질 만하다.

소 재 지	경기도 여주시 천송동 24-3 도로명검색 D 지도 지도 주소 복사							
					오늘조회: 1 2주누적: 0 2주평균: 0 조회동향			
물건종별	농지	감 정 가	411,774,000원	구분	매각기일	최저매각가격		결과
토지면적	4037㎡(1221.19평)	최 저 가	(34%) 141,238,000원	1차	2019-12-04	411,774,000원		유찰
				2차	2020-01-15	288,242,000원		유찰
건물면적		보 증 금	(10%) 14,123,800원	3차	2020-02-19	201,769,000원		유찰
				4차	2020-03-25	141,238,000원		
매각물건	토지 매각	소 유 자	이중승	매각 : 166,440,000원 (40.42%)				
				(입찰1명,매수인:C)				
개시결정	2019-07-17	채 무 자	이중승	매각결정기일 : 2020.04.01 - 매각허가결정				
				대금지급기한 : 2020.05.07				
사 건 명	강제경매	채 권 자	정정남	대금납부 2020.04.13 / 배당기일 2020.08.12				
				배당종결 2020.08.12				
관련사건	2018타경2467(1)(소유권이전)							

  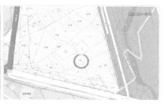

경기도 여주에 있는 농지가 경매로 나왔다. 벼농사에 적합한 농지로서 지목이 답이다. 영농을 하기에는 안성맞춤인데 투자가치를 건축이나 다른 방법으로 투자가치를 올릴 수 있는 방도가 달리 없다. 도로가 있어본들 이렇게 황량한 농지에 무엇을 한단 말인가.

위 물건 농지연금용으로 투자한다면 어떨까. 3차례 유찰되고 4번째에서 단독으로 낙찰받았다. 감정가대비 약 40%의 가격이다. 연금신청 할 때쯤 되면 농지의 가격은 좀더 오르겠지만 현재의 낙찰가격 수준으로 대략의 연금을 계산해 보니 대단한 수익이나온다.

예상 농지연금 조회 결과 ⓘ 두줄괄

구분	종신형 ⓘ			구분	기간형 ⓘ			
	종신정액형	전후후박형 (70%)	수시인출형 (30%)		기간정액형		경영이양형	
월지급금	1,391,640	1,672,340(전) 1,170,640(후)	981,770 (수시인출 금:95,000,000)	월지급금	5년	만78세 이상 가능	5년	3,000,000
					10년	만73세 이상 가능	10년	3,000,000
					15년	만68세 이상 가능	15년	2,509,380

65세부터 바로 신청하는 경우인데도 종신정액형이 거의 매월 140만 원 정도 나온다. 30%를 인출하는 수시인출형을 선택해서 9,500만 원을 인출하고 매월 백만 원 정도 수령한다. 인출금을 공제하니 실투자금이 약 7천만 원이다. 5년 내지 6년 동안만 월 백만 원씩 수령하면 투자원금 전액을 회수하고 평생 월 백만 원을 받는다. 투자금을 두 배로 늘리면 모든 수익이 두 배로 늘어나는 구조다. 거꾸로 환산해 보니 1억당 평생 매월 약 80만 원 정도의 수령금액이 예측되는 구조다.

지식 있는 임야임장 지식 없는 임야임장

지식 없는 임장은 무의미하다. 아니, 무의미함을 넘어서서 시간비용조차도 아깝다. 투자 측면에서 임야보는 기초 안목부터 배우고 떠나야 한다.

우문현답이라는 사자성어가 있다. 현장을 많이 다녀야 한다는 이야기는 부동산 업계에서 공통적인 공식처럼 통하는 말이다. 부동산적인 측면에서 풀이를 하면 우리의 문제는 현장에 답이 있다는 뜻이다. 그만큼 현장의 중요성을 강조한 말이다. 하지만 필자의 대답은 현장이 중요한 것은 맞다. 기초지식 없이 그냥 따라가서 보는 현장과 있는 사람이 가서 보는 현장은 어떤 차이가 있을까. 우문현답이라는 사자성어는 기초지식이 없는 사람에게 적용되는 말이 아니다. 그러기에 필자는 항상 개념 없는 현장답사 따라가는 현장답사 듣고 끄덕이는 현장답사는 무의미하다는 말씀을 드리는 것이다.

자신의 기본적인 지식이 없는 상태에서 현장을 간다면 과연 무엇을 볼 수 있을까. 그래서 필자에게 물어보는 분들이 많다. 현장을 가는데 무엇을 봐야 하는지를 물어보는 분들이 많다. 그런 질문을 하시는 분들도 오죽하면 물어보겠냐는 생각이 들지만 현장마다 살펴보아야 하는 포인트가 다르다 보니 뭐라고 딱 집어서 이야기해주기에도 상당히 애매하다.

임야를 임장 간다고 하면 필자는 표준적인 조사내용을 이야기한다. 입목축적을 보고 평균경 사도를 보고 어떤 개발가치가 있는지를 살펴보고 현재 시세를 살펴보고 개발되었을 경우의 토지 시세를 살펴보라고 대답한다.

그리 대답하면 전화로 문의한 그 사람은 멘붕이 올 것이다. 그렇다면 입목축적은 어떻게 보는지 평균 경사도는 어떻게 보는지 어떤 개발 가치가 있는지 살펴보는 방법은 어떻게 해야 하는지 비슷한 토지의 시세는 어떻게 알아보는지 개발된 토지의 시세는 어떻게 알아보는지 이런 내용으로 다시 필자에게 되물어 본다면 질문한 분이나 대답은 한 필자나 서로가 갑갑한 느낌을 받을 수밖에 없는 것이다.

그래서 거기를 왜 가려고 하는가?라고 물어보면 딱히 대답을 제대로 하는 경우도 없이 땅은 현장이 중요하다고 해서 한 번 가보려고 한다는 대답이 대부분이다. 맞는 말이기는 하다.

신축이 가능한지를 살펴보려고 하는 현장이라면 도로조건이나 필지모양 인근 건축물들의 상황, 거래 분위기. 이 정도를 살펴볼 수도 있을 것이다.
재개발구역을 임장하는 것이라면 거래 분위기 실제 시세와 프리미엄 정도만 체크하면 되고 다른 것은 인터넷이나 전화 문의만으로도 충분할 것이다.

그리고 농지나 임야를 보러 임장하러 가는 경우라면 수익실현방법에 따라서 살펴볼 내용이 당연히 달라진다. 개발목적이라면 인허가조건에 어느 정도 부합하는지를 알아야 하는데 그렇다면 인허가조건에 대한 기본지식은 최소한 갖추어야 한다. 그리고 수익을 내기 위한 활용 방향 등을 살펴보는 것이 일반적일 것이고, 시간 경과에 따른 시세차익목적이라면 굳이 그런 고생을 하지 않아도 된다.

그런데 이와 같은 것들을 살펴보기 위해서는 기본적인 부동산 관련 최소한의 지식이 있는 상태에서 현장을 가야만이 나름대로 궁금증을 추가로 생각해 낼 수 있고 좀 더 세밀한 조사를 할 수 있게 되는 것이 아닐까.
아무것도 모르는 사람은 현장을 가본들 그냥 장님이다. 토지가 눈에 보이기는 하지만 그래서 뭐 어쩌라구. 흰 것은 종이고 검은 것은 글씨라는 말과 다를 바가 없다. 행여 같이 가는 동행자들도 실력이 비슷한 처지라면 배가 산으로 가는 상상력이 발휘될 수도 있을 것이다.

혹은 누군가가 리드하는 임장을 가게 된다면 팀의 인솔책임자가 하는 이야기는 그나마 많은 도움이 될 수 있다. 그런데 그 리더의 임장 목적이 토지를 살펴보는 지식을 배우는 것이 아닌 동행자들에게 어떤 준비된 토지를 매각을 하기 위한 목적이 있는 임장이라면 리더가 이야기하는 내용을 곧이곧대로 듣고 그대로 믿고 투자하다 보면 투자 방향이 오히려 이상한 곳으로 유도되는 결과가 나올 수도 있다.

필자가 잘 아는 지인 중에서도 버스를 타고 수십 명이 같이 투어하는 임장 프로젝트에서 인솔대표가 이야기하는 내용을 믿고 안내하는 부동산을 매수하는 아픈 실수를 저지르는 경우도 제법 있었다. 누구의 탓이라고 하기보다 투자에 최소한의 기본실력이 갖추어지지 않은 상태에서의 임장은 당연히 타인의 이야기에 솔깃할 수밖에 없는 현실이다. 차라리 인터넷에서 제공하는 로드뷰로 보는 것과 시간적인 차이만 있을 뿐 다를 것이 하나도 없고 가지 않는 것이 오히려 기회비용을 아끼는 것이다.

지금까지의 임야 이야기가 그 내용이 방대해 보이는 느낌을 받을 수 있겠지만 결국은 아주 짤막한 몇 마디의 핵심 내용으로 요약이 될 수 있다.

1. 투자해 볼 만한 사례선정
2. 인터넷으로 조사해 볼 수 있는 항목들을 최대한 분석과 스터디
3. 입지 살펴보면서 인근의 주된 건축물들을 참고하여 개발방향 컨셉잡기
4. 차익을 실현할 수 있는 적합한 건축물의 판단 혹은 건축 없이 수익실현 가능방안
5. 건축계획시의 거쳐야 하는 인허가 기준 파악
6. 도로 및 하수처리가능성 판단과 측량설계사무소 문의
7. 개발행위가. 산지전용허가 - 경사도. 입목축적. 상하수도. 인근피해여부. 적정전용면적과 건축규모 산정
8. 토목 인허가 공과금 등 각종 비용 예측
9. 예상되는 수익금액 산정
10. 매수판단

위 열 가지 정도로 요약될 수 있을 것이다.

경매로 토지를 저렴하게 매수하자 [사례]

내친김에 가벼운 사례를 하나 더 살펴보기로 하자. 아래 그림에 표시된 임야가 약 1,600평 정도 된다. 확실치는 않지만 주택의 일부가 이 토지에 편입되어 있는 것으로 보인다. 임야의 일부에는 분묘가 있다고 감정평가서에는 기재되어 있다.

추측해보면 주택에 거주하는 사람과 이 임야가 연관이 있는 것으로 추정된다. 등기부를 보면 상속이 거듭되고 하는 과정에서 서로 간의 의견이 맞지 않아서 경매로 매각을 하고 매각대금을 서로 나누어 갖기로 한 결과로 경매가 진행되는 것 같다. 공유물분할에 의한 형식적 경매 사건에 의한 물건이다.

임야 내에 있는 분묘가 있는데 아마도 현재 상속인들의 조상님들이 아닐까 하는 생각이 들고 그분들이 생전에 이 주택에서 살고 있지 않았을까 하는 생각도 든다. 세월의 무상함을 느끼게 하는 물건이다.

필자는 거의 본능적으로 부동산을 볼 때 가장 먼저 보는 서류가 있다. 토지이용계획확인서의 내용이다. 토지로서의 기본적인 문제가 되는 부분은 보이지 않는다. 단지 이 토지를 취득하는 사람이 어떤 용도로 어떤 방식으로 토지의 가치를 극대화시킬 것인가에 따라서 투자 방향을 잡을 수 있을 것으로 보인다. 한 개의 건축을 하고자 한다면 도로 문제는 별 애로사항이 없어 보이지만 한꺼번에 단지형 주택을 조성하고자 한다면 도로의 폭이 좁아보이므로 문제가 발생할 여지가 있다. 이런 경우에는 어떤 해법으로 접근을 해야 할 것인가도 고민을 해야 할 문제다.

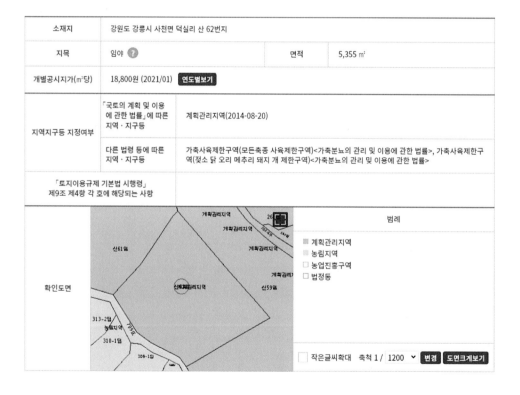

소재지	강원도 강릉시 사천면 덕실리 산 62번지			
지목	임야 ❓		면적	5,355 m²
개별공시지가(m²당)	18,800원 (2021/01) 연도별보기			
지역지구등 지정여부	「국토의 계획 및 이용에 관한 법률」에 따른 지역·지구등	계획관리지역(2014-08-20)		
	다른 법령 등에 따른 지역·지구등	가축사육제한구역(모든축종 사육제한구역)<가축분뇨의 관리 및 이용에 관한 법률>, 가축사육제한구역(젖소 닭 오리 메추리 돼지 개 제한구역)<가축분뇨의 관리 및 이용에 관한 법률>		
「토지이용규제 기본법 시행령」 제9조 제4항 각 호에 해당되는 사항				

확인도면

범례

■ 계획관리지역
■ 농림지역
☐ 농업진흥구역
☐ 법정동

☐ 작은글씨확대 축척 1 / 1200 ∨ 변경 도면크게보기

상속인들은 낙찰대금으로 서로의 지분비율로 배당을 받을 것이지만 조상님들의 묘지는 타인의 토지 위에 존재하게 되는 문제도 생긴다. 분묘도 지료를 지급해야 한다는 새로운 판례가 나왔으니 상속인들이 장차 어떤 문제를 맞이할 것인지도 궁금해진다.

평당 10만 원 초반대의 감정가격으로 시작된 경매가 평당 15만 원을 넘긴 2억 5천만 원 정도의 가격으로 낙찰이 된다. 낙찰자는 어떤 생각으로 이 땅을 요리할 것인지도 궁금하다. 지상의 주택이 침범한 부분도 해결해야 한다.

이런 일련의 모든 것들은 시간이 가면서 해결해 나갈 수 있는 문제들이다. 하지만 이 토지를 낙찰받은 후에 수익을 실현할 수 있는 방안이 가장 중요한 부분이다.

도로변에서 바라보는 위치의 임야에 있는 아름드리 소나무가 낙찰자에게는 독이 될 것인지 돈이 될 것인지는 낙찰자의 수익 실현 방향에 따라서 달라질 것이다.

주택의 철거를 요청하기에는 그림 상으로 너무 아까워 보인다. 그렇다고 필자에게 저기 가서 살라고 하면 그러고 싶지는 않다. 고민해야 할 부분이다.

이런 다양한 문제점들이 있는 토지임에도 낙찰자는 감정가격보다 30%나 비싼 가격으로 낙찰을 받았다. 택지로서의 요건을 갖춘 토지의 인근 시세를 살펴보니 평당 약 30~40만 원 정도가 보수적인 가격으로 조사가 된다.

산지전용을 해서 몇 개의 주택을 지을 수 있는 용도로 전환할 전략을 가지고 있는 것일까. 필자가 낙찰을 받았더라도 아마도 그런 방식으로 수익실현 전략을 생각했을 것이다. 인근의 평균적인 농지가격보다도 훨씬 저렴한 가격의 수준이다. 매입가격에서 각종 인허가에 필요한 비용들과 토목 비용들을 산정해서 수익을 산출해 볼 수 있는 능력자라면 충분히 수익을 실현할 수 있을 것으로 기대된다.

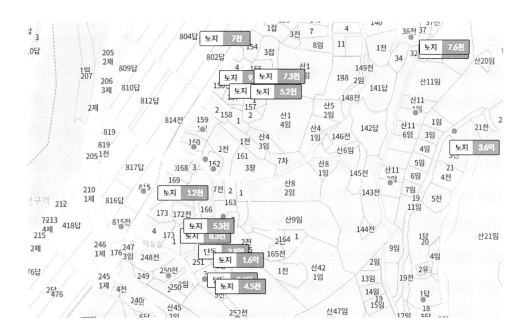

인터넷 사이트의 발전은 토지를 투자하는 데 있어서 참으로 편리해진 점들이 많다. 인근의 거래사례들에 관한 정보들을 수시로 확인할 수 있으니 말이다. 하지만 인근 토지의 거래사례에서 가격만 보고 판단을 하는 것은 상당히 위험한 생각이다. 토지의 형상과 도로 등의 요소들이 좌우하는 가격 영향이 다양하기 때문이다. 번거롭더라도 일일이 토지의 형상과 접근성 도로 등의 요소들을 좀 더 자세히 비교해 볼 수 있어야 할 필요가 있다.

간혹 유튜브 같은 데서 하는 이야기로 임야의 가격은 인근 농지가격의 절반이나 3분의 1 정도의 가격으로 보시면 무난하다는 이야기들이 있다. 웃기는 이야기가 아닐 수 없다. 이 임야는 농지보다도 훨씬 더 값어치가 나가는 임야로 보인다. 단지 산지전용을 할 수 있는 조건에 부합될 때의 의견이다.

임야에 있는 수목들의 입목도가 기준을 충족하지 못하는 경우라면 수익 실현을 하는 방법이 무척 애매해질 수도 있다. 평균 경사도를 살펴보기 위해 참고로 인터넷 사이트 정보를 살펴보면 상당히 양호한 정도의 경사각을 보인다. 토목을 하기에도 안성맞춤이다. 이런 물건을 만났을 때 앞 단원에서 말씀드렸던 임야를 살펴보는 기본기의 지식을 알고 있다면 나름대로의 분석을 할 수 있게 된다.

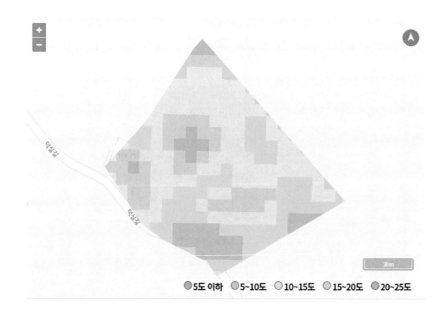

결론적으로 이 임야투자의 핵심은 입목축적도가 될 것이고, 추가로 전용하고자 하는 면적에 따라서 확보해야 하는 도로폭의 문제를 해결해야 할 것으로 보인다. 이런 것들을 사전에 살펴볼 수 있는 것을 배우는 점이 바로 토지라고 하는 것이 아닐까 하는 생각이 든다.

처음부터 크게 한꺼번에 개발하는 성급함보다는 조금씩 인허가를 나누어서 하는 방안으로 진행하는 것이 낫지 않을까 하는 생각도 든다. 이도 저도 살펴보지 않은 상태에서 외관만 보고 투자를 결정하는 것은 우물가에서 숭늉을 찾는 것과 같은 결과가 될 것이다.

묘지 지분임야를
스터디 투자용으로 낙찰받다 사례

필자가 멘토로 있는 평생회원 멤버십 스터디그룹에서 공투 방식으로 소액의 임야공유지분을 낙찰받았다.

물론 1인당 부담하는 경제적 비용은 아주 극소액이다. 이 물건은 지목은 임야이고 전체 1,800여 평 면적 중에서 약 300평 정도의 공유지분이 경매로 나왔던 물건이다. 관리가 잘되고 있는 묘지도 몇 기 보인다.

등기부에는 다른 소유자들의 주민등록번호마저도 없다. 주소는 당연히 태고적 시절의 토지 주소 그대로다. 1971년도에 등기가 되어 있는 점이 눈에 걸린다. 그 이유는 낙찰 이후의 송달 문제 때문이다. 아니나 다를까 낙찰을 받고 송달을 하는 데만 1년이 더 걸린다. 제대로 스터디하는 물건이 된다.

회원들은 힘들겠지만 필자는 이 상황을 흥미롭게 계속 지켜보고 있다. 송달 방법부터 소장을 쓰고 당사자 변경하는 부분까지도 같이 고민하고 진행하고 있는 케이스다.

토지이용계획확인서상의 내용으로 보면 어떤 건축행위를 하는 데 있어서의 애로점은 보이지 않는다. 그래도 모를 일이다. 인허가라는 것이 뚜껑을 열어봐야 비로소 알 수 있는 것이다. 그리고 공유지분이다 보니 사전에 해결해야 하는 문제점들이 있을 뿐이다.

소재지	충청남도 태안군 근흥면 두야리 562 도로명검색 D 지도 N 지도 주소 복사						

물건종별	임야	감 정 가	38,486,370원	오늘조회: 2 2주누적: 12 2주평균: 1 조회동향			
토지면적	전체: 5921㎡(1791.1평) 지분: 986.83㎡(298.52평)	최 저 가	(70%) 26,940,000원	구분	매각기일	최저매각가격	결과
				1차	2022-02-22	38,486,370원	유찰
건물면적		보 증 금	(10%) 2,694,000원	2차	2022-04-05	26,940,000원	
매각물건	토지만 매각이며, 지분 매각임	소 유 자	최종환	매각 33,360,000원 (86.68%)			
				(입찰4명,매수인:경기 (주)도익 외 1)			
개시결정	2021-06-17	채 무 자	망 최진환의 상속인 최종환	매각결정기일 : 2022.04.12 - 매각허가결정			
				대금지급기한 : 2022.05.17			
사 건 명	강제경매	채 권 자	농협중앙회	대금납부 2022.04.22			

• **매각토지.건물현황** (감정원 : 태평양감정평가 / 가격시점 : 2021.06.28)

목록	지번	용도/구조/면적/토지이용계획	㎡당 단가 (공시지가)	감정가	비고
토지	두야리 562	준보전산지,가축사육제한구역,보 전관리지역	임야 986.83㎡ (298.52평)	39,000원 (15,000원)	38,486,370원	☞ 전체면적 5921㎡중 최종환 지분 1/6 매각 ▶제시외 분묘, 제시외 건물 등 소재로 인한 제 한단가:@35,000/㎡
제시외 기타	두야리 562 목조 아스팔트 쉬글 지붕	단층	정자 등 1식		2,500,000원	매각제외
감정가		토지:986.83㎡(298.52평)		합계	38,486,370원	토지만 매각이며, 지분 매각임

현황 위치	* 두야리마을회관 남서측 근거리에 소재하는 부동산으로서 주위는 농경지 및 농가주택 등이 소재하는 지대임. * 본건까지 차량의 진·출입이 가능하고 인근에 버스정류장이 소재하는 등 제반 교통상황은 보통임. * 대체로 부정형의 토지로서 현황 대체로 "토지임야" 등 상태임. * 본건 남측으로 노폭 약 8m 및 북측으로 노폭 약 4m의 포장도로가 소재함.

참고사항	* 제시외건물 매각 제외 * 본건 토지 지상에 소재하는 입목 등은 거래 관행상 토지와 일체로 거래되는 바, 본건 토지에 포함하여 감정평가하였습니다 * 일부는 접도구역에 저촉되어 그 공법상 제한 정도 등을 감안하여 평가하였으니 경매 진행 시 참고하시기 바랍니다 ☞ 현황.서상 점유내용: 진주최씨 가족 분묘 수기가 있음(벌초가 되어 있지 않아 정확한 봉분의 수는 확인하기 어려움)

지상의 묘지에 비석이 보인다. 등기부상의 성명들과 유사한 성씨들을 가진 분들의 성명이 보인다. 조상님들의 후손을 찾는 작업을 해내야 하는 것이다. 이 물건을 통해서 많은 금전적인 수익을 기대하고 입찰을 한 것은 아니다.

특수물건이 가지고 있는 다양한 특징들이 오롯이 이 물건에 묻어있다. 공유지분이라

독자적으로 어떠한 행위를 할 수가 없다. 어떤 형태로든 다른 지분권자들과의 협의가 필요하다. 협의가 안 될 경우에는 부득이 공유물을 분할해 달라는 요청을 하기 위해 법원의 힘을 빌려야 한다.

법원에서도 분할에 관한 협의가 안 될 경우에는 차선책으로 가액분할이라는 방식으로 진행될 수도 있다. 가액분할이라는 방식은 물건 전체를 경매로 매각해서 각각의 소유지분에 비례해서 매각대금을 나누어 가지라는 뜻이다. 이때 묘지가 있어서 유찰횟수가 많아진다면 직접 낙찰을 받을 수도 있다.

묘지가 있는 임야를 낙찰을 받게 된다면 다음 문제가 또 고민이 될 수 있다. 묘지의 분묘기지권에 관한 지료를 청구할 것인가, 아니면 묘지 부분을 분할해서 별도로 매각 처분을 할 것인가. 그리고는 남은 임야를 어떻게 할 것인가.

아래의 그림파일은 필자의 카페에서 이 물건에 관한 조사와 의견을 나누는 내용들을 일부 캡처한 것이다.

겨울 🔲 (작성자)
소액으로 개발 & 전용허가의 절차와 비용 및 공유물분할소송등 경험 쌓기 좋은 물건인거 같습니다.
수익은 덤이구요(계산이 잘못된건지 좀 많이 나오던데 피곤한가 봅니다 ——;;)
2022.03.28. 23:27 답글쓰기

토지김박사 🔲
언급했던 내용들과ㅇ 큰차이는 없었지만..
현장에서 소중한내용들을 배운기회였네요.,
2022.03.29. 00:00 답글쓰기

겨울 🔲 (작성자)
넵!..그리고 생각보다 분묘가 도로에서 가까워서..앞쪽땅 분할이 쉽지않아 보시더라구요
2022.03.29. 05:25 답글쓰기

cheers 🔲
퇴근 후에 충남까지 임장을 다녀오시다니..ㅎ_ㅎ;; 수고 많으셨습니다! 사진 상으로는 분묘가 안쪽에 있는것처럼 보이는데 도로와 가까운가보네요..
2022.03.29. 09:13 답글쓰기

겨울 🔲 (작성자)
네;.입구에서 보통걸음으로 20~25번이면 첫번째 묘지에 도착하더라구요..ㅡㅁㅡㅎㅎ..근데 거기서 5미터 띄어서 건축을 해야한다니ㅋ

이 물건이 가지고 있는 미래 경우의 수는 다양하다. 위와 같은 방식으로 진행될 수도 있고, 협의가 잘되어서 원만히 분할이 잘 진행되는 방향으로 간다면 분할된 토지를 어떻게 활용할 것인가에 관한 해결과제가 남는다. 인근의 토지들을 보면 전형적인 시골 마을이다. 바다가 가깝기는 하지만 차량으로 이동을 해야 하는 거리이다.

전원주택을 짓기 위한 인허가를 받을 것인가. 아니면 분할 후에 단순히 독자적인 매각을 할 것인가. 너무나도 다양한 실전투자 트레이닝을 하기에 아주 적합한 물건이다. 이런 물건을 처음부터 끝까지 직접 케어해 보는 경험을 해 본다면 훗날 이보다 금액이 훨씬 큰 물건을 만나더라도 처리해나가는 과정에서 두려움보다는 즐거움이 앞설 것이다.

그것을 기대하고 이 물건의 진행 방향의 돛대를 잡아주는 일이 필자의 할 일이다. 투자에 참여하신 분들은 이 모든 과정을 하나하나 자신의 경험으로 쌓아둘 수 있을 것이다.

미래에 이 물건이 어떤 모습으로 변해갈지 필자도 무척 궁금하다. 투자에 참여하신 분들에게도 소중한 토지투자 경험이 될 수 있도록 노력할 것이다.

임야 보는 안목 하나로 6억 버는 사람 `사례`

 필자가 출퇴근하는 길목에서 항상 보이는 임야였다. 서울 강남과 용인을 잇는 고속도로 인터체인지 바로 옆에 위치한 임야다. 출퇴근을 하면서도 인터체인지 인근에 있는 토지나 임야의 가치상승을 예견하는 것은 누구에게는 어려운 일은 아니었다. 그런데 인근에 있는 임야가 경매로 나올 것이라고는 미처 생각하지도 못했는데 어느 날 경매사이트에서 이 물건이 경매로 나온 것이 보였다.

2015 타경 3753 (임의) 2015타경14746		매각기일 : 2015-08-05 17:00~ (수)		경매13계 031-210-1273	
소재지	(448-980) 경기도 용인시 수지구 성복동 산15-11				
현황용도	임야	채권자	허경준	감정가	860,640,000원
토지면적	9780㎡ (2958.44평)	채무자	조경식외1명	최저가	(100%) 860,640,000원
건물면적		소유자	이재훈	보증금	(30%)258,192,000원
제시외		매각대상	토지매각	청구금액	100,000,000원
입찰방법	기일입찰	배당종기일	2015-04-08	개시결정	2015-01-26

기일현황

회차	매각기일	최저매각금액	결과
신건	2015-06-18	860,640,000원	매각
(주)필조경/입찰1명/낙찰931,110,000원(108%)			
	2015-06-25	매각결정기일	허가
	2015-08-05	기한후납부	
	2015-11-24	배당기일	완료

배당종결된 사건입니다.

 약 3,000평 정도의 사이즈이다. 약 9억의 감정가이니 평당 30만 원 꼴이다. 고속도로 인터체인지 옆에 있으니 무척 소음이 클 것이라는 생각을 할 수도 있는 임야였다. 결과적으로는 소음벽의 설치로 거슬리는 소음을 최소화한 현장을 확인할 수가 있었다. 무엇이든 완벽한 것은 없다. 아무리 좋은 땅일지라도 마지막에는 가격이 비싼 것이 흠이 되는 것처럼.

해당 물건은 보나 마나 서울 강남의 뛰어난 접근성 등을 고려해 볼 때, 고급 단독 주택단지나 고급 빌라 단지로 개발을 하는 것이 가장 적합한 컨셉이었다. 하지만 토지이용계획확인서의 분석에 의하면 다세대 빌라는 신축이 불가한 임야였다. 당연히 고급 단독 주택 컨셉으로 개발하는 방향은 정해질 수밖에 없다.

지금은 지번이 변경되어 그 당시의 토지이용계획확인서의 내용을 확인하는 데는 한계가 있지만 이 임야의 산정부면적은 공익용산지이면서 보전녹지지역이고 중하단부에 위치한 임야는 자연녹지지역이면서 준보전산지이다.

부동산 공법적인 행위제한을 이 장에서 설명하려는 것은 아니다. 앞의 파트에서 건축행위제한에 관한 설명 부분을 자세히 읽어보신 분이라면 이 토지이용계획확인서를 보고 군침을 흘리면서 볼 수 있는 사람이 된 것이다. 결과만 말씀드린다면 이 임야는 공익용 산지임에도 불구하고 단독 주택 신축허가가 가능한 임야이다.

경매 당시 있었던 지번을 검색하면 지금은 대지지번으로 변동되고 등록전환이 되어서 그 당시 지번으로는 확인이 안 된다. 2022년 기준으로 변경된 지번으로 검색해보면 임야는 대지로 전환이 되어 일반지번이 부여되어 있지만 아직 공익용산지의 해제고시가 안된 상태로 남아있다. 시간이 지나면 공익용산지가 해제고시가 나오면 토지의 이동 작업은 최종 마무리 되게 된다. 현실은 해제가 되어도 그만 안되어도 그만이다. 이미 전용되어 주택이 완공되었는데 토지의 용도지역이 무슨 소용인가.

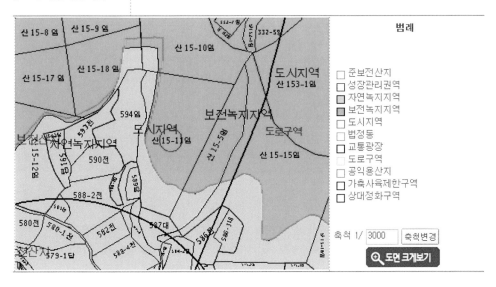

아래의 토지이용계획확인서는 최초 경매 당시의 토지이용계획확인서와 개발이 되고 난 2022년 기준으로 토지이용계획확인서를 비교해 보시면 이해를 돕는 데 도움이 될 수 있다.

도면의 그림이 달라진 것이지만 공익용산지는 여전히 남아있다. 그럼에도 공익용산지에 고급전원주택이 들어서서 분양을 하고 있다는 것은 어찌된 일일까. 이것이 토지

이용계획확인서를 분석할 수 있는 스터디의 필요성을 이야기해주는 대표적인 사례가 될 수 있는 것이다.

소재지	경기도 용인시 수지구 성복동 813번지			
지목	대 ❓		면적	18,114.6 ㎡
개별공시지가(㎡당)	828,000원 (2022/01) 연도별보기			
지역지구등 지정여부	「국토의 계획 및 이용에 관한 법률」에 따른 지역·지구등	도시지역 , 보전녹지지역 , 자연녹지지역 , 성장관리계획구역		
	다른 법령 등에 따른 지역·지구등	가축사육제한구역<가축분뇨의 관리 및 이용에 관한 법률>, 공익용산지(보전산지)<산지관리법>, 준보전산지<산지관리법>, 성장관리권역<수도권정비계획법>		
「토지이용규제 기본법 시행령」 제9조 제4항 각 호에 해당되는 사항		중점경관관리구역		
확인도면				범례 ☐ 중점경관관리구역 ☐ 도시지역 ▨ 보전녹지지역 ■ 자연녹지지역 ☐ 성장관리권역 ☐ 성장관리계획구역 ☐ 공익용산지 ☐ 준보전산지 ☐ 도로구역 ☐ 가축사육제한구역 ☐ 개발제한구역 ☐ 교통광장 ☐ 법정동

그리고 임야개발을 판단할 때 가장 중요한 부분이 평균 경사도와 입목축적이다. 목측으로 살펴보는 정도만으로도 문제가 없겠다는 생각이 들었다. 하지만 진입도로가 애매한 맹지였다. 3,000평의 임야를 개발하려면 진입도로는 최소 8미터 정도의 폭을 필요로 한다. 도로확보를 위한 추가 비용도 들 것이다.

가끔씩 등산객들이 다녔던 흔적이 있는 곳을 따라 필자의 회원분들과 답사를 해 본다. 나지막한 위치에 자리 잡고 있는 먼저 가신 선배님의 묘지가 보인다. 잘 가꾸어지고 있는 모습이다. 묘비도 깔끔하다.

어느 날 다시 답사를 갔을 때는 이장이 완료된 모습이 확인되었다. 이 정도의 내용이면 물건의 전체적인 파악이 된 것이나 다름없다.

　　최초 감정가격은 평당 30만 원 정도로 계산된 약 9억 원 정도이다. 묘지가 있고 도로가 없으니 적어도 한 번은 유찰될 것이라는 생각을 한 것이다. 사실 이만한 정도의 자금을 당장 쥐고 있지도 못했고 대출도 쉽지 않을 것이고 추가 비용 등에 관한 부담으로 내심 군침만 흘리는 입장이었지, 적극적인 입찰을 위한 액션을 미처 취하지도 못한 채 어느 야무진 단독입찰자분께서 법인이라는 계급장을 달고 근엄한 양복과 신사 가방으로 중무장을 하고 홀연히 나타나 낙찰 접수해가는 모습을 필자는 입만 벌리고 쳐다만 보고 있었던 기억이 지금도 생생하다.

[토지] 경기도 용인시 수지구 성복동 산15-11　　　　　　　　　　　　　고유번호 1345-1996-146471

순위번호	등 기 목 적	접 수	등 기 원 인	권 리 자 및 기 타 사 항
8	강제경매개시결정	2015년4월9일 제62783호	2015년4월8일 수원지방법원의 강제경매개시결정(2015 타경14746)	채권자 황성군 서울 마포구 삼개로 33 , 10동 1002호(도화동, 도화3지구우성아파트)
9	소유권이전	2015년10월14일 제194673호	2015년10월14일 임의경매로 인한 매각	소유자 경기도 용인시 수지구 성복1로281번길 21(성복동)
9-1	9번등기명의인표시변경	2016년6월2일 제81129호	2016년1월6일 상호변경	주식회사럴그경랜드의 성명(명칭) 주식회사아리움
10	5번가처분, 7번임의경매개시결정, 8번강제경매개시결정 등기말소	2015년10월14일 제194673호	2015년10월14일 임의경매로 인한 매각	
11	소유권이전	2016년6월2일 제81130호	2016년6월2일 매매	소유자 경기 -0278265 108-2, 114호(성복동, 헬스톤갤러리) 거래가액 금1,500,000,000원

【　　을　　구　　】		(소유권 이외의 권리에 관한 사항)		
순위번호	등 기 목 적	접 수	등 기 원 인	권 리 자 및 기 타 사 항
1	근저당권설정	2007년7월23일 제173957호	2007년7월23일 근저당권설정계약	채권최고액 금840,000,000원 채무자 태현가공 주식회사 경상북도 포항시 남구 동해면 상정리 78 근저당권자 주식회사우리은행 110111-0023393

지금은 과연 어떻게 변했을까. 낙찰받은 신사분은 신건에 단독 낙찰 받아서 잔금납부 후 8개월 뒤에 15억에 매각하여 6억의 매각차익을 올리게 된 사실이 등기부로 확인이 된다. 평소에 토지에 관심 있는 자의 미래와 그렇지 않은 자의 미래의 갈림길을 이야기해주는 물건이 아닌가 싶다.

그렇다면 9억 정도에 낙찰받은 사실을 알면서도 이 물건을 8개월 만에 15억 원에 매수한 사람은 도대체 어떤 생각으로 매수를 한 것일까. 매수자는 필자가 그 당시 이 물건에 관한 설명을 해드렸던 예상개발이익을 훨씬 넘는 금액의 수익을 올리고 사업을 마무리한 것으로 확인이 되었다.

대지 100평에 대한 토지 가격을 4억 정도로 분양을 하는 것으로 확인이 되었으니 아무리 보수적으로 계산을 해봐도 최소 100억 원 이상의 수익을 올린 것으로 확인이 된다.

겨울 내내 벌목만 해둔 상태로 있다가 한 단계씩 토목이 진행되는 모습들이 필자에게도 확인이 된다. 그야말로 금맥 중의 금맥물건이 아닐 수가 없다. 출근하는 길에도 현장을 살펴보기도 했고 토목이 진행될 때도 회원분들과 같이 관심을 가지고 살펴보면서 산지 개발에 관한 현장학습을 할 수 있었던 훌륭한 계기가 되었다.

　이 물건의 개발 방향이 필자가 생각하고 있었던 대로 갈 것인지, 아니면 좀 더 진화한 모습으로 갈 것인지 귀추가 주목되었다. 이제부터는 이 물건을 매수한 매수자의 몫이다.

　평당 50만 원에 토지를 매수한 매수자는 개발사업자였다. 토목비용, 설계비용, 각종 부대비용들을 감안하더라도 이 정도는 가히 서민의 입장에서 보면 천문학적인 매각차익이다.

　가령 그 정도의 가격으로 분양을 하지 못하고 다소 할인 분양을 한다고 한들 수익에 무슨 큰 차이가 있겠는가. 3,000평의 토지를 개발해서 소형평수로 분할한 후 고급스럽게 토목단장해서 건축비를 별도로 하고, 토지평당 400만 원 정도로 매각한다면 약120억 정도의 매각금액이 예상된다. 여기에 투입된 각종 비용을 공제하면 순이익이 될 것이다.

멋지다. 대단하다. 필자도 임야를 개발해서 전원주택단지나 공장개발 등을 해본 적이 있지만 평당가격이 이렇게 고가인 곳에 위치한 토지를 개발해서 분양해 본 적은 없다. 이런 물건이 다음에도 경매로 나올까? 누가 그러지 않았던가 버스와 떠나간 애인과 경매 물건의 공통점이 있다고 했다.

반드시 다음에 또 올 것이다. 지금도 눈에 선하다. 1차 신건 물건이라 어느 누구도 입찰하지 않을 것이라는 필자의 예상을 깨고 당당히 양복에 넥타이를 맨 신사 한 분이 단독입찰로 낙찰받았던 당시의 모습이 지금도 생생하다. 닭 쫓던 개 신세다. 필자도 경매의 진정한 고수가 되려면 아직 멀었다. 소탐대실하는 마인드가 필자의 몸 어느 구석엔가 아직도 남아있는 모양이다. 이것을 털어내지 못하는 한은 필자도 아직 부족함이 많은 보통 사람에 불과한 것이다.

최초의 모습에서부터 마지막 최후의 모습까지를 시나리오처럼 다시 올리니 감회가 새롭다. 다시 봐도 아름답다. 강남까지 승용차로 딱 15분 걸리는 거리다. 보잘것없는 임야가 황금 덩어리 금맥으로 변한 곳이다. 이것이 토지개발의 매력 아닐까.

공장창고 지식산업센터
실전투자

공장창고 개발은 부동산 개발투자의 꽃

꽃은 예쁘다. 예쁘다는 것은 누구에게나 좋고 아름다운 것이다. 그런데 가끔씩 예쁜 꽃임에도 가시가 있거나 독이 있는 꽃도 있다. 그렇다면 일반적으로 꽃은 이쁠 것이다라고 생각하는 것이 맞는다. 부동산 투자가 거의 이 꽃과 같은 성격을 가지고 있다고 해도 틀린 말은 아니다. 그중에서도 이 공장투자는 그 성격이 더욱더 짙다고 생각해야 하는 분야다. 꽃이라고 해서 좋기는 한데 내가 가지는 꽃은 독이나 가시가 없는 꽃이어야 한다. 같은 꽃이라도 그 디테일이 다르다. 어떤 이는 투자를 해서 계속 대박을 터뜨리는데 어떤 이는 똑같이 한다고 하는데도 실패한다. 자세히 살펴보면 디테일에서 심각한 문제가 있다는 것을 알게 된다. 필자가 투자를 악마는 디테일에 있다는 말과 자주 비교하는 이유다.

그렇다면 공장투자나 개발에 관심이 많은 경우라면 공장에 관한 기본기뿐만 아니라 약간의 디테일에 관한 지식 정도는 알아두고 투자를 해야 한다. 좀 더 자세한 디테일까지 공부를 하려면 끝도 없고 가능하지도 않고 굳이 그럴 필요도 없다. 자세한 디테일은 투자 프로세스에 관한 마인드와 일머리 정도만 가지고 있어도 충분하다.

공장의 종류와 창고 기본개념 잡기

그렇다면 우리가 생각하는 공장이라는 것은 도대체 무엇일까. 물건을 제조하는 곳으로 생각한다. 맞다. 그렇다면 모든 물건을 제조할 수 있는 곳을 공장이라고 불러도 될까. 그것도 맞다. 하지만 공장투자 측면에서는 그렇게 생각해서는 투자오류가 생길 수 있다.

쉬운 예로 나는 아주 작은 전자제품의 부속을 생산하는 공장을 필요로 하는데 육고기나 식품을 가공하는 공장을 매수하면 안 된다는 것이다. 애초부터 같은 공장이라도 토지의 족보가 다른 땅에서 공장허가를 받은 것이기 때문이다. 그러기에 공장이라고 해서 다 같은 공장이라는 생각을 머릿속에서 떨쳐내고 시작을 해야 한다.

그렇다면 투자 측면에서 공장은 어떤 것들이 있는지를 알아야 하는 것이 공장투자의 출발이다.

공장에 관한 가장 기본적인 내용을 담고 있는 법률은 건축법 시행령 별표에 나오는 제2종 근린생활시설로 분류된 제조업소가 있고 그와는 차원을 달리하는 공장이 따로 있다. 시행령 별표를 보면 제4호 너목에 제조업소가 보인다. 이것도 공장의 범위에 포함시키지만 제17호에 표시된 공장과는 그 결이 다르다. 느낌상 근생제조업소 공장(일명 제조장, 제조업소라고도 한다)의 인허가보다는 17호의 공장이 좀 더 공장스러운 느낌이 들 것이다. 맞다. 제4호 너목의 제조업소는 일반 근린생활시설을 지을 수 있는 토지의 용도지역에서는 허가가 용이한 편이다.

제18호의 창고시설과 제21호의 동식물시설까지 이곳에 표시한 이유는 뒤편에서 창고에 관한 말씀까지도 드릴 것이기 때문에 한 곳에 모아둔 것이고 동식물 시설을 불법으로 창고 용도로 사용하는 경우도 많아서 같이 모아둔 것이다.

용도별 건축물의 종류(제3조의5 관련)

4. 제2종 근린생활시설

　너. 제조업소, 수리점 등 물품의 제조·가공·수리 등을 위한 시설로서 같은 건축물에 해당 용도로 쓰는 바닥면적의 합계가 500제곱미터 미만이고, 다음 요건 중 어느 하나에 해당하는 것

　1)「대기환경보전법」, 「물환경보전법」 또는 「소음·진동관리법」에 따른 배출시설의 설치 허가 또는 신고의 대상이 아닌 것

　2)「물환경보전법」 제33조제1항 본문에 따라 폐수배출시설의 설치 허가를 받거나 신고해야 하는 시설로서 발생되는 폐수를 전량 위탁처리하는 것

17. 공장

　물품의 제조·가공[염색·도장(塗裝)·표백·재봉·건조·인쇄 등을 포함한다] 또는 수리에 계속적으로 이용되는 건축물로서 제1종 근린생활시설, 제2종 근린생활시설, 위험물저장 및 처리시설, 자동차 관련 시설, 자원순환 관련 시설 등으로 따로 분류되지 아니한 것

18. 창고시설(위험물 저장 및 처리 시설 또는 그 부속용도에 해당하는 것은 제외한다)

　가. 창고(물품저장시설로서 「물류정책기본법」에 따른 일반창고와 냉장, 냉동창고 포함)

　나. 하역장

　다.「물류시설의 개발 및 운영에 관한 법률」에 따른 물류터미널

　라. 집배송 시설

21. 동물 및 식물 관련 시설

　가. 축사(양잠·양봉·양어·양돈·양계·곤충사육 시설 및 부화장 등을 포함)

　나. 가축시설[가축용 운동시설, 인공수정센터, 관리사, 가축용 창고, 가축시장, 동물검역소, 실험동물 사육시설, 그 밖에 이와 비슷한 것]

　다. 도축장

　라. 도계장

　마. 작물 재배사

　바. 종묘배양시설

　위의 내용을 간단하게 지목을 중심으로 정리를 하면 이렇게 된다.

공장종류	지목	창고종류	지목
1차산업 가공공장	장	1차산업창고 (농기계, 농수산물)	창
제조(공)장 (2종근생)	대 또는 장	물류창고 저온창고	창
일반공장	장		
산업단지 (국가,지방,농공)	장	물류창고 (재배사,축사)	목 전 답
지산(준상가)	장		

무늬만 공장과 진짜 일반공장의 사례

먼저 제조업소가 경매로 나오는 경우의 물건을 살펴보자.

2021타경52824
[조정대상지역]

• 수원지방법원 본원 • 매각기일 : 2022.10.25(火) (10:30) • 경매 1계(전화:031-210-1261)

소 재 지	경기도 화성시 향남읍 구문천리 607-82 외 2필지 도로명검색 □지도 □지도 ▣주소 복사

물건종별	공장	감 정 가	541,727,200원

오늘조회: 28 2주누적: 4 2주평균: 0 조회동향

토지면적	전체: 1693㎡(512.13평) 지분: 970㎡(293.43평)	최 저 가	(100%) 541,727,200원
건물면적	683.4㎡(206.73평)	보 증 금	(10%) 54,172,800원
매각물건	건물전부, 토지지분	소 유 자	이■■
개시결정	2021-02-10	채 무 자	이■■
사 건 명	임의경매	채 권 자	유아이제삼십차유동화전문유한 회사(양도인:중소기업은행)

구분	매각기일	최저매각가격	결과
	2022-02-10	541,727,200원	변경
	2022-04-19	541,727,200원	변경
	2022-08-17	541,727,200원	변경
1차	2022-10-25	**541,727,200원**	

위 내용만으로는 제조업소인지 일반공장인지를 알 수가 없다. 그래서 건축물대장을 살펴본다.

■ 건축물대장의 기재 및 관리 등에 관한 규칙 [별지 제1호서식]<개정 2018. 12. 4.>

일반건축물대장(갑)

(2쪽 중 제1쪽)

고유번호	4159025925-1-06070082		명칭		호수/가구수/세대수 0호/0가구/0세대	
대지위치	경기도 화성시 향남읍 구문천리	지번 607-82	도로명주소	경기도 화성시 향남읍 장안로 662-115		
※대지면적 909 ㎡	연면적 357.4 ㎡	지역 계획관리지역	지구		※구역 전술항공작전기지의비행안전제3구역	
건축면적 362.4 ㎡	용적률산정용 연면적 357.4 ㎡	주구조 일반철골구조	주용도 제2종근린생활시설		층수 지하 층/지상 1층	
※건폐율 39.87 %	※용적률 39.32 %	높이 7.2 m	지붕 (철근)콘크리트		부속건축물 동 ㎡	
※조경면적	※공개 공지·공간 면적 ㎡	※건축선 후퇴면적 ㎡	※건축선후퇴 거리		m	

건축물 현황					소유자 현황			
구분	층별	구조	용도	면적(㎡)	성명(명칭) 주민(법인)등록번호 (부동산등기용등록번호)	주소	소유권 지분	변동일 변동원인
주1	1층	일반철골구조	제2종근린생활시설(제조업소)	357.4	이근철 660615-1******	경기도 화성시 향남읍 행정중앙1로 63, 1201동 1301호(향남시범살구꽃 마을신영지웰아파트)	/	2017.9.22 등기명의인표시변경
		- 이하여백 -				- 이하여백 -		

※ 이 건축물대장은 현소유자만 표시한 것입니다.

이 등(초)본은 건축물대장의 원본내용과 틀림없음을 증명합니다.

화성시장

발급일자: 2022년 01월 25일
담당자:
전 화:

감평서에는 공장이라고 하면서 건축물대장에는 제2종근생 제조업소라고 정확하게 표시되어 있다는 것이 확인된다. 그렇다면 제조업소가 아닌 일반공장은 어떻게 되어 있을까. 아래의 경매 물건을 살펴보자

2021타경11366
[조정대상지역]

● 수원지방법원 본원 ● 매각기일 : 2022.10.28.(금) (10:30) ● 경매 7계(전화:031-210-1267)

소 재 지	경기도 화성시 장안면 수촌리 185 도로명검색 지도 지도 주소 복사						
물건종별	공장	감 정 가	1,197,979,400원	오늘조회: 32 2주누적: 1288 2주평균: 92 조회동향			
토지면적	1012㎡(306.13평)	최 저 가	(49%) 587,010,000원	구분	매각기일	최저매각가격	결과
건물면적	1635.22㎡(494.65평)	보 증 금	(10%) 58,701,000원	1차	2022-08-23	1,197,979,400원	유찰
매각물건	토지·건물 일괄매각	소 유 자	●●그린피아(주)	2차	2022-09-28	838,586,000원	유찰
개시결정	2021-12-07	채 무 자	●●그린피아(주)	3차	2022-10-28	587,010,000원	
사 건 명	임의경매	채 권 자	농협은행 외1				
관련사건	2022타경55554(중복)						

역시 개요 페이지만으로는 알 수가 없다. 그래서 건축물대장을 살펴보자.

■ 건축물대장의 기재 및 관리 등에 관한 규칙 [별지 제1호서식] 〈개정 2018. 12. 4.〉

일반건축물대장(갑)

(2쪽 중 제1쪽)

고유번호		4159037023-1-01850000			명칭			호수/가구수/세대수 0.0호/0가구/0세대	
대지위치		경기도 화성시 장안면 수촌리	지번	185			도로명주소 경기도 화성시 장안면 수촌길 68-16		
※대지면적 1,012 ㎡	연면적 964.12 ㎡		※지역 계획관리지역		※지구			※구역	
건축면적 349.5 ㎡	용적률산정용 연면적 964.12 ㎡		주구조 일반철골구조		주용도 공장			층수 지하 층/지상 3층	
※건폐율 34.54 %	※용적률 95.27 %		높이 14.9 m		지붕 (철근)콘크리트			부속건축물 동 ㎡	
※조경면적 ㎡	※공개 공지 공간 면적 ㎡		※건축선 후퇴면적 ㎡		※건축선후퇴 거리 m				

건축물 현황					소유자 현황				
구분	층별	구조	용도	면적(㎡)	성명(명칭) 주민(법인)등록번호 (부동산등기용등록번호)		주소	소유권 지분	변동일 변동원인
주1	1층	일반철골구조	공장	345	에코그린피아주식회사 134811-0*****		경기도 화성시 장안면 수촌길 68-16	1/1	2015.8.25. 소유권보존
주1	2층	일반철골구조	공장	345					
주1	3층	일반철골구조	공장(사무실)	274.12					
	- 이하여백 -				- 이하여백 -				

※ 이 건축물대장은 현소유자만 표시한 것입니다.

이 등(초)본은 건축물대장의 원본내용과 틀림없음을 증명합니다.

화성시장

발급일: 2022년 8월 8일
담당자:
전 화:

이렇게 공장이라고 표시되어 있음을 확인할 수 있다. 그렇다면 제조업소 공장은 제2종 근린생활시설이라는 느낌으로 공장을 봐야 한다. 당연히 대기오염이나 수질오염을 시키는 업종은 이런 제조업소를 소유하고는 운영을 할 수가 없다. 그렇다고 해서 일반 개별공장은 대기오염이나 수질오염을 시키는 업종이 가능하다는 것은 아니다. 제조업소 공장임에도 허용되지 않는 업종을 불법으로 운영하겠다고 한다면 어쩔 수 없지만 투자자가 그런 짓을 하기에는 상당한 부담이다. 이것이 공장을 보는 가장 기본 중의 기본이다. 상세권 책자에서 좀 더 깊은 내용의 공장투자를 말씀드리겠지만 이 정도만이라도 알고 있어야 공장투자의 첫발을 내딛을 수 있다.

수익형 업무용투자 지식산업센터

　지식산업센터(이하 지산이라고 표현하기도 할 것이다)는 공장투자라기보다는 상가투자와 공통점이 많은 부동산이다. 필자의 지인들은 대부분이 다주택자들이거나 명의분산 투자자들이다. 일부 소수의 몇 분은 아주 똑똑한 한 채를 소유거주 또는 임대를 반복하는 방식으로 세금 정책에 따라서 적절히 변화를 주는 투자를 하고 있는 분들도 있기는 하다.

　그런 주택 부문에 관한 투자를 많이 하시는 분이라면 세금 때문에 머리아픈 경우를 대부분 경험할 것이다. 쓰레기법이 되어버린 우리나라 소득세법이다. 취득을 하는 경우의 취득세도 마찬가지다. 취득세도 세율이 디테일한 부분들이 많아지다 보니 법무사들도 제대로 확신에 찬 답변을 하지를 못한다. 그야말로 지방세법이나 소득세법의 쓰레기 시대에 살고 있는 것은 분명하다.

　하도 많은 케이스들이 있다 보니 양도소득세 계산을 전문으로 하는 세무사들마저 양도소득세 신고대행을 포기하는 양포 세무사들도 생겨난다. 쓰레기 제도의 홍수로 인해서 어느 누구도 함부로 세법에 관한 한 제대로 상담을 받을 수 있는 세무사나 법무사를 만나기가 쉽지 않다. 오히려 더욱더 복잡해짐에 따라 상담료가 천정부지로 솟아오르는 부작용도 생긴다.

　이처럼 복잡다단해진 투자 세상에서 그나마 제도의 변화에서 크게 영향받지 않는 분야라고 한다면 단연코 공장 창고 혹은 상가라고 할 수 있을 것이다. 상가투자 파트에서도 말씀드렸던 내용이 있었는데 워렌 버핏이 남긴 명언 중에서도 많은 부동산 투자자들의 로망이 "Passive Income" 형 수익모델을 세팅하는 것일 것이다. "잠자는 동안에도 돈이 들어오는 방법을 찾아내지 못한다면 당신은 죽을 때까지 일을 해야만 할 것이다"라는 명언은 많은 사람들에게 어떻게 투자할 것인가에 관한 화두를 던진 유명한 말이다.

주거용 부동산은 경기가 안 좋아지고 투자심리가 식으면 거래자체가 확연히 달라지는 현상이 생기지만 지산과 같은 업무용 부동산은 경기가 안좋아도 일을 해야 하는 특수성 때문에 상대적으로 임대차, 매매시장의 수요는 기본을 유지하고 있다는 점도 메리트가 될 수 있다.

이런 관점에서 지산투자를 생각할 때에는 경기가 좋은 시절에는 입주실수요자들의 현금동원능력이 많고 대출도 충분히 될 수 있는 점을 감안한다면 투자자들의 투자 의욕은 충만해진다. 그런데 이런 시기에는 투자자 입장에서는 비싼 가격에 매입을 해야 하는 문제가 생길 수도 있다는 점을 고려하는 투자 마인드가 필요하다.

실물경기가 안 좋을 때에는 실수요자들의 공장매수수요보다는 임차수요가 늘어날 수 있기 때문에 지산투자의 기본기는 실물경기가 다소 어려운 시기에 대출을 적극 활용하여 매수투자를 하는 타이밍을 잡는 것이 현명한 투자 포인트가 될 수 있다.

가장 단점으로 꼽을 수 있는 부분이라면 금리의 상승이 될 수 있을 것이다. 대출이 무난해서 최대한 대출을 받고 투자를 했는데 금리가 상승할 경우에 월세로 받는 금액으로 대출이자를 지급하고 난 나머지의 금액은 투자자에게 희비로 남게 되는 점이다. 금리가 오른다고 월세까지 무작정 올려달라고 요청하기도 쉽지 않다.

그리고 어떤 투자 분야이든 공통적인 것은 수요와 공급의 기본원리가 적용되는 것인데 이처럼 지산투자시장이 레드오션시장으로 변화되면서부터 투자수요가 급격하게 많아지다 보니 공급되는 지산 물건의 가격은 당연히 오르게 되는 것이고, 그런 투자의 결과로 투자수익률은 낮아지게 되는 현상이 생기고 있는 것이다.

그렇다고 해서 이 투자시장이 더 이상 메리트가 없다고 완전한 배제를 시킬 필요는 없다고 보는 이유는 단 한 가지다. 부동산 시장의 흐름은 항상 변하는 것이라는 큰 원리 측면에서 바라본다면 시장의 투자수익률이 하락하면 일반인들의 투자 관심은 점점 줄어들 것이라는 것은 당연한 귀결이기에 결국은 투자 타이밍과 투자입지에 관점을 둔 투자 마인드를 견지한다면 이 지산투자는 상대적으로 안정적인 투자처로 각광을 받게 될 것이다.

하지만 지산투자가 인기가 많아지는 추세에 묻혀서 투자를 하다 보면 입지가 떨어지는 곳의 투자는 임차수요를 떨어뜨리게 되는 결과를 낳게 될 것이고 그것은 곧장 공실로 이어지는 아쉬운 투자를 하게 될 것이라는 사실도 분명히 기억하고 있어야 할 필요가 있다.

실제로 지산투자붐에 힘입어 수도권에서 분양하는 새로운 지산을 분양받거나 경매 등의 방식으로 낙찰을 받았을 때 누구는 꽤 안정적인 투자수익률을 세팅하기도 하는데 누구는 공실을 면하지 못하게 되어 수익은커녕 대출이자와 관리비만 지속적으로 부담하게 되는 안타까운 투자를 하는 많은 사례들도 있는 만큼 각별한 입지조사와 임차수요조사를 하여야 할 필요가 있는 것이다.

지산을 분양하는 경우에도 초기 몇 년간은 높은 수익률을 확보할 수 있는 약정을 해주는 수법을 사용하는 분양자들이 있기도 한데 이런 방식의 분양물건은 특히 주의해야 할 필요가 있다. 수익을 보장해주는 금액도 결국은 수분양자가 납부한 분양대금에서 일부를 되돌려주는 것이고 보장기간이 끝나서 임차인을 맞추려고 하는 시기가 도래할 경우에 공실위험을 감당하기가 상당히 어려워지는 경험을 하게 된다면 이때부터 큰돈이 잠기는 애로가 발생하기도 한다.

누구나 카더라는 이야기만 듣고 투자하는 어리석음을 범하기 전에 최소한의 입지투자 마인드와 기본기 정도는 익혀두고 투자하는 것이 현명할 것이다.

지식산업센터투자의 기본기

공장에 관한 대표적인 법률을 이야기한다면 산업집적활성화 및 공장설립에 관한 법률이다. 이 법을 흔히 줄여서 산집법이라고 이야기하는데 이 법에서 지식산업센터에 관한 대부분의 규제 내용이 있지만 굳이 해당 법률을 세부적으로 공부할 필요는 없다.

예전에는 이 지산을 '아파트형 공장'이라고 했는데 이렇게 부를 때는 명칭만으로도 누구나 쉽게 이해할 수 있었다. 공장을 아파트형으로 지었나보다고 쉽게 생각할 수 있다. 그리고 공장이라고 해서 무슨 대규모의 제조시설이라기보다는 오폐수가 발생하지 않는 정도의 조립구조나 단순제조 일반사무실, 소프트웨어 개발, 설계, 디자인 업종 정도로 이해하시면 충분하다. 그리고 각 호실별로 공장을 아파트처럼 지은 것이다. 단지 그 사이즈를 달리하고 내부구조를 달리해서 지었을 뿐이다.

주차장이 다를 것이고 엘리베이터가 다를 것이고 대형차량의 접근이 가능하도록 했을 것이다. 건물 내부로의 대형차량 출입도 용이하게 설계가 되는 경우도 많다. 그리고 각 호실별로 개인이 소유할 수 있도록 했을 것이고 다양한 공장들을 운영하는데 필요한 지원시설도 입주할 수 있도록 했을 것이다. 지원시설이라고 한다면 식당이나 카페 어린이집 중개업소 기숙사 등이 있을 수 있을 것이라는 상식선의 생각이 맞는다.

최근에는 이 기숙사를 오피스텔처럼 지어서 수익형 부동산으로 분양을 하면서 세법을 편법으로 피해 나가는 투자를 하는 곳도 종종 보인다. 세금을 극복할 수 있는 용기가 있는 자라면 어떤 투자든 마다할 필요는 없겠지만 필자는 적어도 국세청의 사실관계에 입각한 조사 능력을 과대평가할 정도로 무서워하는 투자자 중의 한 사람이다 보니 세금에서 편법적인 투자는 하지는 않으려고 한다. 오래전에 한 번 데어본 경험이 지금까지도 남아있는 상처가 있기 때문이다.

　대출 측면에서도 이 지산투자는 상당히 편리한 측면이 있다. 주택 분야는 부동산경기가 과열될 경우 온갖 종류의 대출규제를 하지만 이 지산은 별도의 대출규제를 하고 있지 않고 있으므로 레버리지 투자 효과를 톡톡히 누릴 수 있다. 심지어는 실수요자일 경우에는 시세의 8할, 심지어는 9할까지도 대출을 받을 수 있는가 하면 임대사업자인 경우에도 거의 8할에 가까운 정도의 금액을 대출을 받을 수 있는 것은 상당한 메리트가 될 수 있다.

　간혹 소유자가 매각을 하는 경우에도 실제로 임차하고 있는 임차인이 직접 매수하기에도 상당히 쉬운 투자구조가 되어 있다 보니 이래저래 다양한 이점이 있는 투자 분야인 것은 사실인 듯하다.

지식산업센터의 투자 노하우

지산의 분양시스템을 알아야 한다. 지산분양 프로젝트는 사실상 토지소유자가 직접 시행을 한다는 것은 어렵다고 보시면 된다. 전문으로 시공을 하는 시공사가 분양대행사를 직영하면서 운영하는 형태로 분양을 하기도 하는데 토지소유자들과 공동사업 형태로 진행하기도 하고 토지 전체를 매수해서 사업을 진행하기도 한다.

자금력이 풍부한 시행사나 시공사라면 직접 깔끔하게 시행할 수 있으나 시행사가 사업을 진행하는 경우에는 대부분의 시행사들은 자금력이 영세하므로 토지소유자들로부터 매매계약금으로 일부를 지급하고 인허가 조건으로 사업 시행을 진행하고 소요되는 자금은 금융권이나 신탁을 통해서 프로젝트 파이낸싱 형태로 사업을 진행한다.

이런 구조의 기본을 알고 있으면 초기 중에서도 초초기에 분양하는 지산을 분양받으려고 할 때에는 반드시 토지등기부를 열람해보시는 것이 현명하다. 토지등기부에 토지소유자가 개인으로 오래전부터 소유권을 가지고 있다면 아직은 사업시행자에게 이전이 되지 않았기 때문에 사업 진행의 리스크가 있을 수 있다는 각오를 해야 할 필요가 있다. 소유권 확보도 안 된 채로 분양부터 하는 현장이라는 것이다. 반면에 등기부가 신탁회사로 이전되어 있다면 사업 진행에 관한 이해관계인들끼리의 자금집행이나 사업 진행에 관한 내용이 기재된 신탁원부를 번거롭더라도 발급받아보시면 좀 더 자세한 내용을 알고 판단할 수 있다. 신탁원부는 인터넷 검색을 해보면 발급대행을 해주는 업체도 있으며, 등기소에 직접 방문해서 유료발급신청을 하면 누구나 발급받을 수 있다.

참고로 지산의 분양은 사업시행자와는 아무런 상관이 없는 오로지 분양만 대행을 해주는 분양대행사들이 대부분이다. 이들은 분양실적에 따라서 수수료를 받는 방식으로 수익구조가 되어 있기 때문에 무슨 수를 써서라도 계약서 도장을 찍으려는 적극적인 노력을 하는 입장에 있는 사람들이다. 그러기에 그들의 말을 모두 믿지 말고 두루 객관적인 판단을 하는 자세가 필요하다. 귀동냥을 많이 해야 할 필요가 있다는 것이다.

이들은 입지가 좋은 곳의 지산일 경우에는 좋은 호실로 보이는 몇 개 호실을 먼저 분양계약을 해버릴 수 있는 분양 최첨단에 있는 이점이 있기에 분양계약금을 먼저 납부하고 프리미엄을 붙여서 일반인들에게 매각을 하는 방식을 사용하는 경우도 많다. 소위 바닥초피라는 금액을 만들어서 그들 나름대로의 짭짤한 수익을 챙기는 구조가 있는 것이다. 대행사뿐만 아니라 시행사도 미리 대행사와 세팅을 해놓고 분양을 하는 경우도 많다. 어쩔 수 없는 자본주의의 생리라고 생각할 수밖에 없는 구조다.

마케팅을 통해서 지산청약을 받기 위해 신문이나 SNS홍보성 광고 길거리 호객 등 방법을 사용하기도 한다. 입지가 좋은 곳의 지산은 사전에 많은 사람들이 먼저 분양을 받고자 할 것이라서 수분양자의 입장에서는 인근 입지를 잘 살펴보아야 하고 분양가격 대비 인근 지산의 임대료 등을 철저하게 분석을 해보고 수익률 판단을 하여야 한다. 무턱대고 월 임대료를 얼마이상 받을 수 있다는 둥. 잔금 내기 전에 전매를 해 줄 테니 프리미엄만 챙기면 된다는 등의 달콤한 속삭임의 멘트가 있는 곳도 많다. 분양팀의 의견만 믿고 분양받다 보면 기본 수익률은커녕 전혀 엉뚱한 투자를 하는 결과가 될 수도 있다.

층과 호수를 선택할 때에도 기본적인 진입 여건의 검토는 필수이지만 특이한 점은 필자가 투어했던 대부분의 지산은 엘리베이터가 부족하다는 점이 공통적인 현상이었다. 그러다 보니 점심시간이나 출퇴근 시간에는 필요없는 시간 낭비가 되는 요소가 있는 점은 특이했다. 그러다 보니 지산을 좀 아는 사람들은 2층이나 3층 같은 저층을 선호하는 사람도 많다는 사실이다. 때로는 차량의 진입 자체를 제법 높은 층까지 할 수 있도록 설계된 경우에는 굳이 저층을 선호할 필요가 없다는 점을 감안한다면 층수와 호실을 판단할 때에는 내부설계도면을 꼼꼼하게 살펴야 할 필요가 있다.

분양받을까 일반매수할까

필자에게 질문을 하는 지산투자에 관한 내용들 중에서 초기분양을 받을까 아니면 일반매수방식으로 투자를 할까를 물어보시는 분들이 있다. 개인별 자금사정이나 투자 성향 등을 보고 각각 다른 형태로 필자의 의견을 드리기는 하지만 군이 일반적인 방법을 이야기하라면 경기가 안좋은 시절에 분양을 받는 것이 상대적으로 더 좋은 전략이라고 생각한다. 단지 사업 진행의 안정성은 분명히 사전검토를 확실하게 해야 할 필요가 있다. 그리고 수익성이 한창 좋을 때 투자를 하는 것은 필자는 선호하지 않는다. 오히려 경기가 안 좋거나 금리가 높아서 감당을 하기 어려운 시절에 여유자금으로 저렴하게 매수하는 것을 선호하는 편이다. 당장에 큰 수익률을 얻는다는 기대를 하기는 어렵지만 그렇게 세팅된 투자는 장기간 효자 노릇을 해줄 가능성이 높기 때문이다.

분양을 받기는 하더라도 분양가의 타당성, 예상 임대료, 입지분석을 무시하고 분양을 받는 바보가 되어서는 안된다. 안정적인 고정수익을 목적으로 투자하는데 앞뒤 재어보지도 않고 그냥 자신의 감으로 결론 내리는 스타일의 분양은 금해야 한다. 앞에서도 말씀을 드렸지만 누가 봐도 좋은 입지, 좋은 층, 좋은 호실이라면 일반인들이 정상적인 가격으로 분양을 받을 수 있는 기회는 거의 없다. 더욱이 많은 사람들이 지산투자에 관심을 보이고 있는 시절에는 더더욱 그럴 것이다. 그런 훌륭한 물건들은 사업시행사나 분양대행사에서 미리 찜을 해두고 나중에 프리미엄을 붙여서 매각하는 것은 당연한 현실이다.

거듭 드리는 말씀이지만 그렇다면 정상가격으로 좋은 물건을 분양받을 방법은 없을까. 있다. 지산 분양 경기가 좋지 않을 때 양호한 물건을 투자해두고 때를 기다리는 방법이 있다. 혹자는 그럴 것이다. 경기가 안 좋은데 분양을 받아서 임대도 안 나가면 어떡하느냐고 할 것이다. 다시 한번 곰곰이 생각해보시기를 권한다. 누구나 관심을 받는 레드오션 시절에는 투자금이 훨씬 더 많이 들어간다. 분양가도 높을 것이고 프리미엄도 높을 것이다.

하지만 반대의 경우는 상황이 달라진다. 입지 층 호수가 좋은 곳은 경기가 나빠져도 사업을 해야 하는 회사들은 무슨 수를 써서라도 사업을 한다. 소유하고 있던 공장을 매각하고 임차해서라도 사업을 한다. 필자라면 오히려 그런 방법을 택한 후에 때를 기다릴 것이다. 왜냐하면 부동산 가격경기는 항상 돌고 도는 것이니까.

최초에 분양을 받고자 한다면 일단 분양대금의 1할만 있으면 된다. 혹은 그보다 적어도 된다. 5억짜리라면 5천만 원은 필요하다. 나머지는 중도금 무이자대출이고 입주 시에 잔금납부하는 방식이다. 주택시장처럼 특별한 대출규제도 없다. 단지 앞에서도 말씀드렸듯이 업종규제를 피해 나갈 수 있는 적절한 방법을 준비해야 한다.

이 시점에서 드리고 싶은 말씀이 하나 생각났다. 업종에 대하여 많은 분들이 오해를 하고 있는데 분양을 받을 때는 분양승인조건 때문에 업종제한이 있는 것은 분명하므로 이 부분을 잘 체크해야 한다. 취득후 실수요자가 5년간 사용하면 취득세와 재산세의 감면혜택이 끝까지 유지된다. 만약 5년이내에 매각을 하게 되면 감면받은 취득세 혜택이 사라진다. 그래서 준공 이후 5년이 지나면 매물이 많이 나오는 경우가 많다.

그리고 5년이 지난 시점에서 경기가 안 좋아지는 분위기라면 실수요자이면서 소유자인 공장주들이 매매를 하고 그 자리에서 임차인으로 유지되기를 원하는 매물들이 가끔씩 나온다. 이런 물건들은 대부분 상당히 양호한 물건들이 많다. 실소유자이다 보니 인테리어도 잘해놓았고, 공장 이전 비용을 감안해서라도 오히려 임대료를 조금 더 주더라도 눌러앉아서 사업을 계속하는 경우가 많기 때문이다. 이런 세일 앤 리스백 (Sale&Lease back) 방식의 물건은 필자도 상당히 좋아하는 물건이다.

그리고 준공이 나고 소유권 보존등기가 난 이후에 해당 지산을 매수하는 경우의 매수자의 업종은 규제를 받는 것일까. 아니다. 이때 매수자는 임대사업자여도 무방하다. 단지 취득세 감면혜택은 이미 끝난 것이다.

입주할 시점까지 프리미엄을 붙인다면 이것을 매각하는 방법도 좋은 방법이다. 프리미엄이 분양가의 1할이 형성되었다면 투자수익률은 100%가 된다. 한때는 중개업소에서 프리미엄 계약으로 인한 매도자의 세금문제 때문에 다운 계약서를 쓰기도 했지만 공인중개사법의 규제가 워낙 무섭다 보니 이런 방식의 계약을 중개업소에는 잘 하지 않으려고 한다. 자연스럽게 분양대행사에서 이런 업무를 직거래 형태로 진행해주고 소위 중간수고비를 받기도 하는데 매도인은 세금을 별로 내지 않는 방식이 성행한다.

프리미엄이 붙지 않더라도 처음부터 등기를 한다는 마음으로 분양받은 것이라면 편한 마음으로 갈 수 있다. 행여 최초분양을 받지 못했다면 프리미엄을 주고 분양권을 매수했을 때의 수익률을 계산해 보고 매입하는 것도 검토해볼 만하다. 수익률이 당연히 떨어지겠지만 장기적인 보유계획을 가진 경우라면 이 또한 나쁠 것도 없다.

경기가 좋을 때는 분양하는 시행사들이 분양을 되풀이할 때마다 분양가격을 올리는 경향이 있다. 이때 투자를 선뜻 결정한다는 것이 결코 쉬운 일은 아니기에 성격이 보수적인 투자자들은 이 타이밍에 투자를 하지 못한다. 잘잘못을 이야기하는 것이 아니다. 그런 투자자들은 한참을 좀 더 기다렸다가 경기가 안 좋을 때 저렴하게 분양받은 후에 때를 기다리는 방법이 좋을 것이다. 하지만 이마저도 그들은 경기가 안 좋다는 이유로 투자를 꺼리는 성향이 있다. 이래저래 구경만 하고 가격 오르는 시장에서 닭 쫓던 개 지붕 쳐다보는 모양이랑 다를 바가 없다. 같은 물건을 같은 사람이 투자를 해도 수익이 달라질 수밖에 없는 것이 이 시장의 특성이라서 투자의 정답이라는 것은 어차피 어디에도 없는 것이다.

그리고 이 지산의 독특한 특징은 준공된 지 얼마 되지 않은 경우에는 관리나 운영이 제법 체계적으로 운영되는 경우가 대부분이다. 주차시설이나 피트니스, 회의실, 휴게소, 샤워실 등을 갖추고 수분양자들을 유혹하는 마케팅도 점점 발전하고 있다.

그리고 새로이 조성되는 신도시에도 역세권 인근으로 지산 용도의 부지들이 많이 들어서면서 오피스텔을 가장한 기숙사를 분양하는 경우도 많으며, 역세권이라는 점을 들어서 많은 투자자들을 유혹하는 기사들도 많다. 물론 역세권 지산은 그렇지 않은 곳보다는 훨씬 유리한 측면이 있지만 택지지구라는 것이 산업의 발전보다는 주거 위주의 환경조성으로 설계되다 보면 입주 회사의 입장에서는 주거래업체들과의 거리도 무시할 수 없는 요소이므로 생뚱맞게 역세권에 나 홀로 있는 지산투자도 한 번쯤은 임대수요를 맞추는 부분에서 고민해볼 여지가 있는 부분이 될 것이다.

그런 차원에서 본다면 지산도 규모가 클수록 더 나을 것이고 인근에도 많은 업체들이 포진되어 있고 택지 규모도 어느 정도 배치되어 있는 곳이라면 금상첨화일 수 있겠다는 생각이 든다.

당장의 투자수익률에 현혹되지 말라

　많은 출판 책자에서 지역별로 지식산업센터가 얼마나 있는지의 목록을 나열하고 있지만 정작 그렇게 많은 지산 목록은 다 알아볼 필요는 없다. 누구든지 '지식산업센터 현황'이라는 인터넷 키워드 검색만으로도 쉽게 지역별 현황목록을 찾을 수 있다.

　서울뿐만 아니라 수원, 안양, 의왕, 군포, 하남, 용인, 동탄, 인천 등 수도권에는 무수한 지산들이 있다. 투자자의 입장이라면 이 지산을 소유했을 때 가장 중요한 포인트는 임차인의 유치일 것이다. 그렇다면 이 임차인들은 소위 공장을 운영하는 대표자라고 할 수 있을 것이다.

　이 대표자가 공장을 운영하기 좋은 위치에 있는 지산은 당연히 임차수요가 풍부할 것이다. 공장의 대표자는 직원을 고용해야 하는 것이고 직원의 입장에서는 출퇴근이 편리해야 할 것이다. 그렇다면 임차수요가 풍부한 곳의 입지는 자명해진다. 인근에 주거편의성이 뛰어난 주거단지가 있으면 금상첨화일 것이다. 그렇다고 이 한 가지에만 중점을 두는 것 뿐만아니라 거리가 있더라고 출퇴근의 편의성을 올려줄 수 있는 교통망의 존재여부도 상당한 작용을 할 것이다. 주거편의성, 교통편의성 이런 것들을 감안한다면 자연히 매수하는 지산의 가격이 비싼 것이 상대적인 흠이 될 수 있다.

　그렇더라도 필자가 위와 같은 입지가 뛰어난 곳의 지산투자를 권하는 이유는 간단하다. 지산의 투자경기가 안좋은 시절이 오더라도 임차수요가 풍부한 입지를 가진곳은 공실의 위험을 크게 줄일 수 있는 이점이 있기 때문이다. 수익률이 줄어들 수 있는 상황은 극복하기 쉬운 상황이지만 공실상황은 이자뿐만 아니라 관리비까지도 부담해야 하므로 이를 극복하는데 큰 스트레스를 동반할 수 있기 때문이다. 수익률을 주된 목적으로 하는 지산투자에서 수익률의 원천이 될 수 있는 임대료를 받지 못하고 오히려 공실로 인한 이자 비용과 관리 비용의 지출이 있다는 것은 투자를 거꾸로 한 결과를 초래하기 때문이다.

수익률이 낮아지더라도 공실 없이 꾸준하고 일정한 수익을 만들어 낼 수 있는 투자는 재테크에서 가장 중요한 투자환경이라고 할 수 있다. 간혹 현재의 임대료가 높은 점을 감안하여 뛰어난 수익률에 현혹되어 매수하거나 혹은 낙찰을 받은 후에 일정 기간이 지난 뒤 공실이 되는 매운 경험을 하는 투자자들도 가끔씩 본다. 입지가 안 좋은 곳의 지산이나 상가들이 대부분 현재의 투자수익률은 높지만 매매가 잘 안되는 현실을 감안하면 보유 시에 높았던 수익률을 매각 시에 까먹는 일도 종종 생길 수 있다. 당장의 수익률에 민감한 나머지 표준 임대료, 그리고 입지나 교통망들의 분석을 제대로 하지 못한 안타까운 결과라고 할 수 있을 것이다.

13부

경공매 특수부동산
투자

끝장추적 권리분석 트레이닝

경매시장에서 정상적이고 아무런 위험이 없어보이는 물건을 시세보다 저렴하게 낙찰을 받아서 보유하다가 매각하거나 단기 매각차익을 목표로 투자해서 수익을 만든다는 것은 극히 초보적인 발상이다. 경매시장에는 투자자뿐만이 아니라 조금이라도 저렴하게 매수하려는 실수요자들이 같이 존재하는 시장이다. 투자자로서는 실수요자들이 써내는 입찰가격보다 높이 낙찰을 받는다는 것은 쉽지않다.

물론 그들보다 높은 금액으로 낙찰을 받아서 장기보유 후에 시세차익을 보려는 목적으로 투자를 하려 한다면 가능할 수도 있겠지만 그런 방식의 투자라면 차라리 일반매매시장에서 급매로 안전하게 매수하는 방법이 훨씬 낫기 때문이다. 그래서 경매법정에 아기 업은 엄마들이 컨설팅해주는 넥타이 맨 남자들과 같이 참석한 모습이 보이는 시절에는 투자자들은 아파트 경매에서 일단 손을 떼는 것이 좋다는 말이 나오는 이유다.

그렇다면 투자만을 목적으로 하는 경우라면 어떤 아파트 물건에 관심을 가져야 하는 것일까. 정상적인 물건투자에서 차익을 실현하기 어렵다면 비정상적인 물건에는 그나마 실수요자들의 접근은 대폭 줄어들게 될 것이다. 그런 물건들 중에서 보이는 흠을 분석하고 해결가능한 방안을 찾아 낼 수 있을 때 비로소 저가 낙찰과 함께 정상 시세로 매각하여 만족스러운 시세차익을 누릴 수 있는 그런 물건에 관심을 가져야 할 필요가 있는 것이고 그것이 우리가 권리분석을 제대로 배워야 하는 이유인 것이다.

물론 투자 방법에서 정답은 어차피 없는 것이라서 나는 가랑비 옷 젖는 투자를 하겠다는 생각을 하고 있다면 그렇게 해서 수익을 실현하면 그 투자 방법이 옳다. 오로지 수익을 내기만 하면 인정받는 시장이니 어쩌겠는가. 하지만 그런 정상적인 경매 물건에 관한 내용을 이 책자에서 굳이 실을 필요도 없는 것이라서 이 장에서는 권리분석이 필요한 경우의 물건을 분석하는 트레이닝을 해보자는 것이다.

뒤편에서 간략하게 설명을 드리겠지만 실전경매투자에서 발생할 수 있는 위험은 3가지다. 권리관계에 관한 위험을 분석하는 것, 물건 가치에 관한 위험을 분석하는 것, 그리고 마지막으로 입찰법정에서의 위험이다. 이 중에서 첫째와 둘째가 가장 중요한 분석이라고 할 수 있겠다.

경공매 투자 할까 일반 매물 투자 할까

필자에게 물어보는 많은 분들의 질문들 중에서 경공매물건을 투자하는 것이 좋은가요 아니면 일반 매물을 투자하는 것이 좋을까요 하는 질문들을 하신다. 답이 있을 수가 없다. 돈벌려고 하는 목적인데 그저 돈 된다는 판단이 되는 물건이라면 이것저것 가릴 필요는 없지 않을까. 흔히들 경매로 부동산을 투자하는 것을 아주 싸게 매수할 수 있다는 생각을 하시는 분들이 많은데 그것은 이제 옛날 말이다. 온 국민이 부동산 투자에 관심을 가지고 눈에 불을 켜고 살피고 있는데 아직도 옛날 생각에서 벗어나지 못하시는 분들은 빨리 시각을 바꾸어야 한다.

경공매시장의 물건가격은 가장 비싼가격으로 매수하는 자에게 팔리는 경쟁시장구조이다. 물건을 보는 매수자의 관점에 따라서 매수희망가격이 달라질 수 있다. 어떤 사람은 투자수익을 위해서 매수희망을 하고 어떤사람은 본인이 거주하기 위한 실수요목적으로 매수를 희망한다. 아파트와 같은 평이한 부동산경매는 그 물건의 가격정보가 워낙 많이 공개되어있기 때문에 저렴한 가격으로 매수를 한다는 것은 거의 하늘에 별따기보다 어려운 별달기 수준이 되었다. 자꾸 패찰을 하다 보면 나중에는 시세보다 높은 가격에 매수하는 경우도 종종 보인다. 차라리 내가 마음에 드는 지역의 부동산이 있다면 해당 지역의 중개업소에 가서 물건정보를 상세히 안내받고 급매물로 나오는 물건을 주문해서 매수하는 편이 나을 수도 있다. 이처럼 평이한 부동산물건은 워낙 입찰자도 많고 내가 1등낙찰을 받는 것도 어렵다. 더욱이 실수요자가 써내는 입찰가격을 투자자로서는 이길 재간이 없다. 이긴다면 그것은 어리석게 높이 쓴 가격이 틀림없을 것이다.

그렇다면 경매나 공매에서 저렴하게 낙찰받을 수 있는 물건들은 어떤 것들이 있을까. 그것은 일반 매매시장에서 제대로 대접을 받지못하는 물건들이다. 말하자면 물건에 문제점들이 많아서 일반매매로는 중개가 어렵거나 대출이나 가압류 가처분 등 법률적인 문제가 많이 얽혀있는 등 권리관계가 복잡하거나 분석하기 어려운 물건들이 경매로 나올 때 그나마 심도있는 분석을 통해서 입찰을 받을 가능성을 높여볼 수도 있을 것이다. 이마저도 요즘은 워낙 경매 고수들이 많아서 낮은 가격에 받는 일도 쉬운 시절은 아닌 듯하다.

이처럼 경공매로 매수하기에 적합한 물건은 물건에 흠이 많은 물건을 저렴하게 받을 수 있다는 점을 고려한다면 권리분석공부와 부동산공부를 수준높게 공부를 해야 하는 부담이 있을 수밖에 없다.

경매나 공매는 부동산의 본질은 아니며, 단지 부동산을 매수하는 절차에 불과한 수단이라는 점을 잊지 말아야 할 것이고, 그러한 매수절차에서 물건의 흠을 잘 분석해서 시세보다 저렴한 투자를 할 수 있다고 생각하면 된다. 이러나 저러나 돈 되는 것이라면 무슨 절차든 따질 필요가 없는 것이고, 내가 마음에 드는 물건이나 선호하는 지역이 있다면 일반 매매시장에서 매수대기를 하더라도 내가 기대하는 가격이하로 매수투자를 하는 것은 상대적으로 경쟁이 덜할 것이다.

그런 투자도 부동산 가격상승기나 필자가 선호하는 내재가치 투자 물건을 매수하고자 한다면, 경공매보다는 일반매매방식으로 매수를 하는 편이 훨씬 수월할 수 있을 것이다. 일반매매시장에서는 공유지분으로 매각하는 물건이나 법정지상권이 얽혀있는 부동산을 중개하기가 쉽지 않기 때문에 소액의 자본으로 투자하는 노하우를 익히기 위해서는 경공매부동산들 중에서도 지분, 법정지상권 등의 특수한 물건에 관심을 가지면서 투자실력을 쌓아나가는 방법이 훨씬 효과적이다. 아니 오히려 미래까지를 내다본다면 더 좋은 투자 방법이 될 수 있을 것이다.

행복실전투자를 위한 권리분석의 세계

구분	구별	용어(권리종류)	
등기부	갑구	소유권(전체, 지분)	
		압류, 가압류	
		경매개시결정등기	
		가처분	
		가등기	소유권이전청구권가등기
			담보가등기(근저당)(청산)
		환매등기	
	을구	근저당권	
		전세권, (등기)임차권	
		지상권	
		지역권(승역지,요역지)	
		임차권등기명령	

미등기
임차권
법정지상권
유치권

기타
확정증명원(집행권원)
공정증서(약속어음)
추심명령
전부명령
(반소)원고/(반소)피고
피고인
금전소비대차약정(공정)

위 표는 우리가 흔히 등기부라고 부르는 부동산 등기사항전부증명서라는 서류의 구조를 한눈에 보기 쉽게 만들어 놓은 표이다. 우리 눈에 보이는 건축물로서의 부동산은 누가 보더라도 그 형상은 비슷하다. 하지만 법률로서의 부동산은 그 속 내용이 천차만별의 모습을 보이고 있다. 그것을 알수 있는 가장 대표적인 서류가 부동산등기사항전부증명서인 것이다.

임대차에 관한 내용을 제외한다면 부동산 권리관계에 관한 핵심적인 내용이 거의 망라되어 있는 서류이다. 물론 이 서류만으로 모든 권리관계를 다 알수는 없다. 등기하도록 되어 있는 권리들은 기대되어 있지만 등기 자체가 불가능한 권리관계도 있기 때문이다.

어쨌든 우리는 주택임대차 보호법에서 이야기하고 있는 세입자들의 권리관계와 위의 등기부에 기재된 다양한 권리관계의 용어들이 어떻게 표시되어 있는지를 익숙하게 알아야 하는 것이 권리분석 공부의 핵심 기초 분야다. 이런 기본적인 서류를 이해하지 못하면 투자 자체가 어려울 수밖에 없기 때문에 힘이 들더라도 돈을 벌어서 경제적인 자유인이 되고자 한다면 어차피 극복해나가야 할 부분이다.

경공매는 투자의 본질이 아니다

많은 사람들이 부동산 투자를 경매나 공매로 투자해야겠다는 생각을 한다. 왜 그런고 하면 대부분이 경매나 공매로 매수를 하면 시세보다 저렴하게 매수할 수 있다는 생각을 하기 때문이다. 맞는 말이다.

그런데 틀린 말도 된다. 경공매시장에 참여하는 사람들의 투자 수준이나 부동산 지식은 천차만별이다. 때로는 갓 진입한 초보자가 낙찰을 받는 경우도 많다. 한마디로 표준적인 이야기를 할 수가 없는 시장이다. 평범하고 흠이 없는 물건인데 시세보다 저렴하게 낙찰을 받을 수 있는 경우도 있다. 그런 경우는 참으로 다행스러운 일이다. 많은 사람들이 공개된 정보를 토대로 가장 비싸게 써낸 사람이 소유하는 구조다 보니 1등을 하려는 마음이 앞서는 탓에 시세보다 비슷한 혹은 더 높은 가격으로 써내는 경우도 비일비재하다.

시장가격과 경공매 물건을 비교할 줄 아는 최소한의 부동산 지식은 필요하다. 단순히 경매로 낙찰받으면 싸다는 인식 자체를 버려야 한다. 그리고 경매로 낙찰받는다고 해서 부동산을 잘하는 사람이라고 할 수도 없는 것이다. 낙찰받았다고 박수를 치기보다는 그 사람이 그 가격에 써낸 이유와 투자 전략을 배워야 한다. 이것이 본질이다. 경매와 공매는 부동산을 투자하는 여러 가지 방법들 중 하나일 뿐이다. 매수하는 방법에 불과한 것이다.

가장 근본은 투자수단에 불과한 경매나 공매가 아니라 부동산의 본질적인 투자가치를 판단할 수 있는 노하우라는 생각을 항상 명심해야 할 필요가 있다. 감정평가서에 있는 숫자가 중요한 것이 아니다. 몇 번이나 유찰이 되었는지가 중요한 것도 아니다. 무

지하게 싼 가격으로 낙찰을 받고도 나중에 수익을 남기지도 못하고 오히려 손해를 보는 경우도 많다. 그 사람은 경매라는 절차에 치중한 것이고 부동산이라는 본질은 도외시한 결과다. 실수라는 것은 누구라도 할 수 있다. 필자도 예외는 아니기에 이 실수를 줄여나가는 과정이 바로 고수로 나아가는 과정이다.

이 장에서는 법원경매를 하는 것도 어떤 법률적인 규정이 있어야 하고 이 규정 속에서 절차대로 진행을 해야 하는 것이다 보니 모든 발생할 수 있는 대부분의 경우의 수를 이 법으로 정해두고 있다. 하지만 모든 경우의 수를 정하는 것은 한계가 있기 때문에 때로는 서로 간의 다툼이 있어서 판례까지 가는 경우도 있다는 것은 그만큼 많은 사람들의 이해관계가 얽혀있는 사건들이다 보니 어쩔 수 없는 절차적인 문제에서 발생하는 다양한 용어에 관한 이해는 정립되어 있어야 할 필요가 있는 것이다.

이와 관련한 가장 중요한 법률이 민사집행법이다. 소송을 진행하는 절차적인 규정을 정해놓은 법률이 민사소송법인 것처럼 이 민사집행법은 경매를 진행하는 절차적인 규정을 정해놓은 법률이다. 법률조문으로 되어 있다 보니 일반인들이 읽고 이해하기에는 짜증날 정도로 어렵다. 민사라고 하는 것이 그 기본이 되는 민법이라는 방대한 분야를 기본으로 하고 있고, 그로 인해 발생하는 경매와 같은 법률적인 일들을 절차적으로 해결하기 위한 것인데 오죽 어렵겠는가. 이러한 실무를 직접 담당하는 법원 담당 공무원들조차도 모든 내용들을 모두 알기는 어렵다. 자연스럽게 이러한 현실을 감안해서 쉽게 풀어낸 책들이 출판되고 있고 그런 책들을 읽음으로써 조금씩 절차법에 관한 내용들을 배워나가는 과정이 경매를 배워나가는 과정이다. 필자도 그렇게 배워왔고 지금도 그렇게 배우는 중이다.

시중에 나오는 경매투자와 관련된 책은 투자성공한 사례를 마치 무협지처럼 묘사한 책들이 많다. 왜냐하면 책이라는 것은 일단 많은 사람들이 사야 하는 것이고 재미가 있어야 한다. 재미있게 쓰여진 책이 아니면 관심을 끌지를 못하니 만화보다도 더 실감나고 재미있어야 한다. 그런 책들은 자신의 실력을 향상시키는 데는 별 도움은 안 되고 괜한 심리적 거품만 유발하는 경우가 많아 필자는 아예 추천을 하지 않는다.

투자가 재미가 있으면 좋겠지만 그런 재미는 자신이 스스로 만들어내는 주인공이 되었을 때 비로소 진정한 재미가 있는 것이다. 남이 써놓은 재미에 내가 빠져서 나도 그 재미의 주인공이 될 수 있다는 것은 너무 앞서나가는 것이다. 물론 자극제가 될 수 있다는 측면에서는 플러스적인 효과도 있을 것이다.

필자의 친구 지인들 중에서 강은현이라고 하는 경매투자 분야의 고수가 있다. 그 친구가 써낸 책을 보면 두껍기가 이루 말할 수 없고 재미없기가 이루 말할 수 없다. 경공매 절차에 관한 공부를 하려면 그런 책들을 보아야 한다. 재미가 없는 책을 읽으면서 실력을 쌓고 재미있는 투자 결과를 만들어야 한다. 이 친구가 출판한 경매야 놀자 특수경매야 놀자 시리즈는 이 분야의 최고 걸작이라는 생각이 드는 책이다.

이러한 책들의 내용들을 어느 정도 섭렵하고 나면 법원행정처에서 발간한 법원실무제요 책들이 시중에 나오는데 이 중에서 민사집행 부동산 집행부분을 구입해서 책장에 꽂아두고 궁금한 내용이 있을때마다 목차에서 찾아서 읽어보는 방식으로 배우시면 금상첨화의 방법일 것이다. 어려운 책을 처음부터 끝까지 완독한다는 생각을 하고 도전하는 어리석은 행동을 하다 보면 어쩌면 지쳐서 경매투자가 싫어질 수도 있기 때문에 조심해야 할 필요가 있다.

많은 사람들이 한두건의 경매입찰에 성공한다.
많은 사람들이 조금 더 나은 경매 물건을 찾는다.
많은 사람들이 경쟁이 덜하고 수익이 높은 물건을 찾는다
많은 사람들이 경매시장을 떠난다
많은 사람들이 지금도 경매시장으로 들어온다.

경매를 잘 안다는 것과 부동산을 잘 안다는 것은 그 차이가 근원적으로 다름이 있다. 부동산은 본질이고 경매는 절차다. 부동산의 기초가 튼튼해야 경매시장에 나온 물건을 살펴보는 재미가 쏠쏠해진다. 권리분석만으로는 한계가 있을 수밖에 없다. 우리가 학원이나 이런 곳에서 경매강의를 몇주 배우고 아파트나 빌라를 낙찰을 받을 수 있는 이유는 간단하다. 권리분석도 난이도가 낮은 편에다가 그러한 종류의 물건에 대해서 이미 잘알고 있거나 익숙한 물건이기 때문에 가능한 것이다.

하지만, 여기서 조금 더 들어가서 그 외 다른 물건을 살펴보면서 입찰을 하고자 한다면 그때부터는 문제가 달라진다. 쉽게 생각하면 재개발 재건축구역의 부동산이나 상가나 단독 주택 토지 창고 공장 등의 물건도 같은 부동산이지만 이 단계부터는 기존에 해오던 아파트나 빌라의 입찰과는 차원이 달라진다. 좀 더 많은 학습과 경험과 지식을 필요로 한다. 공부를 하기 싫으면 하지 않으면 되고 기존에 해오던 방식대로 쉽고 안전하고 자신이 잘 아는 부동산에 투자를 해도 충분하다.

그러나 거기서 만족하지 않고 지속적인 발전을 하고 싶거나 더 원대한 꿈을 꾸는 자라면 부동산과 경매 공부를 제대로 해야 하는 단계가 필요하다.

이 단계에서 부실하게 배우고 투자했다가 경매시장을 떠나는 이들이 부지기수다. 차라리 쉬운 물건을 꾸준히 할 것이지. 아쉬울 따름이다. 이를 간과한 채 낙찰받고 난 뒤에야 비로소 부동산이 어려운 내막이 있다는 사실을 접하고 고

민하고 상처입게 되는 경우가 발생한다. 초반에 몇 번 수익을 내고 난 뒤, 투자 부동산 종목 변경에 따른 자만심의 결과다.

이 단계부터는 부동산을 지지고 볶고 응용할 수 있는 마인드가 되어야 비로소 성투할 준비가 된 것이다. 말하자면 이 단계부터는 여러 가지 사안들이 하나의 부동산에 융합되어 있는 물건을 볼 수 있는 단계가 된다. 그야말고 융합경매다.

부동산은 정형화된 아파트 분야를 벗어나는 순간 여러 가지의 현상이 복합적으로 얽혀있는 융합물건이 대부분이다. 단순한 투자팁으로 접근하다가는 쉽게 상처 입는다. 그래서 필자가 주장하는 것이 융합된 물건을 잘 분석할 수 있는 능력을 갖추자는 것이다.

정말로 부동산에 아주 기초적인 것조차도 모른 채 경매시장에 뛰어드는 분들이 너무나도 많다. 안타깝고 두렵고 애잔하다. 이 경공매시장이 그리도 쉽게 보이는가. 경매시장에서 경제적인 이익을 챙기려는 방법이 그리 호락호락하다면 누구라도 다 할 것이다.

다시 말하자면, 경매투자를 공부하면서 아파트 외에 다른 분야에 한발자욱만 내딛는 순간 부동산은 새로운 모습으로 다가올 것이라는 각오와 사전 대비를 해야 한다.

때론 기쁨으로, 때론 슬픔으로, 때론 궁금증으로, 때론 골치 아픈 두통으로 도 남는다. 이렇게 다양한 모습을 가진 부동산을 익히는데 그 기간이 누구는 1, 2년 정도 걸렸다는 이도 있고, 몇 년을 했는데도 잘 모르겠다는 사람들도 있다. 사람마다 다르게 보이는 재미있는 시장이다.

사실, 투자에 쉬운 일이 세상에 어디 있겠는가? 한자 글자대로 표현하면 돈을 내던지는 것을 의미하고 그것은 곧 위험을 내포하고 있다는 것이 투자의 뜻이 다. 꾸준히 자신의 부동산 내공과 경험을 쌓아가는 자만이 이 시장에서 평생 즐기면서 현역으로 투자활동을 할 수 있을 것이다. 필자도 당연 예외는 아니다.

실전경매 권리분석, 그 찐한 바다에 빠져보자

앞의 파트에서 부동산 권리분석에 관한 각종 중요한 등기용어, 민법용어, 경매용어들의 이해가 왜 중요한 것인지는 공감이 될 것으로 본다. 용어 정리가 안된 상태에서 무슨 서류를 보더라도 제대로 된 상황판단이 어렵기 때문이다. 그렇다면 이제 이 장에서는 실전투자에 추가로 필요한 내용들을 이해하기 쉽게 정리된 내용들을 설명해 이해의 폭을 확대시키고자 한다.

돈을 벌고 싶은가? 그렇다면 먼저 잃지 않는 방법을 먼저 배워야 안전하게 돈을 벌수 있다는 것이 필자의 지론이다. 경공매투자시장의 입문자가 입문하자마자 돈을 벌게 된다면 그 시장은 정상적인 시장인가. 물론 그럴 수도 있겠지만 다른 분야에서는 그런 경우가 극히 드물 것이다. 이 시장도 사실은 마찬가지다. 처음에 시기와 조건이 잘 맞아서 돈을 벌게 되는 경우가 있다. 하지만 그것이 지속적으로 이어지지는 않는 것이 정상이다. 기본적으로 돈을 잃지 않는 방법을 배운다는 것은 어려운 일이지만 어떤 파트에서 잃을 가능성이 많은지를 알아두면 아무래도 실패할 확률을 줄일 수 있다. 적어도 물어보는 방법을 동원해서라도 실패투자 확률을 줄일 수 있을 것이다. 투자되는 금액이 큰 금액에 속하다 보니 한 번의 실패는 심리적인 충격을 크게 받을 수 있기 때문에 항상 주의와 경계를 기울이는 투자를 하여야 한다.

거듭 드리는 말씀이지만 경매투자 사고가 발생하는 대표적인 4가지 유형이 있다. 첫째는 권리분석, 둘째는 물건분석, 셋째는 대출분석, 넷째는 입찰법정실수로 나눌 수 있다.

첫째인 권리분석은 지금까지 많은 내용을 이야기한 전반적인 것이 권리분석이고 또 이 장에서는 보다 더 자세히 설명할 것이다. 한마디로 낙찰금 이외에 추가로 내가 예상하지 않았던 복병이 나타나는 경우를 말하는 것이다. 시세보다 조금 낮은 금액으로 낙찰을 받았다고 기뻐했는데 세입자의 보증금을 내가 추가로 부담해야 한다거나 공사대금 유치권을 주장하는 사람이 버티고 있어서 문제가 발생한다거나 하는 등의 유형이다.

둘째로는 물건분석이다. 낙찰받은 물건이 내가 예상하고 조사했던 것과는 다른 함정이 있는 경우들이다. 낙찰을 받고 주택을 건축할 인허가를 받으려고 했는데 허가를 받을 수 없다는 사실을 알았다면 이것은 본질적인 부동산 물건분석이 부족했던 것이다. 이러한 사실이 발생하면 투자계획에 차질이 발생하고 큰 자금이 묶이게 되는 낭패스러운 일이 아닐 수 없다. 필자가 가장 중요하게 생각하는 분석이다.

셋째로는 대출분석이다. 낙찰받은 후에 잔금을 납부하기 위해서 대출을 받아야 하는 계획을 세우고 낙찰을 받았는데 막상 대출에 문제가 발생하는 경우를 상상해보자. 잔금 마련에 비상이 걸리게 된다. 잘못하면 입찰보증금을 몰취 당하는 심각한 경제적 손실이 발생하는 것이다.

마지막으로 입찰법정에서의 실수다. 입찰서작성을 잘못하거나 입찰금액을 실수로 잘못 써서 낙찰을 못 받거나 받더라도 어이없이 높은 금액을 써낸 경우라면 이 또한 금전적인 손실을 면하기 어려운 것이다. 이와 같은 유형의 주인공이 되지 않기 위한 최소한의 노력은 필요하고 그런 노력이 어느 정도 갖추어졌을 때 비로소 투자와 수익을 즐길 수 있는 단계에 이르렀다고 할 수 있을 것이다.

6종류 말소기준등기의 중요성 [사례]

　권리분석에서 가장 중요한 용어가 바로 말소기준등기이다. 그다음으로 임차인의 대항력이다. 우선변제권이라는 용어도 있지만 그것은 그다음으로 중요한 내용이다. 이 삼각 팬텀을 잘 이해하고 있으면 권리분석에서 실패할 확률은 극히 낮아진다.

　경매에서 말소기준등기란 금전거래를 위해 설정한 부동산등기들 중에서 경매신청이 가능한 등기를 말한다. 6가지의 말소기준등기가 있는데 저당권, 근저당권, 압류, 가압류, 담보가등기, 전세권등기이다. 그리고 임차보증금이나 개인 간 금전채무처럼 등기사항증명서에 공시할 수는 없으나 돈 받을 수 있는 권리자가 신청하는 등기가 강제경매개시결정등기라고 하는데 이 경매개시결정등기도 말소기준등기에 포함된다고 본다면 총7종류가 될 수 있을 것이다. 이 중에서 전세권등기는 조건부로 말소기준등기가 될 수 있는데 건물의 일부가 아닌 전체에 전세권이 설정된 상태에서 배당요구 또는 경매를 신청했을 때 말소기준등기가 된다.

　이 등기들 중에서 금전을 거래하고 제3자에게 알릴수 있는 등기는 (근)저당권, 압류, 가압류, 담보가등기이고, 이와는 별개로 전세권은 사용수익을 위한 등기로 분류된다. 사용수익을 위한 등기에는 그 외에도 지상권, 지역권이 있으나 이것은 경매를 신청할 수 있는 권리가 아니어서 말소기준등기에는 포함되지 않는다.

　위와 같은 등기들 간에는 설정된 순서대로 서로 간의 우열 순위가 결정된다. 설정일이 가장 빠른 등기가 말소기준등기가 될 것이며 이 말소기준등기일 이후의 등기는 매각으로 모두 소멸하는 것이 원칙이다. 단, 말소기준등기보다 빠른 권리관계의 다툼에 관한 등기 즉 가처분, 가등기 그리고 말소기준등기보다 빠른 전세권, 지상권, 임차권

등은 매각으로 소멸하지 않고 매수인에게 인수된다. 즉 낙찰자가 책임져야 하는 권리라는 것이다. 그리고 순위를 불문하고 유치권, 법정지상권은 공시되는 등기가 아니어서 매각으로 소멸되지 않고 매수인에게 인수된다. 즉 매수낙찰자가 알아서 처리해야 하는 문제다.

그렇다면 이 말소기준등기는 어떤 파워를 가지고 있을까. 첫째로는 등기부 기재된 내용의 등기사항 소멸기준이 되고 둘째로는 임차인의 임차보증금 인수 여부를 판단할 수 있는 기준이 된다. 그리고 셋째로는 임차인의 인도명령을 결정지을 수 있는 기준이 된다.

이 세 가지 파워 중에서 낙찰투자자로서 가장 중요한 포인트는 두 번째 사항이고 그 다음 사항일 것이다. 즉 임차인의 임차보증금을 인수할 수 있느냐 없느냐의 판단기준이 되는 것이므로 경매투자자에게는 상당히 중요한 포인트가 되는 것이다. 이 말소기준등기보다 빠르게 전입과 이사를 한 임차인이 있다면 이 임차보증금을 추가로 부담하느냐의 여부는 매수자인 낙찰자가 적극적으로 검토하여야 할 사안이며 때로는 전액을 인수해야 하는 경우도 생긴다. 이 말은 곧 대항력을 가지고 있는 임차인을 극구 주의해야 한다는 뜻이다. 그래서 권리분석은 말소기준등기에서 시작해서 대항력분석에서 끝난다는 말이 있을 정도이다.

그렇다면 이 대항력을 갖춘 임차인과 대항력을 갖추지 못한 임차인과의 차이는 주택이 경매로 처분될 경우에 상당한 차이가 있게 된다. 대항력을 갖춘 임차인이 살고 있는 주택이 경매로 처분된다면 임차인은 경매의 절차에서 배당신청을 하든 안 하든 아무런 상관없이 전세 사기 형태가 아닌 경매라면 자신의 보증금을 확보하는 데에는 별 문제가 없다.

하지만 대항력을 갖추지 못한 임차인의 거주 주택이 경매로 처분되는 경우라면 반드시 배당신청을 해야 하겠지만 자신의 임차보증금 전액을 다 변제받지 못하는 경우가 발생할 수 있다. 그렇더라도 낙찰자에게 배당에서 못받은 보증금을 요구할 수 있는 법적인 권리가 주어져 있는 임차인도 아니어서 심각한 손실을 보게 될 수 있는 것이다.

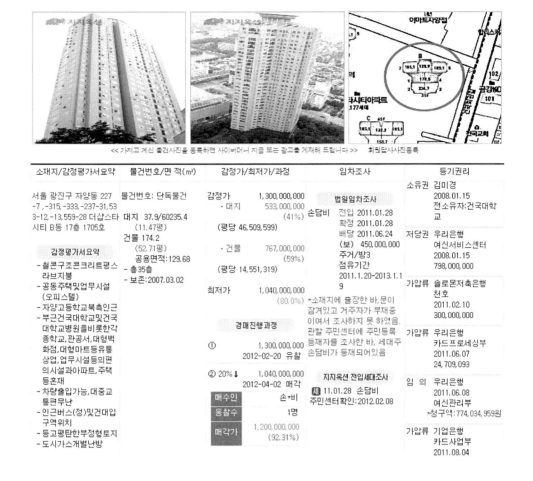

<< 가지고 계신 물건사진을 등록하면 사이버머니 지금 또는 광고를 게재해 드립니다 >>   최립답사진등록

소재지/감정평가서요약	물건번호/면 적(㎡)	감정가/최저가/과정	임차조사	등기권리
서울 광진구 자양동 227 -7, -315, -333, -237-31,53 3-12, -13,559-18 더샵스타 시티 B동 17층 1705호	물건번호: 단독물건 대지 37.9/60235.4 (11.47평) 건물 174.2 (52.71평) 공용면적:129.68 - 총35층 - 보존:2007.03.02	감정가 1,300,000,000 · 대지 533,000,000 (41%) (평당 46,509,599) · 건물 767,000,000 (59%) (평당 14,551,319) 최저가 1,040,000,000 (80.0%)	법원임차조사 손담비 전입 2011.01.28 확정 2011.01.28 배당 2011.06.24 (보) 450,000,000 주거/방3 점유기간 2011.1.20-2013.1.1 9 *소재지에 출장한 바, 문이 잠겨있고 거주자가 부재중 이여서 조사하지 못 하였음. 관할 주민센터에 주민등록 등재자를 조사한 바, 세대주 손담비가 등재되어있음	소유권 김미경 2008.01.15 전소유자:건국대학 교 저당권 우리은행 여신서비스센터 2008.01.15 798,000,000 가압류 솔로몬저축은행 천호 2011.02.10 300,000,000
감정평가서요약 - 철콘구조콘크리트평스 라브지붕 - 공동주택및업무시설 (오피스텔) - 자양고등학교북측인근 - 부근건국대학교및건국 대학교병원을비롯한각 종학교,관공서,대형백 화점,대형마트등유통 상업,업무시설등의편 의시설과아파트,주택 등혼재 - 차량출입가능,대중교 통편무난 - 인근버스(정)및건대입 구역위치 - 등고평탄한부정형토지 - 도시가스개별난방		경매진행과정 ① 1,300,000,000 2012-02-20 유찰 ② 20%↓ 1,040,000,000 2012-04-02 매각 매수인 손*비 응찰수 1명 매각가 1,200,000,000 (92.31%)	지지옥션 전입세대조사 세 11.01.28 손담비 주민센터확인:2012.02.08	가압류 우리은행 카드프로세싱부 2011.06.07 24,709,093 임 의 우리은행 2011.06.08 여신관리부 *청구액:774,034,959원 가압류 기업은행 카드사업부 2011.08.04

사진의 물건은 유명연예인이 거주하고 있던 아파트가 경매로 나온 적이 있었다. 이 물건의 감정가격은 13억이었고 한번 유찰되어 10억대까지 떨어져 있었다. 이 집은 2008년도에 우리은행에 저당권이 설정되어 있었고, 임차인은 2011년도에 보증금 4.5억으로 계약하고 전입신고와 이사를 하였고 당일 날 확정일자도 정상적으로 받았다. 그런데 이 집은 우리은행에서 약 8억 원의 근저당권 채권이 이미 등기부에 설정되어 있었던 것이다. 이 물건이 경매로 나왔고 한번 유찰이 된 것이다.

보시다시피 이 연예인은 말소기준등기인 우리은행 저당권등기보다 늦게 전입신고와 이사를 하였으니 낙찰 대가에서 우리은행이 먼저 배당을 받은 후 남아있는 금액에서 순차적으로 배당된다. 그래서 임차인은 보증금 전액을 배당 못 받을 수도 있다. 그런데 낙찰자는 이 임차인의 보증금액을 인수할 필요가 없이 인도명령만으로도 임차인을 내보낼 수 있는 것이다.

만약에 이 물건을 10.5억에 누군가가 낙찰을 받아서 배당할 경매대가가 10.5억으로 가정한다면 경매대가에서 우리은행이 약8억(실제로는 자세한 채권계산을 해야함)을 받아가고 순차적으로 남은 2.5억에서 자신의 임차보증금 4.5억을 전액 배당받으려면 2억이 모자라는 상황이 발생하게 된다. 결과적으로 이 연예인은 2억의 손실을 보게 되는 상황을 겪게 되는 것이다.

이것이 대항력 없는 임차인의 슬픔이 되는 것이다. 그래서 부득이 이 임차인은 차선책으로 자신이 직접 경매에 참석하여 12억 원으로 단독낙찰을 받아서 손실을 최소화시키는 전략을 사용한 것으로 마무리를 하였던 것이다. 12억에서 우리은행이 배당을 받아 가고 남는 금액을 자신이 배당받거나 임차보증금에서 상계처리하는 방법을 강구한 것으로 보인다.

그 이후에 필자는 이 집이 어떻게 되었는지는 모른다. 시간이 흘러서 이 아파트는 상당히 높은 가격으로 급등하였다는 사실은 알고 있는데 당사자에게 전화위복이 되었는지 아니면 본전 정도 하는 가격으로 팔고 떠났는지는 필자도 모른다. 독자분들께서 등기부를 발급받아보시고 필자에게 전달해주시면 참으로 재미있는 이야깃거리가 될 수 있을 것이다.

만약에 이 임차인이 대항력이 있었더라면 어땠을까. 얼마에 낙찰이 되든 배당을 신청했다면 자신의 보증금 일부라도 배당순서대로 받을 것이고 부족한 부분이 있었다면 낙찰자에게 요구할 수 있는 권리가 있으니 아무런 걱정을 할 필요가 없었을 것이다. 만약 누군가가 12.5억에 낙찰을 받는다면 우리은행 배당 후 남은 잔액으로 자신의 보증금 전액을 배당금으로 받고 마무리할 계획이었을 수도 있었겠지만 이 물건은 아무도 입찰하지 않았다. 이 시절에는 부동산 한파가 몰아치고 있었던 시절이었다. 원치않게 임차주택의 임차인 신분에서 졸지에 집주인 신분으로 바뀌게 된 것이다.

거두절미하고 말소기준등기와 대항력의 판단에 관한 명확한 이해를 하고 있어야만 투자에서 실수를 최소화시킬 수 있다는 말씀을 드리고 싶은 것이다.

소액으로 즐길 수 있는 공유지분투자

공유지분이 경매나 공매로 나온 부동산에 투자를 하고자 한다면 어떤 포인트들을 핵심적으로 살펴볼 수 있어야 하는 점이 가장 중요할 것이다. 공유지분은 흔히 소액으로 투자할 수 있는 장점이 있다는 이야기들이 많이 있지만 소액공유지분투자라고 해서 모두가 수익을 낼 수 있다는 것과는 전혀 차원이 다른 이야기다. 소액이라서 투자를 했지만 수익은커녕 오히려 손해를 보는 결과가 되어버렸다면 이또한 않느니보다 못한 결과가 되는 것이다. 소액공유지분투자로 손해를 보는 케이스와 수익을 내는 케이스를 같이 살펴봄으로서 이 공유지분투자의 본질적인 내용이 무엇이고 어떤 마인드가 중요한지를 알고 투자해야 할 것이다.

결론부터 말하면 가장 중요한 것이 최종적인 수익실현 시나리오가 실현 가능성이 얼마나 되는가에 달려있다. 이를 위해서는 해당 물건의 가치를 제대로 알아야 하는 것이고 내가 판단한 가격과 가치의 분석에 현저한 오류가 없어야 하는 것이다. 다양한 사례물건을 통해서 쉽게 이해하실 수 있지만 먼저 원론적인 투자 기본에 대해서 생각해보도록 해보자.

물건의 전체를 일반매매할 때 매각 가능한 가격을 100원으로 보았고 내가 취득하는 공유지분이 10분의 1지분이라고 하자. 이 물건은 내각 10원의 가격으로 취득했다고 치자. 그리고 나서 공유지분투자 이후에 어떤 법률적인 절차(공유물분할청구 소송)를 진행하여 물건 전체를 매각해서 각자의 공유지분 비율대로 매각대금을 나누어 가지게 될 때 매각대금이 100원에 미치지 못하게 된다면 나는 어떤 투자를 한 것인가. 90원에 매각이 된다면 나의 지분 만큼에 해당하는 금액은 9원이 될 것이다. 10원에 매수해서 9원을 받게 된다면 실컷 고생만 하고 손해본 투자를 한 것이나 다름없는 것이다.

이것이 기본 틀이다. 하지만 경쟁이라고 하는 경매시장에서는 위와같이 생각하는 투자 전략을 사전에 수립해서 애초부터 9원 이하로 낙찰을 받아야 하는 것이 기본 중의 기본이기는 하다. 하지만 그 물건의 숨은 내재가치를 내가 충분히 끄집어내서 가격의 상승을 노릴 수 있는 방안이 있다면 굳이 내가 9원 이하로 매수하지 않아도 될 것이다. 이것이 필자가 강조하는 물건 가치에 대한 진정한 판단 능력이 가장 중요하다고 하는 이유다.

원칙적인 측면에서 본다면 위와 같은 물건은 적어도 최소한의 전체지분을 매각하였을 때 매각가능금액을 산정한 뒤에 내가 공유지분으로 취득하는 지분비율금액을 초과하는 금액으로 낙찰매수한다는 것은 극히 특별한 이유가 아니고서는 매수해서는 안 된다는 것이 이 지분투자의 기본인 것이다. 이것도 매수에 소요되는 취득 관련 비용들을 감안하지 않고 말씀을 드린 것이니 일단 공유지분으로 부동산을 취득할 때에는 가장 중요한 원칙이 저렴하게 낙찰을 받아야 하는 대원칙을 잊지말아야 할 것이다. 나머지 다른 부분은 전혀 별개의 차별화된 나만의 전략이 있을때는 굳이 저렴하게 받으려는 노력보다는 일단 일등매수를 하는 것이 맞을 것이다.

공유지분을 투자해서 수익을 내는 전략에는 크게 세 가지 방법이 있다.

첫째는 내가 취득한 지분을 나머지 다른 공유지분 소유자에게 매각을 하는 방법이 있을 것이다. 이때 다른 지분권자가 나의 소유지분을 매수해가지 않을 수도 있다는 점을 인지하고 있어야 한다. 협상 가격이 안 맞을 수도 있고 상대방이 매수할 의향 자체가 없을 수도 있을 것이다.

둘째로는 내가 다른 사람의 모든 지분을 매수하는 방법이다. 이 방법도 마찬가지로 다른 지분권자가 내게 매각할 생각이 없거나 가격이 안 맞으면 별 방도가 없는 것이다.

셋째로 가장 많이 사용되고 있는 방법이 가액분할 방법이다. 공유지분을 취득한 자는 다른 공유자전체를 대상으로 자신의 지분만큼을 현물로 분할하자는 요청을 할 수 있는 권리가 있다. 그런데 이러한 분할요청은 다른 지분권자 모두의 동의가 있어야 분할이 가능하며, 가령 동의가 있더라도 시군구청의 행정적인 분할허가가 불가능한 경우에는 판결문을 가지고 있더라도 현실적으로 분할 자체가 안된다는 것이다.

이때 사용하는 방법이 공유물 분할 청구소송이다. 이 소송은 물리적인 분할을 할 수 있도록 법원에 요청하는 것이 원칙인데 현실적으로 물리적인 분할이 불가능할 경우에는 법원에서는 해당 부동산 전체를 경매에 붙여서(형식적 경매라고 한다) 경매대가에서 공유지분권자의 소유지분비율대로 서로 대금을 나누어 가지도록 하는 것이다.

서두에 말씀드린 것처럼 지분을 낙찰받은 후에 공유물 분할청구소송을 제기해서 해당 물건 전체를 경매로 처분해서 소유 지분만큼을 배당을 받게 되는데 이 배당금이 내가 매수한 지분투자금의 원가보다 적다면 실패투자라는 경험을 겪게 되는 것이다. 이런 경매가 진행될 경우 본인이 공유자라고해서 공유자 우선매수권을 행사할 수 있는 것도 아니라서 부득이 공유지분권자도 그 물건 전체를 소유하고 싶다면 직접 경쟁입찰에 참가해서 낙찰을 받을 수도 있을 것이다. 하지만 그렇다고 시세는 감안하지 않고 무작정 높은 금액으로 입찰을 했다가는 훗날 매각을 못 해서 더 큰 손실을 입는 상황이 될 수도 있는 것이다.

이와 같은 불행한 상황을 막기 위해서 가장 중요한 포인트가 부동산의 내재가치를 정확하게 판단할 수 있는 안목을 거듭거듭 강조하는 것이다. 필자가 항상 강조하는 것이 부동산 본질적인 가치를 파악할 수 있는 능력을 키우자는 원론적인 이야기를 하고 있는 이유가 바로 이런 연유이며 이것이 지분투자의 기본핵심 키워드다. 그런 취지로 다음의 사례물건을 한번 살펴보자.

다세대 주택 소액지분경매 투자 사례

소 재 지	경기도 이천시 부발읍 아미리 737-14 외 1필지, 아미타운빌라 가동 3층 302호 [도로명검색] [D 지도] [N 지도] [G 지도] [주소 복사]							
물건종별	다세대(빌라)	감 정 가	18,000,000원	오늘조회: 1 2주누적: 0 2주평균: 0 [조회동향]				
대 지 권	전체: 43.03㎡(13.02평) 지분: 7.82㎡(2.37평)	최 저 가	(70%) 12,600,000원	구분	매각기일	최저매각가격	결과	
					2017-12-06	18,000,000원	변경	
				1차	2018-01-10	18,000,000원	유찰	
건물면적	전체: 67.32㎡(20.36평) 지분: 12.23㎡(3.7평)	보 증 금	(10%) 1,260,000원	2차	2018-02-14	**12,600,000원**		
				매각 : 14,070,000원 (78.17%)				
매각물건	토지및건물 지분 매각	소 유 자	김○○	(입찰1명,매수인:유○○)				
				매각결정기일 : 2018.02.21 - 매각허가결정				
개시결정	2017-05-12	채 무 자	김○○	대금지급기한 : 2018.03.30				
				대금납부 2018.03.15 / 배당기일 2018.04.11				
사 건 명	강제경매	채 권 자	와이티에프앤아이대부(주)	배당종결 2018.04.11				

등기부의 내용을 살펴보건대 등기부가 재미있는 부동산 경매 물건이 하나 보인다. 이천시 부발읍에 소재하는 다세대 주택이 지분경매로 나왔다. 이 물건의 낙찰투자자는 단독으로 낙찰을 받았지만 다름 아닌 등기부상의 가족 상황에 대한 추정을 기반으로 투자에 성공한 것으로 보인다. 이래저래 기초를 튼튼히 해야 한다는 말씀은 예나 지금이나 여전한 진리이다.

이 물건의 부동산 등기사항 증명서(등기부)를 보면 내용은 간단하다. 그래서 그 이면을 보면 한 가정의 희로애락의 단면을 볼 수가 있다. 스토리를 추정해 보는 것은 그리 어렵지 않다. 이 물건의 전 과정을 추리해본다면 해당 경매 물건을 어떤 마인드로 투자하는 것이 좋을지 그 방향을 그리 어렵지 않게 잡을 수가 있다.

순위번호	등 기 목 적	접　수	등 기 원 인	권 리 자 및 기 타 사 항
				대위원인 수원지방법원 여주지원 2015가단597 사해행위취소 확정판결
3	소유권일부(11분의2)가처분	2015년4월6일 제16357호	2015년4월6일 수원지방법원 여주지원의 가처분결정(2015가단323)	피보전권리 소유권이전등기일부말소등기청구권 채권자 티와이머니대부주식회사 110111-4439752 서울특별시 강남구 역삼로 168 (역삼동) 금지사항 매매, 증여, 전세권, 저당권, 임차권의 설정 기타일체의 처분행위 금지
4	2번김용민지분강제경매개시결정	2017년5월16일 제20750호	2017년5월12일 수원지방법원 여주지원의 강제경매개시결정(2017 타경4183)	채권자 와이티에프앤아이대부주식회사 110111-4439752 서울특별시 강남구 역삼로 168 (역삼동) (엔피엘3팀)

　　이 부동산 경매 물건은 다세대 주택인데 경매로 나온 지분은 약 5분의 1 정도 된다. 그런데 소유자는 두 명이고 그 두 명 중에 한 명의 소유지분이 경매로 나왔다. 등기부의 이전 소유자는 사망하였고 그 원인으로 배우자에게 단독상속이 되었다. 배우자에게 단독상속이 되려면 다른 상속지분이 있는 자녀들이 상속포기를 하여야 한다. 그랬기에 어머니 명의로 단독상속이 가능했던 것이다.

【 갑 　　구 】		(소유권에 관한 사항)		
순위번호	등 기 목 적	접　수	등 기 원 인	권 리 자 및 기 타 사 항
1 (전 2)	소유권이전	1994년9월16일 제20267호	1994년9월13일 매매	소유자 김만수 360215-******* 이천군 부발읍 아미리 737-14 아미타운빌라 가-302
				부동산등기법 제177조의 6 제1항의 규정에 의하여 2000년 07월 31일 전산이기
2	소유권이전	2011년5월23일 제24564호	2011년4월26일 협의분할에 의한 상속	~~소유자 정카순 451015-*******~~ ~~경기도 이천시 부발읍 아미리 737-14 아미타운빌라 가-302~~
2-1	2번소유권경정	2017년4월6일 제15236호	2015년4월14일 수원지방법원 여주지원의 확정판결	공유자 지분 11분의 9 정기순 451015-******* 경기도 이천시 부발읍 아미리 737-14 아미타운빌라 가-302 지분 11분의 2 김용민 761001-******* 경기도 이천시 부발읍 신아로92번길 49-24 대위자 와이티에프앤아이대부주식회사(김용민의대위자) 서울특별시 강남구 역삼로 168 (역삼동)

　　그런데 그 후 소송에 의해서 배우자인 어머니의 온전한 소유권 중에서 일부 공유지분이 말소되어 말소된 공유지분이 채무자인 아들의 명의로 새로이 등기되었고 그 공유지분이 경매로 나왔다. 왜 이런 일이 가능할까. 이전의 소유자와 부부관계에 있었던

현재의 소유자의 지분은 11분의 9로 줄어들었다.

상속지분을 계산해보면 아버지의 사망 시에 상속을 받는 지분은 배우자가 1.5이고 자식들은 모두 1이다. 그렇다면 이 채무자의 부모는 슬하에 4명 정도의 자식을 두었으리라는 예측이 된다. 어머니가 11분의 3 자식 4명은 각각 11분의 2지분을 합하면 11분의 8이 되는 것으로 추정되기 때문이다. 그래서 필자는 이 부부에게는 상속인들이 배우자 외에도 상속지분을 가지고 있는 자식들이 4명인 것으로 추정된다는 것이다. 현재의 채무자는 부부의 자녀인 것으로 생각된다. 이 채무자가 대부회사로부터 부친의 사망 전 예전에 있었던 채권채무관계가 제대로 정리가 되지 않았는데 채무자는 부친이 돌아가시면 상속받을 수 있는 지분을 받을 수 있을 것으로 예상되기에 대부회사는 이에 대한 몇 가지 서류를 받아두고 자금을 채무자에게 빌려준 것으로 예상된다.

그런데 채무자의 부친이 막상 돌아가시자 채무자와 그의 형제자매들은 자신들의 상속지분을 포기하고 어머니에게 지분전부를 이전해 버리자 대부회사는 채무자로부터 변제받을 수 있는 부동산담보가 없어져버린 것이다. 이에 대부회사에서는 이를 사해행위라는 이유를 들어 법원에 가처분 신청을 한 것으로 보이고 이것이 소송에서 받아들여져서 대부회사가 승소확정판결을 받았다는 스토리가 추정되는 등기부이다.

이렇게 승소한 대부회사는 빌려준 자금의 채권을 변제받기 위해서 채무자를 대위하여 어머니 명의로 되어 있는 소유권의 일부를 말소시키고 채무자 지분에 해당하는 만큼의 소유권을 채무자 명의로 대신하여 등기(대위등기)한 후에, 채권 관계를 원인으로 채무자의 상속지분에 대해서 강제경매를 신청해서 지금의 이 물건이 나온 것으로 추정해본다면 필자의 추측이 몇점짜리 점수로 볼 수 있을까. 그렇다면 이 물건을 어떤 차원에서 어떻게 보아야 할 것인가.

이 다세대 주택경매 물건에는 채무자의 어머니가 세대주로 점유사용하고 있다. 이 물건을 한 분이 응찰하여 무혈입성하여 낙찰받았다. 채무자의 어머니는 추측컨대 경제력이 없을 가능성이 높다. 그러나 어머니의 주위에는 어머니의 자식들이 채무자를 포함하여 4명이나 있다는 사실이 확인된다. 공유물 분할소송을 제기하기도 전에 자식들이 중지를 모아서 낙찰자의 지분을 매수할 수 있는 확률이 높지 않을까. 그것도 금액이 수억 원씩 드는 것이 아니라 고작 이천만 원 남짓하면 해결할 수 있는데 어머니에게 공유물 분할 청구소장이 송달되고 하는 장면을 연상해보면 자식들이 나서서 해결해 주시지 않을까 하는 기대를 해본다. 당연히 결과는 낙찰자의 지분을 어머니 명의로 매수한 사실이 확인되고 낙찰자는 소액의 수익을 올린 것으로 추측이 된다.

물론 모두가 나몰라라 하신다면 어쩔 수 없이 공유물분할소송을 진행해보면 될 일이다. 소액으로 투자했으니 소액을 벌면 그만이고 낙찰자는 좋은 투자 마인드를 몸에 체득했으니 경제적인 이익보다도 훨씬 더 큰 노하우를 익힌다면 이 또한 기쁘지 아니한가. 이것이 지분경매에서 특별한 사정이 없는 한 저렴한 가격에 입찰해야 잃지 않는다는 진리가 통하는 이유다.

경매 나온 예쁜 전원주택지 사례

소액으로 경매토지를 투자할 때 대표적으로 접할 수 있는 물건이다. 이 물건은 강릉시에서도 벗어난 외곽에 있는 토지인데 지상에 건축물이 있다. 사진으로 보았을 때에는 꽤 깔끔해 보인다. 그런데 이 물건이 토지만 경매로 나왔는데 그것도 토지 전체가 아닌 토지의 일부 공유지분이 경매로 나왔다. 절반보다는 많은 지분인데 지목은 임야지만 사실상은 대지화된 토지이다. 낙찰이 되기 이전 시점에 선정한 물건 상태에서 조사하는 것이다. 지금 살펴보면 얼마에 낙찰되었는지를 알 수가 있겠지만 모르는 상태에서 조사하는 것이 생동적일 것이다.

150여 평의 면적인데 감정가격이 2천만 원도 채 안 된다. 평당 13만 원 정도로 감정평가되었다. 토지의 지분을 낙찰을 받는다면 나머지 토지의 지분권자와의 협상이 기본이다. 협상이 안 될 경우에는 공유물 분할 신청을 할 수도 있다. 공유자가 우선매수신청도 할 수 있고 경우에 따라서 지상건물의 소유자와도 매수협상이 가능할 수도 있다. 지상건물을 가진 소유자라면 자신의 건물이 위치한 토지소유자가 껄끄러운 상대일 수밖에 없다. 게다가 이 물건의 지상건물은 토지보다 더 가치가 있어 보인다.

투자마인드..토지가 비쌀까 건축물이 비쌀까

2021타경30916 • 춘천지방법원 강릉지원 • 매각기일 : **2022.01.10(月)(10:00)** • 경매 3계(전화:033-640-1133)

소 재 지	강원도 강릉시 강동면 임곡리 산402 도로명검색 🗖 지도 🗖 지도 📄 주소 복사						
물건종별	임야	감 정 가	18,700,605원	오늘조회: 21 2주누적: 184 2주평균: 13 조회동향		
토지면적	전체: 822㎡(248.66평) 지분: 485.73㎡(146.93평)	최 저 가	(100%) 18,700,605원	구분	매각기일	최저매각가격	결과
건물면적	건물은 매각제외	보 증 금	(10%) 1,870,100원	1차	2022-01-10	**18,700,605원**	
매각물건	토지만 매각이며, 지분 매각임	소 유 자	조성수				
개시결정	2021-04-01	채 무 자	조성수				
사 건 명	강제경매	채 권 자	다우플러스(주)				

토지김박사의 무린이경린이 추천부동산

토지주가 부당이득상당의 지료를 청구하거나 철거를 요구하게 된다면 이래저래 신경 쓰이는 일이 한두 가지가 아닐 것이다. 어떤 형태로든 협의는 진행될 것이다. 다만 협상을 하려면 상대방이 받아줄 수 있을 정도의 카드를 가지고 있어야지 도저히 받아들이기 어려운 정도를 요구한다면 협상은 어려워진다. 지상건축물의 가치에 따라서 토지입찰금액을 판단해야 할 것이다. 지분이라서 무조건 낮게 입찰한다는 생각을 가지면 낙찰은 물건너 갈수도 있다. 지상건축물 가치가 높다면 이 물건에 대한 애착이 그만큼 클것이고 그렇지 않다면 건축물 소유자도 마음을 내려버릴 수 있기 때문이다.

협상은 뭐든지 서로가 납득할 수 있을 정도의 대화가 오고 갈 때 쉽게 결론을 낼 수 있다는 사실을 알아두셔야 한다. 결과적으로 이 물건도 실소유자의 입장에서 접근할 수 있는 자라면 충분히 이길 수 있는 승산이 상당히 높은 물건이다.

나도 꽃놀이패 소액투자를 즐기고 싶다

세배의 수익을 예상하고 장기투자로 입찰한 사례물건인데. 예상보다는 너무 빨리 상대방 측에서 법원을 통해서 필자가 낙찰받은 지분을 매수하겠다는 내용으로 필자에게 소장이 송달되었다. 반가운 일이기는 했다. 재건축정비사업이 진행되는 구역의 토지공유지분이라서 낙찰을 받았던 물건이었다. 낙찰받은 지 1년도 채 안 지났는데 벌써 사겠다는 연락이 온 것이다. 그런데 좀 갑갑해진다. 가격은 어차피 협의가 될 수 있는 상황이고 팔고 싶기는 한데 세금이라는 문제가 앞은 가로막는다. 단기양도 시 납부해야 하는 중과세율이 사실은 아까우니 어떻게 해야 하나 고민이 생긴다.

필자가 즐겨하는 소액투자는 그 종류와 범위를 가리지는 않는 편이다. 단지 소액투자를 진행하기 위해서는 몇가지 조건을 나름대로 정하고 있다.

첫째는 소액이라야 한다. 2년 혹은 그보다 더 긴 기간이상을 적금을 넣는 것을 포기하고 입찰할 수 있는 정도의 금액이라야 한다.

둘째는 수익실현기간이 장기간 예상되는 물건이어야 한다. 적어도 5년 정도 이상의 투자기간을 예상하는 물건이어야 한다. 10년이상이라도 상관없다. 그래야 물건선택범위가 넓어진다.

셋째는 무조건 내가 이길 수밖에 없는 결론을 내릴 수 있는 물건이어야 한다. 이것을 필자는 꽃놀이패 투자 물건이라고 이야기 하는 것이다.

넷째는 적어도 1년에 1개 이상은 무조건 낙찰을 받는 것으로 한다.

뭐 이 정도가 소액투자를 가장 효율적으로 할 수 있는 기본원칙이다.

필자가 진행해 왔던 소액투자 물건들은 처음 5년간은 아무런 수익이 생기지 않았다. 계속 낙찰만 받고 보유했기 때문이다. 그런데 약 5년의 기간이 경과하면서부터 재미있는 일이 생기기 시작한다. 상대방으로부터 필자에게 우편물이나 전화가 오기 시작한다는 것이다. 그런 전화를 받고 협의해서 남으면 원만하게 매각하는 편이 대부분이다. 그러면서도 새로운 소액물건을 지속적으로 투자한다.

그 시스템이 만들어지면 이제부터는 수익의 선순환이 시작되는 것이다. 매년 수익이 발생하는 구조가 되는 것이다. 이것을 물레방아 꽃놀이패 투자라고 필자는 이름을 붙였다.

대부분의 경매투자하시는 분들은 낙찰을 받으면 그 물건을 단기에 매각해서 수익을 실현하고자 하는 의지가 강한 분들을 자주 접할 수가 있다. 그러나 막상 그런 물건이 어디 쉽게 잡힐 수가 있을까. 상당히 어려울 것이다. 소액투자를 필자가 하는 방법으로 진행하는 것을 강요하지는 않는다. 그러나 그렇게 하는 것이 훨씬 쉽고 안전하다는 말씀을 드리고 싶다.

소　장

원　　고　　　　　　　정비사업조합

　　　원고 소송대리인

　　　　　　　　(전화: 02-596·　　　휴대전화: 010-48
　　　　　　　　팩스: 02-537·　　　이메일: ir

피　　고　　　정

소유권이전등기 청구의 소

청　구　취　지

1. 원고에게,
피고　　　은 별지 부동산목록 제 1내지2 부동산 중 각　　　지분에 관하여,
이 사건 소장 부본 송달일로부터 2개월이 지난 다음일자 매매를 원인으로 한 소유권이전등기절차를 이행하고, 인도하라.

사례물건과 관련해서 위의 소장이 필자가 재건축조합으로부터 받은 소장내용이다. 낙찰받았던 고양시의 재건축구역의 도로물건이었다. 약 7백만 원 정도의 금액으로 낙찰을 받았다. 그 당시에는 적어도 10년 정도는 기다려야 되겠다는 생각으로 맘을 비우고 입찰을 한 건이다. 소액이니까 10년이라도 상관없다는 생각이었다. 그런데 난데없이 재건축조합에서 매수하겠다는 의사 표현을 소송장으로 보내온 것이다. 매도청구 소송을 제기한 것이었다. 낙찰금액에 비해서 약 2.5배의 판결을 받았고 소액이지만 수익률은 꽤 만족스러웠다. 소송에서 해당 물건을 팔겠다는 의사표시를 하고 판사는 감정평가를 의뢰하고 나오는 금액대로 판결을 하고 상대방도 이의를 제기할 일이 없으니 판결금대로 받으면 끝이고 또 그렇게 끝났다.

대박 법정지상권 건축물 있는 토지경매를 노린다

건물이 건축 중인 상태에서 완성되지 못하고 토지만 경매로 나오는 경우가 매우 많다. 혹은 이미 건축이 완성되었는데 건축물은 제외하고 토지만 경매로 나오는 경우도 종종 있다. 이런 경우 일반인들은 토지만 낙찰 받을 경우 건물에 대한 처리 방법을 몰라 대부분 입찰에 참여하지 않는다.

이러한 토지는 감정가에 비해 낮은 가격으로 낙찰이 되는 경우가 많다. 때로는 혼자 입찰해서 편하게 낙찰을 받을 수도 있다. 간혹 지름신이 강림하신 분들께서 높은 가격으로 입찰을 하는 경우도 종종 보인다. 어차피 정답은 없지만 이런 종류의 투자 측면에서 해당 토지의 이용 가치와 민법적인 해결방안등에 관한 권리분석만 해보면 높은 수익을 올릴 수 있는 투자처가 될 수도 있다.

벌써 오래전의 세월이지만 필자의 강의를 수강하던 지인들과 이곳에 답사를 갔을 때에는 사진으로 보는 모습보다도 더 뛰어난 내부시설과 지하 근린시설들과 대형주차장이 있었다. 경사가 있는 토지에 신축된 신축건물이다 보니 지하의 시설이 마치 지상시

2015타경

소 재 지	경기도 용인시 기흥구		376-25	도로명검색	지도	지도			
물건종별	대지	감 정 가		3,421,500,000원	오늘조회: 1 2주누적: 0 2주평균: 0		조회동향		
토지면적	2281㎡(690.002평)	최 저 가		(49%) 1,676,535,000원	구분	입찰기일	최저매각가격		결과
					1차	2016-04-22	3,421,500,000원		유찰
건물면적	건물은 매각제외	보 증 금		(10%) 167,660,000원	2차	2016-05-27	2,395,050,000원		유찰
매각물건	토지만 매각	소 유 자		임ㅌ !	3차	2016-06-30	1,676,535,000원		
개시결정	2015-09-30	채 무 자		ㅇㄴ게	낙찰 : 1,880,000,000원 (54.95%)				
					(입찰3명)				
사 건 명	임의경매	채 권 자		에프아이1511유동화전문유한회사(양도인:중소기업은행)	매각결정기일 : 2016.07.07 - 매각허가결정 대금지급기한 : 2016.08.18 대금납부 2016.08.17 / 배당기일 2016.09.20 배당종결 2016.09.20				

설물처럼 차량접근도 용이하게 설계신축된 모습이었다. 지상의 주택은 우연이었지만 문이 열려있어서 잠시 들렀다가 초호화 대리석으로 장식된 내부를 보고 필자도 깜짝 놀랐던 기억이 있다.

【 매 매 목 록 】					
목록번호	2018-1004				
거래가액	금206,000,000원				
일련번호	부동산의 표시		순위번호	예 비 란	
				등기원인	경정원인
1	[건물] 경기도 용인시 기흥구 .	376-25 101동	15	2018년3월3일 매매	
2	[건물] 경기도 용인시 기흥구 .	376-25 201동	15	2018년3월3일 매매	
3	[건물] 경기도 용인시 기흥구 .	376-25 301동	15	2018년3월3일 매매	
목록번호	2019-731				
거래가액	금3,600,000,000원				
일련번호	부동산의 표시		순위번호	예 비 란	
				등기원인	경정원인

입주해 있는 교회의 권리관계도 어느 정도 얽혀있는 듯했지만 등기부 내용을 볼 때는 상속인들의 분쟁이 어느 정도 예측되고 있는 상태의 물건이었다. 필자의 지인이 설립한 법인으로 낙찰을 받고 어차피 협의가 어려울 것이라는 판단하에 지료와 철거소송을 진행하고 원하는 대로의 판결을 받는데는 큰 어려움이 없어 보였던 물건이었다.

3년이라는 기간 동안에 각종 협상과 소송이 마무리되고 36억 원으로 토지건물을 매각된 사실이 등기부에 보인다. 지상의 건물소유자들과의 원만한 마무리를 함으로써 종결되었다. 매수자는 대전의 어디에 계시는 의사분이 건강세포연구와 관련된 업무로 사용하기 위한 목적으로 매수하신 분이었다.

이 물건은 태안의 바닷가에 인접한 펜션이 건축되어진 물건인데 이 물건은 건물만 경매로 나온 사건이었다. 지금까지의 법정지상권투자의 기본기를 이해하신 분이라면 이런 물건이 어떤 연유로 경매로 나오는 것인지를 이해하는 데는 어려운 일이 아닐 것이다.

예전에 이 건물이 경매로 나오기 전에는 토지만 경매로 나온 사건이 있었던 것이고

소 재 지	충청남도 태안군 안면읍 정당리 193-52 도로명검색 □ 지도 □ 지도 □ 주소 복사
새 주 소	충청남도 태안군 안면읍 가락금길 180-33

오늘조회: 1 2주누적: 0 2주평균: 0 조회동향

물건종별	숙박시설	감 정 가	140,133,920원
토지면적	토지는 매각제외	최 저 가	(24%) 33,646,000원
건물면적	318.18㎡(96.25평)	보 증 금	(10%) 3,364,600원
매각물건	건물만 매각	소 유 자	이재영
개시결정	2018-08-08	채 무 자	이재영
사 건 명	강제경매	채 권 자	김은미

구분	매각기일	최저매각가격	결과
1차	2019-03-19	140,134,000원	유찰
	2019-04-23	98,094,000원	변경
2차	2019-04-23	140,134,000원	유찰
3차	2019-05-28	98,094,000원	유찰
4차	2019-07-02	68,666,000원	유찰
5차	2019-08-06	48,066,000원	유찰
6차	2019-09-10	**33,646,000원**	

매각 : 33,650,000원 (24.01%)

(입찰1명,매수인:대전 김은미)

매각결정기일 : 2019.09.17 - 매각허가결정

대금지급기한 : 2019.11.13

배당기일 : 2019.11.13

배당종결 2019.11.13

관련사건 2011타경10841(소유권이전), 2015타경8815(이전)

그 경매에서 지상의 현 건축물이 있는 상태에서 법정지상권 성립 여지가 있는 토지를 낙찰을 받았던 사건이 있었던 것이었다. 그렇게 낙찰받은 낙찰자는 지상건물의 소유자를 대상으로 건물철거와 지료 상당의 부당이득을 청구하는 소송을 제기하였고, 소송에서 승소하게 되었고 승소한 철거판결 내용이 건물등기부에 기재되고 쌓여진 지료를 철구하기 위해서 지상의 건물을 경매신청한 것이다.

철거판결을 받은 건물이니까 감히 누가 낙찰을 생각하였겠으며 수차례의 유찰을 거듭한 결과 한 명의 단독입찰로 낙찰이 되었고 낙찰자는 다름 아닌 예전의 토지낙찰자가 아니면 입찰을 할 수 없는 사건이었다. 저렴하게 건물을 낙찰받았고 토지와 건물의 소유가 일치되었으니 재산권행사에는 아무런 제약이 없는 상태로 마무리되었고, 향후로는 해당 펜션을 어떻게 활용하는가의 문제만 남게 되는 것일 뿐이다.

만약 이런 물건을 토지주가 아닌 제3자가 만약 저렇게 낮은 금액으로 낙찰을 받게 되다면 그 이후의 스토리는 어떻게 될까를 상상해보면 참으로 다양한 일들이 발생할 수 있을 것이다.

토지주는 건물을 철거하기 위해 법원에 철거대집행을 실제로 신청을 할까. 아니면 낙찰받은 제3자에게 약간의 금액을 더 얹어줘서 마무리를 하는 방향으로 할까. 결과야 사람에 따라 다르게 나타나겠지만 어쨌든 건물 낙찰자는 자신의 소유로 낙찰을 받았으니 펜션을 운영하면 되는 것이고 철거가 된다면 낙찰자는 해당 금액만큼의 손실을 입게 될 것이다. 관건의 핵심은 과연 철거가 이루어질지에 관한 도박적인 판단만 남게 되는 것이다. 필자의 생각은 결코 철거집행이 이루어지지 않을 것이라는 확신을 하는 이유는 최초의 토지낙찰자는 지상의 건물까지도 소유하고 싶은 생각에서 토지를 낙찰을 받았을 것인데 지상건물을 스스로 철거집행을 하는 어리석은 결과를 저지르지는 않을 것이라는 판단에서다. 그렇다면 우리는 이런 유사한 물건들이 수차례의 유찰이 된다면 새로운 투자처로 도박 같은 투자를 해 볼 수도 있는 틈새도 한 번쯤은 생각해볼 일이라고 이야기한다면 지나친 생각일까.

또다른 사례를 살펴본다.

경기도 양평에 소재한 양평 읍내 지상의 큰 근생건물이 있는 토지만 경매로 나온 사례가 있었다. 이런 물건도 일단은 지상의 건물은 매각에서 제외되었으니 토지만 낙찰을 받은 사례인데 낙찰자를 보면 공동으로 실명투자한 것으로 확인이 된다.

무려 입찰자가 공동명으로 134명이나 된다. 낙찰금액에 비하면 1인당 3천~4천만 원 정도의 금액을 공동으로 투자해서 낙찰을 받은 것으로 판단이 든다.

몇 년이 지난 후에 이 물건을 필자가 최근에 다시 등기부를 살펴본 결과 아직 소유자의 변동이 없는 것을 보면 아직 마무리는 되지 않은 것 같고, 장차 어떤 전략으로 수익을 실현할지는 필자도 자못 궁금하다. 흔히들 경매투자전문 카페나 경매학원 등지에서 수강생들의 소액자금을 모아서 이런 물건에 투자해서 경험이나 지식을 쌓게 해주

소 재 지	경기도 양평군 양평읍 양근리 180-5 도로명검색 🄳 지도 🄼 지도						

물건종별	대지	감 정 가	5,074,160,000원	오늘조회: 1 2주누적: 2 2주평균: 0 조회동향		
				구분	입찰기일	최저매각가격	결과
토지면적	1394㎡(421.685평)	최 저 가	(49%) 2,486,338,000원	1차	2016-02-03	5,074,160,000원	유찰
				2차	2016-03-16	3,551,912,000원	유찰
건물면적	건물은 매각제외	보 증 금	(10%) 248,640,000원	3차	2016-04-20	2,486,338,000원	
매각물건	토지만 매각	소 유 자	(주)씨알피 ㅑ	낙찰 : 3,333,000,500원 (65.69%)		
개시결정	2015-05-19	채 무 자	(주)씨알피 ㅑ	(입찰2명,낙찰:· 외133명)		
				매각결정기일 : 2016.04.27 - 매각허가결정		
				대금지급기한 : 2016.06.07		
				대금지급기한 : 2016.06.07 - 기한후납부		
사 건 명	임의경매	채 권 자	파산자 부산2저축은행 파산 관재인 예금보험공사	배당기일 : 2016.07.06		
				배당종결 2016.07.06		

는 것으로 필자는 알고 있는데 이것이 좋다 나쁘다는 이야기를 하고자 하는 것은 아니다.

어떤 식으로든 남에게 큰 피해를 입히지 않고 법에서 정한 정당한 사유대로 권리관계를 정리하고 그에 따른 수익을 확보할 수 있다는 것은 경매나 공매의 장점이라 말할수 있는 것이다. 지료를 청구하든 지료를 안낼 경우 건물철거를 하든, 아니면 건물만 경매로 진행을 하게 되든. 어쨌든 귀추가 주목되는 물건이다.

14부

NPL부동산
금융투자

실전투자 사례에서
NPL투자구조를 익혀보자 사례

흔히 NPL투자를 처음 접근하시는 분들은 이것이 황금알을 낳는 거위라도 되는듯한 착각을 하는 초보자분들이 많다. 헛소리다. 그렇게 알고 있다는 것은 이것으로 속여 먹이려는 목적이 있는 사람들로부터 들었던 선입견일 뿐이다. 이 NPL투자가 황금알을 낳은 거위라면 대한민국에 어느 누가 투자를 하지 않겠는가. 그저 부실채권이라는 것은 매입하고 매각해서 그 과정에서 발생하는 수익을 실현하는 한 가지 투자 방법일 뿐이다. 하지만 필자가 이 NPL투자는 일반 부동산 투자보다는 훨씬 세련된 투자수익을 만들어낼 수 있는 다양한 방법들이 있다는 점을 분명히 인식하기 때문에 필자도 많은 관심을 가지고 좀 더 적극적으로 금융과 관련한 부동산 파트에 대한 연구를 많이 하고자 하는 것이다. 아는 만큼 보인다는 말이 있다. 특이 이 분야에서는 지극히 먹히는 말이 될 수 있다. 조금이라도 그 깊이를 알수 있다면 좀 더 디테일한 수익구조를 실현할 수 있는 분야가 바로 이 NPL투자라고 하는 분야다.

많은 책자들이 어려운 NPL용어부터 들이대면서 이야기를 전개하는 구조로 되어 있어서 낯선 입문자 입장에서는 제법 힘든 용어들이 있어서 접근하기가 어렵다. 하지만 필자는 투자 사례부터 제시하고 먼저 대략적인 흐름을 파악하는 것이 이 부실채권의 구조를 이해하는데 훨씬 효율적이라는 생각에서 사례설명부터 먼저 해보고자 한다.
자, 그렇다면 지금부터 예전에 진행된 사례들을 살펴보면서 실전투자 감각의 첫 출발을 해보도록 하자.

강남구 역삼동 고급 단독 주택가에 있는 단독 주택이 경매로 나왔다. 감정평가금액을 보면 일반투자자로서는 언감생심이라는 생각이 들 정도로 입찰금액이 큰 물건이다. 그도 그럴 것이 강남구 주택가 한복판에 있는 물건으로 토지면적이 80평 가까이 되니 당연한 금액이다. 누구든지 자금만 된다면 욕심을 부려볼 만한 물건일 것이다.

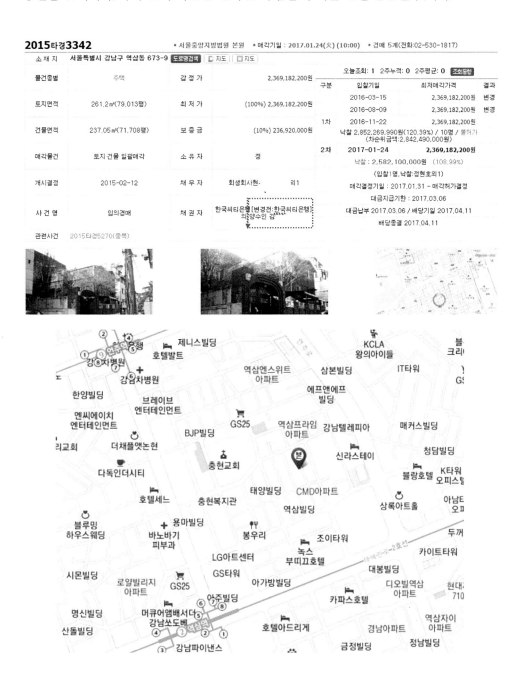

아니나 다를까 감정가격보다 2억이나 높은 금액으로 낙찰을 받아갔다. 이 물건은 신축투자 파트에서 말씀드렸던 투자 콘텐츠와 같은 물건이다. 토지의 입지가 훌륭한 강남 주택가의 단독 주택이니 이것을 공동주택으로 신축한다면 그 수요는 충분할 것이고 당연히 큰 수익으로 귀결될 것이다.

낙찰받고 잔금을 받자마자 일사천리로 지상주택은 철거되고 지하터 파기 공사가 진행되었다.

깔끔하고 쌈박하게 지상 8층으로 건물이 완공되었다. 무슨 종류의 건물인지는 별로 궁금하지도 않다. 무엇을 짓더라도 임대수익이나 분양수익은 충분히 확보될 것이기 때문이다. 그런데 이 물건을 왜 이 파트에서 소개를 하는 것일까?

이 물건의 채무자는 부동산을 담보로 금융기관에 수억 원을 빌렸다. 그리고는 변제할 여건이 여의치 않았나 보다. 변제가 되지 않으니 경매가 진행된다.

6	근저당권설정	2002년12월11일
		제145776호
			2002년12월11일
			설정계약
				채권최고액 금650,000,000원
				채무자 정두영
				   서울 강남구 역삼동 673-9
				근저당권자 주식회사한미은행 110111-0393539
				   서울 중구 다동 39
				   (사화지점)
				공동담보 토지 서울특별시 강남구 역삼동 673-9

6-1	6번등기명의인표시변경	2015년5월8일 제131141호	2004년11월1일 상호변경	주식회사한미은행의 성명(명칭) 주식회사한국씨티은행
6-2	6번근저당권이전	2015년5월8일 제131142호	2015년5월8일 확정채권대위변제	근저당권자 김 -********
6-3	6번근저당권부질권	2015년5월8일 제131143호	2015년5월8일 설정계약	채권액 금650,000,000원 채무자 김 : 채권자 구리새마을금고 116544-0002195

그런데 등기부의 내용을 살펴보면 누군가가 금융기관의 근저당권 채무를 변제한 내용이 보인다. 확정채권 대위변제라는 글자가 보인다. 그리고 이 채무를 대위변제한 사람은 자신의 순수자금으로 채무를 갚은 것이 아니고 구리새마을 금고에서 자금을 빌

려서 변제를 했다. 근저당권부 질권이라는 내용에서 그런 스토리가 추정이 된다. 왜 그랬을까. 채무자가 금융기관에서 정상이자를 갚지 못할 경우에는 일정 기간이 지나면 기한이익이 상실되고 그때부터는 원금과 연체이율에 해당하는 금액을 갚아야 한다.

이 당시에는 정상 대출이율이 낮았지만 연체이율은 연 15% 정도 되었던 시기다. 대위변제자는 새마을금고에서 연 6~8% 정도의 이자를 주고 자금을 빌려서 시티은행에 원금과 그동안의 지연된 이자 전액을 지급하였을 것이고 그 이후부터 대위변제자는 새마을금고에 매달 이자를 지급하게 될 것이다.

이 대위변제를 한 이유는 무엇이고 무슨 방법으로 수익을 실현하고자 하는 것일까. 그것은 이자율의 차익이다. 작은 의미의 금융투자다. 경매가 진행 중인 근저당권리를 이전받았으니 경매가 되어서 낙찰이 될 경우 근저당원금과 연체이자를 배당받게 될 것이다. 구리 새마을금고는 자신이 대출해준 원금을 배당금에서 받을 수도 있을 것이다. 그때까지 시티은행채권을 대위해서 변제를 해준 대위변제자는 새마을금고에 매월 이자를 지급하게 될 것이다.

최종정산을 해 보면 이자차익만큼이 수익이 될 것이다. 물론 이 과정에서 발생하는 각종 등기비용이라든지 이런 비용은 감안하지 않고 말씀드리는 것이다.

혹자는 그까짓 이자차익이 얼마나 된다고 그러나?라는 생각을 하시는 경우도 있을 것이다. 하지만 내가 투자하는 실투금액은 대부분 대출을 활용하고 대출이자 정도만 배당받을 때까지 부담하는 소액이므로 투입금액 대비 수익률을 계산해보면 꽤 만족스러운 투자 결과가 나온다는 사실에 놀랄 것이다. 말하자면 금융갭투라는 것이다.

그리고 이 차익을 늘리기 위해서 경매 진행을 늦추는 방법도 사용하고 채무자가 거주할 수 있는 기간도 늘려주는 편의도 제공할 수 있다. 일단 고개를 갸우뚱할 수 있는 분들도 계시리라고 본다. 하지만 이것이 부실채권이라고 하는 투자의 첫출발이다. 첫 사례에서부터 세부적인 수익률까지 세세하게 설명하면 혼돈스러울까 염려가 되니 큰 흐름 정도만 우선 이해하도록 하자.

소 재 지	경기도 안양시 동안구 호계동 1121, 샘마을아파트 115동 3층 307호 [도로명검색] [D지도] [지도]		
새 주 소	경기도 안양시 동안구 흥안대로223번길 47, 샘마을아파트 115동 3층 307호		

물건종별	아파트	감 정 가	435,000,000원
대 지 권	53,959㎡(16,323평)	최 저 가	(80%)348,000,000원
건물면적	101.95㎡(30.84평)	보 증 금	(10%)34,800,000원
매각물건	토지·건물 일괄매각	소 유 자	강
개시결정	2016-07-19	채 무 자	(주)흥
사 건 명	임의경매	채 권 자	나루에셋대부 유한회사(변경 전 : 공평저축은행)

오늘조회 : 1　2주누적 : 0　2주평균 : 0　[조회동향]

구분	입찰기일	최저매각가격	결과
1차	2017-01-17	435,000,000원	유찰
2차	2017-02-21	348,000,000원	

낙찰 : 431,680,000원 (99.24%)

(입찰10명,낙찰:강 /
차순위금액 411,111,111원)

매각결정기일 : 2017.02.28 - 매각허가결정
대금지급기한 : 2017.04.06
대금납부 2017.03.22 / 배당기일 2017.04.19
배당종결 2017.04.19

　이번에는 경매로 나온 아파트 물건의 채무자가 가지고 있는 채무를 금융기관에 대신 변제하고 금융기관의 근저당채권을 이전받아서 진행된 사례를 살펴보자. 2016년 8월에 채무자의 동의를 얻어서 채무를 대신변제한 건으로 이 물건이 낙찰되고 최종 배당이 완료된 날은 2017년 4월이다.

13	근저당권설정	2015년8월31일 제149748호	2015년8월31일 설정계약	채권최고액　금326,700,000원 채무자　강 　　　경기도 안양시 동안구 흥안대로223번길 47, 　　　- 근저당권자　주식회사우리은행　110111-0023393 　　　서울특별시 중구 소공로 51(회현동1가)
13-1	13번등기명의인표시변경	2016년8월12일 제107043호	2016년7월5일 취급지점변경	주식회사우리은행의 취급지점　성수동금융센터
13-2	13번근저당권이전	2016년8월12일 제107044호	2016년8월12일 확정채권대위변제	근저당권자　김양수
13-3	13번근저당권부질권	2016년8월12일 제107045호	2016년8월12일 설정계약	채권액　금326,700,000원 채무자　김양수 채권자　금천신용협동조합　115141-0000608 　　　서울특별시 금천구 독산로 281(독산동)

이미 연체된 채무자의 원금과 연체이자 전액을 변제하는 투자 방식을 선택한 이유는 물건이 아파트이다 보니 많은 사람들이 입찰을 할 것으로 예상하였고, 사전에 채무자와의 협의가 원만히 이루어질 수 있었던 이유도 채무자가 좀 더 오랫동안 거주를 할 수 있는 시간적인 필요와 맞아떨어진 점도 협의가 잘될 수 있는 포인트였다.

　확정채권 대위변제 이후에 채무자와의 동의를 통해서 경매진행을 좀 더 연기시킬 수 있었고, 대위변제자는 경매기간이 연기되는 동안 고율의 연체이자를 받을 수 있다는 점이 유리한 포인트이고 게다가 대위변제한 금액의 80%를 신협을 통해서 저리대출을 활용(질권대출)하여 실제의 투자금을 훨씬 줄일 수 있는 이점도 있다. 거듭되는 표현이지만 저리대출을 받아서 고이율의 이자를 받는 방식으로 실제로는 투자금이 소액으로 가능하다는 점이 큰 이점이 되는 투자 방식이다.

NPL투자와 농지연금 콜라보 투자 [사례]

다음 사례는 NPL투자와 농지연금투자를 합친 콜라보 투자 사례를 살펴보도록 하자. 이 근저당채권을 사고판다는 과정에서 가장 중요한 것이 근저당 채권액을 사고파는 매매계약체결금액이라고 할 수 있을 것이다.

[집합건물] 경기도 안양시 동안구 호계동 1121 샘마을아파트

순위번호	등 기 목 적	접 수	등 기 원 인	권리자 및 기타사항
			가압류결정(2016카단101267)	
6	임의경매개시결정	제92920호	수원지방법원 안양지원의 임의경매개시결정 1)	채권자 주식회사 공평저축은행 115611-0000130 성남시 분당구 황새울로 358 (서현동, 공평저축은행) (종합금융1팀)
7	가압류	2016년8월24일 제112432호	2016년8월24일 서울동부지방법원의 가압류결정(2016카단2741)	청구금액 금20,291,255 원 채권자 주식회사 우리은행 서울 중구 소공로 51 (회현동1가) (성수동금융센터)
8	압류	2017년3월14일 제32089호	2017년3월13일 압류(동안구세무과-6946)	권리자 안양시(동안구)
9	소유권이전	2017년3월22일 제35922호	2017년 임의경매로 인한 매각	소유자 ******* 강우 ㄹ 92,408동502호(반곡동, 레스)

매매라고 하는 것이 어차피 매도자가 있고 매수자가 있는 것이고 가격의 결정은 서로간의 협의가 일치되어야 일이 제대로 진행될 수 있는 것이다. 이 근저당채권을 사고판다는 것도 매도자의 입장에서는 최대한 조금이라도 더 많은 금액을 받을수 있기를

원하는 것이고 매수자 입장에서는 최대한 적은 금액으로 매수하기를 원할 것이다.

그렇다면 부동산 물건에 관한 가격시세정보가 거의 명확하게 드러나 있는 물건의 경우는 가격흥정을 하는 데 있어서 그 가격흥정의 여지가 그리 많지 않을 것이다. 아파트와 같은 물건의 경우는 이미 형성된 시세가 있는 것이라서 유찰이 많이 되는 경우도 그리 많지도 않겠지만 최소한의 낙찰가격 정도를 예측할 수 있다 보니 근저당채권자와의 가격협상을 하는 것이 매수자의 입장에서는 쉽지 않은 일일 수도 있는 것이다.

하지만 토지의 경우는 어떨까. 토지는 그 시세를 파악한다는 것이 여간 힘든 것이 아니다. 바로 옆에 위치한 토지일지라도 그 용도와 쓰임새에 따라서 가격을 정하기가 힘들고 숨어있는 가치가 충분히 있는 땅인데도 사람들이 그 숨은 가치를 모르고 지나친다면 하릴없이 유찰할 수도 있는 물건이 바로 토지가 될 수 있다.

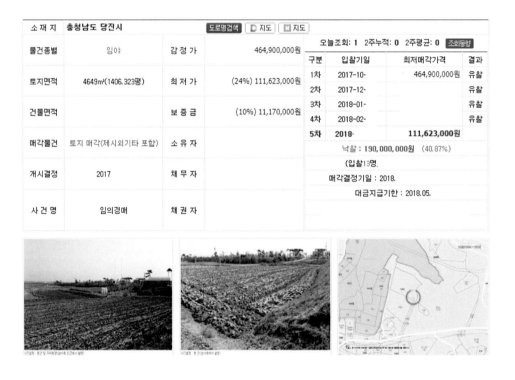

이 물건은 약 1,400여 평의 농지가 경매로 나온 사례인데 사실상 도로에 접해있지 않은 상태의 맹지이고 많은 사람들의 관심을 받기에는 부족한 무언가가 많은 상태의 토

지이다. 지적도와 실제 토지의 형상과도 너무 많은 차이가 있다 보니 수차례 유찰을 거듭하는데도 주인을 못 찾고 있는 물건이었다. 그러다가 감정가격이 4.6억 정도의 농지가 제5차 경매입찰에서 1.9억 정도의 금액으로 낙찰되었다.

이 물건의 채권자는 농지를 담보로 대출을 해준 농협이었고, 채무자인 소유자는 원금 이자를 변제하지 않자 농협자산관리회사로 채권이 이관되어 채권회수를 위한 관리가 진행되고 있는 물건이었다.

[토지] 충청남도 당진시 석문면 삼화리 546-17

순위번호	등 기 목 적	접 수	등 기 원 인	권리자 및 기타사항
7	근저당권설정	2004년6월18일 제27587호	2004년6월17일 설정계약	채권최고액 금140,000,000원 채무자 오은주 서울 강동구 명일동 270 삼익아파트 3동 310호 근저당권자 석문농업협동조합 165036-0000106 당진군 석문면 통정리 323
7-1	7번근저당권변경	2010년11월8일 제48567호	2004년8월27일 전거	오은주의 주소 경기도 수원시 팔달구 우만동 600 월드메르디앙아파트 106-101
7-2	7번등기명의인표시 변경	2017년7월27일 제34574호	2006년8월9일 본점이전	석문농업협동조합의 주소 충청남도 당진시 석문면 통정3안길 1
7-3	7번근저당권이전	2017년7월27일 제34575호	2017년6월28일 확정채권양도	근저당권자 농업협동조합자산관리회사 244171-0011060 서울특별시 영등포구 국제금융로8길 2, 3층 4층(여의도동,농협재단)
7-4	7번근저당권이전	2018년3월23일 제12460호	2018년3월23일 확정채권양도	근저당권자 골드랩앤피엘대부주식회사 110111-6457893 서울특별시 서초구 서초중앙로 75, 402호(서초동,동궁빌딩)
9	근저당권설정	2005년3월15일 제8776호	2005년3월14일 설정계약	채권최고액 금28,000,000원 채무자 수 월도 근저당권자 석문농업협동조합 165036-0000106 당진군 석문면 통정리 323
9-1	9번등기명의인표시 변경	2017년7월27일 제34574호	2006년8월9일 본점이전	석문농업협동조합의 주소 충청남도 당진시 석문면 통정3안길 1
9-2	9번근저당권이전	2017년7월27일 제34576호	2017년6월28일 확정채권양도	근저당권자 농업협동조합자산관리회사 244171-0011060 서울특별시 영등포구 국제금융로8길 2, 3층 4층(여의도동,농협재단)

농협은 이 물건에 대해서 1차로 1억 원을 대출해주었고 또 2차로 추가로 2천만 원을 대출해 주었던 것인데 이 토지의 소유자는 원금과 이자를 장기간 연체를 하고 있었던 것이다.

감정가격이 4.6억 원이나 했으니 근저당 채권금액 정도를 대출해주는 것은 안정적이라는 판단하에 대출을 실행했겠지만 현실은 그리 녹록치 않았고 수차례 유찰되어 1.1억 원 대의 금액까지 떨어지자 어쩌면 농협자산관리회사는 원금과 이자를 회수하기가 어려웠을 가능성을 느꼈을 수도 있었을 것이다. 농사만 짓고 있는 이 땅을 누가 과연 얼마의 금액으로 낙찰을 받을 것인가에 따라 원금과 이자회수냐 아니면 손실이냐의 갈림길에 있었을 것이다. 아파트도 아니다 보니 낙찰가격을 추정하기가 실로 어려움이 있었을 것이다.

이 물건을 보고 필자는 농협자산관리회사에 연락을 취해서 근저당채권을 매수할 의향이 있다는 의향서를 제출하게 되었다.

[토지] 충청남도 당진시 석문면 삼화리 546-17

순위번호	등 기 목 적	접 수	등 기 원 인	권리자 및 기타사항
9-3	9번근저당권이전	2018년3월23일 제12461호	2018년3월23일 확정채권양도	근저당권자 골드맵앤피엘대부주식회사 110111-6457893 서울특별시 서초구 서초중앙로 75, 402호(서초동, 동궁빌딩)
10	7번근저당권변경	2010년11월8일 제48568호	2010년11월5일 변경계약	채권최고액 금280,000,000원
10-1	10번근저당권변경	2012년2월24일 제7151호	2012년2월23일 변경계약	채권최고액 금297,000,000원
11	7번근저당권설정, 8번지상권설정, 9번근저당권설정 등기말소	2018년5월14일 제20290호	2018년5월9일 임의경매로 인한 매각	
12	근저당권설정	2018년8월13일 제36070호	2018년8월10일 설정계약	채권최고액 금269,880,000원 존속기간 농지연금채권 상환완료시까지 채무자 근저당권자 한국농어촌공사 135271-0000021 전라남도 나주시 그린로 20 (빛가람동) (담양지사)
13	근저당권설정	2018년8월13일 제36071호	2018년8월10일 설정계약	채권최고액 금290,720,000원 존속기간 농지연금채권 상환완료시까지 채무자

매 수 의 향 서

수신 : 농협자산관리회사

참조 :   대리님

귀사의 아래 자산에 대하여 매수하고자 하오니 검토하여 주시기 바랍니다.

- 아   래 -

1. 사건 : 서산지방법원 2017타경3333 부동산임의경매
2. 물건 내용 : 충청남도 당진시 석문면 삼화리 546-17
3. 매수 조건
  - 매수금액   **금일억오천만원(₩150,000,000원)**
  - 매수방법   론세일 채권매매계약
  - 세부조건   가) 선순위채권은 채권양수인 부담으로 한다.
            나) 경매집행비용 환급금은 채권양수인 몫으로 한다.
            다) 기일연장은 상호협의하에 정한다.
            라) 불법산지전용 등 기타 권리하자사항은 양수인 부담으로 한다.

2018. 3.   16.

매수제안자   상   호 : 골드맵앤피엘대부(주)
            사업자번호 :
            연   락   처 : 010-8985-9242

첨부 : 대부업등록증

1.5억의 금액에 3월 16일, 근저당채권을 론세일방식으로 매수하게 되었고 이 물건은 약 2주 후인 3월 29일에 1.9억으로 누군가가 낙찰을 받았다. 낙찰금액은 감정가격 대비 약 40%의 금액이었다. 그런데 이 물건을 낙찰받은 사람은 바로 다름 아닌 필자의 멤버십 클럽 회원 중에 한 분이신데 농지 연 금용도로 투자할만한 적당한 토지를 물색

하고 있던 중이었다.

농지연금투자에 관한 자세한 이야기는 농지 파트에서 이미 상세하게 설명드린 바가 있기 때문에 이곳에서 굳이 되풀이되는 이야기를 할 필요성은 느끼지 못하므로 생략하기로 하겠다. 그렇게 낙찰받은 농지의 대금을 납부하고 그 당시에는 낙찰 후에도 소유권이전등기 즉시 농지연금신청이 가능했던 시절이었으므로 잔금납부 후 약 3개월 만에 농지연금을 수령하게 되었던 투자 사례였다. 농지연금을 매월 얼마를 받았는지 여부는 농지 파트에서 충분히 이해하실 수 있는 내용이 설명되어 있다.

GPL 금융투자를 통한 수익실현의 이해

NPL을 Non Performing Loan이라고 표현하는 방법에 빗대어 GPL을 Good Per-forming Loan 혹은 General Performing Loan이라는 방식으로 표현하고는 있지만은 NPL처럼 정상적으로 공인된 용어는 아니다.

그냥 부동산 담보로 돈 빌려주고 근저당설정하는 방식의 정상적이고 일반적인 대출 투자업무라고 이해하시는 것이 가장 편하다. 채무자가 채권자에게 돈을 빌리고 채무자가 이자를 갚아 나가면서 일정 기간 이후에 원금을 갚으면 되는 것인데 그것을 GPL이라고 부르는 것이다.

돈을 빌려주는 채권자는 은행 같은 제1금융권도 있지만 저축은행과 같은 제2금융권도 있을 것이고 흔히 대부업체라고 하는 제3금융권도 있다. 이 장에서 이야기하고자 하는 것은 제3금융권에 해당하는 대부업체에서 행하는 대부업무방식을 약간 변형시키는 방식으로 자본을 투입하고 그에 대한 이자수익을 실현하는 방법에 관한 이야기를 하고자 하는 것이다.

대부업법에서 정하고 있는 법정 최고이율은 수시로 변하고 있지만 이 법정최고이율의 범위 내에서 대출을 하는 것이니 위법이 있는 방식은 아니지만 양면성을 가지고 있다는 느낌을 받을 수 있는 방법이기는 하다.

은행과 같은 제1금융권에서는 법정최고이율이 있더라도 이것을 적용하지 않고 일반적으로 용인되는 범위 내에서 대출을 실행하고 있지만 이러한 대출을 받을 수 있는 자격요건이 안되는 사람들이 신용불량자 또는 대출한도상한에 걸려서 추가대출이 불가능한 경우도 존재하는 것이고 또 그렇게 돈이 필요한 사람은 제2금융권으로 가서 은행보다는 높은 대출이자를 주고 대출을 하고자 하는 수요자가 있는 것이다. 제2금융권으로 가면 일반적인 대출이자는 8%~12% 범위의 이자를 적용받게 되는데 이마저도 대출이 거절되는 사람이라면 어디로 가게 될까.

흔히 이야기하는 대부업체 즉 제3금융권으로 가서라도 급하게 돈을 필요로 하는 사람들이 있다는 현실이다. 대부업체도 제도권 내에서 합법적으로 운영하는 업체들이 상당히 많이 존재하는데 이들은 제2금융권에서의 일반대출이자보다도 더 높고 법정최고이자보다는 낮은 범위에서 대출을 실행해주는 것이다.

그렇다면 대부업체까지 올 수밖에 없는 수요자들은 왜 1, 2금융권에서 외면받는 수요자가 된 것일까를 생각해보면 그들은 대출을 했을 때 갚지 못할 위험이 그만큼 높다는 판단대상이 되었기 때문에 대부업체까지 올 수밖에 없었던 것이라고 생각하시면 이해가 쉽다. 하지만 이곳에서마저도 외면받게 된다면 흔히 이야기하는 제도권 외의 불법 일반 사금융으로 내몰리게 되는 현상이 발생하게 되는 것이다.

필자는 여기서 합법적인 대부업체에서 운영하는 방식의 대부사업에 관한 이야기와 사례를 통해서 수익을 실현하고 궁극적으로 부동산의 투자와 연결이 되는 부분까지도 터치하고자 하는 것이다.

이 투자 방식은 반드시 부동산담보부 근저당투자 방식에 국한해서 설명되는 투자 방식이고 대부분이 서울 수도권 아파트나 광역시 아파트를 담보하는 대출상품으로 범위를 제한해서 이야기하는 것이지만 대부업자의 부동산을 보는 가치 능력에 따라서 부동산의 범위는 얼마든지 넓어질수 있을 것이다.

그리고 아예 처음부터 정상적인 대출이 불가능한 부동산소유자일 경우에는 1순위 근저당 대출도 가능하지만 대부분이 후순위 담보 대출을 이야기하며 대출금리는 18~22%(연체 시 21~24%)를 받는 투자 방법이다.

자금투자자는 NPL과 마찬가지로 해당 담보 부동산에 근저당권 또는 근저당권부 질권을 등기하는 방식을 사용한다. 더 나아가 GPL 투자가 이루어지고 채무자가 정상적으로 이자를 변제해 가면 GPL로써 매월 꾸준한 이자소득을 얻게 되겠지만 채무를 일정 기간 변제를 하지 않게 되면 해당 이 근저당 채권은 NPL 부실채권으로 변하게 될 것이다.

돈을 빌려준 채권자는 채무자로부터 투자금을 회수하기 위해 법원경매를 신청하게 되고 낙찰금으로 투자한 금액에 대해 배당받게 된다. 그러한 과정이 진행되는 중에도 채무자는 언제라도 변제만 하면 경매는 취하될 수 있는 것이다. 그리고 위와 같은 대출채권도 매각을 해서 회수하는 방안도 있고 이를 매수해서 수익을 실현하는 투자 방식도 있다. 그래서 GPL투자를 하고자 하는 자는 경매에 대한 중급 정도의 이해와 NPL에 대한 이해는 필수적이다.

사례를 통해서 세부적인 투자구조에 관한 설명을 드리면 누구라도 쉽게 이해할 수 있을 것이다.

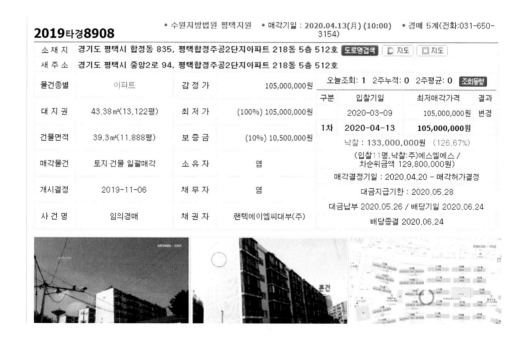

위의 물건이 경매로 나왔는데 그 세부내용을 같이 살펴보도록 하자. 이 장에서는 이 아파트의 가치판단 등에 관한 세부적인 지역분석이나 입지분석 등에 관한 내용은 생략하고 단지 평택역 인근의 오래된 아파트 단지로서 향후 재건축에 관한 가능성이 충분하다는 정도의 판단만 하는 것으로 정리하고 금융적인 측면에서의 사연을 등기부를 통해서 추측해보자.

【 을 구 】		(소유권 이외의 권리에 관한 사항)			
순위번호	등 기 목 적	접 수	등 기 원 인	권리자 및 기타사항	
1	근저당권설정	2018년1월24일 제7097호	2018년1월24일 설정계약	채권최고액 금75,000,000원 채무자 엄○○ 　경기도 평택시 중앙2로 94, 218동 　512호(합정동, 주공아파트) 근저당권자 한빛인베스트대부주식회사 　134511-0340981 　경기도 용인시 수지구 천암로 95, 　407호(죽전동)	
2	근저당권설정	2018년6월18일 제48365호	2018년6월18일 설정계약	채권최고액 금117,000,000원 채무자 엄나해 　경기도 평택시 중앙2로 94, 218동 　512호(합정동, 주공아파트) 근저당권자 군포새마을금고 134144-0003330 　경기도 군포시 군포로 522 (당동)	
3	1번근저당권설정등기말소	2018년6월21일 제49688호	2018년6월21일 해지		
4	근저당권설정	2018년11월30일 제93907호	2018년11월30일 설정계약	채권최고액 금120,900,000원 채무자 엄○○	

채무자는 무슨 이유에서인지 군포새마을금고의 근저당을 말소하고 비에프펀드대부라고 하는 회사로부터 채권최고액 금 1.2억 원으로 근저당을 설정하였다. 근저당 설정 이후의 스토리를 보면 1년도 채 지나지 않은 시점에서 이 근저당권이 또 다른 대부회사인 주식회사 대부리더스앤피엘이라는 회사로 확정채권양도방식으로 이전되었다.

이런 사정을 미루어 볼 때 채무자는 대출 이후부터 바로 이자나 원금을 변제하기가 상당히 어려운 처지에 있었겠다는 추측을 할 수 있을 것이다. 이자가 연체되니 비에프펀드대부는 이 근저당채권을 다른 대부회사에 매각하고 이 채권을 매수한 대부회사는 또 다른 제3의 대부회사에 근질권을 설정한 것으로 보아 이 제3의 대부회사로부터 매입자금을 빌려서 매수한 것이 확인된다. 세부적인 자금의 내역은 등기부상에 보이지 않고 단지 채권최고액의 표시만 있는 상태로 권리가 이전되었다는 상황을 알수 있다.

　그렇다면 이렇게 근저당 채권을 확정채권양도받은 주식회사 대부리더스엔피엘은 채무자로부터 연체된 이자를 잘 받았을까? 하는 추정을 해 본다면 그 또한 이자 한 푼 받지 못했을 것이라는 생각을 하는 것을 그리 어렵지 않을 것이다. 조금이라도 변제할 수 있는 채무자였더라면 이런 과정이 진행되지 않았을 것이기 때문이다.

　이자나 원금을 받지 못하고 있는 입장에서 채권자가 할 수 있는 일은 단 한가지 뿐이다. 담보된 부동산을 법원에 경매신청하는 방법 이외에는 달리 방법이 없는 것이다. 어차피 최종적으로 자금을 부담한 제3자 대부회사도 이자를 못 받았을 것이므로 이 사건에서는 근질권자인 휴랜텍대부회사가 채권자의 입장에서 경매를 신청한 것으로 판단할 수 있는 것이다.

순위번호	등 기 목 적	접 수	등 기 원 인	권리자 및 기타사항
				경기도 평택시 중앙2로 94,218동 512호(합정동,주공아파트) 근저당권자 주식회사비에프펀드대부 110111-6577831 서울특별시 강남구 테헤란로70길 12, 애이치타워 4층 (대치동)
4-1	4번근저당권이전	2019년10월8일 제64017호	2019년10월8일 확정채권양도	근저당권자 주식회사대부리더스엔피엘 131311-0145932 경기도 평택시 서탄면 서탄로 492-28
4-2	4번근저당권부채권 근질권설정	2019년10월8일 제64018호	2019년10월8일 설정계약	채권최고액 금120,900,000원 채무자 주식회사대부리더스엔피엘 경기도 평택시 서탄면 서탄로 492-28 채권자 휴랜텍에이엠씨대부 110111-5313830 서울특별시 서초구 서초중앙로 75, 401호 (서초동, 동궁빌딩)
4-2-1	4-2번등기명의인표 시경정			휴랜텍에이엠씨대부의 성명 (명칭) 휴랜텍에이엠씨대부주식회사 착오발견으로 인하여 2019년10월21일 부기
5	2번근저당권설정등 기말소	2018년11월30일 제94096호	2018년11월30일 해지	

-- 이 하 여 백 --

No	접수	권리종류	권리자	채권금액	비고	소멸여부
1(갑2)	2017.12.20	소유권이전(매매)	염○○			
2(을4)	2018.11.30	근저당	(주)대부리더스엔피엘	120,900,000원	말소기준등기 확정채권양도전:주식회사 비에프펀드대부	소멸
3(갑3)	2019.08.01	가압류	경기신용보증재단	13,300,000원	2019카단11125	소멸
4(을4)	2019.10.08	(주)대부리더스엔피엘근저당 권부채권근질권	휴랜텍에이엠씨대부(주)	120,900,000원		소멸
5(갑4)	2019.11.06	임의경매	휴랜텍에이엠씨대부(주)	청구금액: 96,595,149원	2019타경8908	소멸
6(갑5)	2019.11.22	가압류	서울보증보험(주)	5,820,000원	2019카단11883	소멸

경매신청채권자는 경매신청 당시를 기준으로 받지 못한 원금과 이자를 계산한 금액인 약 9,600만 원 정도의 금액을 받기 위해 경매를 신청한 것이고 누군가에 의해 1.33억에 낙찰된 금액으로 배당받는 날짜까지의 연체이자까지 합해서 배당을 받는 방식으로 투자금을 회수하고 수익을 실현하게 되는 것이다.

이러한 일련의 방식으로 진행되는 과정에서 비에프펀드대부회사는 정상적인 대출을 해주고 이자를 받는 방식으로 진행한 GPL투자를 한 것이고 이것이 연체되는 경우 이제부터는 불이행채권이 됨으로써 그때부터는 NPL부실채권 투자 방식으로 전환이 되는 것이라고 쉽게 이해하시면 된다. 참고로 최초의 비에프펀드대부회사는 10%로 대출을 하였으며 연체할 경우 24%의 연체이자를 부담하게 되는 조건으로 대출이 진행된 사건이라는 것이 대부계약서에 표시되어 있었다.

이와 같이 금융대출을 활용한 부동산 담보대출을 통하여 수익을 실현하는 방안도 넓게는 부동산 투자영역에 포함시켜서 A부터 Z까지의 전 과정을 망라할 수 있는 투자 실력을 갖추게 된다면 더 큰 눈으로 투자 세상을 볼 수 있게 될 것이다.

하지만 이런 방식의 후순위 투자는 시세파악에 있어서 중요한 판단을 하여야 할 부분이 있는데 대출을 실행하는 시점의 부동산 시세를 기준으로 안정적인 범위라는 판단으로 대출했음에도 이후에 경기 하락이나 부동산시장의 불경기 등의 사정으로 가격이 하락하는 경우에는 후순위 대출자들은 이자는커녕 원금도 회수 못 해서 폭망하는 사례가 빈번하게 발생할 수 있다는 현실을 직시해야 한다.

　그 대표적인 사례가 2023년도에 수많은 경매 물건에서의 후순위 근저당 권리자들 중에서 대부회사가 수억의 원금손실을 보는 사례가 빈번하게 발생하고 있다는 점은 이러한 투자 방식도 만능이 아니라는 마인드를 항상 간직하고 있어야 한다는 말씀을 드리고 싶은 것이다.

　그리고 일부 몰지각한 경매학원이나 일부 유튜버에서도 획기적인 NPL투자라는 마케팅을 하면서 실제로는 이런 손실이 발생하는 경우가 빈번함에도 공동투자에 참여하여 가슴 아픈 사례가 발생하는 현실도 주의 깊게 보아야 할 필요가 있는 것이다.

NPL(부실채권)투자의 이해와 방법

　NPL투자(Non-performing loan)라는 것이 무엇일까라는 생각의 출발에서부터 수익을 실현할 수 있는 단계까지의 전체흐름을 이해하고 어떤 부분이 주의해야할 포인트이고 어떤 부분을 중점적으로 분석해야 하는지를 안다는 것은 사실 쉬운 일은 아닐 것이다.

　부실채권이라고 하는 것은 다양한 형태의 종류가 있을 것이지만 여기서 이야기하는 부실채권이라는 것은 부동산을 담보로 대출을 해준 채권(예를 들자면 근저당권)에 관한 투자를 이야기하는 것이며, 해당 채권을 어떤 방식으로 투자해서 어떤 방식으로 수익을 실현하는 것인지를 하나하나 그 구조를 이해할 수 있어야만이 이 부실채권 투자 분야에서 꾸준하고 안전한 수익모델을 만들어 나갈 수 있을 것이다.

　혹자들은 이 NPL투자라고 하는 것이 무슨 마법의 투자인 것으로 생각하고 이곳저곳의 강의장 등을 다니면서 열혈투자를 하는 경우들을 많이 보는데 투자의 기본원리를 이해하지 못하면 소중한 돈이 묶이기도 하고 묶이기는커녕 원금조차도 찾지 못하는 안타까운 사례들도 흔히 보이기도 한다. 사람이 속이기도 하고 물건이 속이기도 하는 사안들이라서 무엇이 나쁘다 누가 나쁘다거나 믿고 투자했는데 그럴 수 있는가?라고 이야기할 필요도 없다. 무슨 투자든 그것은 전적으로 본인의 책임이고 본인의 부담이라는 것은 투자의 기본이 되어야 할 것이다. 어차피 투자라는 글자의 '투'라는 것은 내던진다는 뜻인데 내던진 돈을 되찾아 오려면 그만큼 위험은 있는 것이고 실력이 있는 사람이라면 그 돈을 더 크게 부풀려서 회수할 수 있는 사필귀정의 시장이라는 것을 명심하셔야 한다. 어쨌든 이 NPL투자로 수익을 잘 올리는 사람들도 부지기수라는 것은 그만큼 어떤 노력을 해야 하는지를 이야기해주는 바로미터인 것이다.

필자가 NPL투자를 처음 배우게 된 인연은 개인 NPL투자 1세대라고 불리는 이영준 교수에게 배웠다. 이 바닥이 워낙 타짜 물건이 많은 바닥인데 그나마 첫출발의 인연은 참으로 다행스러운 인연이라는 생각이다. 이 친구는 경력도 경력이거니와 실력도 이루 말할 필요도 없는 데다 필자가 아는 바로는 이 바닥에서 참으로 뛰어난 모습과 진정성을 바탕으로 NPL투자를 하는 성격의 소유자이다. 그렇다 보니 자연스럽게 정석적인 방법으로 투자할 수 있는 기본기를 제대로 배울 수 있었고 지금까지도 아주 가까운 친분을 유지할 수 있는 것도 큰 행운이다.

그런데 이 NPL채권투자의 근본이라는 것은 채권매입의 기법이 아니라 부동산 가치의 분석의 노하우와 배당지식이라는 이 두 가지 측면이 가장 근본이라는 점을 감안하면 필자는 어쩌면 이런 투자 기법을 토대로 새로운 투자수익 실현 분야를 개척할 수 있었다는 점에서 참으로 감사하게 생각하고 있다.

요약본이라는 한계로 인해서 많은 투자자료와 서식들을 이 책에서 안내는 못 해드리더라도 NPL투자 수익의 근간을 이해만 할 수 있어도 이 파트의 의미는 충분한 것이라는 생각에서 앞의 투자 사례 위주로 수익을 내는 구조를 설명드렸던 것이다.

부실채권은 어디서 매각하는가

	채권자	개별매각	담당 부서
1	제1금융기관	×	채권이 유동화되었는지 확인 유동화회사 채권관리 AMC와 접촉
2	유동화전문 유한회사	○	자산관리회사 (AMC)
3	저축은행	○	은행 대부계
4	단위농협 (농업자산관리회사)	○	농협자산관리회사 (AMC)
5	신협. 수협. 축협	○	은행 대부계
6	새마을금고	○	은행 대부계
7	캐 피 탈	○	채권관리부서
8	대부법인	○	채권관리부서
9	일반법인	○	채권관리부서
10	개인	○	개별접촉

위탁자산관리회사 찾는 방법

투자자	유동화전문회사 상호명	채권양도인
유암코 연합자산 관리회사	(유)에스제00차유동화전문유한회사	신한은행
	(유)아이제00차유동화전문유한회사	기업은행
	(유)더블유제00차유동화전문유한회사	우리은행
대신F&I	에프아이1703유동화전문유한회사	기업은행
	에프케이1509유동화전문유한회사	국민은행
	에프에이치1609유동화전문유한회사	하나은행
유진자산 운용사	EAR제00차유동화전문유한회사	우리은행
	EAK유동화전문유한회사	국민은행
마이에셋 자산운용	AP유동화	

금융감독원 전자공시시스템 이용 방법

회사명	회사명 또는 종목코드를 입력하세요 .	회사명찾기 ›		검색 |🔍
기간	20130712 📅 - 20140112 📅 기간선택 ∨	☑ 최종보고서		

☐ 정기공시 ☐ 주요사항보고 ☐ 발행공시 ☐ 지분공시 ☐ 기타공시 ☐ 외부감사관련 ☐ 펀드공시 ☐ 자산유동화 ☐ 거래소공시 ☐ 공정위공시

1	인터넷 → 금융감독원 전자공시시스템을 클릭한다.	
2	검색창 → 회사명에 유동화전문회사 상호 입력 회사명은 전체를 한글로 입력	유앤제(3)차유동화전문유한회사 (×) 유앤제(삼)차유동화전문유한회사 (○)
3	기간 선택 → 전체로 표시한다.	기간은 6개월 기준으로 표시됨 기간을 전체로 변경해야 한다.
4	검색 버튼을 클릭한다.	
5	자산유동화계획의 변경등록신청서 클릭한다.	
6	전화번호로 연락하여 위탁자산관리회사 및 담당AM 연락처를 찾는다.	

	AMC	전화번호, 주소
1	대신AMC	02-399-0100
		서울 중구 삼일대로 343 대신파이낸스센타 5층
2	유암코 (본사)	02-2179-2400
		서울시 중구 서소문로116 (서소문동. 유원빌딩 4~8층)
3	유암코 (제이원 자산관리)	02-726-0800
		서울 중구 순화동 5-2 순화빌딩 15층
4	유암코 (MG신용정보)	02-3786-4000
		서울시 중구 서대문로 38. 대우디오센타 15층
5	코레이트자산관리 (구 마이에셋)	02-3774-6355
		서울시 영등포구 국제금융로 10. 국제금융센타 14층
6	메이트플러스	02-6021-7917
		서울시 영등포구 여의도동 27-2 16층. 사학연금재단
7	파빌리온자산관리	02-2184-7400
		서울시 삼성동 143-40 15층
8	농협자산관리	02-6256-8600.
		서울시 영등포구 여의도동 34-7 농업재단빌딩 3층
9	화인파트너스	02-3700-0114
		서울시 종로구 청계천로 41. 영풍빌딩(서린동. 33)
10	이지스자산운용	02-6959-3100
		서울특별시 영등포구 여의공원로 115 세우빌딩

각 기관들은 어떤 방식으로 매각을 하는가

	NPL 매도자	NPL 매각방식	NPL 매수자
1	제1금융기관	론세일	- 기관투자자 - 자산운용사. 사모펀드 등
		대위변제	- NPL 대부법인 (자본금 5억 이상) - 일밥법인. 개인투자자
2	유동화전문 유한회사	론세일	- NPL 대부법인 (자본금 5억 이상)
		채무인수 -사후정산부/입찰이행	- NPL 대부법인 (자본금 5억 이상) - 일밥법인. 개인투자자
3	저축은행	론세일	- NPL 대부법인 (자본금 5억 이상)
4	단위농협 (농업자산관리회사)	론세일	- NPL 대부법인 (자본금 5억 이상)
5	신협. 수협. 축협	론세일	- NPL 대부법인 (자본금 5억 이상)
6	새마을금고	론세일	- NPL 대부법인 (자본금 50억 이상)
7	캐피탈	론세일	- NPL 대부법인 (자본금 5억 이상)
8	대부법인	론세일	- NPL 대부법인 (자본금 5억 이상)
9	일반법인	론세일	- 대부법인 - 일밥법인. 개인투자자
10	개인	론세일	- 대부법인 - 일반법인. 개인투자자

많은 사람들이 부동산 투자를 통한 재산증식을 한 번 이상은 생각해보지 않은 사람이 없을 것이다. 그중에서도 경공매시장은 매력적이고 또 실제로 경매를 통하여 재산증식을 이루었다는 각종 기사 등을 보면 분명한 사실인 것 같다. 사실 경공매시장의 투자는 부동산 경기가 안좋은 시절에 투자하기가 적합한 것 같다. 좋은 시절을 경험해 보니 너도나도 경쟁에 입찰하여 낙찰 가능성도 낮아지고 낙찰금액도 올라가니 훨씬 더 어렵지 않나 하는 생각이 들기도 한다.

경매시장의 물건은 흔히 건축물이 있는 경우와 건축물이 없는 토지일 것인데, 그중에서도 건축물이 없는 토지경매에 대한 생각을 언급해볼까 한다. 항상 되풀이되는 내용으로 이 책 전반에 걸쳐서 드리는 말씀이지만 토지만큼은 스스로를 초보자 정도의 실력이라고 판단이 든다면 좀 더 충분한 현장경험을 쌓은 후에 접근해야 하지 않을까 싶다.

언젠가 수도권외곽에서 현장개발일을 할 당시, 토지경매로 나온 인근의 물건에 대해서 알고 싶어서 필자의 사무실을 방문하는 분들이 제법 있었다. 만나서 이야기해보면 땅에대한 가치평가에 대한 경험이나 지식이 예상외로 부족하다는 느낌을 받은 적이 많았다. 그들은 대부분 경매강의 등을 통하여 주로 부동산에 대한 지식을 습득하는 경우였는데, 토지에 관한 기초적인 공법지식이나 최소한의 현장 감각은 물론이고, 심지어는 땅이 어디에 있는지 찾는 방법조차도 모르는 경우가 많았다.

민법적인 이야기는 잘 하시는데,, 그 땅에 얽힌 공법적인 제한들을 전혀 모르는 것 같았다. 단지, 저렴하게 구입할 수 있다는 사실에 메리트를 느끼고 있는 것 같았다. 토지경매투자에 성공한 사례들을 강의로 들었다면, 똑같이 실패한 사례들은 사실 더 많을 것인데, 많은 실패사례까지 알고 난 뒤에 토지경매에 뛰어들어도 늦지 않을 것이다.

강의를 통하여 토지에 대한 안목을 키우는 것은 분명 한계가 있을것인데, 배우려고 하는 열의는 충분히 수긍이 가지만 기초적인 토지 분야의 공법지식 정도는 바탕이 되어야 이야기가 통할 수 있을텐데, 그저 가격적인 메리트에만 집착하는 모습에 안타까움을 금할 수가 없었다. 그나마도 한 번 시도해 보려고 하는 그분들의 입장은 충분히 이해할 만하다.

도시지역에서의 토지는 이미 기반시설 등이 완비가 되어있고, 체계적인 개발을 유도하고자 하는 기본적인 취지에서 도시관리계획이 결정되어 있기 때문에 특수물건을 제외하고는 건축이나 인허가와 관련한 몇가지 규제와 주위시세사례와 비교해서 판단하는데 큰 문제가 되는 경우는 별로 없을 수도 있다고 생각한다. 말하자면 권리분석에 있어서 특수한 경우를 제외하고는 토지 분야에 비해서는 난이도가 다소 낮을 수도 있는것이다.

이와는 달리 비도시지역은 개발자체를 억제하고자 하는 정책이 원칙인지라, 헌법에서 보장하고 있는 지나친 재산권침해를 하지 않는 범위내의 최소한의 개발을 허용해주고 있는 방식의 규제를 하고 있다. 토지 분야는 권리분석보다는 공법적인 분석을 최우선으로 한다. 토지위에 보이지 않는 공법적인 규제는 다양한 법률들이 입체적으로 규제를 하고 있는데다 공법적인 규제들을 잘 모르고 덤볐다가는 나중에 심각한 고생을 하는 경우가 흔하다. 그러기에 건물이 있는 토지보다는 없는 토지가 더 무섭다는 것이다.

물리적으로는 내가 답사했던 이땅이 내가 찾고자 했던 그 땅이 아닐수도 있다. 도로가 멀쩡하게 있음에도 맹지나 다름없는 경우도 허다하다. 수많은 규제공법들이 실타래처럼 얽혀있다고보면 된다. 몇가지 법률로 규제를 파악할 수도 없을뿐더러 규제사항들이 방대하게 흩어져있기 때문에 철저하게 개별적인 조사분석을 필요로 한다.

더군다나 일반강의를 통해서 토지를 깨우치기에는 토지가 가지고 있는 함정들이 많은 것이 우리의 현실이다. 땅은 매수하는 순간부터 "문제는 분명히 있다"라는 마인드로 철저한 경험과 사전조사를 필요로 할 것이다. 좋은 땅이라고 낙찰을 받았던 멀쩡한 도로가 있음에도 맹지나 다름없는 경우라든지, 내땅에 인접한 식당은 장사가 잘 되는데 바로옆의 똑같은 내땅은 식당허가조차 안난다든지 하는 경우를 나중에야 알게 되었을때는 심각한 경제적 위기상황에 빠지게 된다.

적정가격이나 시세조차도 판단을 하기에는 비도시지역은 너무나도 난해하다. 용도지역이 동일한 인접한 토지임에도 가치와 가격차이가 날 수도 있는 것이 바로 토지이기 때문이다. 현장에서 오랫동안 일을 하고 있다 보면, 감정평가를 위해서 현지에 출장나오는 감정평가사들도 종종 접할 수 있게 된다. 그들은 현장에서 오랫동안 일을 해왔던 우리같은 사람도 판단하기 어려운 적정가격을 어찌하여 몇군데 사무실을 방문하여 들은 이야기를 토대로 제대로 된 시세를 판단할 수 있겠는가? 물론 감정평가의 기법에도 토지를 감정하는 나름대로의 과학적인 분석방법이 있기는 하겠지만 그들도 그 한계를 분명히 느끼고 있기에 탐문하였던 시세를 토대로 보고서를 거꾸로 작성하는 경우도 있다는 것을 충분히 이해한다.

더군다나 부동산감정을 전문으로 하는 전문가들로서, 보이지 않는 인허가관련 공법적인 함정까지 있는 찾아내기에도 아무래도 시간적 공간적 현실적한계가 있을 수밖에 없을 것이다. 공법을 현장 감각과 함께 체계적으로 이해하지 못하면 가치분석자체가 불가능하고, 가치분석이 불가능해지면 가격판단은 마찬가지로 힘들어질 수밖에 없는 것이다. 어지간한 경험과 실전전문가가 아니면 그 가치를 판단하기가 너무나도 어려운 분야가 토지경매투자의 현주소일 것이다.

흔히들 토지를 알려면 현장에서 최소 5년이상의 밥을 먹어야 겨우 감을 잡는다는 이야기가 틀린말이 아닌 것이다. 토지에 대한 실전경험이나 전문지식이 충분하지 못한 상태에서 경매를 통하여 토지투자를 생각한다는 것은 너무나도 위험한 발상이라고 말하고 싶다. 다섯 개 성공하고 한 개 실패하면 결국 손해아닌가.

그러나 역발상으로 판단한다면 작심하고 현장과 실전강의장을 번갈아 오가면서 독한 마음으로 현장감을 살릴수 있는 전문가가 되는 시간을 꼭 가지고 난 뒤에 비로소 경매토지를 바라보라고 권하고 싶다. 아니라면 내가 가장 믿을 수 있는 진정한 실력자를 아예 친구처럼 둘 수 있을 정도라야 내일처럼 봐줄수 있을 것이다. 그때서야 비로소 토지경매투자는 당신에게 블루오션의 최고 투자처가 될 수 있을 것이다.

에필로그 – 나의 투자 철학과 함께하는 후학님들에게

90년 중반경 다니던 직장을 퇴직한 필자는 IMF 충격과 또다시 10년 후에 닥친 금융위기로 거의 그로기 펀치를 제대로 두 방 맞았다. 쥐꼬리 같은 월급이라도 받고 있었던 상황이었다면 그나마 다행이었겠지만 퇴직으로 인한 남모르는 경제적인 고통이 이만저만이 아니었던 시간을 꽤 오랫동안 보냈다.

호기로운 청춘 시절에 우연히 작은 투자성공 경험 탓에 부동산으로 큰 돈을 벌 수 있겠다는 무지개 같은 생각이 미래망쪼의 길로 접어든 것이었다는 것을 깨닫기까지에는 참으로 오랜 시간이 걸렸다.

무지개로 보이는 부동산 투자의 양면성을 인정하지 않았던 것이다. 아니 몰랐던 것이다. 제아무리 잘난 투자도 타이밍을 못 만나면 추락하는 것이고 제아무리 못난 놈도 시절을 잘 만나면 로또보다 큰 수익을 내는 것이 이 시장의 민낯이었다.

오랜 시간이 지난 지금은 겁쟁이 투자자라는 표현이 내게 딱 어울린다. 맞다. 어느 순간 나는 그렇게 변해있었다. 그렇다고 해서 필자의 경험을 토대로 부동산 투자원칙이 어떠니 어떤 부동산은 절대로 투자하지 말라고 한다든지 하고 싶은 생각은 전혀 없다. 내가 살아왔던 투자의 시간 속에서 내게 어울리는 투자 방식이 정착된 것이라고 생각할 뿐이다.

2020년을 지나면서 최근 몇 년간의 부동산시장의 흐름을 보면 내가 지난 날 경험했던 시장의 모습과 외형적으로는 비슷한 패턴을 보이고 있는 느낌을 받는다. 그렇다고 대형경제충격이 또 올 것이라는 생각을 하지는 않는다. 그런 거대한 국내경제의 문제나 국제금융시장의 흐름 같은 분야에 대해서 전혀 문외한이다. 그저 그런 비슷한 이야기들이 가끔씩 신문 지면에 나오더라도 경계만 하면서 투자 포트폴리오를 세팅하는 정도가 고작이다.

한 가지 달라진 것이 있다면 이제 금리가 아무리 낮아도 대출 비중을 최대로 하는 방식은 사용하지 않는 쪽으로 투자패턴이 변화된 정도이다. 자연스럽게 투자수익률은 작아지기 마련이지만 안정성은 최상으로 세팅되는 구조다. 내게는 어떤 부동산 시장충격이 오더라도 흔들리지 않는 투자세팅이 첫 번째 가치다. 이제 다시는 실패하지 말아야 하기 때문이다. 실패는 성공의 어머니가 아니다.

7, 8년 전부터 부동산 시장 가격이 어떤 원인으로든 간에 상승장이 지속되고 있었다. 많은 투자자들이 큰 수익을 얻었을 것이다. 시장의 심리와 타이밍이 절묘하게 맞아 떨어진 시기에 과감한 투자액션을 하였고 그에 따른 수익을 실현한 사람들이다. 실력과 운때가 잘 어우러진 투자의 결과인 것이다.

부럽기도 하지만 부러워할 필요도 없는 것이 필자는 이제 자신에게 알맞은 패턴으로 안전하게 투자를 하고 그 결과에 만족하는 안분지족의 마음으로 투자를 계속 이어 간다. 항상 감사한 마음이 솟는다. 일종의 인생 수행이라는 생각이 들기도 한다. 마음 편하게 즐기는 투자를 최선으로 생각하다 보니 경제 흐름에 휘둘리지 않는 투자가 기본 중의 기본이라고 여기고 있다.

누구일지라도 대개 투자에 입문하시는 분들이 선호하는 방법은 전형적인 갭투자다. 해방 이후부터 있어 왔던 전형적인 투자 방식이다. 레버리지투자라는 경제용어가 갭으로 바뀐 것뿐이다. 참으로 편리하고 기발한 신조어다. 재미있는 세상이다.

갭투자는 시절을 잘 만나면 최고의 투자 효과를 볼 수도 있고 가장 많은 수요가 존재하는 주택에 투자하는 방식이다 보니 투자위험도 다른 분야에 비하면 훨씬 덜한 최고의 장점이 있는 투자 기법이다. 필자도 많이 선호하는 편이다. 딱 한 가지 위험이 있다면 갭투자로 매수한 주택의 가격이나 전세 시세가 내려가지만 않으면 된다.

상승장에서는 오히려 전세금이 매매 가격보다 높은 역전 현상까지 나타나기도 한다. 돈 한 푼 안 들이고 오히려 주택 숫자를 늘리면서도 돈이 더 쌓이는 기현상까지 발생하기도 한다. 이런 현상을 악용하는 사기 수법까지 동원해서 순진한 젊은 세입자들의 가슴에 피멍을 맺게 하는 일도 종종 발생하고 있다.

같은 방식으로 수십 개의 주택을 매수하기도 하고 고가의 아파트를 매수하기도 했을 때 부동산 시장가격이 오름세를 탔을 때는 다른 어떤 분야의 투자보다도 월등한 수익을 낼 수 있게 된다.

반대로 가격이 내리면 주택을 소유하고 있으나 실제로 손실도 순식간에 발생할 수 있으므로 가격하락의 위험만 피할 수 있다면 누구든지 안전하게 투자할 수 있다. 특히 우리나라와 같이 부동산의 유동성이 많고 빠른 경우라면 더더욱 해 볼 만한 투자 방식이다. 그래서 필자도 어느 강의에 가더라도 이 갭투자는 투자의 기본이라는 이야기를 거리낌 없이 하는 편이다.

뜬금없이 주거용 갭투자에 관한 이야기를 하는 이유는 간단하다. 토지나 상가 공장 같은 분야의 투자에 관심을 갖더라도 베이스가 되는 주거용 안전투자 시스템을 만들어 놓은 상태에서 투자범위를 넓혀가는 것이 좋다.

토지나 상가 공장투자 등에서도 대박투자가 없는 것은 아니지만 그것을 기대하고 투자하기에는 분야가 좀 어렵기도 하고 막상 그런 대박의 기회가 자신에게 오도록 하기에는 갭투자에 비하면 훨씬 많은 노력과 공부를 해야 하기 때문에 실거주 투자 방식으로라도 주거용 갭투자를 세팅해둔 상태에서 다른 분야의 투자 폭을 넓히시라는 말씀을 드리는 것이다.

갭투자의 재미를 보신 분들은 다른 분야의 부동산 투자를 하려고 하다 보면 수익률이 너무 낮아서 투자할 마음이 별로 내키지 않는 경우가 대부분이다. 당연한 생각이다. 사실 필자도 갭투자가 아닌 다른 분야의 평균적인 수익률은 훨씬 낮다는 현실에 적극 동의한다. 투자 난이도도 높다. 맞는 말이다. 그럼에도 필자가 갭투자를 세팅하고 난 뒤에야 다른 분야의 투자에 공을 들이는 이유는 간단하다.

멈추지 않는 현금흐름이 필요하기 때문이다. 갭투자만 해 놓고 시간이 지나서 가격 상승장이 온다면 참으로 고마운 일인데 조정이나 하락장이 온다면 심각한 문제상황이 발생한다.

　특히 필자와 같이 전업으로 투자를 하는 경우라면 더욱더 문제는 심각해진다. 전업 투자자는 부동산 가격 하락장이 오더라도 끊임없이 수익이 만들어지는 투자모델과 내재가치가 있는 부동산을 찾아야 한다. 그리고 꼬박꼬박 매월 월 수익이 발생하거나 월 수익이 없더라도 곶감 빼먹듯이 빼먹을 수 있는 종잣돈이 마련되어 있어야 한다. 이 월 수익도 경기하락기에는 발생하지 않는 경우도 있으므로 이 또한 그런 위험도 대비해야 하는 것이다.

　자연스럽게 고수익률이 발생하는 갭투자뿐만 아니라 고수익률이 아니더라도 지속적인 수익금이 발생할 수 있는 투자시스템을 계속 발굴해 나가야 하는 것이다. 이것이 전업 투자자가 다양한 투자실력을 쌓아야 하는 이유다.

　말하자면 2년 동안 투자해서 100%(연50%)의 수익률이 발생하는 투자보다는 10년 동안 계속적으로 연 20%의 수익률이 발생하는 투자시스템이 필자에게는 더 중요한 투자인 것이다. 그렇다면 다른 분야에 투자를 하면 과연 지속적으로 수익률이 발생할 수 있는 물건들을 발굴할 수 있을까? 하는 문제가 생긴다.

　흔히 입문하신 지 얼마 안 되신 분들의 생각을 들어보면 소액으로 투자를 했을 때 갭투자처럼 2년 만에 100% 정도를 마지노 수익률로 정해두고 투자 여부를 결정하려고 한다는 이야기들을 자주 듣게 된다.

　그리고 그런 물건을 찾기 위해서 이쪽저쪽 다양한 방식으로 강의도 듣고 현장도 가고 하는 모습들을 많이 본다. 오르는 장에서만 가능한 계획이다. 계속 올라줘야 한다는 전제가 반드시 필요하다.

　그런데 지금은 생각이 참으로 많이 바뀌었다.

　결론적으로 그런 물건들은 거의 존재하지 않았고 존재하더라도 내게 오지 않더라는 것이다. 가령 존재한다고 하더라도 최고의 노력으로 그런 물건을 찾아내야 한다는 것이다. 달리 표현하자면 그런 물건은 내가 만들어야 한다는 결론에 이른 것이다.

더 자세히 표현하자면 그런 물건이 있기는 한데 있는 그대로 존재하는 것이 아니고 내가 가꾸고 손질하고 다듬어야 하는 물건이더라는 것이다.

생각을 그렇게 바꾸는 순간 필자의 머리를 때리는 것이 바로 공부라는 것이었고 공부를 통해서 부동산을 보는 안목과 실력을 키워야 한다는 것이었다. 그래서 지금까지도 필자는 안목과 실력을 키우기 위한 노력을 끊임없이 한다.

그런 노력을 하는 과정에서 투자금이 500만 원도 안되는 소액의 보잘 것 없는 물건들이 수천만 원의 수익을 안겨주기도 하는 경험을 하면서부터 부동산 쓰레기 속에서 다이아몬드를 찾으려면 오로지 실력과 안목을 키우는 것이 유일한 방법이라는 생각을 지금도 하고 있는 것이다.

이 같은 과정을 거쳐오면서 필자에게는 아주 중요한 투자 마인드의 변화가 생겼다. 본문 어딘가에서도 말씀을 드렸지만 꽃놀이패 물레방아 투자를 지속적으로 해야 한다. 지금 소액으로 투자하는 이 물건이 지금 당장 수익을 줄 수 있는 물건이 아니고 장기투자용 물건일지라도 투자를 하기 시작했던 것이다. 지금은 별볼일 없는 물건이라도 시간이 지나고 나면 수익을 낼 수 있는 확신이 드는 물건이라면 망설이지 않고 투자를 한다. 그것도 매년 계속한다. 필자가 이렇게 할 수 있었던 이유는 바로 투자금이 소액이었기 때문이었다.

필자는 어디를 가더라도 소액투자의 기본 마인드를 설명하기 위해서 물레방아 투자라는 이야기를 많이 한다. 장기투자수익이 예상되는 물건을 소액으로 매년 한 개씩만 투자를 한다고 가정해보자. 1년 차에는 아무 일도 안 생겼다. 2년 차에도 마찬가지로 매수만 했다. 3년 4년 5년 차까지 소액으로 매수만 하고 물건 다듬기가 필요한 물건은 다듬는 작업만 했다.

그런데 이런 작업을 하던 와중에 1년 차에 투자했던 물건이 수익이 실현된다. 그리고도 소액매수를 계속하는 상황을 유지한다면 이것은 어떤 상황인가. 처음 5년간은 수익이 없는 시간이었지만 그 시간을 희생한 대가로 이후로는 끊임없이 매년 수익이 발생하는 투자구조가 되더라는 것이다. 이 5년이라는 숫자가 6년이 될 수도 있고 10년이 될 수도 있지만 2년이 될 수도 있고 1년이 될 수도 있다. 그것은 전적으로 물건을 보는 안목과 실력에 달려 있는 것이고 어느 정도의 운빨도 필요하기는 하다.

한 개의 투자 물건이 2년 후에 원하는 수익률을 실현할 수 있는 물건을 찾는다는 것은 참으로 어려울 수 있겠지만 5년, 6년 후에 원하는 수익률을 실현할 수 있는 물건을 찾기는 상대적으로 훨씬 쉽고 그 개수도 많다.

그래서 필자는 이런 수익구조를 물레방아가 처음 물을 모아서 일정한 무게를 계속 유지해주기만 한다면 끊임없이 방아를 찧을 수 있는 안정적인 시스템이 될 수 있는 것이라서 이런 표현을 사용해 본 것이다. 베이스 투자와 소액 물레방아 투자를 가장 기본이라는 말씀을 드리는 것이다.

필자는 이런 방식의 투자를 수십 개를 진행해 오면서 투자와 해결을 되풀이하고 있지만 필자도 언제까지나 난이도 있는 소액투자를 계속하기에는 이제 세월이 너무 흘렀다. 그러다 보니 이제는 그동안의 투자 물건들을 갈무리하는 시간에 많은 노력을 하고 있다.

그리고 새로이 취득하는 물건들은 후학으로 참여하는 후배분들이 취득할 수 있도록 많은 서브 역할을 해 드린다. 필자가 가지고 있는 미력한 부분들을 같이 공유한다. 소중한 인연들과 함께하는 인생도 나쁘지는 않을 것이다. 이 책을 쓰게 된 여러 가지 이유 중에서 가장 중요한 이유다.

『기회는 온다, 부동산 투자 성공비법』 전권 세부 목차

5부. 상권분석 상가투자

[제3권]

꼬마빌딩 건물주 되기

재개발·재건축 실전투자

1부. 꼬마빌딩 건물주되기

2부. 재개발 재건축 실전투자

I. 재재투자 기본기 스터디

[제4권]

부동산 법률투자

실전도로투자

수용보상투자

1부. 부동산 법률투자

Ⅰ. 부동산 법률투자 기본기

01. 서류분석만으로도 절반의 성공이다

    - 토지이용계획확인서의 이해

    - 지적도 임야도와 축척의 이해

    - 건축물대장 종류와 토지대장 임야대장

    - 등기부 등본의 발급과 분석

    - [칼럼] 토지분석을 위한 필수 프로세스

    - 토지이용계획확인서의 세부분석과 대박쪽박예측

    - 국토의 계획 및 이용에 관한 법률의 핵심이해

    - [칼럼] 투자보물창고 토지이용계획확인서는 이렇게 본다

02. 부동산 법률투어 어떤 건축물을 지을 수 있는가

    - [칼럼] 토지의 미래가치판단은 법률응용능력이다

03. 광역도시계획, 도시군기본계획, 도시군관리계획

    - 사례로 분석하는 용도지역, 용도지구, 용도구역

    - [칼럼] 개발목적따라 달리보는 용도지역

    - 대한민국의 용도별 건축물의 종류

    - 지목변경투자의 진실

    - [칼럼] 대지와 잡종지 지목변경투자

Ⅱ. 부동산 법률실전투자

01. 토지개발투자의 출발 개발행위허가

02. 어려운 용어들 한방에 떨친다

    - 수도권정비계획법과 투자기본기

    - 개발제한구역(GB)(그린벨트)은 투자하면 안될까

[제5권]

1부. 농지임야 실전투자

I. 농지투자의 기본기와 실전

[제6권]

경공매 실전투자

특수부동산 투자

NPL 금융투자

1부. 경공매 실전투자